RELIGIONS
DU MONDE

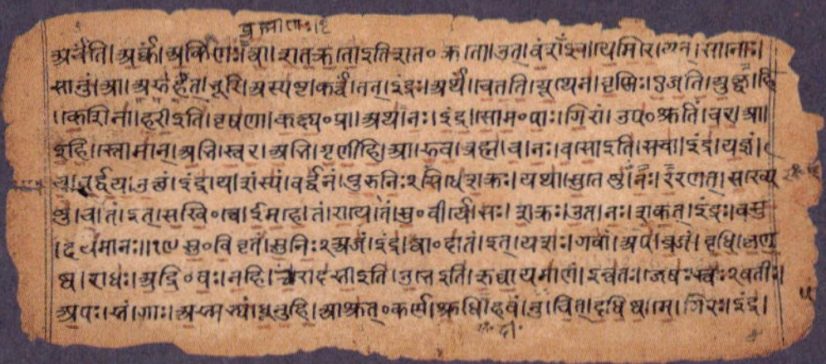
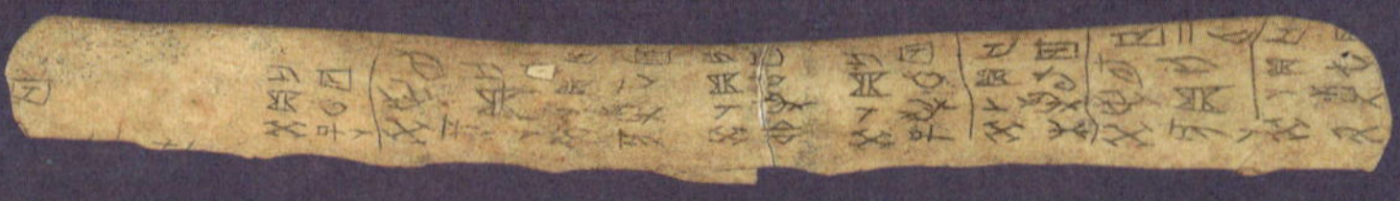
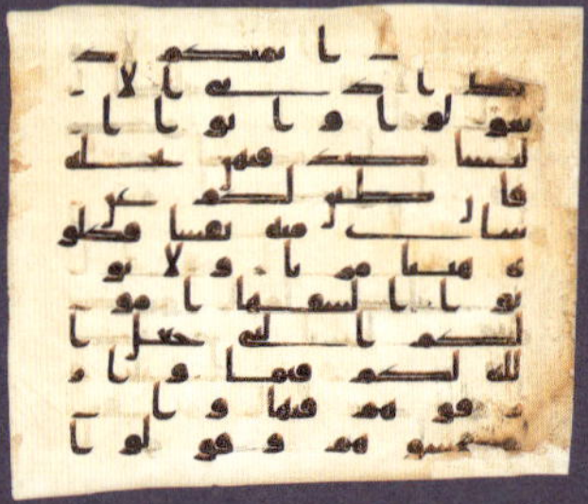
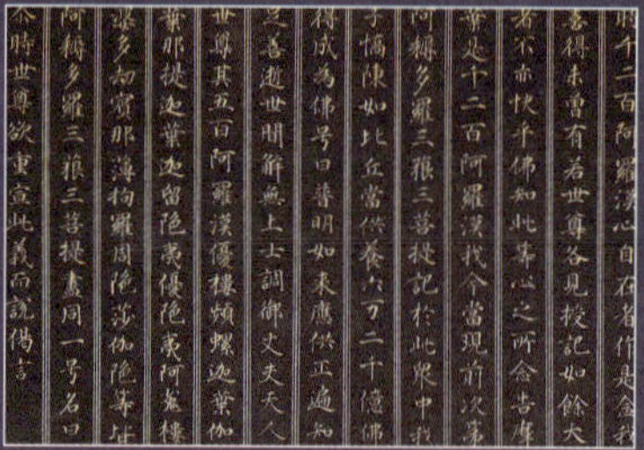

RELIGIONS DU MONDE

Sous la direction de Michael D. Coogan

EVERGREEN

ILLUSTRATIONS COUVERTURE :
Globe : TCS
Fragment Hagada : Z. Radovan,
www.BibleLandPictures.com
Sutra du Lotus : British Library

Titre original: World Religions

Traduction : Marie Borel (chapitres 1, 2, 3)
et Nanon Gardin (introduction,
chapitres 4, 5, 6, 7, glossaire)

Production de cette édition :
Textcase, Hilversum – Pays Bas

Printed in Thailand

ISBN 978-3-8228-5125-8

Sommaire

Introduction

Longtemps avant l'invention de l'écriture, il y a quelque dix mille ans, les hommes pratiquaient déjà, semble-t-il, certaines formes de culte. Il est aujourd'hui possible, en établissant des rapprochements avec des époques plus récentes, d'interpréter les figurines sculptées, les peintures rupestres, les rites funéraires complexes comme autant de témoignages d'une activité religieuse. Dès la préhistoire, la croyance en l'existence d'une réalité qui le dépasse, a contribué à la naissance des cultures et a permis à l'homme de trouver un exutoire à sa fragilité et à sa fin qui semble irrévocable.

Les religions ont revêtu jadis d'innombrables aspects et trouvent encore aujourd'hui de nouvelles formes d'expression. Cet ouvrage est consacré aux religions encore vivantes, que l'on peut légitimement appeler « les grandes religions » : le judaïsme, le christianisme, l'islam, l'hindouisme, le bouddhisme, les religions chinoises et japonaises. L'un des critères qui justifie ce choix est le nombre de leurs adeptes. La présence, dans ces pages, du christianisme (deux milliards d'adeptes), de l'islam (plus d'un milliard), et de l'hindouisme (plus de huit cent millions) paraît évidente. Le nombre de bouddhistes est plus difficile à évaluer, mais il faut y intégrer la plus grande partie de la population de l'Asie du Sud-Est, et tenir compte du fait que le bouddhisme constitue un élément essentiel des religions chinoises et japonaises. Il est également difficile de savoir exactement combien la République populaire de Chine compte de pratiquants sur son 1,2 milliard d'habitants, mais on peut sans prendre de risques évoquer le chiffre de plusieurs centaines de millions.

Le second critère est l'aire d'influence des religions. Ainsi, la population juive est numériquement faible – environ treize millions de personnes –, mais la dispersion des juifs de Palestine, qui commença dans les derniers siècles précédent notre ère, les amena à s'implanter dans toutes les régions du globe. Cette dispersion est moins importante au XXe siècle, mais aujourd'hui encore, les deux tiers des juifs vivent en dehors des frontières d'Israël. Le christianisme et l'islam, religions missionnaires, se sont propagés bien au-delà de leurs frontières d'origine. À notre époque, les migrants hindous, chinois et musulmans ont eux aussi exporté leur croyances et leurs pratiques religieuses dans la plupart des régions du monde. De même, le bouddhisme s'est répandu bien loin de sa terre natale, en Inde, et a profondément marqué la vie religieuse des Asiatiques, ainsi que celle, à une époque plus récente, de nombreux Occidentaux.

Les religions du Japon, quoique toujours en grande partie confinées à l'archipel, méritent d'être incluses dans ce livre tant en raison de l'importance de la population du pays (125 millions d'habitants) que de l'influence globale du Japon moderne.

Enfin, le dernier critère retenu est celui de l'importance historique de ces religions. Ainsi, malgré un nombre d'adeptes relativement faible, le judaïsme a eu une immense influence religieuse, intellectuelle et culturelle. Le christianisme en est directement issu et partage de nombreuses références avec la troisième grande religion monothéiste, l'islam. La tradition judéo-chrétienne – et, par certains aspects, l'islam également – constitue la base même de la culture occidentale.

L'application de ces critères a pour conséquence l'absence, dans cette étude, de nombreuses autres religions. Certaines sont anciennes, comme le zoroastrisme ; d'autres, relativement récentes, sont issues de celles que nous abordons ici, comme le sikhisme ; d'autres encore sont restées relativement confinées dans une région du monde, comme le jaïnisme en Inde. Cet ouvrage exclut également les innombrables traditions sacrées de peuples d'Amérique, d'Afrique, d'Océanie et d'ailleurs, ainsi que les grandes croyances de l'Antiquité (qui, dans de nombreux cas, furent supplantées par les religions traitées dans cet ouvrage). Cependant, au cours des chapitres qui suivent, il sera souvent fait référence à leur influence sur l'histoire et la doctrine des grandes religions d'aujourd'hui.

Chaque chapitre présente dans ses grandes lignes l'une des sept religions. Pour permettre aux lecteurs d'établir des comparaisons et d'évaluer leurs ressemblances et leurs différences, le contenu des chapitres est organisé en dix

Des femmes indiennes se sont rassemblées autour d'un repas cultuel en l'honneur de la déesse Lakshmi. Les célébrations hindoues sont un spectacle de plus en plus courant dans le monde d'aujourd'hui, et la cohabitation de multiples religions d'origine géographique variée est un fait de société de plus en plus répandu à l'échelle régionale et même locale.

Statuette (vers 600 avant notre ère) représentant la grande déesse égyptienne Isis allaitant son fils, le dieu Horus. Le culte d'Isis s'est propagé à travers tout le Moyen-Orient et dans l'ensemble du monde méditerranéen. Isis, la déesse mère, est une version ancienne de Marie, la mère du Christ (voir illustration page suivante).

grands thèmes, couvrant chacun deux à quatre pages. Dans tous les chapitres, certains thèmes importants sont traités sous forme de « texte en marge » ou d'« encadrés ».

La description thématique de chacune des religions est précédée d'une introduction qui permet de passer rapidement en revue ses principales caractéristiques, son rôle et sa place dans l'histoire et dans la société contemporaine. Vient ensuite le traitement de chacun des thèmes suivants.

Origines et histoire

Dans chacun des chapitres, ces deux premiers thèmes sont soit traités séparément (judaïsme, christianisme, islam et bouddhisme) soit traités ensemble (hindouisme, religions chinoises, religions japonaises). Il est, la plupart du temps, impossible de déterminer précisément la date à laquelle « apparaît » réellement une religion, étant donné que toutes les croyances sont étroitement liées au développement des cultures qui les ont produites et dont les racines remontent souvent à la préhistoire. De plus, les sources décrivant les origines d'une religion datent pour beaucoup d'une période plus récente que les événements relatés et mélangent fréquemment récits mythologiques et données historiques. Pour compléter ces sources complexes, l'historien d'aujourd'hui ne dispose parfois que des indications vagues et fragmentaires fournies par l'archéologie et l'anthropologie.

Cependant, en ce qui concerne le bouddhisme, le christianisme et l'islam, l'origine du dogme réside sans conteste dans les enseignements d'un seul individu vénéré, dont la vie est attestée et datée avec un certain degré de certitude. C'est pourquoi le chapitre « Origines » portant sur ces religions est un texte distinct, centré sur les vies de Bouddha, de Jésus, de Mahomet et de leurs disciples. Quant à la religion juive, sa période de formation étant consignée dans un recueil unique – la Tora –, le thème des origines est donc ici aussi traité séparément et centré sur l'histoire du peuple et de la terre d'Israël.

Figures du divin

Comme nous l'avons vu plus haut, l'un des éléments essentiels de la religion est ce que l'on peut appeler « le divin » ou encore « une réalité qui dépasse l'homme ». La définition de cette réalité constitue le troisième thème de cet ouvrage, « Figures du divin ». La réalité est-elle une ou multiple ? Est-elle personnelle ou impersonnelle ? Est-elle extérieure ou intérieure, lointaine ou proche, transcendante ou immanente ? Toutes les religions ont une approche différente du divin, et pourtant, avec du recul, on observe entre elles de multiples ressemblances.

Réalité une ou multiple ? La distinction entre monothéisme et polythéisme est peut-être plus théorique que réelle. L'hindouisme, pour donner un exemple, vénère d'innombrables dieux et déesses. Pourtant, ceux-ci ne sont souvent que des manifestations – ou des moyens de se rapprocher – d'un seul grand être divin. Quant au mystère fondamental du christianisme, la Trinité – soit un Dieu en trois entités –, elle ne compromet en rien, aux yeux des chrétiens, le caractère monothéiste de leur religion.

Les religions monothéistes elles-mêmes participent à une sorte de « polythéisme fonctionnel », au moins dans la religion populaire, où des rôles considérables sont attribués à une multitude de « saints » et de démons. Au premier rang des saints figure la Vierge Marie, mère de Jésus, qui pour beaucoup de chrétiens représente l'élément féminin marquant dans un monothéisme de type essentiellement patriarcal. De plus, dans le christianisme comme dans l'islam, et même, dans une certaine mesure, dans le judaïsme, la lutte pour le pouvoir oppose éternellement Dieu aux forces du mal.

Madone à l'Enfant *par le maître de San Miniato (en activité vers 1460-1490). Vénérée, parfois même adorée comme une déesse, la Vierge Marie est inspirée d'anciennes traditions méditerranéennes supplantées par le christianisme. Ainsi, l'image classique de la Vierge allaitant l'Enfant Jésus semble directement dérivée des représentations d'Isis et d'Horus (voir illustration page précédente).*

Textes sacrés

Les textes sacrés, d'inspiration divine, et les autres Écritures, sont l'un des moyens par lesquels le divin se rend accessible aux hommes. Toutes les communautés religieuses en possession de l'écriture ont composé, rassemblé ou compilé de vastes collections de textes, sur une période allant de quelques dizaines d'années à plusieurs siècles. Ces textes, utilisés dans le culte ou pour l'éducation religieuse, exposent quelques idées fondamentales et racontent parfois l'histoire de la religion. Les textes sacrés sont souvent dits « révélés », c'est-à-dire d'origine ou d'inspiration divine. Mise en forme par une religion en évolution constante, la littérature sacrée contribue elle-même à faire évoluer celle-ci en fonction de la manière dont elle est étudiée et utilisée dans les rites. Les Écritures d'une religion sont le dépositaire de ses principes essentiels et la pierre angulaire des formulations de sa doctrine.

Dans certaines religions, le corpus, ou canon, de la littérature sacrée est clos, et les textes qui le composent relativement anciens. Cela est particulièrement vrai pour le judaïsme, le christianisme et l'islam : la Bible des juifs et des chrétiens, de même que le Coran ont été établis à une époque relativement proche des premiers temps de la religion. Il faut remarquer que le judaïsme et certaines Églises chrétiennes refusent d'intégrer au canon quelques livres se disant inspirés par le message divin (ouvrages dits « apocryphes »). Cependant, les trois grandes religions monothéistes reconnaissent également l'importance religieuse d'autres textes, parfois tout aussi anciens, mais n'étant pas d'origine divine. Dans d'autres religions, le canon est plus ouvert et incorpore des textes relativement récents, ainsi parfois que des textes transmis par voie orale. Dans toutes les religions s'est maintenue une tradition de commentaire et d'interprétation de ce corpus central de textes sacrés, et certaines de ces exégèses ont elles-mêmes acquis le statut de textes vénérables ou même canoniques.

Personnages sacrés ou personnages religieux

Toutes les grandes religions accordent une importance particulière à un ou à plusieurs personnages. Parfois, ce sont des « fondateurs », perçus comme responsables de certains aspects essentiels de la religion voire de son existence. Certains, comme Jésus ou Krishna, sont vénérés comme des incarnations de l'Être suprême. Certains autres, comme Moïse ou Mahomet, ont directement reçu la révélation divine. D'autres encore ont eu l'expérience extraordinaire de l'absolu, comme Bouddha ou Laozi (Lao-Tseu). Les écrits de ces figures sacrées et le récit de leur vie constituent parfois le noyau des textes canoniques d'une religion.

La plupart des religions disposent, outre ces personnages fondateurs, de tout un éventail de personnages respectés ou vénérés soit pour leur vie exemplaire, soit pour leur enseignement, et ayant atteint un degré supérieur de sainteté ou d'illumination. Ce sont des chefs, des maîtres, des guides. D'autres sont célébrés pour leurs vertus d'héroïsme, souvent confrontées à la persécution. Un saint, un sage, un moine, un imam, une nonne, un mystique ou un gourou sont parfois vénérés par toute une communauté religieuse, mais, généralement, leur culte se limite à un petit groupe appartenant à l'origine à une communauté religieuse plus vaste, ou encore à un espace géographique restreint.

Principes éthiques

Les Écritures sacrées et la vie des saints sont la loi et les modèles sur lesquels le croyant et toute la communauté doivent régler leur conduite. Cette loi est parfois formulée de manière claire et concise, comme dans « les Dix Commandements » du judaïsme et du christianisme, ou la « Noble Octuple Voie » du bouddhisme. Dans d'autres cas, comme celui de la Tora judaïque et de ses 613 commandements, ils ont été reformulés à partir des Écritures.

Mais des désaccords se manifestent, au fil du temps, sur la manière d'appliquer les anciens principes à de nouvelles situations. Les questions de morale, individuelle et sociale, font parfois l'objet de débats véhéments, qui peuvent entraîner des schismes et la création de nouveaux sous-groupes au sein d'une religion. Mais, dans tous les cas, chaque communauté, chaque école s'applique à formuler des principes éthiques qui permettront à ses adeptes d'atteindre le but ultime promis par leur religion : le salut, la rédemption, l'Éveil et la « libération » de l'âme.

Lieux du sacré

Dans toutes les religions, certains lieux, temples, mosquées, églises, sanctuaires publics et autels domestiques, servent de point de contact entre le terrestre et le sacré. Ces lieux sont réservés au culte collectif ou privé, aux rituels qui jalonnent la vie (baptême, mariages) et à l'éducation religieuse. Ils servent également de lieux de rassemblement pour les fêtes et autres cérémonies rituelles, et de centres administratifs pour la hiérarchie religieuse. Ces lieux de célébration sont généralement construits dans un style spécifique, où un symbolisme complexe vient souvent s'ajouter à l'influence de l'architecture locale et régionale. Les adeptes de certaines religions adorent certains éléments naturels, montagnes, rivières et sources, et la sacralisation de ces sites remonte souvent à la plus haute antiquité, parfois même à une époque antérieure à la formation de la religion. D'autres sites acquièrent le statut de lieux saints par leur relation avec un personnage sacré. Tout site sacré peut devenir un lieu de pèlerinage.

Rituels

Les religions sacralisent certaines heures du jour et certains moments de l'année, de la vie humaine et même de l'histoire, qui deviennent autant d'occasions de se livrer à des actes de dévotion collectifs ou privés. Les rythmes cosmiques de la lune, du soleil, des planètes et des étoiles sont inscrits dans le calendrier religieux. L'heure du lever et du coucher du soleil est généralement considérée comme sacrée, mais certaines liturgies recommandent aux fidèles d'accomplir des actes de dévotion à d'autres heures du jour, de la semaine ou de l'année. La plupart des religions célèbrent le Nouvel An comme une époque de renouveau dans la vie d'une personne ou d'une communauté – un moment d'optimisme propice à la demande de bénédictions.

Un même site sacré est parfois adopté, à travers l'histoire, par diverses communautés religieuses. Ainsi, la grande mosquée des Omeyyades, à Damas, fut édifiée entre 705 et 710 sur l'emplacement d'une église chrétienne byzantine consacrée à saint Jean-Baptiste, qui remplaçait elle-même un temple gréco-romain dédié à Zeus-Jupiter.

Le jour de la fête des enfants, une jeune fille pratique les ablutions rituelles sur une statuette du Bouddha au temple de Zenko-ji, à Nagano (Japon). De tels rites permettent d'intégrer les jeunes à la vie religieuse de la communauté.

Les rites sacrés (« rites de passage ») célèbrent également des moments importants de la vie humaine, notamment la naissance, la puberté, le mariage, puis la mort. Le culte des ancêtres fait partie de nombreuses religions. Tous ces rites relient l'individu et la famille à la communauté religieuse à laquelle ils appartiennent.

La commémoration des grands événements de l'histoire d'une religion, l'anniversaire de la naissance ou de la mort de son fondateur par exemple, revêtent une grande importance, de même que les pèlerinages vers des lieux associés à des personnes, événements ou objets vénérés.

La mort et l'au-delà

La mort, préoccupation toujours présente à l'homme, occupe une place centrale dans les pratiques et les croyances religieuses. L'instant même de la mort s'accompagne souvent de rituels particuliers, et la plupart des religions envisagent une forme de survie de l'individu après de la mort. L'au-delà, qu'il soit perçu comme le lieu de séjour transitoire ou définitif des morts, est souvent vu sous une forme contrastée : le ciel (séjour du bonheur céleste) est réservé aux élus, et l'enfer (lieu de souffrances infernales) aux damnés. Pour les religions originaires de l'Inde, l'âme se réincarne dans une nouvelle forme physique, supérieure ou inférieure à la précédente, en fonction des mérites ou des fautes accumulés au cours des existences antérieures.

L'objectif qui sous-tend le respect des consignes morales d'une religion est souvent la libération par la mort ou le bonheur éternel en présence de l'être suprême. Pour les bouddhistes, le cycle des réincarnations représente le retour éternel d'une vie de souffrances ; le but est donc de se délivrer de ce cycle. Le judaïsme est l'une des seules religions qui ne se penche pas sur la nature de l'au-delà. C'est pourquoi on ne trouvera pas le thème « La mort et l'au-delà » au chapitre concernant cette religion.

Société et religion

Les grandes religions du monde sont à la fois le fondement et le reflet des valeurs auxquelles se réfèrent les sociétés dont elles sont un élément indissociable. À travers l'histoire, l'influence des chefs religieux s'est toujours fait sentir sur les codes moraux, sociaux et politiques des États, et cela reste vrai de nos jours dans de nombreux pays. Cependant, la multiplication des États laïques a parfois créé des tensions entre autorités religieuses et laïques. Ces tensions s'expliquent du fait que les intérêts de l'« Église » et de l'« État » – où tous autres termes appropriés – sont par nature différents, et que l'on parle d'« ingérence » dès que les communautés religieuses cherchent à se mêler des affaires de l'État. Mais les problèmes auxquels sont confrontés les sociétés modernes soulèvent souvent des problèmes éthiques très voisins des préoccupations essentielles, et parfois séculaires, des religions. Doit-on, par exemple, interdire la guerre en général ou une guerre en particulier, le divorce, l'avortement, les manipulations génétiques, etc. ?

Sa Sainteté le pape Jean-Paul II, accueillie par le président cubain Fidel Castro à l'aéroport de La Havane, le 21 janvier 1998. L'influence du pape sur les peuples catholiques romains a parfois été cause de heurts entre l'Église et les gouvernements, notamment dans les pays communistes tels que Cuba, dont la doctrine officielle prône l'athéisme.

Les adeptes d'une religion se posent souvent la question de savoir s'ils doivent adhérer à la position du gouvernement ou adopter une position indépendante. Deux questions illustrent ce dilemme. La première a trait à l'égalité des sexes. Les religions peuvent-elles continuer d'adhérer à leurs anciens principes (par exemple le refus de la prêtrise pour les femmes) et demander instamment l'amélioration du statut et du traitement des femmes ? L'autre question est celle de la tolérance à l'égard de la diversité culturelle. Lorsqu'une religion, se fondant sur ses textes sacrés et son histoire, affirme depuis des siècles représenter la meilleure ou la seule voie de salut (quel que soit le contenu couvert par ce terme), comment peut-elle simultanément inciter la société à accorder un statut égal à des religions dont les croyances et les pratiques sont radicalement opposées aux siennes ?

Cet ouvrage, œuvre de spécialistes éminents, éclaire ces débats ainsi que d'autres thèmes complexes. Au long de cette étude aussi fiable que passionnante, on s'est penché sur les mystères insondables, les constructions intellectuelles puissantes, la logique et la cohérence irréfutables, et les splendides manifestations de sainteté qui représentent les réalisations les plus remarquables et les plus durables des grandes religions mondiales.

Michael D. Coogan,
Professeur spécialiste des religions, Stonehill College, Easton, Massachusetts,
Directeur des publications, Harvard Semitic Museum

CHAPITRE 1

LE JUDAISME

Carl S. Ehrlich

Le Tétragramme (les quatre lettres Y, H, W, H : le nom de Dieu) est au centre de cette enluminure, tirée d'une Bible hébraïque calligraphiée en Espagne en 1384. Le nom est considéré trop sacré pour être prononcé.

Page ci-contre : le site de Qumran, dans le désert de Judée, près de la mer Morte. Les « manuscrits de la mer Morte », qui contiennent les versions les plus anciennes de certains livres de la Bible, ont été découverts ici en 1947. Ils datent d'avant la destruction du Temple de Jérusalem, en l'an 70.

Page ornée d'enluminures de la première édition imprimée de Arba Turim *(« Quatre Rangées »), célèbre codification de la Loi juive par Jacob ben Asher (Italie, 1475).*

Introduction

Avec treize millions de membres environ, la religion juive est aujourd'hui est la moins importante en nombre des religions mondiales. Elle a eu pourtant une influence et une répartition géographique inversement proportionnelles à sa taille.

Le judaïsme tire son origine dans la religion d'État de l'ancien royaume de Juda, qui fut démantelé en - 586 (voir p. 20-21). La population survivante dut alors adapter une religion nationale à une communauté en exil, dispersée de l'Égypte à la Mésopotamie. Sa réussite se mesure à la fois par le développement du judaïsme lui-même et par la profonde influence qu'il eut sur deux autres grandes religions, le christianisme et l'islam.

La Diaspora (dispersion) répandit le judaïsme dans presque toutes les régions du monde, et la religion se développa sous l'influence des cultures d'accueil. Une influence réciproque (les Juifs étant de grands transmetteurs de savoir), avec, par exemple, les enseignements arabe et grec anciens transmis par les séfarades expulsés d'Espagne (voir encadré p. 24), qui furent un des facteurs majeurs de la Renaissance en Europe.

Le judaïsme, qui est sans doute la plus ancienne religion monothéiste, comporte trois éléments essentiels : Dieu, la Tora et Israël. Il repose sur la croyance en un dieu unique et universel, créateur et souverain de toutes choses. Dieu entretient une relation particulière, ou pacte, avec un peuple, les Juifs, ou un pays, Israël, et leur donne la tâche d'être la « lumière des nations » (Isaïe, 49.6).

Le judaïsme n'entretient pas l'espoir que tous les peuples deviennent juifs, mais celui que le monde entier reconnaisse la souveraineté du Dieu unique. En contrepartie de l'attention de Dieu pour Israël, les juifs doivent respecter les enseignements divins inscrits dans la Tora (voir p. 30-35), le point de rencontre entre Dieu et Israël. Ce livre contient les commandements éthiques et rituels *(mitsvot)* dont la réalisation permet de s'approcher de la morale et de la sainteté divines.

Le terme « Israël » désigne une entité politique historique, un peuple, une nation, une croyance, un groupe social, une culture. L'absence d'une définition claire et univoque est une des raisons pour lesquelles les Juifs continuent de débattre sur la question de savoir « qui est juif » (voir p. 48-51).

Né comme religion d'un État-nation particulier, le judaïsme a dû affronter des siècles d'exil et la question d'identités multiples. Tandis que la religion, avec ses croyances, son mode de vie et ses rituels, de quelque manière qu'ils soient pratiqués, a servi de base à l'identité juive, une conscience historique partagée et une solidarité ethnique globale ont aussi joué un grand rôle. En montrant la voie de la rédemption à venir, le judaïsme ouvre en permanence un dialogue avec son histoire.

Le passé légendaire, rapporté dans les premiers livres de la Bible, fournit un sentiment d'identité communautaire pour des éléments tribaux disparates. Selon le récit célèbre, Dieu, qui avait créé le ciel et la terre, passe un pacte personnel

Les juifs dans le monde

Sur les 13 millions de juifs estimés dans le monde, environ un tiers (4,7 millions) vit en Israël (population totale d'environ 6 millions) et les deux autres tiers dans la Diaspora, avec 5,8 millions aux États-Unis et environ 2,3 millions en Europe.

Jérusalem, qui compte 422 000 juifs sur 603 000 habitants, est la quatrième ville juive après New York (1,75 million), Miami (0,53 million) et Los Angeles (0,49 million) [source : Congrès juif mondial, 1997].

Populations par pays

- 1 million ou plus
- entre 500 000 et 999 999
- entre 250 000 et 499 000
- entre 100 000 et 249 000
- entre 50 000 et 99 999
- entre 25 000 et 49 000
- entre 10 000 et 24 999
- entre 0 et 9 999

Populations urbaines

- villes avec plus de 100 000 juifs
- autres villes

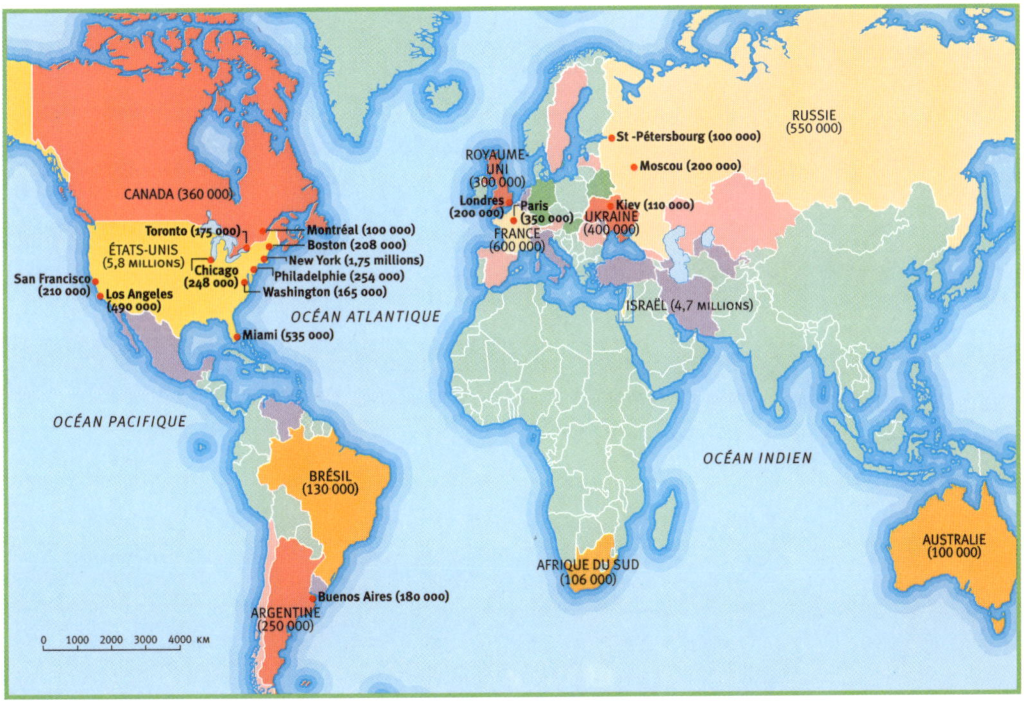

La « ligature » d'Isaac. Mosaïque du VIe siècle, dans la synagogue de Beth Alpha, dans le nord d'Israël. Elle raconte l'épisode de la Genèse (22.1-19) où Dieu éprouve la foi d'Abraham en lui ordonnant de sacrifier son fils.

avec Abraham, un apatride venu de Mésopotamie. En échange de sa foi, Dieu promet à Abraham une patrie dans le pays de Canaan – la terre d'Israël – et une nombreuse descendance. Le petit-fils d'Abraham, Jacob (à qui Dieu donne un nouveau nom : Israël), part en Égypte avec ses fils et sa famille, pour fuir la famine. Tous servent Pharaon, et leurs descendants deviennent des esclaves jusqu'à ce que Dieu les libère.

Conduits par Moïse, les fils d'Israël quittent l'Égypte (épisode de l'Exode) et se rendent au mont Sinaï, où ils concluent un pacte éternel avec Dieu (dans la tradition juive, il s'agit de l'événement originel de l'histoire des Juifs et de la naissance du monothéisme). Mais, manquant à leur foi, les israëlites sont condamnés à errer dans le désert pendant quarante ans avant d'entrer en vainqueurs dans la terre promise de Canaan, sous Josué, successeur de Moïse.

Sous la pression des peuples autochtones de Canaan et des Philistins nouveaux venus, les douze tribus d'Israël doivent se résoudre à s'unir autour d'une monarchie. Après le premier roi, Saül, les règnes de David et de Salomon marquent un âge d'or resté depuis le modèle des aspirations juives. Cependant, de nouvelles transgressions obligent Dieu à punir les juifs, qui perdent alors leur sanctuaire national et leur patrie. Mais ils conservent toujours l'espoir qu'un repentir sincère leur permettra de rétablir avec Dieu leur relation privilégiée. Tout au long de leur histoire, les Juifs ont vu une raison d'espérer dans ce récit orgueilleux qui est aussi une mise en garde. Puisque Dieu les a protégés dans le passé, Dieu devrait, de la même façon, les protéger maintenant et dans l'avenir.

Chronologie

- **Avant – 1200** • Époque des patriarches Abraham, Jacob et autres ancêtres d'Israël ; le départ en Égypte ; l'Exode ; la conquête de Canaan
- **De – 1200 à – 1000** • Formation d'Israël ancien comme groupe ethnoreligieux
- **Vers – 1000** • David devient roi
- **Vers – 960** • Accession au trône de Salomon, qui fait construire le Temple
- **Vers – 925** • Israël se scinde en deux royaumes rivaux, Israël et Juda
- **– 722** • Israël succombe devant les Assyriens ; activité du prophète Isaïe
- **– 586** • Juda succombe devant les Babyloniens ; le Temple est détruit et les classes dirigeantes déportées ; Ezéchiel est actif en exil
- **– 538** • Cyrus II de Perse autorise les retours des exilés en Judée et la reconstruction du Temple
- **– 458** • Esdras à Jérusalem
- **– 164** • Nouvelle consécration du Temple par les Asmonéens
- **– 63** • La Judée passe sous l'influence directe de Rome
- **De 66 à 73** • Première guerre juive contre Rome
- **70** • Le Temple est rasé ; Yohanan ben Zakaï fonde l'académie de Yavné
- **132-135** • Seconde guerre juive (révolte de Bar Kokhva) ; martyre du rabbin Akiva
- **Vers 200** • Publication de la *Mishna*, sous l'autorité de Juda le Prince
- **Vers 400** • Compilation du Talmud de Jérusalem
- **Vers 500** • Compilation du Talmud de Babylone
- **882-942** • Vie de Saadia Gaon, président de l'académie de Soura, en Babylonie
- **1040-1105** • Vie de Rashi, commentateur biblique juif français
- **1096** • Massacre des Juifs de Rhénanie pendant la première croisade
- **xe-xiie siècles** • « Âge d'or » des Juifs d'Espagne
- **1135-1204** • Vie de Maimonide
- **1492** • Expulsion des Juifs d'Espagne
- **1648-1649** • Massacre des Juifs d'Ukraine
- **1665-1666** • Activité de Sabbataï Tsevi, dit le « Messie mystique »
- **1789-1791** • La Révolution française inaugure l'émancipation des Juifs d'Europe de l'Ouest
- **1844** • Premier synode des mouvements de la réforme à Brunswick (Allemagne)
- **1897** • Premier congrès sioniste à Bâle (Suisse)
- **1933-1945** • La politique antisémite du gouvernemen nazi aboutit au massacre systématique des deux tiers des Juifs d'Europe (Shoah)
- **1948** • Proclamation de l'État d'Israël, le 14 ma
- **1967** • Israël envahit la bande de Gaza, Jérusalem Est et la Cisjordanie, les hauteurs du Golan et la péninsule du Sinaï pendant la troisième guerre israélo-arabe, la guerre des Six-Jours
- 1972 • Le judaïsme réformé ordonne la première femme rabbin
- **1973** • Victoire d'Israël sur les pays arabes dans la guerre surprise du Kippour
- **1977** • Mise en route du processus de paix israélo-arabe
- **1995** • Les accords d'Oslo orientent le processus de paix vers la coexistence pacifique israélo-arabe
- **1995** • Assassinat de Yitzhak Rabin

L'histoire des Juifs a été trop souvent présentée comme une suite de catastrophes. Depuis la période hellénistique (de - 330 à - 63), la singularité juive a été souvent incomprise et tournée en dérision. Si les régimes musulmans ont parfois persécuté les Juifs, l'Europe chrétienne a fait de l'antijudaïsme une pratique courante.

Pour cette religion encore marquée par les effets de la persécution nazie (1933-1945), l'attention particulière portée à la souffrance du peuple juif est compréhensible, mais c'est une base précaire pour construire une identité. De là, une tendance récente chez les Juifs à porter l'accent sur les aspects positifs de l'existence juive. On s'intéresse davantage aux grandes créations littéraires du judaïsme : la Bible, le Talmud, la poésie, la philosophie, la théologie et la morale. Dans le même temps, c'est une période de créativité intense, où beaucoup de Juifs autrefois non pratiquants redécouvrent la joie fondamentale inhérente à la pratique du mode de vie juif.

Un facteur majeur de cette redécouverte d'un « judaïsme positif » a été la création de l'État d'Israël. Les questions politiques, ainsi que les définitions du Juif et du judaïsme, ont été sources de tensions entre Israël et les communautés de la Diaspora. L'État d'Israël est néanmoins l'un des pôles autour duquel tourne la vie juive à l'époque moderne.

Le judaïsme, souvent préoccupé par les questions existentielles, est aujourd'hui assez assuré pour s'intéresser aux problèmes internes d'intérêts religieux et ethnique. Cette attention portée aux préoccupations internes est un signe de santé et d'espoir en un avenir fructueux.

Le lieu mythique du mont Sinaï, aujourd'hui en Égypte. Selon la Bible hébraïque, c'est au mont Sinaï que Dieu a transmis la Loi à Moïse, entrant ainsi dans une alliance éternelle avec son peuple.

Grenade en ivoire, faisant probablement partie de la décoration du Temple construit par le roi Salomon vers - 950. L'inscription en hébreu, partiellement lisible, dit « propriété de [la maison de YHWH ?], saint des prêtres ».

Naissance d'une foi

La plus ancienne référence aux Israélites que l'on connaisse est l'inscription sur la Stèle d'Israël, érigée par Mérneptah, pharaon d'Égypte qui régna de - 1235 à - 1224. Il existait donc à cette époque une entité ethnique nommée « Israël » dans les montagnes du centre en terre de Canaan. Pendant les deux siècles suivants, l'« âge de fer I » des archéologues (de - 1200 à - 1000), un net accroissement des implantations se produit dans les collines du centre. Il semble probable que les différentes tribus s'allièrent dans un État-nation au cours de la transition vers l'« âge de fer II » (de - 1000 à - 586), tandis que de nombreux autres petits États se créaient dans la région.

Une inscription du IXe siècle av. J.-C., récemment découverte à Tel Dan, dans le nord d'Israël, mentionne David comme fondateur d'une dynastie ; mais les gloires légendaires de la monarchie israélite unifiée n'ont pas été attestées par l'archéologie. Après la mort de Salomon, le royaume s'est divisé en deux États rivaux : Israël, au nord, et Juda, au sud.

Avant sa destruction par les Assyriens en - 722, le royaume d'Israël était le plus vaste et le plus riche et son entité étatique la plus significative. Toutefois, du fait que la Bible a été écrite par des copistes originaires de Juda, elle présente constamment une image négative du royaume du Nord. Son opinion de Juda était plus différenciée, même si les jugements sont prononcés selon des critères davantage théologiques que politiques. Par exemple, le roi Ezéchias, dont le règne désastreux vit le royaume se réduire à Jérusalem et ses environs, est loué pour sa fidélité religieuse.

Plus tard, en - 586, Nabuchodonosor, roi de Babylone, conquit le royaume de Juda, détruisit le Temple de Jérusalem et son centre religieux (voir p. 40-43)

Le monothéisme israélite

Les textes découverts au Proche-Orient ont permis de situer la religion hébraïque dans un contexte culturel plus large. Plusieurs mythes bibliques, tout comme l'iconographie et les termes utilisés pour qualifier le caractère divin, ont des équivalences chez les voisins d'Israël. Le lien le plus frappant est celui existant avec la religion des Cananéens, que les Israélites chassèrent probablement de leur pays.

La validité historique d'un exode de grande ampleur depuis l'Égypte est peu plausible et des questions se posent quant à la personnalité de Moïse et son rôle dans l'introduction du monothéisme. Une minorité de spécialistes continue d'accepter le modèle biblique selon lequel un monothéisme pur a été introduit dès le début de l'histoire de la nation, mais la tendance dominante suppose que la religion d'Israël a connu un développement long. La formation de l'entité nationale gravite autour de la divinité nationale YHWH (voir p. 26). Toutefois, il semblerait que les premiers israélites n'aient pas vu en YHWH un dieu unique. L'existence d'autres divinités, au service d'autres nations, n'était pas explicitement rejetée avant la fin de l'époque du Premier Temple (avant l'exil à Babylone). C'est au VIIIe siècle av. J.-C. que l'idée d'une union sacrée d'Israël avec Dieu est mentionnée pour la première fois par le prophète Osée. L'exclusivité induite par cette notion – c'est-à-dire qu'Israël doit obéissance à un seul Dieu – a conduit à long terme à l'idée qu'il n'existe qu'*un seul* Dieu contrôlant tout le destin de l'humanité. Quelle que soit son origine, ce concept théologique radical a permis aux Judéens de se raccrocher à leur foi, même après avoir perdu leur indépendance nationale.

et déporta l'aristocratie judéenne ; mais les exilés conservèrent leur religion nationale, première expérience pour le judaïsme de l'exil qui allait durer pendant tant de siècles.

Pour conserver leur identité, les Judéens en exil (« Judéen » est à l'origine du mot « Juif ») furent contraints d'adapter leur religion. Le dieu national judéen fut alors réinterprété comme Dieu universel de l'histoire de l'humanité. Ainsi, les désastres qui avaient frappé les Judéens ne signifiaient pas le triomphe de Babylone et de ses divinités, mais le châtiment que le Dieu unique leur avait envoyé. Cette théologie mena à un examen approfondi de la relation entre l'humain et le divin et des exigences rituelles et morales que cela supposait. Le besoin de préserver – certains érudits diraient également : de formuler – les traditions anciennes des exilés se mêlait à ces questions : c'est ainsi que commença la tradition scolastique juive qui donna naissance à de nombreux écrits de la Bible.

L'Empire babylonien fut renversé en - 539 par les Perses, qui autorisèrent les exilés à rentrer chez eux et à reprendre leurs pratiques religieuses. Un petit nombre de juifs rentra en Judée et reconstruisit le Temple, qui fut consacré en - 515. Le judaïsme possédait de nouveau un sanctuaire central et une autonomie relative. Ainsi débuta une configuration où coexistaient la présence juive en terre d'Israël et une communauté dispersée de par le monde, appelée collectivement « Diaspora » (« dispersion »).

Les plus anciennes communautés de la Diaspora furent celles de Babylone et d'Égypte. Durant la période perse (- 539 à - 330), la loi religieuse juive et la loi communale furent réunies en une seule, sous la conduite des anciens exilés Ezra et Néhémie. Cette structure régulatrice permit aux Juifs de la Diaspora de conserver une certaine autonomie au sein des différentes cultures d'accueil.

À la suite des conquêtes d'Alexandre le Grand (- 356 à - 323), la Judée tomba sous la domination grecque, et ses successeurs poursuivirent sa politique d'hellénisation en imposant la culture grecque dans ses territoires. Dans le domaine religieux, cela impliquait d'identifier les divinités des peuples conquis avec celles du panthéon grec. La société juive se divisa entre hellénistes, qui prônaient une adaptation rapide au système hellène, par essence très ouvert et tolérant, et piétistes, qui jugeaient ce système contraire au monothéisme exclusif de la religion juive.

Le souverain grec Antiochos IV Épiphane (- 175 à - 164), dont le royaume comprenait la Judée, fit cause commune avec les Juifs hellénistes, et cette évolution aboutit en - 167 à l'interdiction de certaines pratiques religieuses et la construction d'un autel dédié à Zeus dans le Temple. Conduits par le prêtre Mattathias et son fils Judas Maccabée, les piétistes se révoltèrent, récupérèrent une relative autonomie pour la Judée et consacrèrent de nouveau le Temple profané en - 164 (voir aussi p. 44-47). Curieusement, la dynastie asmonéenne fondée par les rebelles devint l'un des plus actifs défenseurs de la culture hellène, jusqu'à ce que le royaume de Judée, ruiné par la corruption, tombe aux mains des Romains, en - 63.

La Bible et l'archéologie

L'archéologie biblique est une discipline fondée au XIXe siècle afin de prouver l'authenticité de la Bible. Dans un sens, elle y est parvenue : on sait maintenant beaucoup plus de choses sur le monde dans lequel s'est déroulée l'histoire biblique d'Israël, et certains aspects de ce monde peuvent être dessinés pour former le cadre conceptuel du récit biblique. Toutefois, l'interprétation théologique de l'histoire d'Israël selon la Bible reste au mieux non confirmée, au pire contredite par l'archéologie. Par exemple, les milliers de textes anciens découverts ne mentionnent ni Abraham, ni Sarah ou d'autres ancêtres d'Israël. Moïse n'y figure pas plus qu'un séjour des Israélites en Égypte. La conquête de Canaan par Josué, les règnes glorieux de David et Salomon n'ont pas davantage été attestés par l'archéologie. La tendance actuelle est de considérer la Bible et l'archéologie comme deux entités distinctes, leurs rapports donnant lieu à des débats animés.

Miniature représentant le roi David jouant de la harpe, tirée d'un manuscrit en hébreu (fin du XIIIe siècle) du nord de la France. Les juifs vénèrent David : ils voient en lui le fondateur de l'âge d'or de l'Israël ancien et l'auteur de nombreux psaumes.

Langues juives

Au cours des siècles, les Juifs ont adopté les langues des divers pays où ils se sont installés, les adaptant à leurs besoins. Des langues juives distinctes se sont formées à partir de certaines langues d'accueil, comme le ladino, à partir de l'espagnol, et le yiddish, à partir de l'allemand. Puisque la Bible est le texte fondamental que se partagent tous les juifs, l'hébreu est la langue qu'ils ont en commun dans le monde. En tant que langue des Écritures, l'hébreu lui-même s'est vu entouré d'une aura de sainteté. Depuis toujours, l'hébreu permet aux juifs de communiquer et de prier ensemble. La naissance du sionisme, au début du XXᵉ siècle, a permis le renouveau de l'hébreu comme langue vivante n'étant plus réservée à la religion.

D'Hérode à Herzl

Le judaïsme tel qu'il est connu et pratiqué actuellement est né des bouleversements de la Palestine sous la domination romaine. À l'époque, les Romains gouvernaient par l'intermédiaire d'une dynastie juive de clients, fondée par Hérode le Grand (qui régna de - 37 à - 4), roi impitoyable mais efficace, que beaucoup de Juifs soupçonnaient d'être le descendant de convertis au judaïsme par la force. Son règne est marqué par un programme architectural ambitieux qui comprend la reconstruction du Second Temple à une grande échelle.

Son fils Archélaos lui succéda et se révéla un tel tyran que les Romains le déposèrent en l'an 6. À partir de cette date, la Judée fut gouvernée pendant des dizaines d'années par des préfets romains. Les Juifs finirent par se révolter contre l'occupant, en 66, mais, après quelques succès initiaux, la révolte (première guerre des Juifs) succombe à la puissance écrasante de la Rome impériale. Après un siège éprouvant, Jérusalem est conquise et le Temple rasé (70). À la fin d'une seconde tentative de soulèvement pour briser le contrôle romain sur la Palestine (révolte de Bar Kokhva, ou seconde guerre des Juifs, 132-133), les Juifs sont bannis temporairement de Jérusalem. Les aspirations nationales juives sont brisées pour près de vingt siècles.

Pendant le siège de Jérusalem, au cours de la première guerre juive, un rabbin, Yohanan ben Zakai, obtient des Romains l'autorisation de fonder une école rabbinique juive à Yavné, situé près de la côte, entre le futur Tel-Aviv et Ashdod.

Défilé de troupes romaines portant les objets pris au cours du pillage du Temple en l'an 70. Arche de Titus, à Rome (81 apr. J.-C.).

Pharisiens et autres groupes

De nombreux groupes juifs ont existé pendant les deux derniers siècles de la période du Second Temple (- 164 à 70), par exemple les sadducéens, les esséniens, les zélotes, les pharisiens et les partisans de Jésus. Les sadducéens composaient le parti sacerdotal de Jérusalem. Les esséniens formaient une secte semi-monastique qui fuyait le contact avec la société ; ce sont eux qui auraient caché à Qumran, lors de la première guerre juive, les manuscrits de la mer Morte. Les zélotes étaient, comme leur nom l'indique (du grec *zélotês*, « fanatique »), des fanatiques antiromains. Les seuls groupes qui aient survécu à la destruction du Temple en 70 sont les pharisiens et le mouvement de Jésus. Ce dernier donna naissance au christianisme (voir p. 58-59), tandis que les pharisiens, conduits par Yohanan ben Zakai (voir texte principal), furent à l'origine du judaïsme rabbinique.

La caractéristique des pharisiens était qu'ils croyaient non seulement à la Tora écrite (la Bible) mais également à la Tora « orale », ensemble de lois transmises oralement depuis que Dieu les avait octroyées à Moïse, et constamment réinterprétées (voir p. 30-35). Les pharisiens ont démocratisé l'enseignement religieux : leurs académies étaient ouvertes à tous et le rabbin était idéalement un homme formé à un métier. La croyance en l'au-delà leur a permis de supporter leur lot de difficultés en ce monde.

Dans le nord d'Israël, à Tibériade, sur la rive occidentale du lac, des visiteurs se recueillent sur la tombe de Yohanan ben Zakai, fondateur de l'académie de Yavné à la fin du Ier siècle.

Ben Zakai se rend compte que l'avenir du judaïsme n'est pas dans une vaine révolte armée contre Rome, mais dans la tradition scolastique représentée par la secte des Pharisiens (voir encadré ci-dessus).

En quelques années. le centre de la vie juive et de l'enseignement en terre d'Israël s'est déplacé dans les académies de Galilée, où des générations d'étudiants analysent en détail la loi et la coutume juives, ainsi que leurs conséquences sur la vie quotidienne.

Cet enseignement se répand hors de Palestine, dans les grandes écoles juives de Babylone, qui en produisent vers l'an 500 une remarquable réussite : le Talmud de Babylone, qui fut l'œuvre la plus influente du judaïsme pendant un millénaire et demi (voir p. 30-35). Le judaïsme est entré dans une longue période d'introspection savante, pendant laquelle la plupart de ses membres vivent une existence précaire au sein de cultures dominantes qui leur sont souvent hostiles.

À l'apogée de l'Empire romain, on estime qu'à Rome un habitant sur dix était juif. De plus, un grand nombre de « gentils » (non juifs) étaient attirés par le judaïsme, mais ne se convertissaient pas en raison de la difficulté de certains rites, par exemple la circoncision pour les hommes.

Le christianisme prêché par Paul (voir p. 60-63), né du judaïsme, n'imposait pas d'exigences spécifiques et présentait plus d'attraits aux gentils attirés par le monothéisme moraliste. Le christianisme devint la religion d'État des Romains

Les Khazars

Vers 740, le roi et les dirigeants d'un peuple turc, les Khazars, se convertirent au judaïsme. On ne connaît pas la raison de cette conversion, même si on peut la relier à leur position précaire entre les chrétiens byzantins et le monde musulman.

Les Khazars se sont maintenus comme entité nationale judaïque pendant près de deux siècles avant d'être conquis par la Russie. Un siècle et demi après leur chute paraît le *al-Khazari*, célèbre dialogue philosophique du poète espagnol Juda Ha Levi (mort en 1141) : l'ouvrage raconte comment le roi des Khazars débat successivement des mérites du judaïsme, du christianisme et de l'islam, et, selon l'auteur, le judaïsme l'emporte grâce à la logique de ses arguments.

en 392 ; après quoi, les gouvernements chrétiens promulguèrent des lois discriminatoires pour illustrer le supposé rejet des juifs par Dieu.

L'histoire des juifs dans la chrétienté est une suite presque ininterrompue de persécutions : massacres, expulsions, conversions forcées étaient habituelles. Les juifs étaient accusés de catastrophes naturelles, comme la peste noire (1348-1349).

En Europe, la plupart des professions leur étaient interdites et ils n'avaient pas d'autre choix que de devenir marchands ou usuriers (cette dernière profession étant interdite aux chrétiens). Longtemps restreints dans leur choix de domicile, ils furent peu à peu obligés de vivre, à partir du XVIe siècle notamment, dans des quartiers réservés appelés « ghettos », d'après le nom du quartier de Venise où était installée la première communauté.

Séfarades et Ashkénazes

Le judaïsme fait une distinction importante entre Séfarades (« Ibériques »), originaires des communautés juives de l'Espagne médiévale, et Ashkénazes (« Germains »), issus de la Lotharingie médiévale. Les Séfarades se sont trouvés pris entre christianisme et islam, qui guerroyaient pour le contrôle de la péninsule Ibérique. Entre le Xe et le XIIe siècle, sous le gouvernement musulman, les Juifs connaissent la prospérité d'un âge d'or, une période féconde pour la civilisation juive et son influence. L'invasion des Almohades, musulmans intolérants, met fin à toute vie juive significative au milieu du XIIe siècle.

La Reconquista chrétienne apporte son lot de persécutions et aboutit, en 1492, au décret d'expulsion de tous les juifs qui refusent de se convertir. Ceux qui partent se dirigent vers les Pays-Bas, l'Afrique du Nord, l'Italie et l'Empire ottoman. Quelques Séfarades gagnent alors même les Amériques. Les exilés ont joué un rôle primordial dans la transmission de la culture arabe, ce qui joua un grand rôle lors de la Renaissance européenne.

À Jérusalem, un jeune Séfarade porte le rouleau de la Tora lors de sa bar-mitsva.

Au Moyen Âge, les communautés juives ashkénazes s'implantent en pays germanique le long du Rhin, mais elles sont décimées par la première croisade, en 1096. Elles se reconstituent en Europe du Nord, en se déplaçant vers la Lituanie, dont la capitale Vilna devient pour beaucoup la « nouvelle Jérusalem ».

Au XXe siècle, la plus forte concentration d'Ashkénazes se trouve en Pologne et en Russie, malgré les rigueurs et les restrictions ambiantes. La plus grande partie de ces communautés ont été désintégrées par l'émigration de masse (vers les États-Unis principalement) et par la Shoah.

Un troisième groupe, souvent considéré à tort comme séfarade, est celui des Juifs dont les ancêtres s'étaient fixés au Moyen Orient, les *Edot ha-Mizrah* (« Communautés de l'Est »). Chacun de ces groupes possède sa propre culture, sa propre histoire. Pendant près d'un millénaire, la communauté juive de l'ancienne Babylone a joué le rôle de phare et un autre groupe important vivait au Yémen ; la majorité des juifs de ces communautés ont émigré en Israël après 1948.

Il existe encore d'autres communautés juives, dont l'implantation très ancienne ne permet pas une classification nette : il s'agit des Juifs de Chine, d'Inde et d'Éthiopie.

La situation du peuple juif en terre islamique a pu aussi être précaire, mais, dans les périodes de tolérance, il s'y épanouit d'une manière qui aurait été impensable dans la chrétienté, exerçant les professions de médecins, de marchands, de fonctionnaires de justice, d'hommes de science ou de poètes. À cet égard, l'âge d'or des Juifs de l'Espagne musulmane (du Xe au XIIe siècle) représente un sommet.

Les Juifs jouèrent un rôle important d'intermédiaires entre les cultures. Les communautés juives d'Europe, d'Asie et d'Afrique du Nord furent partie prenante, depuis le début de leur existence, du commerce international et, grâce à un don pour les langues, un vecteur primordial d'échange de savoir.

La dureté des conditions de vie en Europe occidentale et centrale entraîna de nombreuses communautés vers l'Europe orientale, où la situation était cependant à peine meilleure. Face à cette situation désespérée, un nombre grandissant de Juifs se tournèrent vers une spéculation mystique messianique, source d'espoir dans un monde hostile. De nombreuses figures messianiques, des « pseudo-Messies », apparurent ; le plus célèbre d'entre eux est Sabbataï Tsevi (1626-1627), de Smyrne, en Turquie (voir encadré p. 29).

À partir du XVIIIe siècle, la condition des Juifs, parias de la société chrétienne européenne, sembla s'améliorer avec les Lumières, période à l'origine de leur émancipation dans beaucoup de pays. Pour la première fois, ils obtenaient les mêmes droits civiques que les autres communautés dans certains pays d'Europe et dans le Nouveau Monde ; toutefois, ils n'étaient pleinement acceptés qu'en échange du baptême, et beaucoup achetèrent leur entrée dans la société au prix de leur judaïsme. Ceux qui, à l'inverse, refusèrent d'y renoncer furent au centre du mouvement de réforme du début du XIXe siècle. Certains approuvèrent les innovations radicales des réformistes, d'autres considérèrent ces derniers comme des renégats. Le résultat fut la division du judaïsme en ses trois courants actuels : réformé, conservateur et orthodoxe (voir p. 48-51).

Vers la fin du XIXe siècle, le développement des théories sur l'inégalité des races, détournements des théories évolutionnistes de Darwin, donna naissance à une nouvelle forme d'antijudaïsme : l'antisémitisme (voir texte en marge ci-contre). Ce sinistre phénomène atteignit son paroxysme avec le meurtre des deux tiers des Juifs d'Europe – un tiers de tout le peuple juif – au cours de la Shoah (1941-1945), nom donné au massacre systématique auquel aboutit la politique antisémite de l'Allemagne nazie (1933-1945).

Les aspirations juives ne se terminent pas avec cette catastrophe sans précédent. Un autre mouvement juif, le sionisme, apparut à la fin du XIXe siècle, fondé par Theodor Herzl (voir texte en marge p. 37) et inspiré, entre autres, par des courants nationalistes européens. Son nom vient de Sion, nom poétique de la Jérusalem ancienne.

Le sionisme a vu une solution à l'éternelle « question juive » dans le retour des Juifs dans leur ancien foyer, la Palestine, et le rétablissement de leur existence comme nation. En 1948, selon le plan de partition des Nations unies de l'année précédente, une entité nationale juive s'établissait en terre d'Israël, mettant fin à dix-neuf siècles pendant lesquels les Juifs avaient été privés de représentation de leurs droits.

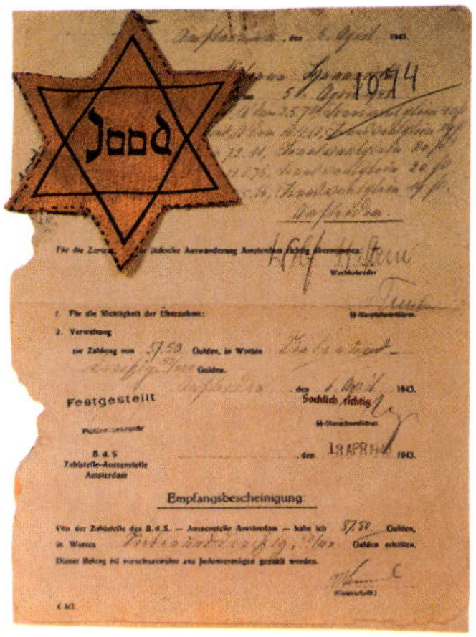

Papiers d'identité et étoile de David portant le mot Jood (« juif » en hollandais), émis par les autorités d'occupation nazies à Amsterdam, en 1943. L'étoile devait être cousue sur les vêtements pour identifier comme juif celui qui la portait.

« *Antisémitisme* »

Le terme « antisémitisme » désigne à l'heure actuelle toute manifestation d'antijudaïsme, qu'elle soit d'ordre racial, religieuse ou politique. En fait, cette utilisation est souvent anachronique. Le mot « antisémitisme » a été utilisé pour la première fois en Allemagne par l'agitateur politique Wilhelm Marr qui transforma le sentiment antireligieux traditionnel contre les Juifs en haine raciale. Le succès déplorable qu'a connu ce point de vue a mené à l'adoption du terme par les mouvements politiques racistes antijuifs, actifs à la fin du XIXe siècle et au début du XXe, parmi lesquels le plus tristement connu est le parti national-socialiste de Hitler (parti nazi).

L'alliance éternelle

La Bible mentionne plusieurs types d'alliance (*brit*, en hébreu) avec Dieu. La première marque la relation personnelle de l'être avec la divinité, par le rite de la circoncision pour les hommes (*brit mila*, « alliance de la circoncision »). L'alliance entre la divinité et le peuple est symbolisée par le pacte conclu au mont Sinaï : cette alliance entre Dieu et Israël est calquée sur le modèle des traités du Proche-Orient ancien, par lesquels les grands seigneurs formalisaient les rapports avec un vassal. Dieu délivre les Israélites de l'esclavage et, en retour, ils reconnaissent sa souveraineté en appliquant les commandements divins. Le respect des commandements est donc l'obligation du judaïsme envers son Dieu qui, en retour, protégera les juifs tout au long de leur histoire. Enfreindre cette relation est considéré par les deux parties comme une transgression injustifiable. La relation spécifique qui lie Israël et Dieu se retrouve dans le *Shema*, profession de foi fondamentale du judaïsme, qui tire son nom du premier mot du Deutéronome 6.4 : « Écoute *[Shema]*, Israël, YHWH est notre Dieu, YHWH seul » (ou « YHWH est notre Dieu, YHWH est un »). Dans une version développée de cette prière, ce verset s'accompagne d'autres versets du Deutéronome et des Nombres.

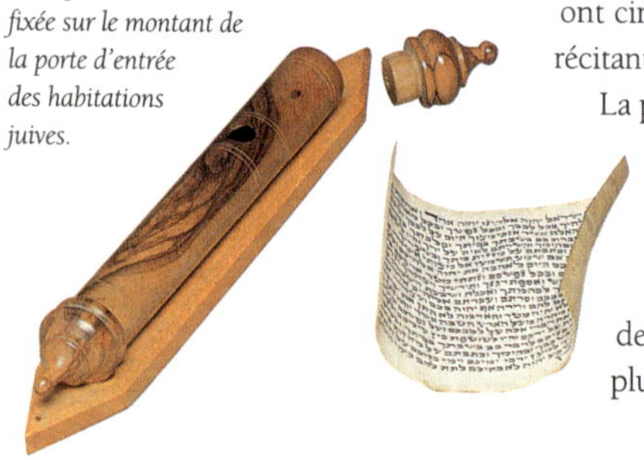

Une mezuza, avec le rouleau de parchemin qu'elle contient, portant calligraphiés les mots de la prière Shema. *La mezuza est fixée sur le montant de la porte d'entrée des habitations juives.*

Dieu suprême

Le Dieu du judaïsme est transcendant, au-dessus de la nature et du monde. Son immanence est toutefois présence au monde car Dieu dialogue avec l'homme par différents moyens.

La tradition kabbalistique du *tsimtsum* (« contraction » du divin) affirme que Dieu, tout en étant omniscient et omnipotent, a volontairement renoncé à une part de son contrôle sur le monde ; il a accordé le libre arbitre à l'homme, afin de lui donner une chance de prouver son degré de maturité.

En tant que créateur, Dieu est l'ultime réalité derrière toute existence terrestre, un dieu de l'histoire qui dote l'histoire d'un sens moral. L'essence de Dieu est bonté mais le judaïsme n'est pas dualiste : c'est Dieu qui a créé toute chose.

Pour savoir pourquoi le mal et la souffrance existent dans le monde, les théologiens utilisent la notion de *tsimtsum* pour expliquer le triomphe temporaire de la tendance de l'homme à faire le mal. Mais l'énormité de la Shoah a provoqué une crise au sein de la théologie juive, où certains penseurs s'interrogent à la fois sur la nature et l'existence même de Dieu.

Le judaïsme insiste sur le fait que l'homme est contraint d'utiliser une langue et des métaphores limitées pour qualifier un Dieu qui, par nature, ne peut être défini par des mots ; on peut tout au plus dresser la liste, débattre et tirer des enseignements des qualités de Dieu, les deux plus importantes étant la justice et le pardon.

Dans certains cercles juifs contemporains, on a comparé ces qualités aux aspects masculin et féminin de Dieu. De même que Dieu doit être prêt à récompenser et punir ses enfants comme un père, la divinité manifestera une compassion maternelle envers ses enfants.

Le Dieu d'Israël a aussi un nom, utilisé pendant la période biblique. Il s'agit du tétragramme, les quatre lettres d'un mot indicible, transcrites en hébreu par les consonnes Y, H, W, H (voir illustration p. 15). Dans le judaïsme postbiblique, YHWH était considéré comme trop saint pour être proféré et des substituts ont été inventés pour éviter d'avoir à le prononcer.

Le plus utilisé est *Adonaï* (« Seigneur ») ; pour certains juifs, *Adonaï* même est devenu trop saint pour être prononcé en dehors de la prière, et d'autres vocables ont circulé, comme *Ha-Shem* (« le Nom »). On peut aussi se référer à Dieu en récitant les qualités divines (« le très Saint », « le Miséricordieux »).

La présence de Dieu au monde s'exprime dans la *Shekhina*, nom féminin qui est à l'origine de spéculations mystiques autour de la question des aspects masculin et féminin de Dieu ; la *Shekhina* est une idée importante pour la théologie féministe moderne.

En opposition avec des approches plus rationnelles du divin, il existe depuis longtemps des courants mystiques forts dans la religion juive, le plus influent étant la kabbale (voir texte en marge p 32).

Représentations du divin

À la différence des dieux des païens, représentés sous différentes formes anthropomorphiques et animales, le Dieu du judaïsme est sans forme, invisible et au-delà de toute capacité humaine à l'appréhender. Le judaïsme a toujours souligné cela en évitant les représentations artistiques qui pourraient être interprétées comme des tentatives de montrer le divin. Cette interdiction est codifiée dans le deuxième commandement (Exode 20.4-6, Deutéronome 5.8-10).

L'interprétation de ce commandement a suscité des tensions entre les iconoclastes – qui bannissent toute représentation divine dans l'art – et ceux qui l'autorisent dans presque toute situation. À la fin des époques romaine et byzantine, des rabbins, qui n'auraient pas toléré d'icônes dans le culte divin, officiaient dans des synagogues ornées de sols en mosaïque (voir p. 18) et, à Dura-Europos (Syrie) au moins, aux murs décorés de scènes bibliques. Certaines de ces mosaïques représentent même des sujets non juifs, comme le dieu grec du Soleil, Hélios. Mais le contexte juif était censé dépouiller ces images de toute signification religieuse ; elles pouvaient ainsi représenter le cycle universel de la vie.

Au cours des siècles, on est passé d'un extrême à l'autre. Toutefois, comme le montre la richesse de l'iconographie juive dans l'histoire, le judaïsme a toujours eu une tradition artistique figurative, même si elle était souvent limitée.

Fragment d'un manuscrit de la Hagada *(Allemagne, vers 1300). L'artiste a donné aux personnages bibliques des têtes d'oiseaux, pour ne pas être accusé d'avoir créé une image divine.*

Messianisme et rédemption

L'idée messianique, développée dans le judaïsme en réaction à la catastrophe nationale, concrétise l'espoir d'un peuple en situation souvent précaire. Le mot même de « Messie » est une transcription de l'hébreu *mashiah*, « celui qui a reçu l'onction » d'huile par Dieu, dans une intention particulière.

Dans la Bible, différentes personnes sont qualifiées de Messie pour avoir reçu l'onction, qu'il s'agisse de rois, de prêtres, de prophètes, voire même de non-juifs. Mais la Bible ne rattache pas ces personnages au concept plus tardif du Messie qui doit inaugurer la rédemption de la fin des temps, même si des passages ont été souvent utilisés pour appuyer l'une ou l'autre des visions messianiques.

D'autres textes bibliques, datant de l'exil babylonien et des périodes postérieures à l'exil, expriment l'espérance qu'Israël connaîtra de nouveau la liberté sous le règne glorieux d'un membre de la dynastie de David. D'autres textes font eux mention du désir d'un second Aaron comme grand prêtre, ou d'un second Moïse qui inspirerait de nouveau le pays par ses dons prophétiques.

Au temps du Second Temple, ces espoirs dans l'avenir se sont combinés, de différentes manières, avec des aspects de la pensée apocalyptique. Le résultat est l'idée de la venue imminente d'un Messie qui sauvera personnellement les juifs de l'oppression et introduira le royaume de Dieu, ou bien qui régnera dans la gloire lorsque que Dieu aura sauvé les juifs. Lorsque l'oppression se fit plus dure au temps d'Hérode et des Romains, un certain nombre de pseudo-Messies appa-

Le prophète Élie au mont Carmel, tel qu'il est décrit dans les Rois 1.18. À l'époque rabbinique, on a souvent cru que la réapparition d'Élie annoncerait la venue du Messie à la fin des temps, une idée issue du livre de Malachie : « Voici, je vais vous envoyer Élie, le prophète, avant que le jour grand et redoutable de l'Éternel vienne » (Ml 3.23 dans la Bible hébraïque ; Ml 4. 5 dans la Bible chrétienne). Cette peinture murale (vers 250) provient de la synagogue de la ville de Dura-Europos, en Syrie.

Sabbataï Tsevi

La plupart des courants messianiques étaient circonscrits en un lieu et une époque, mais l'un d'eux a eu une portée mondiale. En 1665, Sabbataï Tsevi (1626-1676), mystique errant, né à Smyrne, en Turquie, arrive en terre d'Israël où le visionnaire Nathan de Gaza annonce qu'il est le Messie.

L'apparition de Sabbataï est saluée par l'ensemble du monde juif qui se trouve alors désespéré par les récents pogroms perpétrés dans le sillage de la révolte cosaque conduite (1648-1649) en Ukraine par Bogdan Chmielnicki. Partout, les Juifs se préparent à l'avènement du royaume de Dieu, mais, au même moment, Sabbataï Tsevi, emprisonné par le sultan, choisit la conversion à l'islam plutôt que la mort. Il conserve pourtant des adeptes qui voient dans sa conversion la nécessaire déchéance du Messie avant son triomphe suprême dans la gloire. Pour la plupart des juifs, Sabbataï illustre la sagesse des paroles de Yohanan ben Zakai au Ier siècle : « Si tu es en train de planter un arbre et que quelqu'un annonce l'arrivée du Messie, va saluer le Messie bien sûr, mais plante l'arbre d'abord. »

Gravure allemande du XVIIe siècle représentant le « Messie mystique », Sabbataï Tsevi.

rurent, comme, par exemple, Siméon Bar Kokhva, qui entraîna les Juifs dans une révolte sans succès contre les Romains (deuxième guerre juive, 132-135). La plupart des rabbins rejettent les revendications faites en son nom, sauf Akiva ben Joseph (voir p. 36-37). Il n'est pas certain que Jésus de Nazareth se soit présenté lui-même comme le Messie, mais pas mal de ses disciples l'ont pensé et l'ont appelé *khristos* (« Christ »), le nom grec pour *mashiah*.

Bien que les manuscrits de la mer Morte mentionnent déjà l'idée d'un double Messie (prêtre et roi), c'est sans doute à la suite de la révolte de Bar Kokhva que l'idée de deux Messies s'est développée, l'un descendant de la maison du patriarche Joseph, l'autre de la maison de David.

Le Messie descendant de David, dont l'avènement marquerait l'établissement du royaume de Dieu sur terre, serait précédé par celui descendant du patriarche Joseph, qui conduirait les forces du bien contre les forces du mal dans un combat sans espoir. Son échec et sa mort préluderaient à l'intervention de Dieu dans l'histoire. Dieu triompherait sous le règne du Second Messie, celui descendant de David.

Une tradition prétend que le Messie a été créé au début des temps et qu'il attend avec Dieu le moment de la rédemption. Selon une autre théorie, un Messie humain en puissance apparaît sur terre à chaque génération. Il existe même une tradition selon laquelle un Messie lépreux et mendiant est assis aux portes de Rome pour attendre son heure dans l'histoire.

Le grand philosophe rationaliste Maimonide (voir p. 36-37) rejetait l'idée d'un Messie agissant hors des limites de l'histoire humaine, et combattait les partisans de l'apocalypse pour qui le Messie annonce la fin des temps ; il a cependant formulé sa croyance en la venue du Messie, dans l'un des treize articles de la foi juive.

Dialogue à travers les âges

Dans un contexte juif traditionnel, la Bible n'est pas lue seule. Par exemple, les Bibles rabbiniques *(Mikraot Gedolot)* ajoutent des commentaires de différentes époques et de différents pays, en commençant par ceux de Rashi (pseudonyme de Rabi Shelomo Yitshaki, voir p. 36-37) originaire du nord de la France, suivis du texte de la Bible en hébreu et en araméen. Le lecteur est alors invité à participer à la discussion ancienne et actuelle sur le sens du texte biblique. Une telle investigation n'est pas censée aboutir à une interprétation définitive, mais étendre la connaissance de chacun, en reconnaissant que la vérité est toujours multiple.

La Loi vivante

Le texte fondamental de la religion juive est la Tora, mot qui est souvent traduit par « loi » mais qui à l'origine signifie « enseignement » ou « instruction ». Au sens strict, la Tora est constituée par les cinq premiers livres de la Bible, appelés aussi les cinq livres de Moïse, ou Pentateuque.

Elle comprend les récits bibliques de la création du monde, les ancêtres d'Israël, l'esclavage des Israélites en Égypte et leur libération, les commandements transmis par Dieu sur le mont Sinaï, les pérégrinations des Hébreux dans le désert avant leur entrée dans la Terre promise. C'est de la Tora que les rabbins de la période talmudique (du IIe au VIIe siècle environ) ont extrait les six cent treize commandements qui constituent l'armature de la vie et de l'éducation juives.

Le mot Tora est aussi souvent utilisé pour désigner l'ensemble de la Bible, laquelle se compose de trois sections. À la suite du Pentateuque, la seconde partie est consacrée aux Prophètes *(Neviim)* et elle contient des livres historiques et des livres prophétiques. Dans la troisième section se trouvent les onze livres, appelés aussi « Écrits » *(Ketuvim)* ou « Hagiographes », qui constituent un mélange de poésie, de prophétie, de sagesse et d'histoire. Un autre terme sert aussi à désigner la Bible : *TaNaKh*, acronyme dérivé des premières lettres de *Tora*, *Neviim* et *Ketuvim*.

La division de la Bible en trois parties ne reflète pas seulement l'ordre dans lequel elle a été écrite, mais aussi l'importance relative des textes dans la tradi-

La Mishna *et le Talmud*

Confronté à la perte du Temple et des sacrifices rituels en l'an 70, Yohanan ben Zakai (voir p. 22-25) se rend compte que le judaïsme a désormais besoin de transférer les traditions orales et les symboles liés à la religion du Temple sur d'autres aspects de la vie juive. Dans son académie de Yavné, puis dans de nombreuses autres, les rabbins mettent en ordre les lois et les coutumes et pratiquent une interprétation intensive de la tradition en vue de l'adapter aux réalités nouvelles. Ces prescriptions rabbiniques, ou Tora (« Loi ») orale, couvrant tous les aspects religieux et séculiers de la vie, sont codifiées par Juda le Prince, qui publie vers 200 la Mishna (« enseignement »), qui comporte six sections et soixante-trois traités.

La *Mishna* sert dès lors de base aux discussions dans les différentes communautés. Les débats rabbiniques abondants qui s'ensuivent sont à leur tour codifiés dans le Talmud de Jérusalem (vers 400) et le Talmud de Babylone (vers 500), comprenant à la fois les opinions majoritaires et minoritaires. C'est l'autorité du Talmud de Babylone qui s'impose au monde juif. Les deux Talmud se servent du même texte de la *Mishna* mais diffèrent dans l'interprétation des débats (dite *gemara*, l'« étude »).

Le Talmud (« enseignement ») est devenu l'équivalent d'un texte sacré ; dans l'optique rabbinique, il égale l'autorité de la Bible. La production de toute une littérature de compléments *(tosafot)*, de commentaires et d'exégèses s'est poursuivie jusqu'au XXe siècle.

En application de la maxime du traité de la *Pirke Avot* (littéralement : « principes des pères ») qui dit que : « construire une haie (une barrière) autour de la Tora », les rabbins sauvegardent la tradition orale et son éthique à l'aide de règles et coutumes additionnelles.

En théorie, il est considéré comme moins grave d'enfreindre les lois de la « haie » que l'un des 613 commandements de la Tora au sens strict. En pratique, l'immédiateté de la nouvelle Loi fait qu'elle est davantage respectée.

tion juive. Le Pentateuque, la Tora au sens strict, occupe une place privilégiée à la fois comme référence ultime pour les croyances et les pratiques juives, et comme objet de vénération. Chaque communauté conserve les rouleaux de la Tora à la synagogue, dans une niche spéciale qui lui est réservée ou dans l'arche d'un mur, devant laquelle les fidèles prient et qui est traditionnellement orientée vers Jérusalem.

Un passage différent, *parasha*, de la Tora est récité chaque semaine à la synagogue, en sorte que le livre entier soit lu selon un cycle annuel ou trisannuel. Après chaque *parasha*, un passage plus court des Prophètes est lu en complément. La lecture des Écritures à la synagogue a donné naissance à un autre terme hébreu pour qualifier la Bible, *Mikra* (« ce qui est lu à voix haute »), parent direct du mot arabe *Qara'a*.

La destruction du Premier Temple de Jérusalem en - 586 et du Second Temple en l'an 70, entraînant à chaque fois une perte du sentiment d'identité nationale, obligea les Juifs à réunir en toute occasion leurs traditions écrites pour en assurer la survie. Cela conduisit en premier lieu à la rédaction d'une grande partie de la Tora et des Prophètes, et, en second lieu, à la compilation des traditions orales qui ont abouti à la *Mishna* et de là, au Talmud (voir encadré p. 30).

La tradition rabbinique place ce que l'on appelle Tora « orale », l'héritage talmudique, au même niveau que la Tora écrite : on affirme que les deux ont été données par Dieu à Moïse au mont Sinaï. La Tora écrite fut révélée à Israël tout entier. La Tora orale a été, elle, transmise par un cercle d'initiés avant d'être consignée par écrit des siècles plus tard par les rabbins.

La référence à la Tora s'applique aux deux traditions, biblique et talmudique, et au sens le plus large à la totalité des écrits de la loi et de la coutume juives : comme elle existe sous la forme d'un livre, les Juifs disposaient d'une « patrie transportable » partout où ils se rendaient.

En affirmant que la Tora orale a été révélée au mont Sinaï en même temps que la Tora écrite, les rabbins de la période talmudique ont établi un principe important et lourd de conséquences : le développement de la loi et de la tradition juives tient une part aussi importante dans le message révélé que la Tora elle-même.

La position centrale de cette doctrine est illustrée de manière frappante dans un récit selon lequel Moïse aurait suivi l'enseignement du grand rabbin Akiva ben Joseph au Ier siècle (voir p. 36-37).

Moïse ne comprenait rien à une discussion jusqu'à ce qu'un élève fonde son argumentation sur la Tora proprement dite, les livres écrits par Moïse. C'est alors que Moïse comprit réellement que la tradition qu'il avait transmise à Israël n'était pas monolithique et statique, mais sujette à de perpétuels changements et modifications.

Les Livres de la Bible

La Tora (Pentateuque)
• Genèse • Exode • Lévitique • Nombres • Deutéronome

Les Prophètes *(Neviim)*
• Josué • Juges • Samuel • Rois • Isaïe • Jérémie • Ezéchiel • Les douze « petits prophètes » (Osée, Joël, Amos, Abdias, Jonas, Michée, Nahum, Habacuc, Sophonie, Aggée, Zacharie, Malachie)

Les Écrits *(Ketuvim)*
• Psaumes • Lamentations • Cantique des cantiques • Proverbes • Job • Ecclésiaste • Ruth • Esther • Esdras • Néhémie • Chroniques • Daniel

Rouleaux de la Tora dans leur coffre décoré, provenant d'une communauté juive (Iraq, XIXe siècle).

Au Mur des lamentations (voir texte en marge p. 41), un Israélien de treize ans fait sa première lecture publique de la Tora au cours de la cérémonie bar-mitsva, *qui marque son entrée dans le monde des adultes.*

De très nombreux ouvrages d'interprétation religieuse de la Tora et du Talmud ont acquis un statut semi-canonique. Un des plus anciens de ces textes est une version de la Bible en Araméen, appelée le Targum (ce qui signifie « traduction »).

L'exégèse juive traditionnelle suit en général la méthode d'enseignement de la midrash (« exposé ») dans lequel l'examen d'un texte biblique se fait selon deux sources : la première concerne les midrashim (pluriel de midrash) halakhiques, c'est-à-dire les sections législatives de la Tora ; la seconde concerne les midrashim agadiques rassemblant des matériaux d'origines variées. Le texte du Talmud contient ces deux approches interprétatives et la méthode de la midrash est toujours utilisée par ceux qui interrogent la tradition dans un sens de renouveau.

Au cours des siècles, la présentation des aspects législatifs de la tradition juive a donné lieu à une importante production de commentaires, ajoutant des commentaires aux commentaires des textes traditionnels.

Il y a eu également des tentatives de codification des traditions législatives juives. De ces codes de la Loi juive, les plus célèbres et les plus influents sont le *Mishne Tora* (« le Double de la Tora ») de Moïse Maimonide (voir p. 36-37) et le *Shulhan Arukh* (« la Table dressée ») de Joseph Karo (1488-1575). Ils peuvent servir d'outils de référence car l'ensemble des pratiques juives y est codifié de manière systématique et ils recensent tous les aspects de la vie d'un point de vue judaïque.

En plus de ces projets de présentation exhaustive de la praxis juive, il existait des recueils des réponses *(responsa)* données par les rabbins à toutes les questions qui pouvaient surgir dans la vie quotidienne des pratiquants. Ce genre littéraire continue à s'enrichir de nos jours. L'exemple le plus poignant est la publication des *responsa* rédigées durant la Shoah, qui illustrent la

Le Zohar et la kabbale

Une compilation d'écrits araméens de la fin du XIIIe siècle, nommée *Zohar* (« splendeur »), est le texte fondamental de la kabbale, principal courant de la mystique juive. L'auteur du *Zohar* ne serait autre que le mystique espagnol Moïse de León (mort en 1305), qui se serait basé sur le texte de Siméon bar Yohai, le célèbre sage du IIe siècle.
Afin d'élucider le mystère divin, la kabbale s'inspire du *Zohar* pour élaborer un concept complexe : Dieu est composé d'un mystère central inconnaissable (*Ein-Sof*, le « Sans-Fin ») et de dix aspects *(sefirot)*. Liée à un symbolisme compliqué, son étude conduisait l'initié près de la vérité suprême. Les Lumières et la montée du rationalisme ont réduit l'influence du *Zohar*. Toutefois, on assiste ces dernières années à un regain de spéculation mystique aussi bien dans le courant ultra-orthodoxe hassidique que chez les juifs New Age, millénaristes ou autrement engagés dans la quête moderne de spiritualité.

volonté des juifs de continuer à suivre les usages de la vie juive, même dans les conditions les plus extrêmes.

Un passage du Talmud conclut que l'étude de la Tora a la même valeur que n'importe quelle autre activité méditative, puisqu'elle est la porte qui mène à toutes. Cette préoccupation pour l'étude et la lecture de la Tora sous toutes ses formes a assuré la vitalité et la survie du judaïsme au cours des siècles.

Le Sidur *et la* Hagada

Deux livres se détachent par leur importance dans la civilisation et la religion juives. Le premier est le *Sidur*, livre des prières réglementaires. Il en existe plusieurs versions pour les prières quotidiennes, celles du *shabbat*, celles des fêtes. Il y a des variantes d'une communauté à l'autre, en fonction du rite ashkénaze ou séfarade auquel elle se conforme. Les versions des mouvements orthodoxe, conservateur et réformateur diffèrent aussi. Mais elles ont en commun la même structure et se conforment à la même liturgie.

Après les prières préliminaires, qui définissent l'atmosphère spirituelle adéquate, arrive la première partie importante de l'office. Elle se déroule autour de la *Shema* (Deutéronome 6.4), profession de foi fondamentale du judaïsme, commençant par l'appel à l'adoration du Dieu unique. Dieu est ensuite loué comme créateur. L'amour divin pour Israël, l'acceptation par Israël du don de la Tora offrent un cadre à l'espoir en une rédemption future. L'office se poursuit avec *amida* (« position debout »), puisque cette prière est récitée dans cette position. Elle est constituée en semaine de dix-neuf bénédictions qui remercient Dieu de ses bienfaits pour chacun et pour tous. L'office se termine par *aleinu*, une prière qui loue le temps où le monde sera uni dans la croyance dans le Dieu unique, et ceux qui sont en deuil récitent le *kadish*, hymne à la gloire de Dieu qui ponctue aussi divers moments de l'office synagogal.

Le second livre est la *Hagada*, « récit » de la sortie d'Égypte, l'Exode, conduit par Moïse. Ce livre est récité lors du repas familial célébrant Pâque *(seder)*. Le geste de Dieu qui accorde la délivrance est ainsi récité et revécu de génération en génération.

La *Hagada* mêle à la narration biblique des exégèses rabbiniques et le *midrash* (voir texte principal). Elle est didactique et conçue pour soutenir l'intérêt des enfants ; ainsi, elle joue un grand rôle dans la construction de leur identité juive.

Page enluminée d'une Hagada *publiée en Allemagne vers 1470. Cet exemplaire, illustré par l'artiste Joel ben Shimon, est un des plus luxueusement décoré qui subsistent de cette époque.*

Les rouleaux de la Tora et le scribe

Le *sefer Tora* (« rouleau de la Tora ») est l'objet le plus sacré du culte judaïque. Chaque lettre doit être soigneusement manuscrite par le *sofer* (« scribe »), comme l'a fait ce scribe yéménite qui a été formé pendant sept ans. La Tora est transcrite sur un parchemin fabriqué avec la peau d'un animal *kasher*, et il faudra un an pour l'écrire. Après avoir été soigneusement vérifié par le *sofer* et d'autres professionnels, le rouleau, chez les Ashkénazes, est enveloppé (« habillé ») d'une housse brodée, souvent richement décorée, en particulier de couronnes. Les manches du rouleau peuvent aussi être ornés de fleurons d'argent, des *rimonim* (« grenades »). Dans la communauté séfarade, les rouleaux de la Tora sont placés dans un coffre en bois décoré, ou dans des cylindres métalliques soulignés de velours (voir, par exemple, illustration p. 24). Le *sefer Tora* reste enveloppé sauf quand il est lu. Le lecteur suit le texte à l'aide d'un index, un *yad* (« main »), pour d'éviter tout contact avec le texte sacré. Le *yad* est en argent souvent, parfois en ivoire ou en bois ; il mesure généralement 15 à 20 cm de long et se termine par une main miniature, au doigt pointé. Si une seule lettre s'efface avec le temps, le rouleau ne peut plus servir pour la liturgie, tant qu'un *sofer* ne l'a pas restauré. Un rouleau trop usé pour pouvoir être restauré est inhumé au cimetière juif.

Législateurs, érudits et fondateurs

Le judaïsme évite en général la vénération des mortels, même si l'être humain peut aspirer à la sainteté à travers ses actes. Les personnages du passé sont objets d'émulation, mais non d'adoration : la séparation entre l'homme et le divin subsiste. Il n'y a pas d'apothéose pour le judaïsme.

Deux principales personnalités dominent dans la tradition judaïque : Moïse (voir encadré ci-dessous) et David ; le premier comme législateur, prophète et être humain exemplaire, le second comme chef politique, poète, mais aussi être humain faillible que Dieu considère néanmoins avec bienveillance. L'âge d'or légendaire de David et de son fils Salomon est une grande source d'inspiration

Moïse recevant les Dix Commandements au mont Sinaï. Illustration du XIVe siècle, tirée de la Hagada de Sarajevo, *publiée pour les Juifs d'Espagne musulmane.*

Moïse

Même si on ne peut pas faire d'affirmations historiques en ce qui concerne la vie et la personnalité de Moïse, il est la figure centrale du récit du Pentateuque et du judaïsme qui en est issu. Selon la Bible, Moïse a été choisi par Dieu pour délivrer les Israélites du joug égyptien et les conduire à travers le désert jusqu'à la Terre promise. C'est à travers lui que l'alliance divine avec Israël a été conclue et les commandements transmis. Moïse est ainsi le personnage fondamental du judaïsme et l'archétype du juif. C'est le plus grand prophète, celui que « l'Éternel a connu face à face ». À l'époque rabbinique, Moïse devient Moshe Rabbenu, « Moïse notre maître », le modèle du rabbin. Il incarne aussi l'idéal de l'autorité bienveillante.

Moïse est peut-être plus connu comme législateur. S'il n'a pas rédigé de lois, il a été l'instrument qui a transmis les commandements de Dieu à son peuple. Mais c'est bien sur l'autorité de Moïse que s'appuiera plus tard l'exégèse rabbinique. Selon cette interprétation, Moïse au mont Sinaï a reçu non seulement la Tora écrite, mais aussi les traditions orales fixées à l'époque rabbinique (voir p. 30-35). Moïse permettait ainsi de faire le lien entre la tradition et les rabbins.

En dépit de son caractère central dans le judaïsme, Moïse a toujours gardé sa dimension humaine. C'est peut-être pour prévenir la possibilité même de divinisation que la Bible insiste sur le fait qu'on ne sait pas où il a été enterré (Deutéronome 34.6). Il ne peut donc pas faire l'objet de pèlerinage et de vénération.

pour les juifs, et il est très lié aux espérances messianiques (voir p. 28-29). Parmi les autres personnages bibliques, Esdras est considéré comme le second législateur. Dans la période qui suivit l'exil de Babylone, il promulgua la Tora comme Loi de la terre ; Dieu, à travers lui, octroyait au peuple d'Israël la grâce d'une relation particulière avec le divin.

Modèle de l'école classique rabbinique, Hillel (au Ier siècle) fut exemplaire pour son enseignement, empreint d'une humanité et d'une humilité profondes. Hillel s'efforçait de rendre le monde meilleur. Le Talmud rapporte que, un jour qu'un aspirant à la conversion demandait qu'on lui enseignât toute la Tora, Hillel lui répondit : « Ce qui est haïssable pour toi, ne le fais à personne. Le reste est commentaire. Va et étudie. » Le rabbin Akiva ben Joseph (vers 50-135), peut-être le plus grand érudit de l'époque rabbinique, fut un berger illettré jusqu'à l'âge de 40 ans. Partisan de Siméon Bar Kokhva, pseudo-messie (voir p. 28-29), il fut tué par les Romains et mourut en prononçant la prière centrale de la profession de foi juive, le *Shema* (voir p. 26), établissant le modèle du martyr pour les juifs.

Le Talmud mentionne une femme, Beruriah (IIe siècle), dont l'enseignement valait celui de n'importe quel homme. Bien des histoires sont racontées à propos de sa sagesse et de son humanisme, et elle a influencé des générations de femmes juives qui cherchaient à accéder au savoir, traditionnellement réservé aux hommes. Son mari, le rabbin Meir, était lui aussi un maître réputé.

Les deux sages marquants du Moyen Âge sont Rashi (acronyme de Rabi Shelomo Yitshaki, 1040-1105) et Moïse Maimonide (connu également sous le nom de Rambam, acronyme de Rabi Moshe ben Maimon, 1135-1204).

Rashi passa la plus grande partie de sa vie dans sa ville natale de Troyes, en France, mais il étudia en Allemagne et représente le dernier épanouissement de la communauté juive rhénane avant qu'elle soit décimée lors de la première croisade. Sa grande réussite est d'avoir rendu l'enseignement juif accessible à tous grâce à ses commentaires de la Bible et du Talmud. Fait insolite, il a transmis son savoir à ses filles.

Maimonide, érudit, brillant commentateur et médecin du sultan d'Égypte, est célèbre pour le *Mishne Tora*, essai de codification de la Loi juive afin de la faire connaître à tous (voir p. 30-35) et pour le *Guide des égarés*, une défense philosophique rationaliste de la foi juive dont l'influence a été marquante bien au-delà des frontières du judaïsme.

Moses Mendelssohn (1729-1786) peut être considéré comme le premier Juif moderne. Brillant exégète, philosophe, il était admiré par toute l'intelligentsia allemande non juive, à une époque où les Juifs commençaient à briser les barrières sociales qui faisaient d'eux des citoyens de seconde zone. Cheville ouvrière de la *Haskala* (les Lumières des Juifs), Mendelssohn cherchait à concilier les idéaux des Lumières avec le judaïsme. Il fut le premier à aborder la question qui n'a cessé de préoccuper le judaïsme : comment conserver son identité de Juif tout en étant ouvert et réceptif à la modernité ?

Herzl et le sionisme

Le mouvement intellectuel et politique moderne juif le plus influent s'appuie sur le vieil espoir de restaurer une vie juive en Palestine, d'après le messianisme ancien (voir p. 28-29) et avec le nationalisme moderne. Theodor Herzl (1860-1904), journaliste juif autrichien, était convaincu que la solution à la « question juive » était que les Juifs obtiennent de nouveau une nation-État.

Il réunit en 1897 le premier congrès sioniste à Bâle, prédisant que, en cinquante ans, son rêve serait réalisé. L'idée de Herzl sembla absurde, mais elle fit son chemin, et beaucoup de Juifs s'installèrent en Palestine pendant le mandat britannique (1918-1948).

En 1947, les Nations unies votèrent le partage des terres en deux États séparés. Le 14 mai 1948, à la veille du départ des Britanniques, l'État d'Israël était proclamé. En 1949, la dépouille de Herzl, considéré comme le père spirituel de l'État moderne d'Israël, fut rapatriée de Vienne et enterrée à Jérusalem.

Un manuscrit italien (fin du XIVe siècle) de la Mishne Tora de Moïse Maimonide. On disait à son propos « de Moïse à Moïse, rien ne vaut Moïse ».

Les commandements noachides

La tradition rabbinique considère que tout être, juif ou *goy* (non juif), a droit au salut. Alors que les juifs sont tenus de vivre dans le respect absolu des 613 commandements, les *goyim* (pluriel de *goy*) sont, eux, moralement tenus de respecter les sept « commandements noachides », tels que Dieu les a transmis à Noé après le Déluge (Genèse, 9). Ces prescriptions interdisent le blasphème, l'idolâtrie, l'inceste et l'adultère, le meurtre, le vol, la cruauté envers les animaux, et donnent l'obligation d'instituer un système judiciaire.
De manière générale, le judaïsme s'intéresse davantage à la vie terrestre qu'à la préparation à un autre niveau d'existence, et la nature de l'au-delà n'a jamais joué un rôle central dans la théologie, la vie, la liturgie.

Fondement de la vie juive, la Tora occupe la place d'honneur à la synagogue dans le coffre, ou arche de la Tora. Cette arche du XVIIe siècle est originaire de Cracovie, en Pologne.

La voie d'Israël

Dans le judaïsme, la croyance en un Dieu unique est intimement liée aux principes moraux qui règlent la vie humaine. Une vie morale est à la fois un geste de dévotion envers la volonté de Dieu et une imitation du divin. Puisque Dieu est saint et juste, les juifs doivent être émules de Dieu dans ces qualités-là et toutes les autres.

Les bases d'une vie morale se trouvent dans les 613 commandements *(mitsvot)* que les rabbins ont tirés du Pentateuque, ou Tora au sens strict (voir p. 30-35). Ces commandements, avec l'énorme masse de traditions qui en découle, sont regroupés sous le terme de *halakha* (littéralement, « marche ») et enseignent la voie, la marche à suivre pour Israël dans le monde.

Dans le traité talmudique Pirke Avot (« principes des Pères »), le maître Siméon le Juste dit que le monde repose sur la Tora (les commandements et leur accomplissement), l'office divin (culte et louange de Dieu) et les actes de charité (bonnes actions envers son prochain). Dans le même ouvrage, Simon ben Gamliel affirme de manière plus abstraite que le monde existe grâce à la vérité, la justice et la paix. Ni dans un cas, ni dans l'autre, la possibilité d'une récompense n'est ce qui motive une vie consacrée au bien : on accomplit de bonnes actions pour elles-mêmes, parce ce sont des commandements reçus de Dieu ; les observer, particulièrement dans l'adversité, est considéré comme la sanctification du nom de Dieu *(Kidush ha-Shem)* ; et les enfreindre, comme la profanation de ce même nom *(Hilul ha-Shem)*.

Ainsi, donner aux pauvres, aux faibles, aux démunis, a une signification religieuse, et le soin qu'on prend d'autrui a joué un grand rôle dans le développement d'une conscience juive. Les communautés ont toujours eu des systèmes d'assistance sociale très organisés, auxquels chacun est tenu de participer selon ses moyens.

Autre facteur de ce développement, le *tikun olam* (« réparation du monde »), qui traduit la volonté de quitter un monde meilleur que celui qu'on a trouvé. Tous ces éléments permettent de mieux comprendre pourquoi les Juifs se sont trouvés si souvent aux premières lignes dans la lutte pour la justice et le changement social dans le monde moderne.

Le judaïsme ne souscrit pas à la doctrine du péché originel, mais croit au potentiel de chacun à faire le bien ou le mal. L'individu porte la responsabilité de ses actes et la vie est une lutte entre le penchant au Bien *(yetser ha-tov)* et le penchant au Mal *(yetser ha-ra)*. On peut dire que celui qui lutte contre une ambiguïté morale et triomphe de la tentation est plus estimable que celui qui a mené une vie irréprochable. Le libre arbitre est une idée importante du judaïsme. À la différence de l'animal, un être humain peut choisir entre ce qui est juste et injuste. Et Dieu, qui est omniscient, sait le chemin que chacun prendra.

Il y a deux catégories d'obligations morales dans le judaïsme : celles qui dépendent de la relation entre Dieu et l'être humain, et celles qui concernent les êtres humains entre eux. Au *Yom Kippour*, Jour de l'expiation ou Grand Pardon, la communauté confesse ses fautes collectives envers Dieu, qui alors lui pardonne.

Toutefois, le Grand Pardon ne s'achève pas sans que chacun ait demandé pardon à tous ceux et celles qu'il aurait pu blesser durant l'année écoulée. Dieu ne peut pas pardonner les transgressions commises entre les êtres humains, mais seulement celles dirigées contre Lui.

Kashrut

Les prescriptions alimentaires religieuses sont englobées dans le terme général *kashrut*, de l'hébreu *kasher* (« convenable », « apte »), qui se prononce « kosher » en yiddish, dans la communauté ashkénaze. La *kashrut* est une notion un peu hermétique pour les non juifs, mais elle éclaire trois aspects importants de la pensée juive. D'abord, les prescriptions alimentaires illustrent le côté irrationnel de l'observance juive. Il y a eu des tentatives apologétiques pour donner aux règles de la *kashrut* une base rationnelle et scientifique, en dépit du principe fondamental : la soumission à la volonté divine. Les commandements représentent ce que Dieu exige du peuple juif en échange de Son attention. Ainsi les commandements individuels n'ont pas besoin de fondement rationnel.

Ensuite, le développement des règles de la *kashrut* éclaire le souhait rabbinique de « construire une haie autour de la Tora ». Afin de sauvegarder l'enseignement essentiel de la Tora, les rabbins ont ajouté des règles aux prescriptions du Pentateuque. Ainsi, le précepte « Tu ne feras point cuire le chevreau dans le lait de sa mère » est d'une importance capitale puisqu'il est le seul interdit biblique qui apparaît trois fois (Exode 23.19, 34.26 ; Deutéronome 14.21). Quel que soit le sens dans le contexte originel, le judaïsme rabbinique a prévenu toute transgression de ce précepte en le renforçant par un certain nombre de règles additionnelles. Il est interdit de faire entrer le lait et la viande dans la composition d'un même plat et de les servir dans une même vaisselle. La consommation de mets carnés doit être rigoureusement séparée de celles de mets lactés.

Boucherie kasher *à Londres, où vit la plus grande communauté juive d'Europe, après Paris.*

Enfin, les règles de la *kashrut* sont l'expression de la sainteté de toute vie humaine. Du point de vue juif, l'homme, originellement végétarien, n'a été autorisé à consommer de la viande qu'après le Déluge. Mais on ne peut pas manger tous les animaux, et ceux qui peuvent être consommés doivent l'être sous certaines conditions. Les oiseaux et les mammifères doivent être vidés de leur sang, puisque le sang est le principe vital et donc impropre à la consommation. Les animaux doivent être tués aussi vite que possible. Toute souffrance inutile doit leur être épargnée. Un animal qui a souffert sans raison n'est pas *kasher*. La cruauté envers les animaux est contraire aux principes de la morale juive et le judaïsme interdit la chasse.

Reconstitution moderne du sanctuaire central du Temple d'Hérode. Détail d'un modèle réduit montrant l'aspect probable de la ville au Ier siècle (Holyland Hotel, Jérusalem).

Des lieux de culte pour une nation

Le judaïsme est tourné à la fois vers la communauté et vers la famille. Dans le monde moderne, on peut s'en rendre compte à travers les deux principaux lieux de l'espace sacré : la synagogue et le foyer. Dans un sens, le précurseur des deux a été le Temple de Jérusalem, sanctuaire central du culte juif dans les temps anciens. Il était construit sur une vaste éminence (le mont du Temple, *Haram-esh-Sharif*), où se trouvent aujourd'hui les lieux saints musulmans du Dôme du Rocher et de la mosquée El-Aqsa. La Bible est le seul témoignage existant du Premier Temple, construit entre - 950 et - 586 environ par le roi Salomon. À l'origine, c'était peut-être une chapelle rattachée au palais royal, ce qui était le cas pour de nombreuses structures semblables dans d'autres cultures proche-orientales.

Le Temple de Salomon fut détruit par les Babyloniens, mais reconstruit sous les Perses et consacré en - 515. Ce Second Temple n'était sans doute pas un édifice très imposant jusqu'à ce qu'Hérode, roi de Judée (-37 à -4), le reconstruise à grande échelle. Sa gloire fut de courte durée, car il fut détruit en 70 par les Romains. Il n'en reste rien aujourd'hui, mais on voit toujours la partie du pla-

La terre d'Israël

Selon la Bible, Dieu promit deux choses à Abraham : une descendance et une terre. Le peuple juif se voit comme l'accomplissement de la première promesse. La seconde promesse s'accomplit lorsque le peuple d'Israël s'installa en terre d'Israël. C'est peut-être le paradoxe typique de la religion juive, selon laquelle une personne qui naît n'importe où dans le monde est déjà intimement liée à un petit territoire.

Tout comme il existe des niveaux de sainteté dans le plan du Temple (voir texte principal), il y a des niveaux de sainteté géographiques. Israël est la Terre sainte, et sa capitale, Jérusalem, est la Ville sainte : nombril du monde (Ezéchiel 5.5, 38.12), c'est là que les sphères humaine et divine sont proches comme nulle part ailleurs. La terre d'Israël est l'axe autour duquel tourne l'identité juive. Le calendrier liturgique (voir texte en marge p. 45) qui détermine l'observance partout dans le monde, continue de se conformer au rythme des saisons telles qu'elles se succèdent en Palestine. Pendant des siècles, la vie religieuse d'un juif a consisté à commémorer le passage du temps sur une terre qui était souvent très lointaine pour lui.

Depuis la destruction du Premier Temple, une part importante du peuple juif a vécu, de façon plus ou moins permanente, en exil. À certaines époques, les communautés de la Diaspora, qui vivaient hors de la Terre sainte, avaient une place prépondérante dans la vie juive ; à d'autres, c'était la communauté d'Israël. Ces échanges entre la Diaspora et Israël ont été l'une des tensions productives qui ont permis le développement du judaïsme.

Pourtant, quelle qu'ait été l'implantation des Juifs dans les lieux de dispersion, ou leur loyauté envers les pays où ils séjournaient, leur attachement à la terre d'Israël et leur espoir de la restauration du culte sacrificiel à l'ère messianique ont joué un rôle central dans leur identité et leur théologie.

La naissance de l'État d'Israël, peu après la Shoah, et l'intégration massive dans l'État hébreu de réfugiés venus du monde entier ont été considérées comme l'un des grands miracles de l'histoire de la communauté juive. D'aucuns pensent que la création de l'État hébreu près de deux millénaires après la fin du premier correspond à l'annonce de l'ère messianique *(yemot ha-mashiah)*.

teau sur lequel il se trouvait, agrandie par Hérode, avec ses soutènements massifs. L'un des murs de soutènement du mont du Temple est le Mur occidental, dit Mur des lamentations, vestige qui constitue le principal lieu saint du judaïsme (voir texte en marge ci-contre).

Le Temple était structuré en espaces concentriques, de sainteté croissante et dont l'accès était de plus en plus réservé au fur et à mesure qu'on s'approchait du sanctuaire central. Au temps d'Hérode, il y avait successivement le parvis des gentils, au-delà duquel les non juifs ne pouvaient pénétrer, puis le parvis des femmes, le parvis des Israélites (de sexe masculin uniquement) et le parvis des prêtres. Le Temple avait son propre parvis, un vestibule central et, enfin, un sanctuaire intérieur, le saint des saints, où seul le grand prêtre pouvait pénétrer une fois par an, le jour de *Yom Kippour* (Jour de l'expiation, ou Grand Pardon, voir texte en marge p. 46). Le Temple n'était pas une institution démocratique ni égalitaire.

Les origines de la synagogue sont incertaines. Les juifs ont sans doute trouvé des manières de perpétuer leurs pratiques communautaires et religieuses lors du premier Exil, celui qui suivit la destruction du Premier Temple, au VIe siècle av. J.-C. Mais la première synagogue archéologiquement attestée est postérieure de cinq cents ans environ et date de la fin de la période du Second Temple. Le mot « synagogue », traduction grecque de l'hébreu *beit kneset* (« maison d'assem-

Le Mur des lamentations

Après la destruction du Temple, les ruines en ont conservé le caractère sacré, lequel a perduré alors même qu'il n'en subsistait plus aucune trace. Pendant des siècles, l'accès au mont Moriah a été interdit aux Juifs par les Romains, puis par les chrétiens et les musulmans, lesquels ont reporté alors toute leur dévotion sur la section restante du mur de soutènement occidental. De plus, les autorités religieuses juives déclarèrent inaccessible le mont du Temple, de crainte que quelqu'un ne foule aux pieds le saint des saints par inadvertance. Le Mur occidental, ou Mur des lamentations est ainsi devenu le principal lieu saint du judaïsme.

Un juif orthodoxe en prière au Mur des lamentations. Les fidèles glissent souvent des prières manuscrites entre les blocs de pierre de ce mur datant d'Hérode.

Lieux de pèlerinage

Même si le judaïsme s'abstient de pratiquer le culte des personnalités, plusieurs lieux considérés comme les sépultures de personnages bibliques sont devenus un but de pèlerinage. Ainsi, les tombes supposées des patriarches et matriarches à Hébron, de Rachel à Bethléem, de David et Absalon à Jérusalem et bien d'autres (en ce qui concerne Moïse, voir encadré p. 36). Les tombes de grands rabbins et autres chefs spirituels sont devenues des sites de vénération, tout comme les lieux associés aux gloires et aux drames de l'histoire juive.Le plus célèbre des lieux de pèlerinage reste le Mur des lamentations, lieu sacré du judaïsme (voir texte en marge p. 41).

blée »), indique la fonction communautaire de ce lieu. Ainsi, à cette époque, les synagogues existaient déjà en tant qu'institutions identifiables et distinctes. Après 70, le judaïsme rabbinique, dont le pouvoir repose sur la synagogue, triompha. Dès lors, le Temple n'était pas indispensable à la continuité vitale du judaïsme, même si les juifs aspiraient toujours à sa reconstruction.

La perte du Temple a entraîné un développement du rôle de la synagogue. Centre communautaire et lieu d'enseignement, elle est devenue lieu du culte, fonction auparavant remplie par le Temple. Le rituel au Temple reposait principalement sur les sacrifices, qui, selon la Loi juive, ne pouvaient avoir lieu nulle part ailleurs. À la synagogue, les sacrifices furent donc été remplacés par l'étude approfondie et la liturgie communautaire. Cela eut de profonds effets sur le judaïsme rabbinique qui tentait de maintenir vivante la mémoire des rituels du Temple dans l'éventualité de sa reconstruction, mais réinterprétait constamment ces pratiques et faisait de la synagogue une entité indépendante. Par l'institution de la synagogue, le judaïsme rabbinique a contribué au renforcement de l'individualité juive. Selon l'interprétation juive, ce processus finit par réaliser la description biblique d'Israël comme « un royaume sacerdotal et une nation sainte » (Exode 19.6).

Alors que le Temple et son emplacement sont, pour le judaïsme, des lieux saints en eux-mêmes, ce n'est pas l'espace de la synagogue qui est sacré, mais les

Arche de la Tora, dans la synagogue du XIIIe siècle d'Altneu, à Prague, grand centre d'étude au Moyen Âge. L'arche remplace le saint des saints du Premier Temple dans lequel était déposée l'arche de l'alliance contenant les dix commandements (période du Premier Temple, environ - 960 à - 586). L'arche de la Tora est la partie la plus souvent décorée de la synagogue (voir aussi illustration p. 38).

actes liturgiques qui s'y déroulent et les objets qui sont déposés dans ses murs (les rouleaux de la Tora, objet le plus précieux du judaïsme, et les livres de prières ; voir p. 30-35). C'est ce qui fait de la synagogue le « petit sanctuaire » (Ezéchiel 11.16) d'Israël en exil, privé du Temple. Les synagogues sont traditionnellement orientées vers Jérusalem. À l'intérieur du mur qui fait face à la ville sainte se trouve une niche, « l'arche », qui abrite les rouleaux de la Tora. Dans les synagogues traditionnelles, un emplacement nettement séparé est réservé aux femmes, souvent derrière un rideau ou sur un balcon.

Avec la redéfinition et la réapplication du rituel du Temple dans le judaïsme rabbinique, la maison juive est aussi devenue un lieu pour le sacré. La *mezuza* l'indique : c'est un petit boîtier contenant un rouleau de parchemin fixé sur le montant de la porte d'entrée des maisons juives (voir illustration p. 26). La *mezuza* contient les mots de la profession de foi fondamentale, le *Shema* (Deutéronome 6.4), et les deux premiers versets associés, signalant à celui qui passe le seuil de la maison qu'il entre dans un lieu consacré à Dieu et soumis à un certain code moral. Si les rabbins de l'âge talmudique ont institué un culte à la synagogue qui correspondait au calendrier des sacrifices au Temple, à la maison, l'autel du sacrifice a été remplacé par la table : dans la pratique domestique, manger a une connotation rituelle et est devenu pour les juifs un geste saint essentiel du service divin.

Symbolisme

Tout lieu sacré juif peut contenir un certain nombre de symboles. Le premier qui vient à l'esprit est, en général, l'étoile à six branches de David *(Magen David)* ; c'est pourtant un symbole relativement récent que l'on voit apparaître en tant que tel à la fin du Moyen Âge, à Prague. Les sols en mosaïque des synagogues romaines et byzantines donnent un aperçu de ce que les Juifs de la période rabbinique considéraient comme des symboles représentatifs. La place d'honneur revient au candélabre à sept branches *(menora)* représenté dans un bas-relief de l'arche de Titus à Rome où l'on voit des objets volés lors du pillage du Temple en 70 (voir illustration p. 22) ; c'est toujours un symbole juif très reconnaissable, tout comme, dans biens des communautés, la trompe faite d'une corne de bélier *(shofar)*.

Moins fréquentes aujourd'hui, les branches des palmiers *(lulav)* et le cédrat *(étrog)* servent pour la fête de *Sukot* (fête des « Cabanes » ou des « Tabernacles » : voir p. 44-47). Un foyer d'encens est un autre symbole courant : il rappelle que l'encens brûlé était au centre des sacrifices rituels du Temple. Le Temple même est représenté sur les sols des synagogues anciennes.

La menora, *ou candélabre à sept branches, est représentée sur cette enluminure d'une Bible éditée au Portugal vers 1300. Une grande* menora *faisait partie des attributs de l'ancien Temple (voir illustration p. 22).*

Le rythme de la vie

Une petite fille récite la haftara *(passage des Prophètes) lorsqu'elle devient* bat-mitsva *(« fille du commandement »), acceptant ainsi les obligations de sa majorité. Pour les filles, ce rite essentiel a lieu à douze ou treize ans, pour les garçons à treize ans* *(voir encadré p. 45)*.

Le sabbat

Le théologien Ahad Ha-Am (1856-1927) disait : « Ce n'est pas tant Israël qui a gardé le sabbat, c'est le sabbat qui a gardé Israël. » L'observance d'un jour universel de prière, d'étude et de repos chaque septième jour a servi de lien entre les juifs depuis les temps anciens. Le *shabbat* commémore l'achèvement de l'œuvre de la Création dans la Bible comme part de l'ordre divin cosmique (Genèse 2.2-3). Dans la tradition juive, les journées commencent et finissent le soir. Le sabbat *(shabbat)* débute le vendredi au coucher du soleil et s'achève le samedi soir à la nuit. Deux lampes rituelles sont allumées au début et à la fin du sabbat, pour le distinguer des activités profanes de la semaine et détacher ce jour sacré des contingences ordinaires.

À la synagogue, le samedi matin est consacré à la lecture de la *parasha*, section de la Tora correspondant à la semaine, avec la lecture additionnelle d'un passage des écrits prophétiques. La tradition talmudique recensait 39 travaux de base interdits pendant le sabbat, les déduisant des activités nécessaires à la reconstruction du Temple de Jérusalem. L'interprétation de ces interdits anciens à la lumière des réalités nouvelles a été une source de discorde entre les différentes communautés.

Une vie juive traditionnelle est structurée de façon à exprimer à la fois les préoccupations religieuses et morales et le lien avec l'expérience historique. Cela se pratique grâce aux prières accordées aux cycles journaliers, hebdomadaires, mensuels ou annuels et aux événements marquants du cycle de la vie.

La relation individuelle avec Dieu et les actions de grâce pour le don divin de la vie dominent dans le rite journalier. Les juifs sont tenus de prier trois fois par jour, chaque prière correspondant à l'un des trois sacrifices qui se déroulaient dans l'ancien Temple. La dimension communautaire est importante dans la pratique individuelle quotidienne et certaines prières ne peuvent être récitées qu'en présence d'un quorum *(minyan)*, traditionnellement de dix hommes adultes (âgés de treize ans ou plus). L'insistance est portée sur l'hygiène personnelle, reflet de la perfection et de la pureté divines. Il y a des louanges pour pratiquement toutes les situations de la journée, et la moindre tâche terrestre se trouve ainsi touchée par la sainteté.

Dans les temps anciens en terre d'Israël, des sections de la Tora (voir p. 30-35) étaient lues chaque semaine selon un cycle trisannuel, mais la norme actuelle suit la tradition babylonienne d'une lecture complète selon un cycle annuel. Le jour du sabbat *(shabbat)* (voir texte en marge p. 44), la section hebdomadaire est lue et étudiée dans son entier. Elle est aussi lue partiellement le lundi et le jeudi – jours de marché dans l'Israël ancien –, où la foule était censée se retrouver.

Alors que *nisan*, le premier mois du calendrier juif tombe au printemps (mars-avril), le Nouvel An juif *(Rosh ha-Shana)* n'est célébré qu'au septième mois (*tishri*, septembre-octobre). C'est le résultat du décalage ancien entre l'année qui commençait à la première récolte de printemps et celle qui commençait à la fin de l'année agricole. *Rosh ha-Shana* célèbre le renouveau annuel du geste créateur de Dieu au moment où un cycle est accompli : le Nouvel An ouvre une période

Le calendrier

Le calendrier ancien est toujours utilisé dans la liturgie et la religion. Le point de départ correspond à la Création, calculée selon la Bible : ainsi, 1999 correspond aux années juives 5759-5760. Le calendrier annuel est luni-solaire. L'année est composée de douze mois lunaires, et beaucoup de fêtes ont lieu lors de la pleine lune. Sept fois par cycle de 19 ans, un treizième mois est ajouté pour que les fêtes continuent de correspondre aux saisons.

Rites de passage

Les étapes marquantes de la vie sont célébrées par des cérémonies mettant l'accent sur la spécificité judaïque. De la naissance à la mort, il y a un rituel correspondant à chaque situation.

Au huitième jour de sa vie, chaque nourrisson mâle entre dans la communauté et partage l'alliance avec Dieu, en vertu de sa circoncision (*brit mila* « alliance de la circoncision »), rite au cours duquel il reçoit son nom hébreu. Traditionnellement, les filles sont accueillies au sein de la communauté et reçoivent un nom à l'office de *shabbat*. Récemment, certains juifs ont créé une cérémonie qu'ils jugent plus conforme à la *brit mila*. Il s'agit de *simhat bat* (« réjouissance pour une fille ») ou *brit bat* (« alliance de la fille »).

Depuis le Moyen Âge, la majorité religieuse d'un garçon est célébrée par la cérémonie formelle de *bar-mitsva* (« fils du commandement »). À son treizième anniversaire, il est appelé pour la première fois à lire publiquement la Tora. Aujourd'hui, dans les milieux libéraux, la jeune fille célèbre elle aussi solennellement sa *bat-mitsva* (« fille du commandement »).

La cérémonie du mariage se déroule en trois parties principales. Tout d'abord a lieu la signature d'un contrat de mariage *(ketuba)* légal, obligatoire et traditionnellement rédigé en araméen.

Contrat (ketuba) *de mariage (Venise, XVIIIe siècle). La* ketubba *est fréquemment illustrée en couleurs et exposée dans la maison.*

Ensuite, la cérémonie des anneaux a lieu sous le dais nuptial *(hupa)*, qui se déroule souvent à la synagogue. Enfin, pendant la dernière étape, nommée *yihud*, le couple est laissé seul, traditionnellement pour consommer le mariage. Mais, aujourd'hui, c'est le plus souvent un moment de répit dans une journée très mouvementée.

Un acte de divorce *(get)* doit être accepté par les deux époux. Dans le judaïsme traditionnel, seul l'homme peut produire un *get*, mais une femme peut de son côté également faire appel à un tribunal rabbinique pour astreindre son mari à le faire.

Il est souhaitable pour les fidèles juifs de mourir en récitant la *shema*, profession de foi fondamentale du judaïsme (voir p. 26). Une semaine de deuil *(shiv'a)* intense a lieu à l'issue des funérailles qui ont lieu traditionnellement moins d'un jour après la mort. S'ouvre alors une période de deuil *(sheloshim)* dont l'intensité est moindre ; celle-là ne dure qu'un mois et permet le retour à une vie normale. Mais ce n'est qu'au terme de dix mois que le deuil prend véritablement fin. Chaque année suivante, en mémoire du disparu, au jour anniversaire de son décès *(yahrzeit)*, ses familiers récitent la prière traditionnelle de deuil, *kadish* (« saint »), un hymne à la gloire de Dieu.

On allume le candélabre de Hanuka*.* *Pour* Hanuka*, on se sert d'une* menora *à neuf branches – une pour chacun des huit jours de la fête, et une pour allumer les autres.*

Yom Kippour

Le jour saint de *Yom Kippour* (Jour de l'expiation, ou Grand Pardon), dixième jour du Nouvel An, est jour de jeûne et consacré au repentir de la communauté envers Dieu. Il est recommandé de s'habiller en blanc, symbole de pureté, et il faut s'abstenir d'un certain nombre d'activités : manger, boire, avoir des rapports sexuels et prendre un bain. La lecture du livre de Jonas (qui est l'histoire d'un repentir et d'un pardon) joue un rôle central dans la cérémonie.La fête commence au coucher du soleil et s'achève le soir suivant, 25 heures plus tard, lorsque trois étoiles apparaissent dans le ciel, avec la sonnerie de la corne de bélier *(shofar)*. Un petit déjeuner est servi à la communauté. C'est seulement après la fin du *Yom Kippour* que l'on peut se considérer purifié afin d'entrer dans la nouvelle année et prendre un nouveau départ.

de dix jours de réflexion et de retour sur soi, les « jours terribles » *(yamin nora'im)*. C'est une période solennelle, consacrée à la mise en ordre des relations avec son prochain. C'est durant cette période que Dieu détermine le destin de chacun pour l'année à venir. Elle s'achève en majesté par *Yom Kippour* (voir texte en marge p. 46).

À partir du 15 *tishri*, *Sukot* (la fête des Tabernacles) est célébrée une semaine entière. C'est la première des trois fêtes annuelles de « pèlerinage » (appelées ainsi parce qu'autrefois les hommes devaient aller au Temple en ces trois occasions). Elle commémore, à l'origine, la fin de la saison des moissons ; le judaïsme lui a donné une signification supplémentaire. Les abris provisoires, ou cabanes (*sukot*, singulier *suka*), où logeaient les fermiers à la saison des récoltes ont été réinterprétés et représentent les huttes que les Israélites ont habitées pendant leurs quarante années d'errance dans le désert, avant l'arrivée en Terre promise. *Sukot* prescrit de prendre ses repas ou – si le temps le permet – de dormir dans ces abris afin de faire revivre le passé biblique et de se souvenir de la fragilité de l'existence humaine.

La fête de *Sukot* s'achève par deux jours chômés : le premier, *Shemini Atseret*, « Clôture du huitième jour », est une prescription biblique d'origine incertaine ; le jour suivant, *Simhat* Tora (« Joie de la Tora »), est celui où le cycle annuel des lectures hebdomadaires de la Tora s'achève et recommence avec la lecture du Deutéronome 34 et la Genèse 1. La lecture est précédée par sept danses d'allégresse autour des rouleaux de la Tora.

Célébrée pendant huit jours au début de l'hiver, *Hanuka*, ou *Chanuka* (« Inauguration »), est l'une des quelques fêtes prémodernes qui n'ont pas d'origine biblique ; elle évoque la victoire des Juifs sur les conquérants grecs de Syrie et la restauration en - 164 du Temple de Jérusalem (voir p. 20-21).

À l'origine, cette fête était probablement une commémoration tardive de *Sukot*, qui n'avait pas pu avoir lieu avant puisque le Temple avait été profané. Selon une légende plus tardive, la fête célèbre le miracle d'une mesure d'huile qui brûla huit jours d'affilée alors qu'elle était juste suffisante pour une seule journée.

Le 15 *shevat (Tu bi-Shevat)*, qui tombe en janvier ou février, marque le moment propice pour planter des arbres en terre d'Israël. Hors d'Israël, les juifs plantent les arbres lorsque le temps le permet. Une caractéristique de la célébration moderne de cette fête est la collecte de fonds pour les projets de reboisement en Israël.

Purim est une fête biblique mineure, mais immensément populaire. Elle célèbre le sauvetage miraculeux des juifs d'un massacre imminent au temps de l'Empire perse, raconté dans le livre d'Esther (*megila* Esther), dont la lecture faite par la communauté est au centre de la fête. *Purim*, leçon d'espoir pour des générations de juifs, prend des allures de carnaval, avec parades et costumes. Offrir des dons, particulièrement aux pauvres, est aussi une caractéristique de cette fête.

À la pleine lune du premier mois débute la semaine solennelle de Pâque *(Pesah)*. À l'origine fête de pèlerinage, célébration des premiers fruits de l'année agricole, Pâque est devenue aussi la commémoration de la sortie d'Égypte. Son nom (« enjambement ») fait référence à la nuit où l'Ange de la mort épargna (« enjamba ») les habitations des Israélites en Égypte (Exode, 12.11-12.27). Le cérémonial renvoie au grand geste salvateur du Dieu. La Pâque est principalement marquée par un repas rituel abondant *(seder)* pendant lequel on raconte l'histoire de l'Exode d'après la *Hagada* (voir encadré p. 33). Enfants et adultes jouent des rôles établis et chacun doit se considérer comme personnellement délivré de la servitude.

Sept semaines après le début de Pâque, c'est le temps de la troisième fête de pèlerinage, la fête des Semaines (ou Pentecôte, *Shavuot*), à l'origine une commémoration de la moisson du blé. Elle évoque la révélation au mont Sinaï, sept semaines après l'Exode. Le livre de Ruth, qui se passe à l'époque des moissons, est une lecture appropriée pour cette fête.

Le neuvième jour du mois d'*av (Tish'a be-Av)*, en juillet-août, est une fête postbiblique, un jour de jeûne commémorant les deux catastrophes de la destruction du Premier Temple en - 586 et du Second Temple en 70, ainsi que d'autres événements dramatiques de l'histoire juive, comme l'expulsion des Juifs d'Espagne en 1492.

Fêtes modernes

Deux journées de commémoration nationale se sont ajoutées récemment au calendrier juif. La journée de deuil du jour de la Shoah *(Yom ha-shoa)*, pour les six millions de victimes juives des nazis, a lieu deux semaines après Pâque, à la date anniversaire du déclenchement de la révolte du ghetto de Varsovie, en 1943.
Au contraire, le jour de l'Indépendance d'Israël *(Yom ha-Atzmaut)*, commémorant le 14 mai 1948, est une célébration joyeuse de la renaissance du peuple juif de l'horreur de la Shoah.

Une famille séfarade célèbre le seder (repas de Pâque). Le chef de famille tient une matsa, *un pain sans levain. Celui-ci symbolise le pain que les Israélites durent faire cuire sans attendre qu'il lève, dans leur hâte à fuir l'Égypte (Exode, 12.39).*

Judaïsme réformé et identité juive

Le mouvement réformé a eu une influence majeure sur les autres courants du judaïsme et c'est celui qui a été le plus loin dans la recherche de stratégies d'adaptation aux nouvelles réalités sociales. Toutefois, comme de nombreuses décisions des réformateurs ont été prises indépendamment des autres courants, il est souvent entré en conflit avec ses coreligionnaires. Un exemple frappant est la redéfinition de l'identité juive. Il y a deux manières d'être juif : l'une est de se convertir au judaïsme, l'autre est d'être né juif. Naître juif, dans la tradition rabbinique, veut dire avoir une mère juive, en vertu du principe de matrilinéarité. Mais, pour prendre en considération le taux élevé de mariages mixtes chez les Juifs modernes, le mouvement réformé américain a inclus dans sa définition de la judéité toute personne née d'un parent juif, père ou mère, et élevée comme juif. Cependant, seul le mouvement minoritaire des reconstructionnistes a adopté cette nouvelle définition.

Le judaïsme dans le monde moderne

Pour le judaïsme, l'époque moderne commence à la fin du XVIIIe siècle, avec l'émancipation progressive des juifs d'Europe de l'Ouest et d'Amérique. Grâce aux idéaux des Lumières, ils échappent à leur statut secondaire. Tant que les juifs étaient exclus de la société, ils pouvaient conserver leur religion distincte et leur identité. Mais dans leur volonté de devenir des membres à part entière de la société, beaucoup choisirent de se faire baptiser.

La nécessité de se convertir au christianisme n'existe plus, mais la tentation d'être assimilé dans la civilisation occidentale libérale continue d'exercer une forte influence sur bien des juifs. Néanmoins, un grand nombre tentèrent d'affronter la modernité dans le contexte du judaïsme. Leurs différentes réac-

Le principe de la séparation des sexes pendant la liturgie, selon le judaïsme orthodoxe, est appliqué depuis 1967 au Mur occidental, à Jérusalem (voir texte en marge p. 41). Une barrière sépare les fidèles, hommes et femmes.

tions ont entraîné à la fois un renouveau théologique intense et de profondes fractures dans la communauté juive au sens large.

Le premier mouvement juif moderne, le judaïsme réformé, est né en Allemagne au XIXe siècle. C'était une tentative de concilier la pensée juive monothéiste et les philosophies européennes postérieures aux Lumières (voir p. 22-25). Le judaïsme réformé est un courant théologique éclectique dont les adeptes peuvent choisir ce qu'ils veulent observer de la pratique juive ; c'est ainsi qu'il privilégie la morale plutôt que le culte et incite à l'action sociale à la fois à l'intérieur et à l'extérieur de la communauté (voir texte en marge p. 48).

De tous les mouvements juifs, le judaïsme orthodoxe est le plus difficile à définir, parce qu'il est divisé en une multitude de courants, depuis les centristes de la modernité orthodoxe jusqu'au hassidisme (voir encadré ci-dessous) ou aux ultra-orthodoxes de droite ; de plus, contrairement aux autres branches du judaïsme, il n'a pas de corps central fédérateur. Le judaïsme néo-orthodoxe est apparu au milieu du XIXe siècle en réaction au développement de tendances radi-

Hassidisme

Mouvement piétiste, mystique et extatique à l'origine, le hassidisme (de *hasid*, « pieux ») commença en réaction à l'orthodoxie établie en Europe orientale. Il fut fondé par Israël ben Éliézer (1698-1780), figure charismatique également connue sous le nom de Baal Shem Tov (« le maître du bon Nom »).

Lui et ses successeurs prêchèrent la redécouverte de la joie inhérente aux actes simples de la prière et de l'office. Ils se heurtèrent à l'orthodoxie intellectuelle du grand maître Élie ben Solomon (1720-1797), le Gaon (« génie ») de Vilna, en Lituanie, qui excommunia les *hassidim* (depuis, paradoxalement, ils sont devenus les plus fervents adeptes du fondamentalisme orthodoxe). Les descendants des deux groupes sont maintenant alliés dans la bataille contre la dégénérescence supposée du judaïsme traditionnel.

Les communautés hassidiques sont organisées en dynasties, organisées autour de la figure vénérée d'un rabbin *(rebe)*. Les *rebe* sont hautement considérés. L'exemple le plus frappant est celui du groupe des *hassidim* de Lubavitch, qui est allé si loin dans la ferveur mystique qu'il a proclamé Messie son dernier *rebe*, Menahem Mendel Schneersohn (1902-1994). Les différents groupes hassidiques sont reconnaissables à leur costume, réminiscence des costumes portés par les nobles (non juifs) qui visitaient les juifs dans les *shtetls* (villages juifs d'Europe orientale) au XVIIIe siècle.

Dans une rue de Jérusalem, conversation entre hassidim *portant manteau long et chapeau à large bord caractéristiques.*

La halakha *aujourd'hui*

Pendant presque toute l'histoire du judaïsme rabbinique et postrabbinique, l'autorité et l'origine divine de la *halakha*, le corps de la Loi juive, sont restées indiscutables. Toutefois, le rationalisme et l'historicisme ont influencé les esprits éclairés qui reconnaissent que la *halakha* a toujours su s'adapter. Les divisions entre juifs modernes trouvent leur origine dans la question de l'autorité de la *halakha* : doit-elle être appliquée littéralement, ou bien est-elle un manuel pratique qui permet de choisir par soi-même en vertu d'un jugement informé ? Selon ce dernier point de vue, la *halakha* a un « droit de vote », mais non un « droit de veto », sur le changement dans la pratique.

Beth Shalom, à Philadelphie (États-Unis), est une synagogue de juifs conservateurs, construite par l'architecte (non juif) Frank Lloyd Wright et consacrée en 1959. Cet échange culturel a un précédent dans l'Antiquité : le Temple de Salomon construit par les Phéniciens.

cales réformistes ; sous la conduite du rabbin Samson Raphaël Hirsch (1808-1888), il s'est développé selon le mot d'ordre : « la Tora associée à une culture profane étendue ».

Hirsch avait compris que la communauté juive ne pouvait pas se permettre de s'enfermer dans un ghetto intellectuel, mais qu'elle devait se mesurer à la modernité. Contrairement aux réformistes, il croyait que c'était possible dans le contexte d'une vie de rigoureuse observance traditionnelle. Ainsi la néo-orthodoxie s'est ouverte à l'investigation de tous les champs du savoir humain, à l'exception de ceux qui sont en conflit avec ses dogmes religieux fondamentaux, par exemple l'exégèse scripturaire.

Les orthodoxes croient avant tout à l'origine divine de la Tora écrite et orale. Même si de nouvelles circonstances appellent aussi de nouvelles règles, elles sont interprétées selon la *halakha* (totalité du corpus du droit rabbinique) et celle-ci n'est pas faite pour s'adapter aux circonstances (voir texte en marge ci-contre).

Le mouvement conservateur est une tentative de trouver une voie intermédiaire entre les mouvements réformé et orthodoxe. Il est « conservateur » par rapport au mouvement réformé, mais « libéral » par rapport au mouvement orthodoxe. Tout en ayant ses antécédents intellectuels en Allemagne, le mouvement conservateur en tant que tel est né aux États-Unis. C'est un compromis entre le courant libéral réformé d'Allemagne, dont les membres forment la majorité des juifs d'Amérique au XIXe siècle, et le flot d'émigrants juifs d'Europe de

l'Est à l'éducation traditionaliste, qui émigrèrent aux États-Unis entre 1881 et 1924. Comme le mouvement orthodoxe, le judaïsme conservateur se fonde sur l'observance de la *halakha*, mais il est plus souple dans l'interprétation de la tradition juive. Il a suivi l'exemple du mouvement réformé en accordant aux femmes l'égalité des droits liturgiques (voir texte en marge ci-contre), mais, contrairement aux réformistes, il n'a pas reconnu la légitimité de la patrilinéarité (voir texte en marge p. 48). Ce point de vue est pourtant admis par une tendance libérale du judaïsme conservateur, le mouvement reconstructionniste, qui considère le judaïsme comme une civilisation religieuse en évolution constante ; ce mouvement a eu une importance considérable dans le développement intellectuel du judaïsme en Amérique du Nord.

Pendant près d'un demi-siècle, la tragédie de la Shoah et la création de l'État d'Israël ont renforcé l'unité du monde juif ; mais, plus récemment, celui-ci s'est tourné vers des questions internes à la religion.

En raison du caractère central de l'État d'Israël pour les Juifs, l'État séculier moderne a été souvent le lieu où se sont affrontés des acceptions opposées. Les fondateurs de l'État hébreu étaient pour la plupart des sionistes laïcs, et ils se contentèrent de laisser le contrôle de l'organisation religieuse, avec ses conséquences sociales, aux autorités officielles orthodoxes. Cela a conduit à la division de la société israélienne en une majorité laïque, peu préoccupée de religion, et une minorité religieuse, politiquement puissante.

Pour sauvegarde leur influence, les autorités religieuses ont officiellement reconnu l'orthodoxie comme la seule forme légitime de judaïsme en Israël : le judaïsme orthodoxe est ainsi devenu religion d'État, rendant illégitimes toutes les autres branches. Paradoxalement, l'immense majorité des Juifs de la Diaspora qui sont le principal soutien financier et politique d'Israël, appartiennent à des mouvements non orthodoxes.

Israël était conçu comme terre d'accueil pour tous les juifs et la Loi du retour garantissait la citoyenneté automatique pour tout juif immigrant en Israël. Cependant, des éléments ultra-orthodoxes ont cherché à invalider l'autorité des rabbins et, en fait, celle de tous les juifs non orthodoxes de la Diaspora, en particulier avec la question de savoir qui est juif (voir texte en marge p. 48). Conservateurs, reconstructionnistes, réformistes et juifs de l'orthodoxie libérale ont tous contre-attaqué, afin de protéger les droits de tous les juifs en Israël, et de diversifier et enrichir la vie juive – parfois unidimensionnelle.

Les tensions et les conflits contemporains entre Juifs, y compris entre Israël et la Diaspora, peuvent paraître décourageants pour ceux qui ont participé activement à ces batailles, mais ils sont aussi un signe de santé et de vitalité du judaïsme dans son ensemble.

Mixité et judaïsme

Historiquement, le judaïsme s'est développé sur des principes patriarcaux. Dans presque tous les cas, ce sont les hommes qui assumaient les rôles publics et déterminaient l'interprétation des textes et des traditions religieuses, tandis que les femmes transmettaient le judaïsme aux enfants en premier lieu, et tenaient la maison. Les rabbins interprétèrent cette situation de manière positive, en signifiant que les femmes n'étaient pas tenues de respecter toutes les obligations religieuses, ou *mitsvot*. Ainsi, puisque seuls les hommes étaient tenus aux prières journalières publiques, c'était devenu leur domaine et les femmes en étaient exemptées (ou exclues, selon le point de vue). En effet, les femmes devaient être séparées des hommes à la synagogue, et, comme elles n'étaient pas tenues par la *mitsva* d'étudier les textes sacrés, on leur refusait une éducation religieuse rigoureuse.

Avec l'apparition du judaïsme libéral, les femmes ont obtenu un rôle plus important dans la vie publique.

Le mouvement réformé a montré la voie dans la redéfinition de leur place, à la synagogue par exemple : la mixité en ce lieu, dans les congrégations libérales, a abouti à la participation égale des femmes à la vie liturgique. En 1972, le mouvement réformé a été le premier à ordonner des femmes rabbins et chantres ; en 1985, les trois mouvements libéraux juifs en faisaient autant.

Cette émancipation a aussi eu une influence considérable sur les orthodoxes. Beaucoup de cercles juifs reconnaissent aujourd'hui l'importance pour les femmes d'étudier la Tora et accordent une plus grande attention aux questions de la Loi juive qui concernent celles-ci, le divorce, notamment. Le féminisme juif a permis une meilleure prise en compte des aspects féminins du Dieu, particulièrement pour ce qui concerne la *Shekhina* (voir p. 26).

CHAPITRE 2

LE CHRISTIANISME

Rosemary Drage Hale

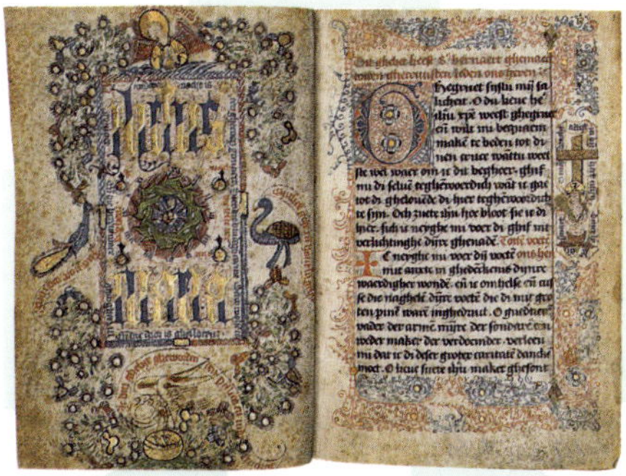

Un livre de prières avec enluminures (Pays-Bas, 1475). Dans le bas de la page de gauche, d'un symbolisme magnifique, on distingue un pélican nourrissant ses petits de son propre sang, une illustration du sacrifice du Christ.

Page ci-contre : mosaïque représentant le Christ en majesté, réalisée vers 1050 dans l'église Sainte-Sophie, à Istanbul. Dédiée à hagia sophia, « la sagesse divine », cette église mère des chrétiens orthodoxes fut construite au début du VIe siècle ; c'est aujourd'hui un musée.

Introduction

Peu après la crucifixion (vers l'an 30) de Jésus de Nazareth, prédicateur et guérisseur juif, apparut dans la civilisation gréco-romaine un mouvement religieux qui allait changer le monde. Un petit cercle de disciples de Jésus et un grand nombre de ses adeptes, persuadés que celui-ci était le « Christ », c'est-à-dire le Messie, fils de Dieu et rédempteur de l'humanité, ressuscité après sa mort, partirent répandre ce message. Ils transmirent aussi les enseignements de Jésus, basés sur l'amour de Dieu et de son prochain. Ce mouvement donna naissance à la religion chrétienne, aujourd'hui l'une des plus grandes du monde, avec presque deux milliards de fidèles, répartis dans la quasi-totalité des pays.

Dans son essence, la foi chrétienne est une tradition monothéiste centrée sur la croyance en un seul Dieu (le Créateur éternel, qui transcende la création) et qui affirme que Dieu s'est fait homme, qu'il s'est incarné en Jésus de Nazareth, sauveur et rédempteur de l'humanité. Pour les chrétiens, Jésus, mort sur une croix, a été ressuscité d'entre les morts. La croyance en la Trinité – mystère sacré du Père, du Fils et du Saint-Esprit réunis en un seul Dieu – est au centre de la tradition chrétienne.

Il existe des centaines de communautés chrétiennes, ou « Églises ». Les principales sont l'Église catholique romaine (la plus importante), les Églises orthodoxes et les Églises protestantes. Les catholiques se soumettent à l'autorité du pape (l'évêque de Rome), infaillible, qui est le chef de l'Église. Le culte repose sur une liturgie très élaborée et sur sept sacrements (actes supposés conférer la grâce divine) : le baptême, l'eucharistie (la cène, ou communion), la confirma-

Des prêtres orthodoxes éthiopiens participent, à Jérusalem, à une célébration de Pâques, en commémoration de la résurrection du Christ. Celle-ci aurait eu lieu le troisième jour après la crucifixion, à un emplacement situé actuellement à l'intérieur de la Vieille Ville, mais qui, du temps de Jésus, se trouvait un peu à l'extérieur de Jérusalem.

Les chrétiens dans le monde

Populations par pays :

- Catholique romaine *(au moins 80 %)*
- Protestante *(au moins 80 %)*
- Orthodoxe *(au moins 80 %)*
- Catholique *(au moins 80 %) avec importante minorité protestante (au moins 20 %)*
- Protestante *(au moins 80 %) avec importante minorité catholique (au moins 20 %)*
- Protestante *(au moins 80 %) avec importante minorité orthodoxe (au moins 20 %)*
- Orthodoxe *(au moins 80 %) avec importante minorité catholique (au moins 20 %)*
- Orthodoxe *(au moins 80 %) avec importante minorité musulmane (au moins 20 %)*
- Chrétienne *(sans Église prédominante)*
- Chrétienne *(sans Église prédominante) avec importante minorité non chrétienne (au moins 20 %)*
- Autant chrétienne que non chrétienne
- Principalement non chrétienne
- Principalement non chrétienne *avec importante minorité chrétienne (au moins 20 %)*

- Sièges des Églises d'Occident
- Sièges des patriarcats orthodoxes
- Patriarcats orthodoxes nationaux autonomes
- Lieux de pèlerinage

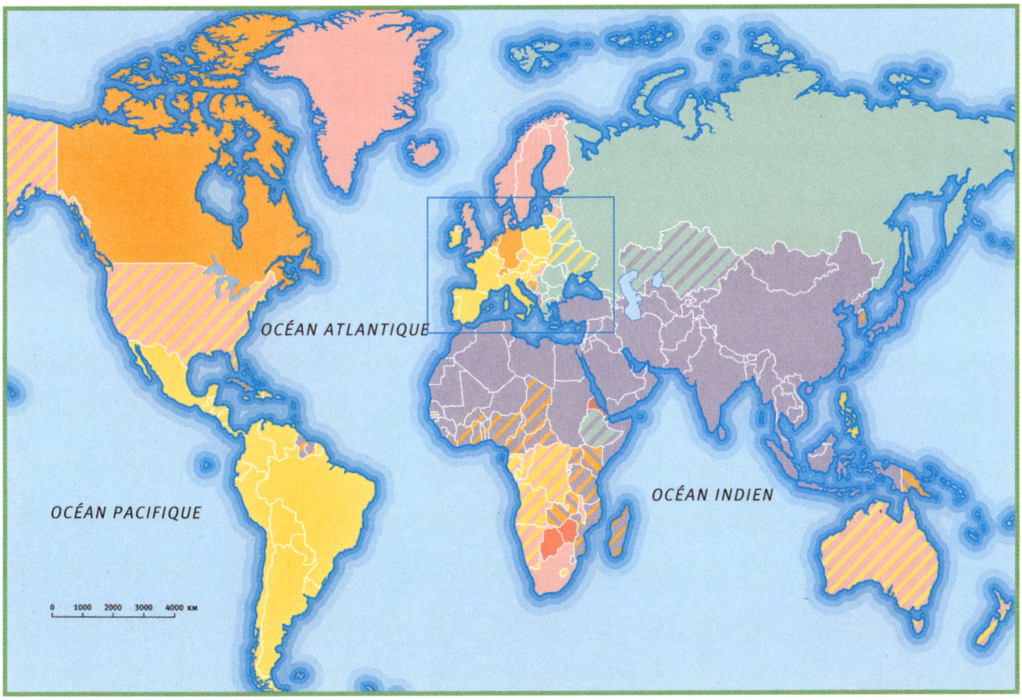

Le Couronnement de la Vierge *par Lorenzo di Niccolo (vers 1400). Dans l'Église catholique, la vénération des saints est centrée sur la dévotion à Marie, vierge et mère du Christ, représentée ici couronnée reine des cieux, l'un de ses nombreux titres.*

tion, la pénitence (le sacrement de réconciliation), le mariage, l'ordination des prêtres et l'extrême-onction (administrée aux mourants). La vénération des saints joue aussi un grand rôle dans la pratique religieuse des catholiques.

Les Églises orthodoxes, proches par certains aspects de l'Église catholique, gardent un lien historique très fort avec l'Église primitive, mais n'acceptent pas l'autorité d'un seul chef. Au contraire, elles sont conduites par des évêques, des patriarches (archevêques) et des conseils. À la différence de l'Église catholique, elles admettent le mariage des prêtres, s'il a eu lieu avant l'ordination. Le culte orthodoxe repose également sur les sacrements et fait un grand usage des icônes (images sacrées) comme support de la spiritualité.

Le mouvement protestant date du XVIe siècle, époque à laquelle Martin Luther et d'autres réformateurs chrétiens rejetèrent certaines positions de l'Église romaine, y compris l'autorité du pape. Le protestantisme s'est ensuite divisé en un grand nombre d'Églises, de ramifications et de points de vues différents quant aux règles à suivre, au culte, aux conditions préalables à l'ordination, à l'eucharistie, aux saints, au baptême et au salut.

Cependant, tous les protestants rejettent l'autorité du pape et s'accordent sur l'autorité primordiale de la Bible. Ils ne reconnaissent que deux sacrements (le baptême et la cène), même si, pour certaines Églises protestantes, ces sacrements mêmes sont plus symboliques que sacramentels. Les Églises protestantes sont conduites par les pasteurs, mais maintiennent en général l'idée luthérienne de la « prêtrise de tous les croyants » ; les laïques jouent un rôle beaucoup plus actif que dans l'Église catholique.

Chronologie

Vers – 4	Naissance de Jésus de Nazareth
Vers 30	Crucifixion de Jésus
Vers 40-64	Ministère de Paul
Vers 70-100	Rédaction du Nouveau Testament
313	L'édit de Milan met fin aux persécutions de chrétiens dans l'Empire romain
325	Le premier concile de Nicée énonce la doctrine de la Trinité ; Credo nicéen
392	Interdiction du paganisme dans l'Empire romain
354-430	Vie de saint Augustin, théologien
451	Concile de Chalcédoine
Vers 547	Mort de saint Benoît de Nursie, fondateur du monachisme occidental
590-604	Pontificat de Grégoire Ier le Grand
638-656	Conquête par les Arabes de l'Égypte, de la Palestine, de la Syrie et de la Mésopotamie
800	Charlemagne est sacré empereur par le pape Léon III
863	Les saints Cyrille et Méthode commencent à convertir les Slaves
950-1000	Conversion totale de l'Europe
1054	Séparation de l'Église d'Orient (orthodoxe) et de l'Église d'Occident (catholique romaine)
1096-1099	Première croisade en terre sainte
1182-1226	Vie de saint François d'Assise, fondateur de l'ordre des Franciscains
1225-1274	Vie de saint Thomas d'Aquin, théologien
1237	Inquisition contre les hérétiques
1378	Grand schisme de l'Église occidentale et existence de deux papes rivaux (Rome et Avignon)
1414-1418	Concile de Constance, fin du schisme
1453	Constantinople tombe aux mains des Turcs
1492	*Reconquista*, en Espagne
1517	Martin Luther lance le mouvement de la Réforme contre les abus de l'Église
1534	Établissement de l'Église anglicane
1540	Ignace de Loyola fonde la Compagnie de Jésus (les Jésuites)
1536	Jean Calvin publie *Institution de la religion chrétienne*, œuvre fondatrice du calvinisme
1542-1582	Les jésuites envoient des missions en Inde, au Japon, en Chine
À partir de 1545	Concile de Trente
1618-1648	Guerre de Trente Ans
1652	George Fox met en place la *Society of friends* (Quakers)
1666	L'Église orthodoxe russe se sépare des réformateurs et des « Anciens »
1726	Mouvement évangélique (*Great awakening*) en Amérique
1738	John Wesley, fondateur du mouvement méthodiste, devient prédicateur
1830	Joseph Smith fonde le mouvement mormon
1869-1870	Concile Vatican I
1910	Conférence d'Édimbourg ; essor du mouvement œcuménique
1948	Conseil œcuménique des Églises
1962-1965	Concile Vatican II

Il y a encore une vingtaine d'années, on pouvait considérer que ceux qui se reconnaissaient comme « catholiques », « méthodistes », « baptistes », etc., partageaient chacune en son sein des mêmes points de vues sur des sujets quotidiens, ce qui n'est aujourd'hui plus le cas. Des sujets tels que la langue liturgique, l'ordination des femmes, l'homosexualité et l'avortement sont aussi bien débattues entre les congrégations qu'en leur propre sein. Aujourd'hui, dans beaucoup d'Églises, « fondamentalistes » et « libéraux » s'opposent.

Cependant, des tendances fortes visent à promouvoir l'unité chrétienne, ou « œcuménisme ». Depuis 1948, le Conseil mondial des Églises s'est efforcé de réunir toutes les Églises chrétiennes. Cette organisation conseille des institutions telles que les Nations unies et poursuit un grand programme d'aide aux réfugiés et aux victimes de catastrophes dans le monde entier.

En dépit des différences et des désaccords – parfois mêmes des hostilités et des violences – qui ont marqué les relations entre les Églises, tous les chrétiens s'accordent sur un certain nombre de questions, outre leurs points de vue communs sur les Écritures et la Tradition. Tous tiennent l'esprit de communauté et de fraternité pour vitales à la foi chrétienne. Ils s'accordent sur les vertus essentielles de la chrétienté – « foi, espérance et charité » (Épitre aux Corinthiens, 13.13) – et croient qu'une vie vécue autant que possible dans le respect des préceptes de Jésus est la « voie chrétienne ».

Certains critiques ont vu dans la vertu chrétienne d'acceptation de la souffrance une qualité morbide, une renonciation malsaine au monde. Mais, dans l'ensemble, le christianisme célèbre la vie. L'incarnation de Dieu en Jésus-Christ est un symbole de lumière dans les ténèbres du monde, et la Résurrection est une affirmation joyeuse de l'espérance, une démonstration de l'amour de Dieu pour ce qu'il a créé.

Une église orthodoxe roumaine à Humor, en Moldavie. Bien que ces peintures extérieures soient spécifiques de la Roumanie, la multiplicité des images sacrées est un trait distinctif de la pratique religieuse des orthodoxes en général.

« Au commencement »

Le récit fondateur, celui de la naissance, de la vie, de la mort et de la résurrection de Jésus est principalement relaté dans les quatre Évangiles (Nouveau Testament) de Matthieu, de Marc, de Luc et de Jean (voir p. 68-69). Les Évangiles ont été conçus comme les témoins de la vie de Jésus, fils de Dieu et rédempteur de l'humanité. Ils ne se prêtent donc pas facilement à une interprétation historique. Quoi qu'il en soit, il est généralement admis que Jésus, né sous le règne d'Hérode (qui gouverna la Judée de - 37 à - 4, sous le protectorat romain), est le fils d'une femme prénommée Marie et de son mari Joseph, deux Juifs pieux, et qu'il a grandi à Nazareth, en Galilée, dans le nord de la Palestine.

Les récits de la Nativité (naissance de Jésus) dans les Évangiles selon saint Matthieu et saint Luc, entourent les faits, dès le début, d'une aura de mystère divin : un ange, Gabriel, apparaît à la Vierge Marie et lui annonce qu'elle va concevoir miraculeusement un enfant divin par l'intermédiaire du Saint-Esprit. Trois sages, les Mages, se mettent en route vers Bethléem, lieu de la naissance de Jésus, en suivant une étoile qui doit les conduire jusqu'au « roi des Juifs ». Des bergers gardant leurs troupeaux reçoivent le message d'un ange : « Aujourd'hui vous est né un sauveur, qui est le Christ Seigneur, dans la ville de David » (Luc, 2.11).

Jésus et le judaïsme

Si le christianisme a connu son plus grand succès avec la conversion des non juifs, il est incontestablement né du judaïsme. Jésus était Juif, tout comme sa famille et les personnages sacrés du Nouveau Testament, qui sont pour la plupart judéo-chrétiens. Son message s'adressait à des Juifs et ce sont des Juifs qui constituaient la majorité de ses partisans.

Définir quel genre de pratiquant fut Jésus est une question plus difficile. Il eut à plusieurs reprises des relations avec des courants juifs différents (voir encadré p. 23). Jésus a certainement eu des échanges avec les pharisiens : les Évangiles décrivent ces derniers comme s'opposant souvent à ses idées.

L'histoire juive est remplie de prétendus messies, et ce n'est pas la désignation de Jésus comme Messie qui est à l'origine du désaccord entre les chrétiens et les juifs. Les chrétiens ont aboli la stricte observance de la Loi juive (par exemple, ils n'encourageaient pas la pratique de la circoncision) et croient en la divinité de Jésus. Les juifs affirment que l'homme ne peut pas être divin, de même que Dieu ne peut pas être homme.

Malgré le triomphe final du christianisme des « gentils », une communauté juive chrétienne, continua d'exister en Palestine quelques siècles après la mort de Jésus.

La synagogue de Capernum, ville où rayonnait le Christ durant son ministère en Galilée, a été construite vers l'an 300, sur l'emplacement de bâtiments que Jésus aurait connus. Les synagogues étaient le centre du pouvoir des pharisiens, avec lesquels Jésus aurait eu plusieurs controverses sur des points particuliers de la Loi juive, tels que les règles alimentaires et l'observance du sabbat. Leurs antagonismes faisaient cependant partie du débat pharisien de l'époque.

L'entrée triomphale de Jésus à Jérusalem à la fin de son ministère (à gauche) et la Cène (à droite), son dernier repas, pris avec ses douze disciples, avant sa mort. Extrait d'un livre de scènes de la vie du Christ, réalisé à Constantinople vers 1650.

Les Évangiles font le récit du baptême de Jésus adulte (voir p. 80-83) par Jean-Baptiste, personnage important et prophétique, dont il est dit qu'il a préparé le chemin pour la révélation de l'identité du Christ comme Fils de Dieu. Le baptême marque le début de la vie publique de Jésus en Galilée et dans ses environs. Lorsque Jésus débute son ministère, il choisit douze disciples principaux, connus sous le nom d'« apôtres » (du grec *apostolos,* « messager », ou « délégué »). Après sa mort, les apôtres sont considérés comme les successeurs de Jésus, chargés de la diffusion de la croyance en Jésus Messie et Rédempteur. Selon les Évangiles, Jésus est un prophète qui accomplit des miracles : guérisons et résurrections miraculeuses, exorcismes de démons, métamorphose de l'eau en vin, multiplication de pains et de poissons pour nourrir une foule nombreuse, actes que ses partisans considèrent comme des preuves de son identité de Messie.

La mort et la résurrection de Jésus sont aussi importantes pour les fondements du christianisme que sa naissance et son ministère. Un large consensus existe sur le fait que Jésus a été trahi par un des apôtres et arrêté à Jérusalem, au moment de la fête juive de la Pâque. Après avoir été interrogé par les autorités juives, Jésus est envoyé devant le gouverneur romain Ponce Pilate et est alors déclaré coupable de s'être proclamé roi des Juifs : revendication blasphématoire selon la Loi juive et trahison pour les Romains. Jésus est condamné à la peine de mort par crucifixion, peine courante infligée par les Romains aux criminels et aux traîtres. Il meurt sur la croix.

Mais le mouvement engendré par Jésus ne s'éteignit pas à sa mort. Peu de temps après sa crucifixion, un petit groupe de juifs proclama que Jésus était ressuscité, et que sa résurrection avait accompli les espoirs messianiques d'Israël.

Le « Christ » et les « chrétiens »

Le mot « christ » vient de la traduction grecque *(khristos)* du mot hébreu *mashiah* (« oint » par Dieu). Ce n'était, à l'origine, qu'un titre, qui identifiait Jésus, mais il est vite devenu une partie de son nom : « Jésus-Christ ». Ses partisans furent donc désignés sous le nom de « chrétiens », terme qu'ils avaient eux-mêmes employé en premier lieu à Antioche, en Syrie.
Le mot « Christ », utilisé comme nom propre au Ier siècle, est l'une des plus anciennes références non chrétienne à Jésus : l'historien Tacite parle d'une « superstition » commune parmi les juifs de Rome, qui a pour origine un homme qu'il désigne par le nom de « *Chrestos* ».

Deux millénaires de foi

Jésus et ses disciples dans le jardin de Gethsémani. Le Christ et ses onze apôtres (le douzième, Judas Iscariote, le traître, n'est pas représenté) portent les toges patriciennesde l'aristocratie romaine. Mosaïque romaine tardive de l'église S. Apollinare Nuovo (consacrée en 549) de Ravenne.

Dans les années qui suivirent immédiatement la mort de Jésus, la plupart de ceux qui croyaient en lui en tant que Messie étaient des Juifs de Palestine. Mais lors des deux décennies suivantes, à partir de l'an 40, un changement se produisit avec la transmission du message chrétien à des « gentils » (non juifs). L'histoire de cette mission commence avec Saul de Tarse, un Juif de la Diaspora, citoyen romain parlant le grec et également désigné sous le nom classique de Paul. Saul/Paul a d'abord été un persécuteur : il prit part à la lapidation d'Étienne – vénéré comme le premier martyr chrétien – à Jérusalem. Peu de temps après, alors qu'il était en route pour Damas afin d'arrêter d'autres disciples de Jésus, il eut une vision de celui-ci qui le conduisit à se convertir (Actes des Apôtres, 9.1-19, 22.5-16). Paul entama alors une mission qui dura sa vie entière pour convertir les « gentils » de Grèce et d'Asie Mineure. Il fut l'un des premiers à exprimer une théologie chrétienne distincte de la pratique et de la Loi juives.

L'Église primitive se trouvait alors confrontée à un certain nombre d'obstacles : les chrétiens refusaient d'accomplir des sacrifices aux divinités gréco-romaines ou de reconnaître l'empereur romain comme un dieu, ainsi qu'il était requis par la loi ; pour ces raisons, le simple fait d'être chrétien était considéré comme une trahison, et bien des chrétiens furent martyrisés, mais leur exemple servit à promouvoir la nouvelle religion et à renforcer l'unité de ses fidèles. Les persécutions prirent fin après l'édit de Milan (en 313), décret de tolérance

Orthodoxie et hérésie

Les termes « hérétique » et « hérésie » (du grec *hairesis*, de *haîrein*, « choisir ») font référence aux chrétiens qui refusèrent de croire en certains dogmes. En effet, pour survivre et se développer, l'Église primitive avait besoin d'avoir un système uniforme de croyances et de fixer un canon des Écritures. L'orthodoxie ecclésiastique fut définie par des évêques et des théologiens au cours de conciles où furent débattus différents sujets : le célibat des prêtres, le rôle des femmes, l'autorité des Écritures et la liturgie. Au cours des premiers siècles, la discussion porta principalement sur la Trinité et les relations entre Dieu et le Christ, doctrine très complexe qui fut au cœur des premières hérésies comme le manichéisme, le marcionisme, l'arianisme et le montanisme. Aux conciles de Nicée, en 325, et de Chalcédoine, en 451, les débats aboutirent à la formulation du Credo, affirmation des croyances principales de la chrétienté.

Le schisme Orient-Occident

La fracture entre l'Église d'Orient (orthodoxe) et l'Église d'Occident (romaine) se produisit en 1054 ; ce fut la fin d'un processus dont l'origine se trouve dans les différences culturelles entre l'Empire romain occidental, de langue latine, et l'Empire d'Orient grécophone. Cette division linguistique et culturelle était accrue par une longue histoire de différences doctrinales complexes, par exemple sur la définition de la nature duale (humaine et divine) du Christ et sur la dévotion rendue aux icônes (du grec *eikon,* « image »), représentations de personnages sacrées (le Christ, Marie et les saints). Au VIIIe siècle, en Orient, les iconoclastes (« briseurs d'images »), pour qui l'usage des icônes était une idolâtrie, eurent gain de cause durant quelques décennies, et un nombre incalculable d'œuvres d'art sacrées furent détruites. Mais les iconolâtres (« adorateurs d'images ») inversèrent le mouvement et les icônes furent considérées dans l'Église d'Orient non seulement comme symboliques, mais également comme sacrées et capables de conférer la grâce aux fidèles. Cette idée ne fut pas acceptée en Occident.

La question de l'allégeance à la papauté romaine entérina la rupture. En Occident, l'autorité ecclésiastique suprême était reconnue au pape dont la légitimité venait du Christ par l'intermédiaire de l'apôtre Pierre. Pour l'Église d'Orient, l'autorité reposait sur un épiscopat constitué de tous les évêques. La crise atteignit son point culminant en 1054, lorsque la communauté byzantine d'Italie du Sud refusa de rendre hommage à Léon IX ; l'Église orientale, excommuniée, répondit par une contre-excommunication. Malgré des tentatives de réconciliation, les deux Églises ne se sont pas réunifiées.

Scènes des vies de saint Florent et de saint Laurent. Icône russe du début du XVIe siècle, Novgorod.

envers toutes les religions, promulgué par l'empereur Constantin. En 392, Théodose Ier déclara le christianisme « seule religion de l'Empire ».

La première période de l'histoire du christianisme est souvent appelée « ère patristique », en référence aux *Patres Ecclesiae* (« Pères de l'Église »), les grands théologiens qui mirent en forme la pensée et la doctrine chrétiennes. Celui qui eut le plus d'influence fut peut-être saint Augustin (354-430), évêque d'Hippone, en Afrique du Nord. Les évêques (du grec *episkopos,* « superviseur ») avaient été institués comme chefs spirituels des communautés chrétiennes. Ceux de Rome, d'Antioche, de Jérusalem, d'Alexandrie et de Constantinople étaient considérés comme les « patriarches » de l'Église.

À la fin du Ve siècle, le pouvoir séculier de l'Empire romain d'Occident succomba à la suite des invasions germaniques. Les Églises d'Occident et de l'Orient byzantin demeurèrent cependant unies. Les États féodaux qui se constituèrent alors dans l'Europe occidentale étaient organisés selon un système où monarchie, aristocratie et Église étaient les éléments les plus puissants. L'État et l'Église étaient souvent en conflit, mais il fut entendu que la monarchie régnerait sur les affaires temporelles, tandis que le pape exercerait l'autorité suprême sur les questions spirituelles. La question de l'autorité papale fut au cœur du premier grand schisme entre les Églises d'Orient et d'Occident (voir encadré ci-dessus). Le christianisme occidental (romain) continua à se répandre, à partir de 1095, avec les croisades.

Le monachisme

Le fondateur du monachisme est saint Antoine (vers 251-356) qui mena une vie de prière, retiré dans le désert égyptien. D'innombrables croyants suivirent son exemple, en se faisant ermites ou en se regroupant en communautés, sous l'autorité d'un abbé ou d'une abbesse. Ceux qui se retiraient ainsi du monde furent vénérés comme des modèles de vertu chrétienne. Un des premiers monastères les plus célèbres, celui de Monte Cassino, près de Naples, en Italie, fut fondé par saint Benoît de Nursie (480-vers 547). Sa « règle » (ou ligne directrice de conduite spirituelle) a servi de base au monachisme occidental et est toujours observée dans les monastères bénédictins actuels. Nonnes et moines prononcent des vœux de pauvreté, de chasteté et d'obéissance, et se vouent principalement à la prière et au chant quotidien de l'office divin ; la règle de saint Benoît ponctue les heures de sommeil, le travail manuel, la lecture et les heures des repas.

La Contre-Réforme

La Réforme protestante a provoqué un renouveau du catholicisme romain, appelé Contre-Réforme. Encouragée par le concile de Trente (1545-1563), la Contre-Réforme catholique mit fin à certaines pratiques (par exemple la vente d'indulgences, une des causes de la Réforme), et fonda des ordres nouveaux, parmi lesquels les Jésuites (Compagnie de Jésus), connus pour leur rigueur intellectuelle. Sous la conduite de leur fondateur, Ignace de Loyola (1491-1556), les Jésuites accordèrent une attention particulière à la pastorale et au travail des missionnaires. Dans les régions où elle était restée dominante, la Contre-Réforme aboutit également à la réaffirmation du pouvoir des prêtres, des sacrements et de l'autorité du pape. Le nouvel optimisme du catholicisme se manifesta dans l'épanouissement de l'art sacré.

Portrait de Martin Luther, fondateur du mouvement de la Réforme allemande, peint en 1529 par un adepte de la première heure, le peintre Lucas Cranach (1472-1553).

Ces expéditions militaires visaient à expulser les musulmans de Terre sainte. La rencontre avec la civilisation islamique et les érudits arabes mit la culture occidentale en contact avec les traditions philosophiques perdues de la Grèce ancienne, notamment la philosophie aristotélicienne. Cette redécouverte renforça la philosophie chrétienne, phénomène visible dans les travaux de théologiens et la « scolastique ». Le plus grand des penseurs scolastiques est certainement saint Thomas d'Aquin (1225-1274) (voir p. 64-65) pour qui la question de la raison, du savoir et de la révélation est essentielle à la réconciliation des anciens systèmes philosophiques avec la théologie chrétienne.

L'épanouissement de l'érudition chrétienne au Moyen Âge coïncide avec le développement des universités en Europe et avec la réforme de la tradition du monachisme bénédictin (voir texte en marge p. 61). Cette réforme se traduisit par l'apparition de plusieurs ordres nouveaux ainsi que par la naissance des « ordres mendiants », dominicains et franciscains, qui, à l'origine, cherchaient à mener des vies humbles et pauvres, dans l'imitation la plus proche possible de Jésus et de ses disciples.

Avant les réformes protestantes du XVIe siècle, des réformateurs tels John Wyclif (ou Wycliffe, 1330-1384), en Angleterre, ou Jan Hus (vers 1373-1415), en Bohême, avaient déjà remis en question l'autorité traditionnelle de la hiérarchie ecclésiastique et s'opposaient à ce qu'ils considéraient comme des pratiques corrompues de l'Église. Les deux hommes furent condamnés pour hérésie, mais leurs critiques et réformes continuèrent à gagner du terrain parmi les laïques.

Le mécontentement atteignit son point culminant en 1517, lorsque Martin Luther (1483-1546), un père augustin de Wittenberg, en Allemagne, afficha publiquement 95 « thèses », des affirmations qui critiquaient Rome pour la vente des « indulgences » – promesses de réduire le temps de purgatoire – (voir p. 84-85), afin d'attirer des fonds. En dépit de l'opposition de l'Église, le mouvement de la Réforme allemande prit rapidement de l'essor et, en quelques années, le schisme devint irrévocable. En 1529, les signataires d'une protestation écrite pour la défense des réformateurs furent surnommés « protestants ». Ce nom leur resta.

Le protestantisme, qui considère que l'autorité des Écritures est supérieure à celle de la hiérarchie ecclésiastique, se développa selon plusieurs tendances distinctes. Des réformateurs radicaux, comme Ulrich Zwingli (1484-1531) et Jean Calvin (1509-1564) s'opposaient à la vénération des images, à certains aspects de la liturgie romaine et au célibat des prêtres. À la différence des luthériens, qui défendaient l'idée de salut obtenu par la foi et non par les actes, Calvin croyait en la prédestination : certains fidèles étaient destinés à être sauvés, d'autres non. Aujourd'hui, le terme « protestant » recouvre un grand nombre d'Églises (voir texte en marge, p. 63).

Des gouvernants séculiers épousèrent la cause de la Réforme pour différentes raisons. Certains étaient d'accord avec les critiques des réformateurs, d'autres y voyaient l'occasion de s'emparer des biens de l'Église. L'un des plus importants courants, l'anglicanisme (l'Église d'Angleterre et ses affiliations, l'épiscopalisme par exemple) naquit des problèmes matrimoniaux d'Henri VIII (roi de 1509 à 1547), à qui le pape avait refusé le divorce.

En réaffirmant le caractère sacré du mariage et de la famille, le protestantisme eut des effets négatifs sur le monachisme ; dans de nombreuses zones réformées, les monastères et les couvents disparurent pratiquement tous.

L'époque de la Réforme et de la Contre-Réforme (voir texte en marge p. 62) coïncida avec les débuts du colonialisme européen. Alors que les Européens étendaient leurs horizons en Amérique puis, plus tard, vers l'Afrique, des missionnaires dont l'idéal était celui de saint Matthieu : « Allez, faites de toutes les nations des disciples » (28.19), jouèrent un grand rôle pour la diffusion du christianisme dans le monde entier. Si les activités des missionnaires continuent de nos jours, elles sont transformées par l'œcuménisme. Ce mouvement, lancé en 1910 par une conférence internationale et multicongrégationniste à Édimbourg, se donne comme but de permettre la coopération et le dialogue au-delà des différences d'Églises et d'en finir avec des siècles de suspicion et d'hostilité au sein des différentes traditions.

À partir du XVIIIe siècle, de puissantes influences rationalistes et sceptiques s'exercèrent sur le christianisme, d'abord avec la philosophie des Lumières, puis avec la révolution industrielle et la montée du capitalisme, enfin avec le progrès scientifique. L'urbanisation et la sécularisation, particulièrement en Occident, furent deux des facteurs qui transformèrent les fonctions de l'Église et sa communauté.

Néanmoins, comme pour toutes les traditions religieuses vivantes, la vitalité de la foi chrétienne est démontrée par un processus incessant de réforme et de pluralité interne. Aujourd'hui, plus de 400 groupes religieux se définissent comme chrétiens. On considère généralement cette diversité religieuse à l'échelle mondiale comme l'un des plus grands défis qu'affronte le christianisme dans le monde moderne.

Dénominations protestantes

Les principales Églises protestantes organisées sont celles des luthériens, des baptistes, des méthodistes, des presbytériens, des anglicans (ou épiscopaliens), des quakers *(Friends United Meeting)* et des méronnites. L'anglicanisme a la liturgie la plus élaborée, basée sur *The Book of Common Prayer.* Les baptistes, réunis dans l'une des plus grandes Églises protestantes (comportant de nombreux sous-groupes), mettent l'accent sur l'expérience religieuse individuelle et le baptême à l'âge adulte. L'évangélisme est commun à plusieurs Églises protestantes ; les évangélistes se considèrent comme « nés de nouveau » *(born again)* dans le Christ, mettent l'accent sur la conversion personnelle et se consacrent souvent à l'évangélisation du monde. Les prédicateurs évangélistes s'inspirent fortement de la Bible. Appuyé par des prédications évangélistes télévisées et par des missions à l'échelle mondiale, le pentecôtisme est un des mouvements dont la croissance a été le plus rapide, phénomène qui s'était aussi produit chez les catholiques romains. Centré autour de l'évangélisme (proclamer la parole de Dieu), il est essentiellement charismatique : la glossolalie (le « don des langues ») et autres expériences extatiques sont des éléments vitaux de la pratique religieuse. Le terme de « pentecôtisme » fait référence à l'Esprit saint descendu parmi les apôtres le jour de la Pentecôte (Actes des Apôtres, 2.1-4).

Office dans la « cathédrale de cristal », une église évangélique moderne, à Orange County, en Californie.

Le Verbe fait chair

« Au commencement était le Verbe, et le Verbe était auprès de Dieu, et le Verbe était Dieu. Et le Verbe s'est fait chair et il a habité parmi nous, et nous avons contemplé sa gloire. » Certains érudits contemporains contestent l'autorité et la paternité de l'incipit de l'Évangile de Jean, mais son importance pour la compréhension des origines du christianisme est peu remise en question. Il fait écho à l'ouverture de la Bible hébraïque, l'Ancien Testament pour les chrétiens : « Au commencement Dieu créa le ciel et la terre » (Genèse 1.1), mais indique aussi une divergence entre le christianisme et sa religion parente, le judaïsme. Dans la parole de Jean, la divinité s'incarne dans la chair, dans la nature humaine de Jésus de Nazareth, et cette personne divine est le fils de Dieu, rédempteur de l'humanité.

Saint Augustin prêchant à ses disciples. Illustration anglaise (vers 1100) tirée d'un ouvrage de saint Augustin, De civitate Dei *(la Cité de Dieu).*

La révélation et la vérité

La théologie chrétienne est un domaine extrêmement complexe et se subdivise en de nombreuses branches : la théologie naturelle, la théologie pratique, la théologie systématique, la théologie mystique, la théologie pastorale, la théologie spéculative et, plus récemment, la théologie de la libération (voir texte en marge p. 87). Cependant, on peut la diviser en deux types principaux : la théologie dogmatique et la théologie morale. La théologie dogmatique, science des vérités théoriques de Dieu, cherche à établir des doctrines fondamentales et des articles de foi ; puisant dans les Écritures et la Tradition, elle se rapporte généralement au dogme de la Trinité (voir encadré ci-contre). La théologie morale, tout en étant aussi ancrée dans le dogme chrétien, est la science des vérités morales pratiques et vise à expliquer les lois divines et le lien de l'homme avec Dieu.

Le questionnement théologique chrétien est vivace et son histoire remonte aux débuts de l'Église. À l'intérieur d'une question plus générale – « la nature de Dieu » –, les théologiens explorent de manière systématique un vaste champ de problèmes doctrinaux : la « christologie » (étude de la personne et de la nature de Jésus) ; la « mariologie » (étude du rôle joué par Marie dans l'Incarnation) ; la « sotériologie » (étude du salut de l'humanité, de sa rédemption) ; et l'« eschatologie » (étude de la fin des temps).

Il y a un discours théologique dans le Nouveau Testament, mais la discipline de la théologie en soi est née avec les « Pères de l'Église », comme saint Augustin qui a été à l'origine des idées essentielles, à savoir que l'humanité souffre d'une maladie morale héréditaire provenant du péché originel d'Adam (voir p. 74-75) et que seule la grâce de Dieu peut accorder le salut.

Au Moyen Âge, avec le développement des universités européennes, la théologie a été placée au sommet des études en tant que « reine des sciences ». C'est la période de la scolastique, méthode de déduction systématique des conclusions théologiques par le moyen du « syllogisme » (raisonnement déductif). Le plus important des théologiens scolastiques est saint Thomas d'Aquin (1225-1274), auteur d'un ouvrage fondamental, la *Somme théologique (Summa Theologiae)*, qui offre une synthèse de la raison et de la foi à la lumière de la redécouverte par l'Occident, à travers l'érudition musulmane, de la philosophie grecque ancienne, notamment celle d'Aristote. L'étude et la continuation de l'œuvre de saint Thomas d'Aquin, ou « thomisme », fait encore autorité chez les catholiques.

Influencé par la Réforme et la philosophie des Lumières, le questionnement théologique se diversifie, et la pluralité de ces pensées se traduit par la naissance de différentes perspectives confessionnelles. La raison critique et les avancées de la science lancent un nouveau défi à la pensée théologique. Friedrich Schleiermacher (1768-1834), salué comme le fondateur de la théologie protestante, soutient que la théologie ne saurait être circonscrite par la raison et la moralité mais plutôt par le sentiment humain de dépendance à un être infini. Ludwig Feuerbach (1804-1872), auteur de *l'Essence du christianisme* (1841), affirme que Dieu est une projection mentale dont le dessein est de répondre aux espoirs de l'homme et de satisfaire ses besoins. Au XXe siècle, Paul Tillich (1886-1965) se place dans le contexte du monde moderne, affirmant que la foi chrétienne est l'une des nombreuses manières de traiter avec la « pré-occupation dernière » de l'existence de Dieu. L'histoire de la théologie chrétienne est issue de diverses traductions, interprétations et reconstructions des mystères de la foi.

La Sainte Trinité

La Trinité, doctrine centrale de la religion, a défié les théologiens tout au long de l'histoire du christianisme. Selon cette doctrine, il n'y a qu'un Dieu, mais Dieu est en trois éléments : le Père, le Fils et l'Esprit saint, adorés comme une unité. L'idée de Dieu en tant que « un en trois, et trois en un » est un des mystères les plus sacrés pour les Églises d'Orient et d'Occident.

La Bible ne contient aucun enseignement explicite sur la Trinité. Les Évangiles selon saint Matthieu, saint Marc et saint Luc insistent sur l'humanité du Christ, tandis que l'Évangile de saint Jean met en avant sa divinité.

Les premiers théologiens, en mettant en évidence la nature divine de Jésus, se demandèrent comment le christianisme pouvait rester monothéiste si Jésus et Dieu étaient deux divinités. Dès le IIe siècle, Tertullien (vers 155-vers 222) utilisa le terme latin *trinitas* dans le discours théologique, enseignant que Dieu est une « seule substance » comprenant « trois personnes ». Origène (vers 185-vers 254) considérait la foi chrétienne comme fondée sur l'unité d'un Dieu transcendant (qui créa l'humanité), co-éternel avec le Fils (qui racheta l'humanité) et l'Esprit (qui sanctifia l'humanité).

Au IVe siècle, les théologiens consolidèrent la position orthodoxe, selon laquelle Dieu est trois personnes en une seule nature, et placèrent cette doctrine en ouverture de la déclaration de foi, le « Credo athanasien ». Les pères cappadociens, théologiens d'Asie Mineure dont les écrits demeurent vitaux et doctrinalement pertinents pour les orthodoxes, avaient des avis différents sur la génération du Fils et la « procession » de l'Esprit saint.

Au cœur du schisme entre l'Orient et l'Occident (voir encadré p. 61), le point de désaccord était que, pour l'Église d'Orient, l'Esprit « procédait » (avait son origine ou venait) du Père *à travers* le Fils, tandis que l'Occident croyait en la procession depuis le Père *et* le Fils.

La Sainte Trinité, *par un peintre hongrois du XIVe siècle dit le Maître de la Trinité. Dieu le Père, trônant, tient le Fils crucifié, sur la tête duquel plane le Saint-Esprit, représenté sous la forme d'une colombe blanche.*
Les théologiens médiévaux comparaient la Trinité aux trois facultés humaines : la mémoire, l'intelligence et la volonté, qui peuvent coexister dans une même personne.

Une union mystique

Le mysticisme chrétien est essentiellement théiste, c'est-à-dire qu'il met l'accent sur la réalité transcendante de Dieu, en particulier sur l'amour divin et l'union intime entre Dieu et l'âme. Dans la littérature mystique, une partie des écrits est plus particulièrement consacrée aux débats philosophiques sur le mysticisme, alors qu'une autre partie relate les expériences mystiques personnelles. La philosophie mystique analyse la nature de l'union divine, tandis que le mysticisme pratique tend à décrire dans un language métaphorique l'expérience vécue. Au-delà du genre, un thème souvent repris est celui de l'inéffable union mystique avec Dieu.

Alors que les récits personnels de l'expérience mystique diffèrent notoirement, tous les mystiques chrétiens décrivent d'une manière ou d'une autre une conscience directe de la présence de Dieu, généralement définie par les érudits et théologiens par l'expression « union mystique » (du latin *unio mystica*) avec

Le « mysticisme incarné »

La littérature chrétienne mystique rend compte de diverses expériences spirituelles « incarnées » : des apparitions physiques du Christ ou de Marie, des « auditions » (entendre les voix de Dieu ou des anges), des grossesses mystiques et des lactations miraculeuses vouées à l'Enfant Jésus.

Il existe d'innombrables récits de dévots ayant atteint l'état d'extase mystique, qui s'accompagnait de différentes manifestations physiques : évanouissement, lévitation, crise de sanglots ou transe. De tels états proviendraient de l'activité divine à l'intérieur de l'âme, grâce à une aliénation des sens ou une hypersensibilité. Au XIIIe siècle, saint François d'Assise (1182-1226) fut le premier mystique à présenter des stigmates, les cinq blessures du Christ crucifié.

Sainte Thérèse d'Avila, mystique espagnole du XVIe siècle, réformatrice et organisatrice de l'ordre des Carmélites, affirmait que l'expérience mystique était l'une des étapes sur le chemin de l'union mystique avec Dieu. Ses écrits autobiographiques et un traité sur le chemin de la perfection mystique, *Château intérieur,* rédigés pendant l'époque perturbée de l'Inquisition, offrent seulement des descriptions prudentes des états d'extase et de ravissement.

L'Extase de sainte Thérèse, *par Gian Lorenzo Bernini (dit le Cavalier Bernin, 1598-1680). La sculpture évoque ce que Thérèse appelait la « transverbération », l'expérience de l'âme percée par l'amour de Dieu (ici délégué par un ange).*

Dieu. L'union mystique requiert souvent une longue préparation, un chemin de vie qui commence par un « réveil », suivi d'une période de purgatoire, d'une « illumination », et, enfin, s'achève avec l'expérience de l'union. Pour d'autres, c'est une expérience transcendante qui vient soudainement, sans préparation, mais qui transforme radicalement leur vie. Le chemin spirituel du mystique est réfléchi, intérieur, et se détourne du monde.

Les racines du mysticisme chrétien sont d'origine biblique. Paul, en particulier, enseigna que c'est à travers l'amour du Christ que le chrétien peut faire l'expérience de la présence de Dieu. Néanmoins, même si le mysticisme chrétien primitif incluait la notion de contemplation, il était essentiellement intellectuel et philosophique et s'inspirait de la pensée grecque et romaine. Par exemple, le philosophe néoplatonicien Plotin (205-270) a beaucoup écrit sur l'idée de l'Absolu ; il affirme que la renonciation au monde et la contemplation fournissent le chemin le plus parfait pour l'union avec Dieu. Saint Augustin (354-430), dans sa tentative de réconcilier la philosophie grecque et la théologie chrétienne, voit Dieu au centre de toute réalité, de la pensée transcendante et de l'être concret. Le premier à utiliser le terme de « théologie mystique » est l'écrivain connu sous le nom de pseudo-Denys (car il mit son œuvre sous le couvert de Denys l'Aréopagite) [vers 500], qui place l'ascétisme chrétien primitif sur un plan intellectuel ; il parle de la présence cachée de Dieu et affirme que la connaissance de Dieu ne peut être atteinte qu'en renonçant à soi-même, et en vidant son esprit de toute pensée.

L'Église médiévale connut un grand développement de l'expérience mystique. Les mystiques se considéraient eux-mêmes comme des instruments de Dieu, et menaient des vies contemplatives ; les papes et les dirigeants séculiers sollicitaient même leurs conseils. Parmi les nombreux mystiques du Moyen Âge, on peut noter la singularité de Hildegarde de Bingen (1098-1179), abbesse allemande qui rendait compte de ses visions prophétiques et apocalyptiques en se servant de symboles allégoriques. En France, saint Bernard de Clairvaux (1090-1153) utilisait les images du Cantique des Cantiques pour décrire l'union de l'âme et du Christ dans les termes d'un mariage métaphysique. En Italie, saint François d'Assise (1181-1226), fondateur de l'ordre des Franciscains, pratiquait un mysticisme fondé sur l'« imitation du Christ » (voir encadré ci-contre). Dans son récit des révélations sur les mystères de la foi, Julian of Norwich (1342-vers 1415), l'un des nombreux mystiques médiévaux anglais, insistait sur l'infinité et l'incommensurabilité de l'amour divin et décrivait métaphoriquement le Christ comme une mère.

À la suite de la Réforme, le mysticisme fut perçu par les protestants comme une idée négative, mais certains protestants, parmi lesquels Jakob Boehme (1575-1624), ont relaté des expériences d'unions mystiques divines.

Plus récemment, les mystiques se sont inspirés de traditions puisées hors du christianisme, notamment dans le bouddhisme. Aujourd'hui, l'attrait du mysticisme reste fort car les chrétiens trouvent toujours une source d'inspiration dans leurs efforts pour communiquer le mystère profond de l'union de l'âme avec Dieu.

La prière de Jésus

Le mysticisme contemplatif est très important pour l'orthodoxie. Il se base sur une méthode de méditation visant à l'union divine, qui nécessite la répétition constante de la « prière de Jésus » : « Seigneur Jésus, aie pitié de moi, pauvre pécheur. »
La prière date du Ve siècle et elle est toujours récitée dans les Églises orthodoxes.
Cette pratique d'invocation rythmique s'appelle « hésychasme » (du mot grec *hêsukhia*, « paix, silence »). Ceux qui l'ont pratiquée disent qu'elle procure un état de calme spirituel dans lequel ils expérimentent la sagesse sacrée et éprouvent la nature de Dieu ; Grégoire Palamas (1296-1359), un saint mystique grec, en est un des représentant. En récitant cette prière, le fidèle espère aussi l'expérience d'une vision de la lumière divine, qui serait identique à la lumière de la transfiguration (Matthieu, 17.1-9 et passages parallèles dans Marc et Luc).

Cette gravure du XVIIe siècle représente Jakob Böhme, l'un des mystiques protestants les plus influents. Luthérien, Böhme affirmait avoir reçu une illumination divine *(voir encadré p. 65).*

Les langues de la Bible

La Bible hébraïque (l'Ancien Testament des chrétiens), à l'origine écrite principalement en hébreu, a été traduite en grec au IIIe siècle av. J.-C., pour la Diaspora juive grécophone. Cette version, la Septante, faisait autorité pour l'Église primitive. Elle a gardé cette valeur dans l'Église orthodoxe grecque. Le Nouveau Testament, lui, a été écrit en grec. Peu après l'établissement du canon chrétien, le pape confia à l'évêque Jérôme de Dalmatie (340-420) la traduction de la Bible chrétienne en latin, langue du christianisme d'Occident. L'œuvre de Jérôme, la Vulgate (du latin *versio vulgata,* « traduction ordinaire »), a été la Bible de référence du catholicisme romain jusqu'à la Réforme. Le latin a cessé d'être parlé au Moyen Âge, et seuls les prêtres et les laïques éduqués continuaient à pouvoir lire la Bible. Un grand nombre de gloses, de versions paraphrastiques et même de bibles complètes sont apparues dans diverses langues, mais l'importance en nombre des Bibles en langues vernaculaires est issue de la Réforme : en effet, les Églises protestantes insistaient sur le fait que les écritures devaient être accessibles à tous. Aujourd'hui, toutes les confessions chrétiennes encouragent les fidèles à entendre et à lire la Bible dans leur propre langue. Il en existe des traductions en plus de deux mille langues.

Le canon chrétien

La Bible, considérée par les chrétiens comme ayant été inspirée par Dieu, est le texte le plus sacré du christianisme. Elle se compose de deux parties : l'Ancien Testament, qui est, pour l'essentiel, la Bible hébraïque, la Tora (voir p. 30-33), et qui, pour le christianisme, représente la première alliance (« testament ») de Dieu avec l'homme ; et le Nouveau Testament, le pacte de Jésus-Christ, dans lequel les promesses faites par Dieu à Israël ont été réalisées. Les vingt-sept livres du Nouveau Testament, écrits durant le siècle qui suivit la mort de Jésus, relatent sa naissance, son ministère, sa passion (« souffrance ») et sa résurrection. Ils contiennent aussi les « Actes des Apôtres », avec le récit de la mission de Paul chez les « gentils », les Épîtres de Paul et celles d'autres personnalités de l'Église primitive (voir encadré ci contre). Le dernier livre, l'Apocalypse, est une vision de la fin des temps.

Au cœur de cette compilation se trouvent les quatre Évangiles (du grec *euaggelion,* « bonne nouvelle »), attribués à Matthieu, Marc, Luc et Jean (les Évangélistes). Depuis la fin du XVIIIe siècle, les trois premiers Évangiles sont dits par les exégètes « synoptiques » (« concordants ») parce que, si on les compare, on voit qu'ils contiennent de nombreux parallèles, tant dans leur forme que dans leur contenu ; l'Évangile selon saint Jean, ou « quatrième Évangile » (vers 95), est extrêmement différent par le style et le ton. Ensemble, les quatre livres sont simplement appelés « l'Évangile ».

La manière dont l'Ancien et le Nouveau Testament en sont venus à constituer les Écritures autorisées du christianisme est un problème complexe. Les chrétiens et les juifs ont en commun la plupart des textes de la Tora, mais l'Église primitive en modifia l'ordre afin de conclure l'Ancien Testament par les livres des Prophètes. L'Ancien Testament se termine ainsi par le livre de Malachie, dont la référence au prophète Élie comme précurseur du Messie a été comprise par les auteurs des Évangiles comme

Couverture d'un Évangile arménien en argent émaillé, datant de 1658. À droite, Dieu est représenté en gloire au-dessus du Temple, entouré des prophètes de l'Ancien Testament ; à gauche, Jésus se tient devant le Temple encadré par les portraits des douze apôtres.

s'appliquant à saint Jean-Baptiste (Matthieu, 11.7-15 ; Luc, 1.16-17). Le canon du Nouveau Testament consiste en des textes que l'Église primitive considérait comme inspirés par Dieu et les plus aptes à communiquer l'expérience religieuse chrétienne. Il n'est pas l'œuvre d'une seule personne ou d'un concile de l'Église, mais évolua peu à peu au cours des siècles. Dès 160, le théologien Tertullien utilisa l'expression « Nouveau Testament » pour désigner une collection d'écrits du Ier siècle concernant le Christ. Mais ce n'est pas avant le début du Ve siècle que les vingt-sept livres du Nouveau Testament gagnèrent une reconnaissance universelle et que le canon chrétien prit la forme que connaissent les fidèles.

Depuis longtemps, l'Église a reconnu un certain nombre de textes comme « apocryphes » (du grec *apokruptein,* « cacher »), c'est-à-dire possédant des qualités spirituelles ou historiques particulières mais ne devant pas être considérés comme des révélations divines ; le statut de certains de ces écrits est source de désaccord entre les Églises protestantes, catholiques et orthodoxes.

La Bible reste ouverte à de nombreuses interprétations et elle a servi à justifier des pratiques opposées telles que la polygamie et la monogamie. Pour beaucoup de chrétiens, particulièrement ceux qui appartiennent à des Églises fondamentalistes, la Bible est entièrement révélée, et chaque mot en a été inspiré par Dieu : elle est donc « vraie », sans possibilité d'erreur. D'autres communautés en font une interprétation plus allégorique. Certains exégètes lisent la Bible comme de la littérature et appliquent des méthodes de critique littéraire pour en comprendre les qualités, essayant de distinguer auteur et genre. L'interprétation biblique est aussi directement liée au style de traduction, une tendance qui remonte à la Bible allemande de Martin Luther et même au-delà. De nouvelles traductions (voir texte en marge, p. 68) continuent de refléter la variété des interprétations.

L'une des premières éditions imprimées (1561) de la Bible allemande de Luther. L'Église catholique accusa le réformateur de « mal traduire » intentionnellement certains passages afin de les orienter dans le sens de la doctrine luthérienne, par exemple la parole de Paul sur la justification de la foi (épître aux Romains, 3.28).

Les Épitres du Nouveau Testament

Le genre littéraire de l'épître, ou lettre, est important dans le Nouveau Testament. Alors que les Évangiles sont les récits factuels de la vie de Jésus et de ses enseignements, les épîtres sont un moyen d'action missionnaire, sous forme de messages publics adressés aux nouvelles communautés de convertis (quatre leur sont adressées personnellement). Elles utilisaient fréquemment le style rhétorique de l'époque et elles étaient lues à voix haute, comme des sermons.

Les lettres fournissaient aussi des arguments de réponse face aux opposants. Bien que faisant référence à des situations particulières aux lieux où elles avaient été adressées, elles furent dotées par les théologiens qui décidèrent du canon du Nouveau Testament d'une qualité intemporelle et considérées comme essentielles pour la formation de la foi, au même titre que les Évangiles et les Actes des Apôtres. Les treize lettres « pauliennes », traditionnellement attribuées à Paul (bien que les exégètes remettent en question l'attribution de certaines d'entre elles), forment le cœur des Épîtres. Écrites à l'origine en grec, comme l'ensemble du Nouveau Testament, elles témoignent des missions de Paul auprès des communautés de gentils et établissent son autorité comme apôtre du Christ. Dans ses deux épîtres aux Corinthiens, il donne son avis sur les préoccupations doctrinales et éthiques de la communauté établie dans cette ville, et notamment sur le célibat, sur le fait de manger de la nourriture sacrifiée à un dieu païen, sur la nature de la Résurrection.

Dans son épître aux Galates (une communauté chrétienne d'Asie Mineure), Paul pose la question de savoir si un gentil doit être circoncis avant de devenir chrétien : sa réponse négative a marqué une divergence majeure entre la pratique chrétienne et celle de son héritage juif.

Les martyrs, les saints et les anges

Les hommes et les femmes qui ont vécu dans la vertu extrême ou ceux qui sont morts en martyrs sont vénérés comme « saints » (du latin *sanctus* ou *sancta*). Vénérer un saint c'est honorer sa mémoire, la spiritualité d'une vie qui donne l'exemple de l'idéal moral et religieux et tenter de l'imiter. La pratique des cultes comporte des offrandes, des invocations, des vœux et des demandes de guérison ou de miracles. Parce qu'ils résident dans les cieux, près de Dieu, on pense que les saints possèdent le pouvoir d'intercéder pour le fidèle auprès Dieu. La vénération d'un saint implique une relation réciproque : le croyant engage sa fidélité et sa dévotion et le saint offre en retour sa protection et son intercession.

Icône crétoise du XVIe siècle, représentant la Vierge et l'Enfant. Le culte particulier voué à Marie dans l'Église d'Orient est visible dans l'« Akathistos » – hymne du Ve siècle encore en usage –, et dans le titre grec donné à Marie : Théotokos *(« Porteuse de Dieu »).*

La Vierge Marie

Un culte populaire voué à Marie, la mère du Christ, s'est développé au cours des siècles, dans les Églises d'Orient et d'Occident. Le culte marial est né en Orient, et on en retrouve des traces au IVe siècle. En 787, le second concile de Nicée décréta que, si l'adoration n'était due qu'à Dieu seul, Marie méritait une vénération supérieure à celle des autres saints.

Dans l'Église d'Occident, le culte de Marie est apparu plus tard, mais il est particulièrement fort dans le catholicisme romain. À partir du XIIe siècle, son nom courant devient simplement « Notre Dame » ou « Ma Dame » (Madone) et des centaines d'églises lui sont consacrées. Les théologiens ont commenté pendant des siècles les doctrines de « l'Immaculée Conception » (Marie, comme le Christ, a été conçue en dehors du péché originel ; voir texte en marge p. 74) et de « l'Assomption », son élévation au ciel. À l'époque moderne, Marie a fait plusieurs apparitions miraculeuses, à Lourdes par exemple et dans d'autres endroits devenus des hauts lieux de pèlerinage (voir texte en marge p. 76).

Comme celui des autres saints, le culte de Marie repose sur le pouvoir d'intercession, croyance enracinée dans le fait que Jésus, en tant que fils, ne peut pas refuser d'exaucer les appels de sa mère. De nombreuses histoires relatent sa compassion à l'égard de ceux qui invoquent son nom. C'est pour cette raison qu'elle est souvent représentée comme la mère bienveillante et pleine de pitié de tous les croyants.

Dans le culte protestant, Marie est honorée en tant que mère du Christ, mais elle n'occupe pas une place particulière ni aussi importante que dans le culte orthodoxe et le culte catholique.

La dévotion aux saints commença dès la période des persécutions dans l'Empire romain. La croyance dans les pouvoirs d'intercession des saints était un prolongement culturel des pratiques gréco-romaines. On pensait, en effet, que ceux qui étaient morts héroïquement exerçaient un pouvoir surnaturel après leur mort.

Les martyrs qui trouvèrent la mort durant cette période étaient des héros du premier christianisme, qui avaient suivi au plus près l'exemple du Christ : le mot « martyr » est issu du grec *marturos,* qui signifie « témoin » (ici, « témoin du Christ »). Les noms de ces martyrs, par exemple Perpetue et Félicité (qui moururent toutes deux en 203), étaient prononcés dans les liturgies des premières communautés chrétiennes.

Au cours des siècles qui suivirent, leurs restes furent vénérés en tant que reliques et témoignages de la période fondatrice de la foi. Au lieu d'être inhumés au cimetière, les corps des premiers martyrs et saints furent enterrés sous les autels des églises.

Guérisons, exorcismes et bon nombre de miracles étaient associés à l'adoration des reliques des saints. Du IVe siècle au Moyen Âge, la recherche de saintes reliques – os et objets associés au saint – alla croissant, conjointement à la pratique religieuse. Sous la conduite des dirigeants de l'Église, la chrétienté développa ainsi un réseau de tombes sacrées et de reliquaires.

Longtemps, la dévotion vouée à une multitude de saints fut un élément fondamental de la pratique religieuse, privée ou publique. Un calendrier des jours des saints procurait aux fidèles un guide quotidien de méditation.

La dévotion populaire aux saints était fondamentale pour le christianisme médiéval. Aux reliques s'ajoutaient des récits écrits (ou « hagiographies », du grec *hagios* ou *hagia*, « saint », et *graphia*, « écriture ») de leurs vies et de leurs miracles, qui encourageaient la dévotion et voyaient dans les reliques des instruments vivants du pouvoir divin. Au XIIIe siècle, *la Légende dorée,* recueil de vies de saints composé par le dominicain Jacques de Voragine fut particulièrement populaire. Plus tard, au XVIIIe siècle, *la Vie des saints,* d'Alban Butler, couvrait 2 565 vies de saints, classées par ordre de leur jour de fête dans le calendrier.

Certains saints étaient vénérés localement, d'autres l'étaient partout. Parmi ces derniers, il faut citer Marie (voir encadré ci-contre) et son mari Joseph, charpentier. Décrit dans les Évangiles comme un « homme juste » (Matthieu, 1.19), Joseph est honoré en

Reliquaire en argent, vermeil et bronze, du Vatican. Fabriqué pour le pape Pie II (qui régna de 1458 à 1464) afin d'abriter les reliques présumées de saint André l'Apôtre, il comporte plus de deux cents pierres précieuses et semi-précieuses.

tant que mari plein de compassion et de tendresse, et protecteur de l'Enfant Jésus, conçu par l'intermédiaire du Saint Esprit. Sa piété et son obéissance à Dieu sont les aspects essentiels de l'exemplarité de ce personnage.

Avec la pratique du culte des saints s'est développée l'idée de « saints patrons », qui a toujours cours dans les cultes populaires du catholicisme romain et de l'Église orthodoxe. Les vies et légendes des saints, et surtout les miracles qui leur étaient attribués, devinrent les instruments d'une aide spécialisée.

Ainsi sainte Lucie (morte en 304), qui avait recouvré la vue après avoir été aveuglée par ses persécuteurs, fut invoquée par ceux qui souffraient de problèmes oculaires. L'aide de saint Sébastien, un soldat romain qui guérit après avoir été percé de flèches, était sollicitée contre la peste et d'autres maladies, que l'on attribuait, à l'époque gréco-romaine, aux flèches des dieux (saint Sébastien mourut ensuite dans d'atroces souffrances).

En tant que protecteur du Christ, Joseph, époux de Marie, fut honoré comme patron de l'Église universelle (à partir de 1870), des pères, des charpentiers et des travailleurs. Comme on pense qu'il est mort peu après la Crucifixion, entouré de sa famille, Joseph est aussi le saint patron des mourants.

Les associations et les communautés religieuses choisissent souvent un saint comme patron particulier, et dans le catholicisme romain, on donne habituellement aux enfants le nom d'un saint avec la conviction que cela leur procurera la protection et la bienveillance de celui-ci.

La canonisation

Le catholicisme permet d'ajouter de nouveaux saints à la liste officielle selon les règles de la « canonisation ». C'est le pape qui confère la sainteté, mais c'est un groupe d'experts en loi canonique, au Vatican, qui examine les preuves de sainteté pour toute personne proposée à la canonisation. Cette procédure, longue et complexe, est restée globalement la même depuis quatre cents ans, bien qu'elle se soit notoirement raccourcie depuis l'accession à la papauté de Jean-Paul II en 1979. La vie de l'intéressé est soumise à une investigation rigoureuse afin d'authentifier sa réputation de sainteté et d'orthodoxie. Les récits de signes divins – événements inexplicables, considérés comme miracles – sont vérifiés. Le saint est ensuite « béatifié » (déclarée béni) et le culte local est autorisé. Toute nouvelle preuve de manifestation divine obtenue par l'intercession du saint béatifié entraîne une nouvelle procédure. Le pape peut alors autoriser son culte dans le monde entier.

La canonisation est relativement rare. Trois cents nouveaux saints ont été reconnus depuis huit cents ans. Le Vatican a aussi rayé certains saints de la liste, pour insuffisance de preuves. Le cas s'est présenté pour des personnages populaires et familiers, comme saint Georges et saint Christophe.

Icône russe de l'école Stroganov représentant saint Michel Archange, vers 1600. Honoré comme le protecteur de l'Église contre les forces du mal, Michel est souvent représenté en guerrier.

Les fidèles orthodoxes vénèrent moins les saints que les pères de l'Église (voir p. 60-63) et les premiers martyrs, dont les icônes sont largement répandues dans les églises et les maisons. Les Églises protestantes portent une estime particulière aux prophètes de l'Ancien Testament et aux apôtres, mais elles considèrent généralement la vénération des saints comme une pratique idolâtre et nient le pouvoir d'intercession de quiconque, mis à part du Christ. Les Églises anglicanes et luthériennes conseillent cependant certains noms pour des actions de grâce.

L'Église catholique romaine est la seule confession chrétienne qui ait une procédure formelle d'identification des saints (voir encadré ci-contre) et qui impose des règles spécifiques pour leur culte : ni les saints ni leurs reliques ne doivent être objet d'adoration, statut réservé aux trois figures de la Trinité (le Père, le Fils et le Saint Esprit).

Les anges

Le titre de saint s'applique à de nombreux anges – êtres surnaturels supposés habiter les cieux et posséder des pouvoirs extraordinaires. Les anges apparaissent fréquemment dans la Bible, ils glorifient Dieu et protègent les fidèles. Mais les anges de la Bible, comme leur nom tiré du grec *aggelos* (« messager ») l'indique, agissent en tant que messagers divins, intermédiaires entre le ciel et la terre. On trouve parmi eux les archanges (« anges conducteurs ») Gabriel, Raphaël et Michel. Dans l'Ancien Testament, les anges annoncent la naissance d'Ismaël, d'Isaac et de Samson, et, dans les Évangiles, celles de saint Jean-Baptiste et de Jésus. Ils proclament aussi la Résurrection et conseillent Joseph de Nazareth dans ses rêves. Au début du VIe siècle, le pseudo-Denys décrit les anges comme composant une partie d'une hiérarchie de forces célestes, dotés chacun d'une fonction cosmique particulière. Chargés de veiller sur certains aspects de la condition humaine, les anges sauvent, avertissent et encouragent. L'ange gardien – ange protecteur attribué à chacun par Dieu – est une notion dérivée des Écritures (notamment des Psaumes, 91.11) et de la croyance gréco-romaine en des divinités protectrices.

Dans le catholicisme romain, le 2 octobre est la fête des anges gardiens et le 29 septembre la fête de saint Michel (ce jour-là, les anglicans célèbrent à la fois saint Michel et tous les anges). L'intérêt pour les anges est répandu et se retrouve aujourd'hui dans tous les branches chrétiennes. Les protestants ont pourtant, d'une manière générale, minimisé la croyance en leur pouvoir surnaturel et en leur existence.

Le chemin du Christ

Les principes fondamentaux, censés guider les croyants sur le chemin de la vie chrétienne, ont peu changé à travers l'histoire. Les injonctions éthiques chrétiennes prennent souvent la forme d'impératifs divins, ou commandements. Les sources qui font autorité sont essentiellement les Dix Commandements que Moïse aurait reçus de Dieu sur le mont Sinaï (Exode, 20. 2-17 ; Deutéronome, 5.6-21) et les enseignements de Jésus. Dans les deux cas, les sources écrites sont restées relativement constantes, bien que les catholiques romains et les luthériens d'un côté, les Églises orthodoxes et réformées de l'autre, diffèrent légèrement dans leurs classifications des Dix Commandements. L'interprétation des Écritures a également varié selon les différents contextes historiques, sociaux et géographiques, et selon les Églises. Les mêmes principes, par exemple, ont été utilisés pour justifier à la fois le maintien d'un statu quo au temps de l'Inquisition, et, de nos jours, la promotion d'un programme social radical par les théologiens de la libération (voir texte en marge p. 87).

Les Dix Commandements, ou Décalogue (« Dix Paroles »), donnent les obligations religieuses et sociales fondamentales. Dans la Bible, il s'agit de la parole de Dieu, qui définit la relation correcte de l'homme avec Dieu, avec les parents, entre époux et dans la communauté. Les premiers Commandements parlent de la relation avec Dieu : on ne doit adorer que Dieu, on doit proscrire l'idolâtrie, observer le sabbat et honorer le nom de Dieu. Après l'injonction d'honorer ses parents, les derniers Commandements concernent le comportement éthique dans la société, avec des impératifs : ne pas voler, ne pas convoiter le bien d'autrui, ne pas faire de faux témoignage, ne pas commettre un meurtre et ne pas commettre d'adultère.

Péché et vertu

Les premiers théologiens interprétaient la désobéissance d'Adam et Ève au commandement de Dieu (ne pas manger le fruit de l'un des arbres du jardin d'Éden), comme la chute de l'humanité hors de la grâce, et comme le symbole de la faillibilité humaine par rapport à la liberté morale. Selon saint Paul, la chute d'Adam a introduit le péché dans le monde ; saint Augustin inclut dans cette idée la doctrine du péché originel : tout être au monde (à l'exception du Christ et de Marie, voir encadré p. 70) hérite du péché d'Adam. Cette doctrine est toujours reconnue par l'Église catholique. Le christianisme médiéval définissait « sept péchés capitaux » (ou « mortels ») : l'orgueil, l'avarice, la luxure, la colère, la gourmandise, l'envie et la paresse, qui étaient également la source des autres péchés. L'orgueil était considéré comme la cause de tous les vices et on justifiait cette idée par une citation d'un livre apocryphe (l'Ecclésiaste) : « Le principe de l'orgueil c'est le péché. » Les sept péchés étaient personnifiés dans les sermons, les arts et la littérature religieuse, et ils étaient souvent représentés en lutte avec leurs contraires – l'humilité, la générosité, la chasteté, la douceur, la tempérance, l'amour fraternel et le zèle. La prudence, la tempérance, la force morale et la justice sont les « vertus cardinales » (de base) ; « foi, espérance et charité » (1re épître de Paul aux Corinthiens, 13.13) sont les « vertus théologales ». Les vertus théologales sont ce que les Actes des Apôtres (9.2) appellent la « voie » (chrétienne). On admet généralement que la première des vertus chrétiennes est, ainsi que le dit Paul, l'amour, de Dieu comme de son prochain.

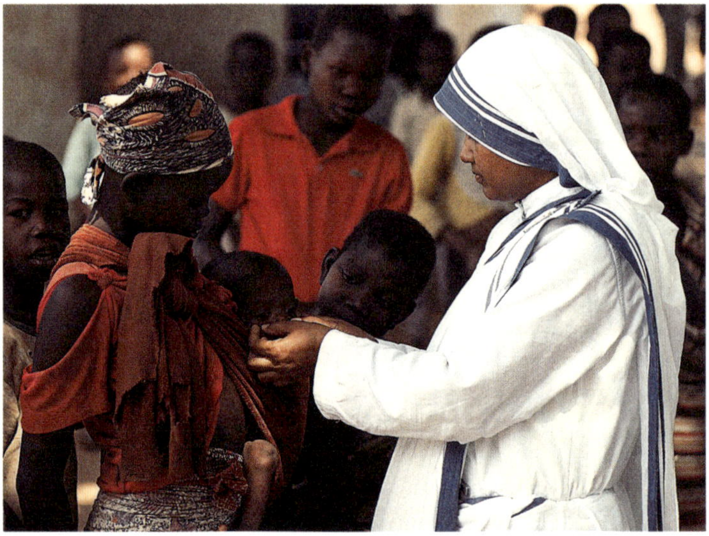

Une missionnaire de la Charité (communauté fondée en Inde par la sœur albanaise Mère Thérésa [1910-1997] et qui s'est vouée à aider les malades et les indigents), soigne une jeune victime de la guerre au Mozambique. Les actes de charité désintéressés (du latin caritas, « amour », « affection ») sont parmi les plus hautes expressions de la vertu chrétienne.

Les béatitudes

Dans le « sermon sur la montagne » (voir texte principal), Jésus donne la liste de neuf bénédictions pour bonne conduite (Matthieu 5.3-12), comme, par exemple : « Heureux les affligés, car ils seront consolés. » Ces bénédictions s'appellent « béatitudes » (du latin *beatus*, « béni ») dans l'Église d'Occident et « commandement de béatitude » dans l'Église d'Orient.

À la différence des Dix Commandements, les béatitudes ne sont pas des impératifs éthiques. Elles énoncent plutôt des qualités auxquelles les fidèles de Jésus devraient aspirer pour atteindre la béatitude et la vie éternelle. Ces qualités font écho aux vertus chrétiennes principales : humilité, simplicité, justice, miséricorde, pureté ; il faut aussi œuvrer pour la paix et être prêt à mourir pour sa foi.

L'évangile selon saint Luc (6.20-26) propose une version où à chaque béatitude correspond son contraire suivi une sentence de malédiction.

Le mont des Béatitudes, lieu, selon la Tradition, du « sermon sur la montagne », est situé sur la rive nord-ouest du lac de Galilée. L'église catholique des Béatitudes (au premier plan) a été construite en 1936.

L'évangile selon saint Matthieu comporte le long récit d'une harangue de Jésus adressée à la foule du haut d'une colline – le « sermon sur la montagne » (Matthieu, 5. 6. 7.) –, texte essentiel pour les fondations éthiques du christianisme. Jésus explique à la foule qu'il n'est pas venu pour abolir la Loi juive de Moïse, mais pour la mettre en actes, et il avertit que celui qui rompt les Commandements ou enseigne à d'autres à le faire sera « tenu pour le plus petit dans le royaume des cieux » (Matthieu, 5. 17-20). Il établit un nouveau système éthique qui prolonge la Loi mosaïque et devient le noyau d'une moralité chrétienne distincte. Jésus étend l'interdiction de tuer à celle de nourrir de la colère contre un autre, il interdit non seulement l'adultère mais le fait d'éprouver des désirs libidineux et prolonge l'injonction de ne pas invoquer en vain le nom du Seigneur à l'interdiction de jurer par les cieux, la terre et soi-même.

L'éthique chrétienne repose avant tout sur la réévaluation par Jésus du commandement d'amour. Toujours dans l'Évangile selon saint Matthieu, lorsqu'un juge lui demande quel est son plus grand commandement, Jésus cite l'Ancien Testament « Tu aimeras Yavhé ton Dieu de tout ton cœur et de toute ton âme et de tout ton pouvoir. » (Deutéronome, 6.5.) « Voilà, poursuit-il, le premier et le plus grand commandement. Le second lui est semblable : " Tu aimeras ton prochain comme toi-même. " [Lévitique, 19.18]. À ces deux commandements se rattachent toute la loi, ainsi que les prophètes. » (Matthieu 22.36-40, Marc 12.29-31, Luc 10.25-28.) Sur un plan personnel, les chrétiens doivent aimer non seulement ceux qui les aiment mais aussi leurs ennemis, auxquels ils doivent pardonner.

Le Bon Samaritain

Dans la parabole célèbre du Bon Samaritain (Luc, 10.29-37), Jésus interprète le concept du « prochain » utilisé dans le Décalogue et donne un exemple de la conduite morale qu'il attend de ses disciples. Jésus y raconte comment un homme, laissé pour mort par des voleurs et ignoré par ses coreligionnaires, reçoit l'aide d'un Samaritain, adepte d'une tradition religieuse propre à la Samarie (entre la Judée et la Galilée), et qui, bien que distincte, est liée au judaïsme. La plupart de ceux qui l'écoutaient devaient mépriser ou être hostiles aux Samaritains, mais Jésus affirme alors que le Samaritain est le vrai « prochain », ce qui veut dire que le prochain n'est pas seulement quelqu'un de sa famille, de sa nation ou de sa religion, mais celui qui étend son amour à tous, avec un cœur pur et sans attendre de récompense.

Lieux de pèlerinages

Chaque année, des milliers de pèlerins se rendent sur des lieux associés à la vie du Christ : Bethléem, Jérusalem et d'autres endroits de Galilée. Il existe de nombreux pèlerinages chrétiens hors de la Terre sainte, associés à des reliques de saints vénérées pour le pouvoir sacré qu'elles sont censées détenir. Les pèlerinages sont des actes de dévotion accomplis soit pour demander l'intercession d'un saint ou le remercier, soit comme pénitence. Parmi les lieux de pèlerinage les plus célèbres (voir carte p. 55), on peut citer Saint-Jacques-de-Compostelle, en Espagne (où sont gardées les précieuses reliques de saint Jacques le Majeur) et la cathédrale de Canterbury, en Angleterre (où se trouve la tombe de saint Thomas Becket, archevêque de Canterbury, assassiné en 1170.) Au Moyen Âge, Saint-Jacques-de-Compostelle était en rivalité avec Rome comme lieu de pélerinage. Le pèlerinage à Canterbury inspira à Geoffrey Chaucer, auteur anglais du XIVe siècle, *les Contes de Canterbury*, un recueil d'histoires racontées par des pèlerins supposés se rendre sur la tombe de Becket. De nombreux pèlerinages se sont instaurés autour des lieux d'apparition de la Vierge Marie, en particulier dans les pays catholiques. Les plus importants sont Fatima, au Portugal, Lourdes, en France, et Czestochowa, en Pologne. Lourdes est sans doute le plus connu. C'est là que, en 1858, une petite paysanne déclara avoir eu des visions de Marie dans une grotte où jaillit une source, considérée depuis comme miraculeuse. Chaque année, des milliers de fidèles se massent dans l'église du Rosaire, construite au dessus de la grotte.

La maison du Seigneur

Le mot « Église » fait à la fois référence au corps des fidèles professant la foi chrétienne et à chaque courant religieux au sein de celui-ci. Il désigne aussi la résidence de Dieu sur terre et le lieu où les chrétiens se rassemblent pour célébrer leur culte, privé ou public. Ces différentes notions se retrouvent dans plusieurs langues : église, *church, Kirche, iglesia* sont autant de mots dérivés du grec *kuriakos [domos]*, « [maison] du Seigneur », ou *ekklesia*, « rassemblement ».

Aujourd'hui, le grand nombre des confessions chrétiennes apparaît dans la diversité des styles architecturaux et des décorations intérieures des églises. Mais, au cours des premières années de l'histoire chrétienne, lorsque les chrétiens étaient persécutés, les églises en tant que bâtiments spécifiques n'existaient pas : le culte était célébré dans des domiciles privées (« maisons églises ») et les morts étaient enterrés secrètement dans des catacombes.

Lorsque prirent fin les persécutions, au IVe siècle, les chrétiens purent se réunir publiquement. Sous le règne de l'empereur Constantin, les temples païens furent détruits ou convertis à un usage chrétien, et de nouvelles églises furent édifiées, dont la splendeur était destinée à honorer le souverain terrestre aussi bien que Dieu. Beaucoup abritaient des os de martyrs ou d'autres reliques

Haut lieu de pèlerinage en Terre sainte, l'église de la Nativité à Bethléem est censée être construite sur l'emplacement du lieu de naissance du Christ. L'église, qui suit le plan de la basilique romaine, fut construite par Constantin en 325 et restaurée au VIe siècle à la suite d'un incendie.

vénérées, faisant du paysage chrétien primitif un réseau de lieux de pèlerinages sacrés (voir texte en marge, p. 76).

Les plus anciennes églises en Occident furent construites sur le modèle de la « basilique » (du latin *basilica*, issu du grec *basilikê* [stoa], portique « royal »), bâtiment public principal dans chaque ville et village romains, faisant à la fois office de lieu de réunion et de tribunal. L'église basilicale est axée sur une travée longitudinale qui conduit de la porte principale jusqu'au chœur (ou sanctuaire) ; l'autel, où sont célébrés les offices, se trouve à l'avant de l'église, à l'est. À partir du Vᵉ siècle, toutes les grandes villes de la chrétienté disposaient d'au moins une église basilicale, suffisamment vaste pour accueillir les congrégations en expansion. Au début du Moyen Âge, un autre type architectural apparut, celui de l'église cruciforme, ainsi appelée en raison de son plan en croix : une nef centrale (du latin *navis*, « navire »), long axe principal, traversée par deux ailes transversales, ou transept.

Dans les Églises orthodoxes d'Orient, les lieux du culte, anciens ou récents, sont construits selon un plan carré et surmontés de coupoles caractéristiques.

Quelle que soit sa modestie ou sa splendeur, une église chrétienne est un lieu sacré de vénération et de respect, conçu pour que les fidèles puissent s'imprégner des mystères de la foi. Cette intention apparaît clairement en Occident à travers les édifices qui s'élèvent dans les styles roman (vers 1100-1150),

Symbolisme chrétien

Les premiers chrétiens signalaient l'usage sacré des maisons ou des catacombes par des symboles peints ou gravés : un poisson (représentant le baptême, le Christ et la Résurrection), un berger portant un agneau, les première et dernière lettres de l'alphabet grec – A Ω (qui symbolisent le fait que le Christ est le début et la fin de toute chose ; Apocalypse, 1.8) –, et le khi-rhô, monogramme de ces deux lettres grecques (les deux premières lettres du mot grec *kristos*). Les chrétiens se sont rarement servi d'images du Christ crucifié ou de la Croix avant que l'empereur Constantin (306-337) n'abolisse la peine par crucifixion. C'est à partir de ce moment-là que le souvenir de la peine dégradante réservé aux criminels s'atténua. Les ennemis païens du christianisme utilisaient parfois des images de la Croix pour se moquer du Christ et de ses partisans.

L'autel

L'autel est l'endroit le plus important dans la plupart des églises chrétiennes. Situé à l'extrémité est ou au centre, il peut être une œuvre extrêmement travaillée ou une simple table de bois, de marbre ou de pierre. Sa position centrale indique son rôle particulier : depuis toujours pour les catholiques romains, les orthodoxes et les anglicans, c'est l'endroit où l'on célèbre l'eucharistie (voir p. 82-83). L'autel est sacré et son accès est souvent strictement réservé au clergé.

Avec l'officialisation de la doctrine de la transsubstantiation – le pain et le vin de l'eucharistie deviennent miraculeusement le corps et le sang du Christ (croyance rejetée par les protestants) –, l'autel est devenu la résidence de Dieu sur terre. Les fidèles montrent leur vénération en faisant une génuflexion devant l'autel.

Dans le catholicisme romain et orthodoxe, un « tabernacle », réceptacle ornemental renfermant les hosties (pain consacré), est située sur l'autel principal ou celui attenant, et une lampe ou des cierges brûlent constamment à ses côtés. Également sur l'autel, pendant les offices, se trouvent un calice, pour servir le vin, et une patène (plat) pour le pain. À l'occasion de certaines fêtes, dans le culte catholique, le pain consacré est offert à la vénération dans une châsse mobile appelée « ostensoir » (du latin *ostendere*, « montrer »).

L'autel est en général surmonté d'un crucifix et parfois d'un panneau décoré appelé « retable ». Dans les églises protestantes, l'autel (fréquemment nommé « table du Seigneur ») est en général beaucoup plus simple, avec uniquement une croix placée sur ou audessus de lui.

Ostensoir de la cathédrale de Tolède (XIIIᵉ siècle). Il illustre le style gothique élancé et pointu de nombreuses églises d'Occident de l'époque.

gothique (vers 1150-1550), puis baroque (vers 1550-1750). La pierre de taille et une ornementation délicatement sculptée ou peinte, des plafonds voûtés et des flèches élancées, des couleurs et des lumières diaphanes honorent le divin et inspirent les fidèles.

En mettant en évidence un espace lumineux et propice à l'élévation de l'âme, la conception de l'église médiévale se fondait sur l'interaction du symbolisme théologique et de l'harmonie géométrique. L'orientation spatiale était une préoccupation essentielle. L'entrée était à l'ouest, lieu du soleil couchant, des ténèbres et de la mort, que le fidèle laissait symboliquement derrière lui en entrant dans le sanctuaire et en s'approchant de l'autel, à l'extrémité est, direction du soleil levant, de la lumière et de la résurrection. Le côté nord représentait l'Ancien Testament et le côté sud le Jugement dernier et la Nouvelle Jérusalem, paradis chrétien sur terre.

À travers les époques et les confessions, certains éléments significatifs sont restés plus ou moins constants : l'autel (voir encadré p. 77), le chœur, la nef, la chaire et, en Occident, les bancs. Dans de nombreuses églises, trois marches marquent la limite entre le sanctuaire et la nef, où les fidèles se rassemblent ; dans les églises orthodoxes, la limite est une cloison, ou *iconostasis* (« lieu des

Images du sacré

Les récits et les mystères de la tradition chrétienne ont été, au long de son histoire, exprimés par des sculptures de pierre ou de bois, des mosaïques sophistiquées, des fresques, des retables sculptés et des vitraux (voir illustration et texte en marge, page ci-contre). Au Moyen Âge, pour les masses illettrées de fidèles, les images religieuses avaient une fonction didactique et encourageaient la conscience spirituelle et la contemplation : Dieu, le Christ, Marie, les saints, les événements des Écritures et l'histoire chrétienne y étaient représentés ou évoqués.

À différentes époques, certains chrétiens se sont fortement opposés au culte des images dans les églises, essayant parfois d'en bannir toute image sacrée (à l'exception, en général, de la Croix). Cela se justifiait par le commandement biblique contre l'idolâtrie (Exode, 20.4). Au VIIIe siècle, les iconoclastes (briseurs d'images) de l'Église d'Orient réussirent à bannir officiellement toutes les icônes pendant quelques décennies, et les protestants des XVIe et XVIIe siècles, plus radicaux, dépouillèrent les églises, remplaçant les vitraux par du simple verre et effaçant les fresques. L'austère grandeur de nombreuses cathédrales médiévales de l'Europe protestante d'aujourd'hui est souvent le résultat de telles actions ; au Moyen Âge, elles devaient probablement être extraordinairement colorées.

Sanctuaire d'une église orthodoxe russe à Harbin, dans la province de Heilongjiang, en Chine. En haut des marches, l'iconostase est ornée d'icônes du Christ, de Marie et des saints. L'espace qui se trouve derrière l'écran, où est situé l'autel, est accessible seulement aux prêtres.

Rosace du transept nord de la cathédrale Notre-Dame à Chartres. La Vierge à l'Enfant en gloire (au centre) est entourée des anges et de l'Esprit Saint – représenté sous la forme d'une colombe –, des rois d'Israël et des prophètes de l'Ancien Testament.

images »), richement décoré d'icônes (voir encadré page ci-contre). Les églises anglicanes comportent en général une balustrade de communion près de laquelle les fidèles s'agenouillent pour recevoir l'eucharistie de la main du prêtre.

La chaire est une estrade en pierre ou en bois, parfois surmontée d'un dais. Elle sert à la lecture des Écritures et aux sermons. Dans les églises protestantes, où la lecture des Écritures constitue l'essentiel de l'office, la chaire peut être très surélevée. Les bancs (long bancs ou chaises destinés aux fidèles) sont une innovation médiévale occidentale : durant de nombreux siècles, les chrétiens restaient debout pendant les liturgies ; c'est toujours le cas dans la majorité des églises orthodoxes.

Bien que le mot « église » soit le nom générique de la plupart des lieux de culte chrétien, d'autres termes sont en usage. Historiquement, une cathédrale (pour « église cathédrale ») hébergeait la *cathedra*, le siège de l'évêque. Dans le catholicisme romain, le pape confère à certaines églises le titre privilégié de « basilique », ce qui signifie que l'église possède un autel réservé à l'usage du pape lui-même ou de son délégué (le mot « basilique » est alors distinct de son sens purement architectural, voir p. 76-79). Une petite église, privée ou subsidiaire, est une chapelle (du latin *cappella*, « petit manteau »). Le mot vient de la célèbre châsse médiévale, située près de Tours, qui contenait le manteau de saint Martin. Une chapelle peut se trouver attenante à la nef principale ou au chœur d'une plus grande église, elle peut aussi s'élever au sein d'une institution privée, telle qu'une école, un hôpital ou même un aéroport, ou encore dans une résidence royale ou aristocratique. De nombreuses Églises protestantes font usage de ce terme pour désigner leurs principaux lieux de culte.

La lumière transformée

La maîtrise du vitrail, diffusant dans l'espace intérieur la lumière et la couleur, est une des réussites architecturales des cathédrales romanes et gothiques de l'Europe occidentale. Les vitraux pouvaient représenter des personnages, des récits saints ou bibliques, mais pouvaient aussi être composés de motifs géométriques et abstraits. La forme et les proportions de certains vitraux, telles les rosaces de la cathédrale de Chartres, pouvaient avoir un sens numérologique sacré (par exemple, les motifs triples représentent la Trinité, quadruples les Évangiles, etc.). L'église perçue comme la maison du seigneur aboutit à l'idée médiévale que l'édifice était la matérialisation de la Vierge Marie, vase dans lequel Dieu s'était incarné. Au XIIe siècle, Suger, abbé de Saint-Denis, pensait que les vitraux soulignaient la nature du grand mystère de la naissance de la Vierge, car la lumière se glorifiait à travers eux sans les briser.

La liturgie, les sacrements et les fêtes

Fidèle bénie par le patriarche pendant une célébration orthodoxe russe de Noël, à Moscou.

Dans la tradition chrétienne, le mot « liturgie » a deux acceptions : il s'applique à tous les offices collectifs, par opposition aux diverses pratiques de cultes privés ; il fait aussi référence à un rituel spécifique, qui, chez les catholiques et les orthodoxes, se confond avec la célébration de l'eucharistie (la messe ou cène), et qui, chez les protestants, s'appelle « liturgie de la parole » et désigne la célébration des Écritures. Le mot « liturgie » lui -même (qui vient du grec *leitourgia*, « service public ») signale l'aspect communautaire du culte au cours duquel les chrétiens qui sont rassemblés participent à la liturgie par la parole, le chant et la prière.

Les chrétiens respectent un calendrier liturgique, ou cycle annuel de jours saints, entre deux fêtes principales, essentielles pour toutes les confessions : Noël, célébration de la Nativité, ou naissance de Jésus (voir texte en marge, ci-contre) et Pâques, qui célèbre sa résurrection salvatrice (voir encadré p. 81). Elles sont précédées de deux périodes particulièrement sacrées, respectivement l'avent et le carême.

L'avent (du latin *adventus*, « arrivée ») anticipe à la fois sur la célébration de la naissance de Jésus et sur l'attente de son retour. Dans les traditions occidentales, il comprend les quatre dimanches qui précèdent le 25 décembre ; dans les traditions orthodoxes, il s'agit des quarante jours avant Noël. Cependant, toutes les églises prennent le premier dimanche de l'avent comme début de l'année liturgique.

La fête de Pâques est précédée du carême (du latin *quadragesima*, « quarantième [jour] »), période préparatoire de quarante jours de pénitence, de jeûne et de frugalité, qui commence le mercredi des Cendres. Les jours qui précèdent immédiatement le carême sont en général marqués par des réjouissances qui s'achèvent le mardi gras, dernier jour où, traditionnellement, on pouvait manger de la viande avant Pâques, d'où le mot de « carnaval » (de l'italien *carne*, « viande »). Après Pâques vient la Pentecôte (du grec *pentekoste*, « cinquantième [jour] »), qui commémore la descente de l'Esprit Saint sur les disciples de Jésus (Acte des Apôtres, 2.1-4). Dans le Nouveau Testament, cet événement est marqué par le phénomène du « don des langues », dit également « glossolalie » (voir texte en marge p. 63).

Chez les orthodoxes, deux autres fêtes sont importantes : la Transfiguration (le 6 août), qui rappelle l'apparition de Jésus en gloire aux côtés de Moïse et d'Élie (Matthieu, 17.1-13 ; Marc, 9.2-13 ; Luc, 9.28-36) et l'Assomption (15 août) qui commémore le jour où la Vierge est montée au ciel.

Au fil des siècles, les fêtes des saints locaux et les autres fêtes régionales, par exemple la consécration d'une église, entraînèrent des variations considé-

Noël

Le Nouveau Testament donne peu d'indices sur la naissance de Jésus, mais certains pensent que, puisque les bergers palestiniens gardaient leurs moutons de nuit sur les collines, l'événement aurait eu lieu en été plutôt qu'en hiver. Dans l'Empire romain, on célébrait le solstice d'hiver le 25 décembre, comme la fête du Soleil invincible *(Sol invictus)*. C'était également le jour des Saturnales, fête exubérante et populaire. Avec l'abolition par Rome des fêtes païennes, à la fin du IVe siècle, le *Sol invictus* devint le jour de la naissance de Jésus, acclamé comme « Lumière du monde » dans les Évangiles (Jean, 8.12). Avec le 25 décembre comme point de départ, l'Église a pu calculer les dates des autres fêtes chrétiennes : l'Annonciation (Luc, 1.26-38), le 25 mars ; la Circoncision (Luc, 2.21), le 1er janvier ; l'Épiphanie, ou Théophanie, hommage des mages d'Orient au Messie (Matthieu, 2), le 6 janvier.

Pâques

Pâques, commémoration de la mort rédemptrice et de la résurrection de Jésus, est la fête la plus sacrée. En tant que juif pratiquant, Jésus devait se rendre à Jérusalem pour y célébrer la Pâque juive (*Pesah*) (voir p. 44-47), qui prit ensuite le nom de Pâques dans de nombreuses Églises (du grec *paskha*). Matthieu, Marc et Luc décrivent le dernier repas de Jésus avec ses disciples – la cène – comme le repas de la Pâque, quelques heures avant son arrestation, son jugement et sa condamnation. Jésus fut exécuté le lendemain (le Vendredi saint, jour le plus solennel chez les chrétiens), et, en raison du sabbat (du vendredi soir au samedi soir, voir texte en marge p. 44), il n'eut droit qu'à des funérailles expéditives.

D'après les Évangiles, un groupe de femmes trouva la tombe vide le dimanche suivant ; un messager divin leur dit alors que Jésus était ressuscité d'entre les morts. La Résurrection est commémorée le dimanche de Pâques, jour le plus joyeux du calendrier chrétien. Les premiers chrétiens célébraient l'événement le jour de la Pâque juive (qui tombe le quatorzième jour du mois de *nisan* du calendrier juif, à l'équinoxe de printemps), mais l'Église a ensuite fixé cette fête au dimanche suivant la première pleine lune après l'équinoxe. La semaine qui précède le dimanche de Pâques est la « semaine sainte ». Dans les Églises orthodoxe et catholique, elle comprend les liturgies du jeudi saint (qui rappelle la cène, au cours de laquelle Jésus lava les pieds de ses disciples [Jean, 13]) ; du vendredi saint (Crucifixion et fin du carême) ; du samedi saint (repos du corps du Christ dans sa tombe) ; et la veillée pascale, office célébré la nuit précédant le jour de Pâques.

Procession à Mompox, en Colombie, le dimanche des Rameaux, premier jour de la Semaine sainte. Les Rameaux commémorent l'entrée de Jésus à Jérusalem, monté sur un âne, alors que la foule répandait devant lui des rameaux (de palmier, d'après Jean, 12.13).

Une fidèle russe orthodoxe allume un cierge dans une église de Moscou. Cet acte de dévotion privée est en général accompagné d'un moment de réflexion paisible et d'une prière personnelle.

rables et une grande confusion dans le calendrier liturgique. En 1582, initiant une grande réforme du calendrier, le pape Grégoire XIII fixa les jours saints de l'Église catholique. Les protestants supprimèrent la majorité de ces fêtes, considérant que celles-ci n'avaient aucun fondement biblique ; mais, dès la première moitié du XVIIIe siècle, la plupart des Églises et des États de l'Europe occidentale avaient adopté les modifications par Grégoire de l'ancien calendrier julien, désynchronisé de douze jours par rapport à l'année solaire établie depuis l'époque romaine.

Alors que la plupart des pays orthodoxes adoptaient le calendrier grégorien pour l'usage séculier, l'Église orthodoxe elle-même continuait de se baser sur le calendrier julien. De ce fait, un écart perdure en ce qui concerne les dates de Pâques et de Noël entre les protestants et les catholiques d'une part et les orthodoxes de l'autre. Ainsi, le 25 décembre du calendrier julien tombe le 6 janvier dans le calendrier grégorien, et la différence de date en ce qui concerne l'équinoxe de printemps affecte de la même manière le moment des Pâques orthodoxes (voir encadré p. 81).

Le christianisme observe de nombreux rituels qui évoquent et célèbrent la vie du Christ, amenant le fidèle dans une proximité directe avec le sacré : citons, notamment, les sacrements, la lecture de la Bible, les prières prescrites, les veilles, les jeûnes et les pèlerinages (voir texte en marge p. 76). Pour de nombreux moines, religieuses et prêtres, le rituel quotidien oblige de chanter l'« office divin », qui comporte matines, prime, tierce, sexte, none, vêpres et complies. Les églises peuvent cependant n'observer quotidiennement que les matines (office du matin) et les vêpres (office du soir).

Certains actes sacrés, les « sacrements », sont au cœur du rituel chrétien. La plupart des chrétiens s'accordent sur le fait que le Christ lui-même n'institua que deux sacrements, celui du baptême (rituel d'initiation à la communauté des fidèles et comportant en général l'imposition du prénom) et celui de l'eucharistie, ou cène, rituel commémorant la Passion. Ces deux sacrements ont été l'enjeu de grands désaccords et sont responsables aujourd'hui de différences importantes entre les Églises. Le baptême, qui requiert une immersion dans l'eau ou une aspersion, est le rite qui introduit les enfants nouveau-nés dans l'Église, avec l'attribution d'un nom ; pour certaines communautés, il est exclusivement réservé aux adultes.

Le sens et la signification de l'eucharistie (du grec *eucharistia*, « action de grâce »), pour beaucoup sacrement fondamental du christianisme, ont été à l'origine d'importantes controverses. Pour les catholiques romains et orthodoxes et pour certains fidèles anglicans, le pain (hostie) et le vin donnés aux croyants sont littéralement « transformés » en corps et sang du Christ lorsque le prêtre les consacre. Ce mystère de la foi est appelé « transsubstantiation ». Les luthériens en admettent une variante appelée « consubstantiation », ce qui signifie par là que le pain et le vin « coexistent » avec le corps et le sang. Les calvinistes et de nombreux anglicans pensent qu'il n'y a pas de transformation

Culte privé

Les règles liturgiques, par exemple la célébration des sacrements, sont les rites traditionnels du culte, mais bien des rites non liturgiques, souvent informels et spontanés, comme la prière, sont importants dans la vie religieuse. Les orthodoxes privilégient le culte des icônes. Celles-ci occupent une place particulière, jusque dans les maisons : une lampe, une bougie ou de l'encens brûle devant l'icône pendant la prière. Les catholiques allument également des cierges et prient dans les églises, en dehors des offices. En privé, ils récitent le « Notre Père » et le « Je vous salue, Marie » (en latin, *Ave Maria*), prière à la Vierge, en égrenant les perles d'un chapelet. Enseigné par Jésus à ses disciples, le « Notre Père » (Matthieu, 6.9-13 ; Luc, 11.2-4) est une prière essentielle pour tous les chrétiens.

physique du pain et du vin, mais qu'ils donnent aux fidèles le pouvoir du corps et du sang (le « virtualisme »). La plupart des autres Églises protestantes croient que l'eucharistie est purement un rite de mémoire et qu'il n'y a aucune transformation du pain et du vin.

Chez les catholiques et les orthodoxes, pour lesquels seuls les baptisés ont le droit de participer à l'eucharistie, cinq autres sacrements sont également une aide divine pour le croyant : la confirmation (répétition du baptême avec l'huile sacrée) ; la pénitence (expiation des péchés) ; le mariage ; l'ordination (investiture des pouvoirs du prêtre) et l'extrême-onction (administrée aux malades et aux mourants). Ces sacrements sont indispensables au salut. La plupart des protestants pensent que le baptême et l'eucharistie, obligatoires en vertu de l'autorité des Écritures, ne sont pas essentielles pour le salut.

Le jour du Seigneur

Dès le IIe siècle, le sabbat chrétien, ou « jour du Seigneur » (Apocalypse, 1.10) avait lieu le premier jour de la semaine (dimanche) plutôt que le dernier (samedi), non seulement pour le distinguer du sabbat juif (voir texte en marge p. 44), mais aussi, et principalement, parce que c'était le jour de la résurrection de Jésus. Les dimanches, les chrétiens se rassemblent pour revivre la Cène. Dans la liturgie de l'eucharistie, les communiants partagent le pain et le vin. Dans la liturgie protestante de la parole (du Verbe), les lectures de la Bible sont accompagnées d'homélies et de sermons. Les catholiques appellent « messe » la liturgie de l'eucharistie, mot issu de la phrase latine *« ite, missa est »* (« allez, l'assemblée est renvoyée »), qui est prononcée par le prêtre à la fin de l'office.

Les rites associés au jour du Seigneur rappellent et célèbrent principalement ce que les chrétiens considèrent comme le sacrifice du corps et du sang de Jésus. Le passage suivant de l'Évangile selon saint Luc (22. 19-20), souvent lu par un prêtre ou un ministre du culte, fait partie de la plupart des rites chrétiens de célébration de l'eucharistie : « Puis prenant du pain, il rendit grâces, le rompit et le leur donna, en disant : « Ceci est mon corps, donné pour vous ; faites cela en mémoire de moi. » De la même manière, il prit la coupe à la fin du repas, en disant : « Cette coupe est la nouvelle alliance en mon sang, versé pour vous. »

Une fidèle à un office protestant évangélique à Manille, aux Philippines, reçoit d'un pasteur le pain consacré de la communion. Les catholiques, les anglicans et les orthodoxes utilisent le mot « eucharistie », les autres communautés chrétiennes emploient les mots « communion » ou « cène », qui rappellent directement le récit, dans les Évangiles, du dernier repas de Jésus avec ses disciples avant son arrestation et sa crucifixion.

Les chers disparus

La croyance en une vie éternelle après la mort est au cœur du christianisme. Elle est fondée sur l'action rédemptrice de Dieu pour sauver l'humanité pécheresse, à travers l'incarnation et la résurrection du Christ, et étendue à tous les croyants. Pour la question de l'immortalité de l'âme, comme pour les autres points de doctrine fondamentaux, les fidèles s'appuient sur la Bible. Le passage le plus cité est Jean, 3.16 : « Car Dieu a tant aimé le monde, qu'il a donné son Fils unique, afin que quiconque croit en lui ne se perde pas, mais ait la vie éternelle. » La reconnaissance rituelle de la croyance en la vie éternelle entre dans beaucoup de liturgies chrétiennes avec la récitation du Credo (affirmation de foi), dont les dernières lignes – dans toutes les communautés chrétiennes – affirment la foi du fidèle en la résurrection du corps et en la « vie éternelle ».

Le salut, terme qui désigne l'état de rédemption et de réconciliation avec Dieu, est un des buts principaux des chrétiens. Mise à part l'idée calviniste de la prédestination (seuls les élus seront sauvés), le salut repose, pour la plupart des protestants, sur la foi des fidèles. Pour les catholiques et les orthodoxes, le salut dépend aussi de la foi dans les mystères de l'Église et de la réception des sacrements (voir p. 82-83). L'interprétation de la nature du salut et des chemins qui y mènent varie, mais l'idée que les êtres humains ont une âme immortelle est généralement admise.

Il existe des différences de vue chez les chrétiens sur les critères qui déterminent le salut ou la damnation, mais toutes les Églises pensent traditionnellement que ceux qui seront sauvés passeront l'éternité dans le paradis, tandis que les damnés iront en enfer. Le lieu précis de la vie éternelle est un problème complexe aussi bien pour les théologiens que pour les fidèles. Au Moyen Âge, les chrétiens envisageaient quatre lieux possibles pour l'âme après la mort : le paradis, l'enfer, le purgatoire et les limbes. Dans l'Ancien Testament, le terme « ciel » désigne le firmament bleu, la région au-dessus des nuages où réside Dieu ; le Nouveau Testament évoque souvent le « royaume des cieux » ou « royaume de Dieu » (termes qui englobent aussi d'autres sens) comme un lieu où les croyants se tiennent glorieusement près de Dieu. Pour les chrétiens d'aujourd'hui, le ciel est conçu comme un état de gloire et de joie triomphante, un paradis de bienfaits dans la béatitude de la vision divine.

Tandis qu'il pèse l'âme d'un mort sur la balance, un ange pare un coup du diable. Une peinture de Guariento di Arpo (vers 1310-1370).

L'inimitié avec Dieu conduit à la damnation en enfer. Au cours de l'histoire chrétienne, l'enfer fut envisagé comme un lieu de punition indicible, éternel *inferno*, sur lequel règne le diable. Les damnés sont écartés de Dieu ; leur lieu de séjour se trouve donc le plus loin possible du ciel, dans les ténèbres brûlantes. Une référence se trouve dans le récit du jour du Jugement dernier dans l'Évangile selon saint Matthieu. Le Christ trône en majesté, séparant les élus des damnés et dit à ces derniers : « Allez loin de moi, maudits ; allez dans le feu éternel qui a été préparé pour le diable et pour ses anges » (Matthieu, 25.41).

Au Moyen Âge, pour les chrétiens, le purgatoire (du latin *purgare*, « purger », « rendre propre ») était le lieu où les âmes qui n'étaient pas damnées mais qui n'étaient pas exemptes de péchés souffraient quelque temps après leur mort et se lavaient de leurs péchés. Cette croyance était fondée sur le principe que Dieu et le péché ne peuvent coexister, et que l'âme doit être sans péché pour entrer au paradis. Dans l'enseignement catholique moderne, le purgatoire est un état de punition pour ceux dont les âmes ne sont pas sans péché au moment de la mort ou dont les péchés n'ont pas été remis par Dieu par le sacrement de pénitence. Les réformés protestants rejettent l'idée du purgatoire comme dépourvue de fondement biblique.

Certains théologiens catholiques considèrent les limbes comme un état paisible mais qui exclut la présence de Dieu, destination des enfants morts sans être baptisés.

Enterrer les morts

Les morts chrétiens sont traditionnellement enterrés, mais les coutumes ont évolué au cours de l'histoire et il existe de nombreuses différences régionales. L'enterrement est l'expression de la croyance chrétienne en l'immortalité. Tout comme dans les autres religions, les funérailles sont un rite de passage (il faut quitter ce monde pour un autre). Les soins apportés aux morts nécessitent un certain rituel. Le corps est préparé aux adieux, il est ensuite enterré, ou incinéré. Les offices funéraires et les veillées funèbres ont un aspect réconfortant et sont souvent suivis d'un repas pris en commun.

Honorer les morts

De nombreuses congrégations commémorent les morts par des messes spéciales, des prières et des fêtes. Les dates de ces célébrations diffèrent : dans l'Église orthodoxe grecque, on se souvient des morts la veille de Sexagésime (second dimanche avant le Carême) ou la veille de la Pentecôte, tandis que la fête orthodoxe arménienne homologue est célébrée le lundi de Pâques. La fête catholique des défunts (2 novembre) a pour origine et suit la fête, apparue au Moyen Âge, de « tous les saints », la « Toussaint » (1er novembre), qui venait en importance juste après Noël et Pâques. Jour sacré dans de nombreux pays, c'est le moment où l'on prie et où l'on se souvient des disparus.

Au Mexique, à l'époque de la colonisation, les prêtres missionnaires espagnols ont confondu une fête indigène préhispanique en l'honneur des morts avec les jour des Défunts, pour donner naissance au célèbre « jour mexicain des morts ». Aujourd'hui encore, comme en Europe, les chrétiens se rendent sur les tombes de leurs parents décédés et les décorent. Les Mexicains préparent également des pique-niques au cimetière et, après le repas, ils racontent des histoires sur la vie des défunts et font des offrandes spéciales. Pour le repas du soir, la famille partage une miche de pain appelée « *pan de la muerte* » (« pain de la mort »). On considère comme un signe de chance de mordre le jouet caché à l'intérieur (un squelette en plastique).

Tombes décorées par la famille (à l'aide de fleurs, de cierges et d'offrandes spéciales, par exemple de la nourriture), pendant la fête du jour des morts sur l'île de Juanita, au Mexique.

L'évangile social

Au début du XXe siècle, les penseurs du christianisme ont mis leur foi à l'épreuve du défi social. Les protestants et les catholiques ont affirmé ensemble avec passion – tout comme les théologiens féministes et de la libération (voir texte en marge p.87) – que le christianisme a le devoir de s'engager dans les problèmes sociaux et de s'élever contre les violations des droits de l'homme. L'idée d'un « évangile social » a été fondé sur la croyance que l'humanité souffre des problèmes que seule la religion peut résoudre. Des mouvements de l'évangile social – comme l'Armée du salut, créée en 1878 par William Booth (1829-1912) – ont fondé des hôpitaux, des orphelinats, des asiles pour les sans-abri et des soupes populaires, et ont aussi choisi des positions politiques réclamant la justice économique et l'égalité raciale. L'Armée du salut inclue toujours une mission évangélique dans son action d'assistance, mais la plupart des mouvements sociaux chrétiens d'aujourd'hui se préoccupent davantage de bien-être physique et social que de salut – ou de christianisme même. Ces mouvements de l'évangile social s'affrontent aux groupes conservateurs et fondamentalistes, soucieux principalement d'évangélisation et du maintien des valeurs chrétiennes traditionnelles.

Un convoi de l'organisation internationale de charité du Secours chrétien vient en aide aux victimes d'une sécheresse au Mali, en Afrique de l'Ouest.

L'Église, l'État et la communauté

La Bible ordonne aux chrétiens d'obéir aux lois de l'État, en particulier lorsque Jésus enjoint : « Rendez à César ce qui est à César, et à Dieu ce qui est à Dieu » (Marc, 12.17). Cependant, les rapports entre autorités séculières et ecclésiastiques ont varié selon les pays et les époques. Les derniers empereurs romains jouèrent un rôle vital dans les affaires de l'Église (réunissant des conciles, persécutant les hérétiques) et déterminèrent la direction de l'Église. En Orient, ce sont les empereurs byzantins qui héritèrent de ces fonctions, tandis qu'en Occident, elles furent attribuées à l'empereur du Saint Empire romain (fondé en 962).

Au Moyen Âge, le pouvoir politique du clergé grandit, particulièrement en Occident, après la querelle des Investitures au XIIe siècle – désaccord entre la papauté et le Saint Empire sur la portée de l'autorité des souverains à s'exercer sur les affaires ecclésiastiques –, à partir de laquelle l'Église obtint le pouvoir exclusif sur les questions spirituelles. La Réforme protestante du XVIe siècle voit un renforcement du principe de séparation des Églises et de l'État. Dans les pays protestants, toute l'autorité légale et politique finit par reposer sur les dirigeants séculiers (sauf en Angleterre, où le monarque est gouverneur suprême de l'Église d'Angleterre).

Plus récemment, des mouvements anticléricaux et anti-ecclésiastiques ont fait leur apparition, largement dus à une critique des richesses ecclésiastiques et des privilèges cléricaux. Aux XIXe et XXe siècles, plusieurs gouvernements, dont ceux de la France, du Mexique et de l'Espagne, ont imposé des restrictions au clergé et saisi les biens de l'Église. Dans les pays communistes, l'anticléricalisme a accompagné une idéologie antireligieuse, allant jusqu'à interdire la pratique publique de tout culte.

Alors que toutes les Églises chrétiennes revendiquent un statut distinct de l'État, de nombreux chrétiens sont très favorables à un engagement social et cherchent activement à participer aux progrès de la société. La pensée chrétienne moderne inclut les idées d'« évangile social » (voir texte en marge, p. 86) ainsi que certaines approches radicales – par exemple la « théologie de la libération » (voir texte en marge ci-contre) – qui repensent les fondements de la théologie du point de vue des pauvres et des opprimés et soutiennent que, par sa nature, la théologie – surtout en ce qui concerne la relation entre Dieu et l'homme – a des implications politiques et pratiques.

Au XXe siècle, de graves désaccords ont continué à dresser les groupes chrétiens les uns contre les autres. De nombreux conflits interconfessionnels remontent à la Réforme, ou encore plus loin. La ségrégation dans le sud des États-Unis, l'apartheid en Afrique du Sud furent encouragées par certaines Églises locales, mais rencontrèrent ailleurs de fortes oppositions.

Des femmes prêtres et des diaconesses anglicanes lors d'une cérémonie spéciale à la cathédrale de Canterbury. L'ordination des femmes est l'une des grandes questions qui divisent les Églises. Les protestants acceptent des femmes comme ministres du culte, tandis que les catholiques et les orthodoxes s'y opposent formellement.

Le christianisme est confronté à d'autres défis, extérieurs, dans le monde moderne. Depuis les XVIe et XVIIe siècles, la science a remis en question les enseignements chrétiens fondamentaux et continue à poser de nouveaux débats doctrinaux, moraux et éthiques. Le créationnisme et les théories évolutionnistes divisent toujours les croyants après plus d'un siècle, débats auxquels s'ajoutent ceux de la bioéthique, les questions du clonage et des manipulations génétiques.

Les questions auxquelles les chrétiens ont à faire face, à l'aube du IIIe millénaire, comprennent aussi les débats sur l'écologie et le développement matériel, sur la peine de mort, l'avortement, la sexualité et la famille. Bien que les protestants ne considèrent pas le mariage comme un lien sacré, à la différence des catholiques et des orthodoxes, tous les chrétiens lient l'institution du mariage à la relation de l'Église et du Christ (épître de Paul aux Éphésiens, 5.22-33). Historiquement, l'Église a considéré la famille comme vitale pour la transmission des valeurs chrétiennes, et tous les théologiens, conservateurs comme progressistes, maintiennent l'importance sociale du mariage et de la famille. Cependant, il y a de grands désaccords sur les lois qui régissent le mariage, la sexualité et l'éducation. Des polémiques violentes – souvent démarquées des idéologies politiques de droite ou de gauche –, sur des questions comme l'égalité des contractants du mariage, la contraception et l'orientation sexuelle ne semblent pas annoncer la fin des divisions entre les croyants.

Les théologies de la libération

L'expression « théologie de la libération » englobe divers courants de chrétiens radicaux, notamment la théologie de la libération elle-même et la théologie féministe. La première, issue des catholiques d'Amérique latine, aspire à un changement social radical qui éliminerait la pauvreté et voit en Jésus le libérateur des opprimés. Ses partisans tiennent l'humanité souffrante pour élue de Dieu et s'appuient essentiellement sur les livres de l'Exode (le récit de la libération d'une nation) et de Job (récit de la souffrance d'un innocent). Certains dirigeants catholiques ont critiqué la théologie de la libération, lui reprochant de réduire la foi à la politique par l'introduction de théories marxistes. Il existe pourtant une longue tradition d'engagement politique chrétien, avec les chrétiens socialistes et les mouvements de démocrates sociaux d'Italie, d'Allemagne et d'ailleurs. La théologie féministe repose sur la conviction que la théologie traditionnelle est fondamentalement patriarcale, c'est-à-dire qu'elle a été formulée presque exclusivement par des hommes et pour des hommes. Ce courant vise à l'élimination de l'oppression fondée sur le sexe, la race ou la classe, et à l'accès à l'humanité plénière pour tous les chrétiens. En cherchant à mettre en évidence l'oppression systématique des femmes dans l'histoire, la théologie et la pratique chrétienne, les théologiens féministes utilisent les Écritures et la Tradition dans leur critique de la théologie patriarcale pour y retrouver les expressions perdues des femmes.

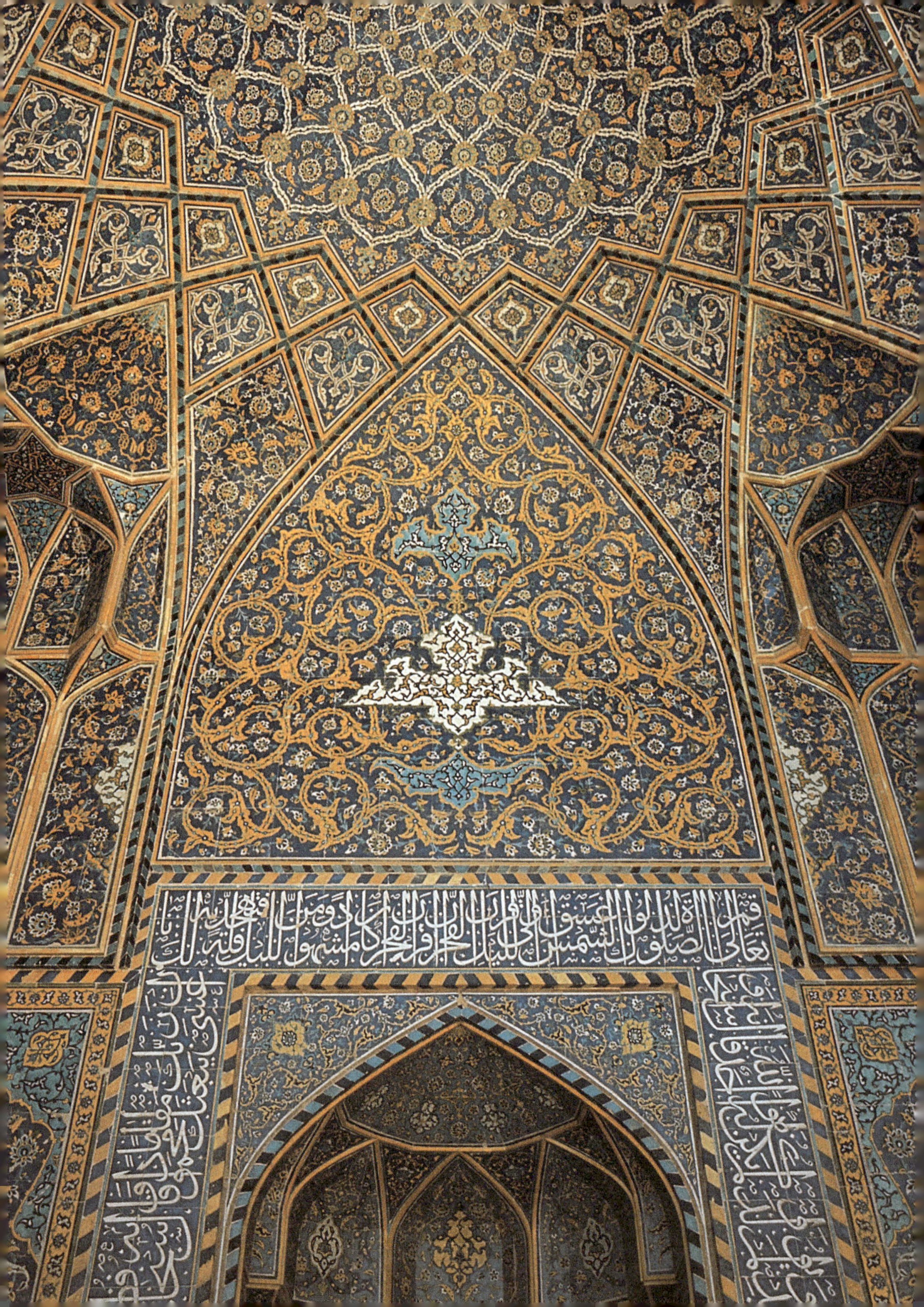

CHAPITRE 3

L'ISLAM

Matthew S. Gordon

Page d'un grand coran (54 x 66 cm) réalisé en Afrique du Nord au début du VIIe siècle. Ce style de calligraphie arabe s'appelle « coufique », d'après le nom de la ville irakienne de Kufa.

Page ci-contre : de magnifiques céramiques recouvrent les parois intérieures de la mosquée de l'Imam à Ispahan (Iran), bâtie entre 1612 et 1630 par Abbas Ier. La décoration est presque entièrement composée de symboles et de calligraphie, conformément aux conceptions islamiques de l'art (voir p. 100).

Introduction

L'islam est, chronologiquement, la troisième des grandes religions monothéistes. Le terme *islam* lui-même, souvent traduit par « soumission à Dieu », fait référence à la décision prise par le musulman (« celui qui se soumet ou se rend à Dieu ») d'obéir dans son esprit et dans son corps à la volonté de Dieu (en arabe *Allah*, « le seul Dieu »). Se soumettre à la volonté divine, selon les textes sacrés de la Tradition, c'est faire apparaître un ordre harmonieux dans l'univers. En ce sens, le mot « islam » ne renvoie pas seulement à l'acte de la soumission mais aussi à ses conséquences, à savoir la paix *(salam)*.

La Tradition attribue l'origine de l'islam à des événements survenus au début du VIIe siècle de l'ère chrétienne dans la ville arabe de La Mecque. Un marchand âgé de quarante ans, Muhammad (Mahomet en français) – généralement désigné comme le Prophète ou le Messager de Dieu –, reçut une série de révélations divines, qui commencèrent en 610 et se poursuivirent jusqu'un peu avant sa mort, en 632. Ces révélations, qui sont connues sous le nom collectif de « Coran », sont considérées par les musulmans comme la parole de Dieu directe et inaltérable. Elles sont la source principale des croyances de l'islam et de ses pratiques. Le Coran est à la fois symbole et incarnation d'une relation intime entre Dieu et l'humanité.

Il existe, en complément du Coran, un vaste et complexe récit de la vie de Mahomet, connu sous le nom de « Hadiths » (voir texte en marge p. 105), qui incarne la *sunna* (« Tradition ») de la pensée du Prophète, de ses paroles et de la manière dont il menait sa vie. Le Coran et les Hadiths sont les deux sources principales de la pensée religieuse et légale de l'islam. Ceux qui ont pour tâche de les interpréter s'appellent *ulama* (« oulémas » en français), des lettrés religieux, d'après l'expression arabe qui signifie « les savants ». C'est de leurs tra-

Palestiniens en prière, place Manger, à Bethléem, une ville à majorité musulmane, sacrée pour les juifs et les chrétiens. L'interaction des trois traditions monothéistes tout au long de leur histoire a été à la fois source d'affrontements et d'enrichissement mutuel.

Les musulmans dans le monde

Avec un total de plus d'un milliard d'âmes, les musulmans sont aujourd'hui majoritaires dans plus de cinquante pays et constituent une importante minorité dans beaucoup d'autres. Des communautés vivantes sont présentes en Europe et aux Amériques. Cependant, la plus grande partie des musulmans vit dans les régions en voie de développement, y compris l'Afrique du Nord et le Proche-Orient, dans les pays d'Afrique occidentale et orientale, et en Asie (Sud, Centre et Sud-Est).

Population musulmane en pourcentage de la population

- 90 % ou plus (sunnites)
- 90 % ou plus (chiites)
- 50 à 89 %
- 20 à 49 %
- 6 à 19 %
- moins de 5 %
- ville sainte
- autre ville

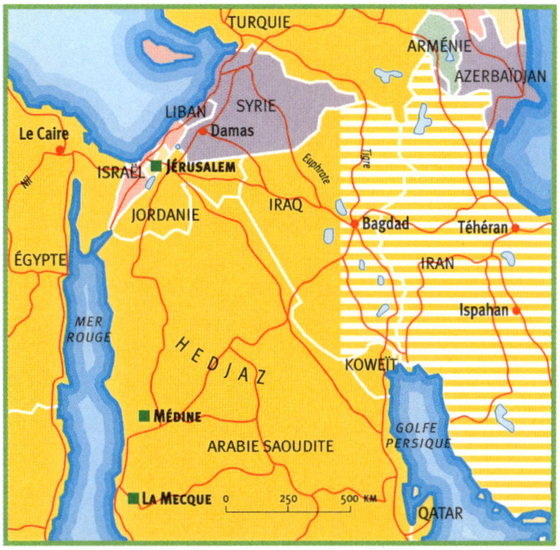

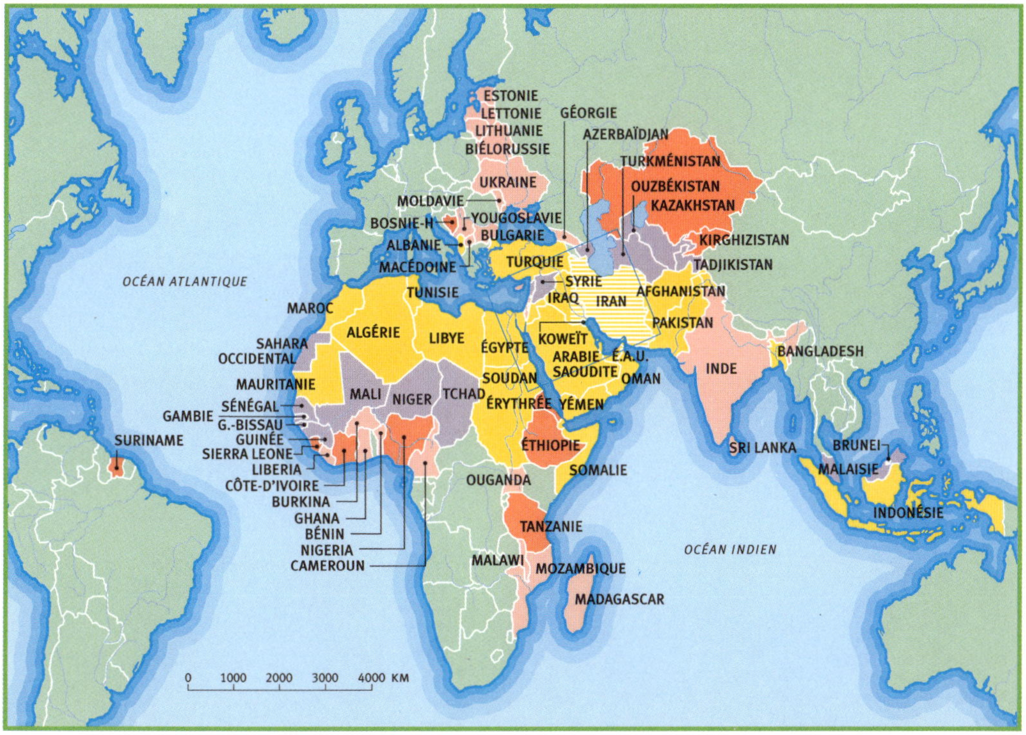

vaux que sont nées les règles connues sous le nom de « charia », d'où est issue la loi de l'islam (voir p. 110-111).

La majorité des musulmans appartient aujourd'hui à la communauté sunnite. La composante sunnite de l'islam (voir texte en marge p. 98) est née au Xᵉ siècle dans les cercles érudits urbains du Caire, de Damas, de Bagdad et dans la plupart des villes d'Iran, Nichapur par exemple. Bien qu'ils se considèrent comme membres de la communauté de l'islam universel, les musulmans sunnites respectent les différences sociales et culturelles résultant du contact entre l'enseignement de l'islam et les pratiques locales ou régionales du Proche-Orient ou d'autres régions du monde. Ils connaissent également des divergences d'interprétation de la doctrine et, particulièrement, de la loi.

L'islam sunnite s'est organisé en partie à cause de la tendance inévitable des religions officialisées à définir ce qu'on peut nommer une « orthodoxie », et en partie en réaction au développement d'autres branches de la Tradition islamique. La principale d'entre elles est le chiisme, qualifié parfois de « communauté minoritaire » de l'islam (voir texte en marge p. 97). Les plus importantes des nombreuses branches de l'islam chiite sont les duodécimains (voir texte en marge p. 108), majoritaires en Iran et dans le sud de l'Irak, et qui constituent une importante minorité au Liban, au Koweït, au Pakistan, notamment ; les ismaéliens (voir texte en marge p. 109) qui comprennent plusieurs sous-groupes et sont surtout présents en Inde, en Afrique orientale et, de plus en plus, dans les villes du Canada et du Royaume-Uni, et les zaydites surtout représentés au Yémen. L'islam a pris forme au Proche-Orient. Dès ses débuts, il s'est trouvé en contact avec le judaïsme et le christianisme, mais aussi avec le zoroastrisme en

Chronologie

570-632 • Vie du Prophète Mahomet
622 • Mahomet émigre à Médine ; début du calendrier musulman (le 16 juillet)
632 • Mort de Mahomet ; Abu Bakr est élu premier calife
632-661 • Le califat des *Rachidoun* (« les califes bien guidés ») étend la domination islamique à l'Afrique du Nord, à la Perse, à Jérusalem et Damas, au Caucase et à l'Asie centrale
vers 640-660 • Début de la Tradition chiite
732 • L'avance musulmane en Europe est arrêtée à Poitiers par les armées chrétiennes
750-925 • « Âge d'or » de l'Empire islamique unifié des Abbassides
969-1171 • La dynastie ismaélienne des Fatimides règne au Caire
1055-1220 • Les sultans seldjoukides règnent à Bagdad
1096 • Lancement de la première croisade
1099 • Prise de Jérusalem par les croisés
1250-1517 • Les Mamelouks règnent en Égypte
1258 • Bagdad saccagée par les Mongols ; fin de l'Empire abbasside
1291 • Les armées islamiques s'emparent d'Acre, dernier bastion des croisés en Palestine
1453 • Constantinope (Istanbul) tombe aux mains des Turcs Ottomans
1492 • La chute de Grenade met fin à la domination musulmane en Espagne
1502-1736 • Règne de la dynastie séfévide en Iran
1520-1566 • Le sultan Soliman le Magnifique étend la domination ottomane en Europe du sud-est, en Afrique du Nord et au Proche-Orient
1526 • Règne moghol en Inde
1683 • Siège de Vienne par les Turcs
1798 • Napoléon envahit l'Égypte
1832 • Les Français occupent l'Algérie
1857 • Début de la domination directe des Britanniques en Inde avec l'abolition de l'Empire moghol
1885-1898 • Règne des Mahdi au Soudan
1920 • Le système des mandats établit des gouvernements coloniaux européens dans les ex-territoires ottomans, d'Irak, de Syrie, du Liban, de Palestine et de Transjordanie
1923 • Kemal Atatürk proclame l'État turc ; abolition du califat
1932 • Fondation de l'Arabie saoudite
1947 • Fondation de l'État musulman du Pakistan
1948 • Création de l'État d'Israël et première guerre israélo-arabe
1949 • Indépendance de l'Indonésie
1967 • Deuxième guerre israélo-arabe
1973 • Troisième guerre israélo-arabe
1979 • Révolution islamique en Iran
1991 • Indépendance des ex-Républiques soviétiques d'Asie centrale
1993/1995 • Les accords d'Oslo mènent à la création d'une entité politique palestinienne à Gaza et en Cisjordanie.

Iran (alors la Perse), ainsi qu'avec les traditions politiques et juridiques de l'Empire byzantin, de l'Iran et des steppes de l'Asie centrale (principalement peuplées de Turcs). En s'étendant au-delà du noyau central de ces régions, il était inévitable qu'il rencontre une foule d'autres cultures. Aujourd'hui, les membres de la communauté islamique dans le monde présentent une très grande diversité en termes de nationalités, d'ethnies, de milieux socio-économiques et linguistiques.

Une proportion sans cesse croissante de la population mondiale adhère à l'islam. On cite souvent le chiffre d'un milliard de personnes, bien qu'une évaluation précise soit difficile à établir dans les régions où il prédomine. Les non-musulmans commettent fréquemment l'erreur de croire que tous les musulmans sont arabes ; celà vient du fait que la plupart des Arabes sont musulmans, et de ce que la Tradition islamique est d'origine arabe. Il se trouve aussi que le Coran lui-même affirme que la révélation qu'il contient s'est faite en langue arabe. Mais, de nos jours, la plupart des musulmans ne vivent ni dans le Proche-Orient ni dans le nord de l'Afrique. La plus grande population musulmane se trouve en Indonésie, au Pakistan, au Bangladesh et en Inde. La plupart des Iraniens et des Turcs sont musulmans, et des populations musulmanes importantes vivent en Chine, en Russie et dans l'Afrique subsaharienne. L'Europe et l'Amérique du Nord abritent des communautés assez petites, mais en augmentation rapide. De nombreux musulmans pakistanais et indiens sont installés au Royaume-Uni, et des communautés nord-africaines en France, turques et iraniennes en Allemagne. Les populations du Royaume-Uni et des États-Unis comprennent également, à côté de familles d'immigrants, des convertis.

Fidèles de la mosquée de Kulyab, dans le sud du Tadjikistan. Pendant la période médiévale, l'islam pénétra profondément en Asie centrale et jusque dans l'ouest de la Chine (Turkestan chinois). Une renaissance de l'islam a suivi l'indépendance de la région en 1991.

La mosquée moderne de Faysal (construite entre 1976 et 1988) à Islamabad, au Pakistan, est un monument dédié à l'internationalisme islamique. Don de l'Arabie saoudite, cette mosquée, nommée en l'honneur du roi saoudien Faysal Ier, fut construite suivant les plans d'un architecte turc et destinée à être le monument central de la nouvelle capitale du Pakistan. Ce pays fut créé en 1947 en regroupant les régions à prépondérance musulmane du nord et de l'est de l'Inde. Cette zone géographique formait autrefois le cœur de l'Empire moghol qui domina le sous-continent du XVIe au XVIIIe siècle.

Le Haram

La Mecque préislamique abritait un sanctuaire antique, nommé le Haram, d'un mot arabe qui signifie « sacré », « inviolable ». À l'époque de la naissance de Mahomet, vers 570, la tribu des Koreïchites contrôlait l'accès au Haram, foyer des pratiques religieuses locales et lieu de pèlerinage. Au centre du Haram se trouvait la Kaaba, une construction ancienne et sacrée (voir texte en marge p. 112). À l'intérieur et tout autour de cette construction se trouvaient un grand nombre d'idoles de pierre représentant diverses divinités, parmi lesquelles Hubal, peut-être un dieu guerrier, et les trois filles d'Allah, alors seigneur divin du Haram. C'est au nom d'Allah – originairement le mot arabe pour « dieu » *(al-ilah)* – que Mahomet commença son enseignement ; à l'époque, ce Dieu était certainement accompagné d'autres divinités « associées ». Les marchands comme les pèlerins utilisaient le Haram : ce sanctuaire était considéré comme un terrain neutre, où les marchandises pouvaient être troquées et les rencontres se tenir sans crainte de violences. Le rôle des Koreïchites était ainsi assez complexe, faisant intervenir la diplomatie, la protection des sites sacrés et la participation au commerce local, très actif.

Le creuset arabe

La Tradition situe les origines de l'islam dans le nord-ouest de la péninsule Arabique, la région du Hedjaz, et spécifiquement dans les villes de La Mecque et de Yathrib, connue ensuite sous le nom de Médine (d'après l'expression arabe *Madinat an-Nabi*, « la ville du Prophète »). La Mecque du début du VIIe siècle fut le théâtre des premières révélations qui sont à la base de l'islam, accordées à un marchand de quarante ans, nommé Muhammad ibn Abdallah (Mahomet). Des membres influents du clan de Mahomet, les Hachémites, une branche de la puissante tribu des Koreïchites, contrôlaient le réseau d'échanges commerciaux du Hedjaz avec la Syrie méridionale, la Mésopotamie (l'Irak contemporain), le Yémen, et l'Afrique orientale.

L'Arabie du VIe siècle après Jésus-Christ comprenait non seulement la quasi-totalité de l'Arabie actuelle, mais aussi des morceaux de la Transjordanie, de la Syrie méridionale et de la Mésopotamie. On trouvait, éparpillés dans la péninsule, des centres commerciaux comme La Mecque, mais aussi des communautés agricoles comme Yathrib. L'arabe était la langue commune, mais il n'y avait aucune unité politique. La forme principale d'organisation sociale et politique était la tribu. La plupart des Arabes à cette époque étaient des bergers nomades. Leur existence était rude, soumise aux exigences de l'élevage des chameaux, des moutons et des chèvres. La tribu, sous la conduite de son chef, assurait à l'individu à la fois le sentiment de son identité et sa sécurité.

La vie des Arabes subit alors l'influence des développement politiques, économiques et religieux du Proche-Orient. Il est probable que, des marchands chrétiens et des prêcheurs itinérants parcourant la péninsule, Mahomet eut des contacts avec le christianisme. Il existait aussi une présence juive importante dans le Hedjaz où étaient installées au moins trois tribus. Le Proche-Orient dans son ensemble était sous la domination de deux superpuissances rivales, les

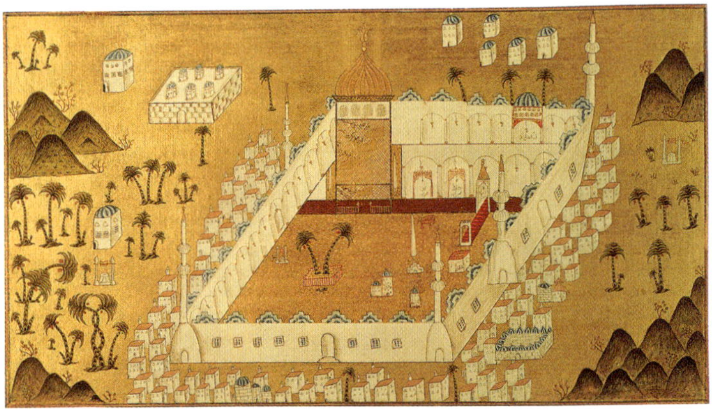

Une vue de Médine (vers 1750) où la première communauté musulmane s'établit. La ville, aujourd'hui en Arabie saoudite, est la deuxième cité sainte de l'islam, après La Mecque.

Empires sassanide (perse) et byzantin. Mais, dans les premières années du VIIe siècle, ces Empires étaient affaiblis par la guerre et des troubles internes.

La communauté islamique *(umma)* prend pour date de sa fondation un événement spécifique de la vie de Mahomet. Poussé par la révélation divine, il commença à accomplir sa mission prophétique vers 610 (voir p. 106-107). La réponse des habitants de La Mecque, des Koreïchites en particulier, d'abord tolérante, devint vite hostile quand il se mit à affirmer de plus en plus nettement son monothéisme et à critiquer le culte païen centré sur le Haram (voir texte en marge p. 94). En 622, la persécution de ses disciples obligea le Prophète à les emmener à Yathrib (Médine), ville agricole située au nord de La Mecque. Mahomet et un disciple très proche de sa famille, Abu Bakr, furent les derniers à partir. Le voyage du Prophète en 622 est appelé *hidjira* (« fuite »), « hégire » en français, et est considéré par la Tradition islamique comme le moment fondateur de la communauté islamique. Il marque le début de son calendrier.

La Tradition prophétique

Les musulmans considèrent l'enseignement de la révélation divine par Mahomet comme le moment fondateur de leur Tradition. Mais, par ailleurs, la Tradition exprimée par le Prophète est considérée comme aussi ancienne que l'humanité elle-même. Les musulmans croient que le véritable et unique Dieu, tout-puissant et éternel, a d'abord révélé sa parole sous sa forme primitive et parfaite à Adam, le premier homme, puis au vieux patriarche Abraham (en arabe *Ibrahim*). Ce même message initial, avec la relation unique avec l'humanité qu'il implique, a été ensuite transmis à Mahomet. Ainsi l'islam se considère comme la religion originelle et la seule vraie, comme celle d'Abraham.

Un ange intervient avec le bélier du sacrifice, alors qu'Abraham, mis à l'épreuve de sa foi, s'apprête à sacrifier son fils (à propos de ce dernier, les docteurs islamiques ne peuvent pas préciser s'il s'agit d'Isaac [Ishaq] *ou d'Ismaël* [Ismail]*). Miniature turque de 1583.*

D'Abraham à Mahomet, d'après le Coran, de nombreux autres prophètes ont vécu (les *nabis*), parmi lesquels 28 furent choisis pour répandre la parole divine ; on les nomme *rasuls*. Parmi les rasuls les plus importants se trouvent Noé (en arabe *Nuh*), David *(Dawud)*, Moïse *(Musa)*, et Jésus *(Isa)*. Les deux derniers nommés apportèrent, selon la Tradition musulmane, le message divin aux juifs et aux chrétiens, ce qui explique l'appartenance des trois religions à une tradition commune, « abrahamique ». Le Coran appelle les juifs et les chrétiens les « peuples du Livre » et leur accorde un respect particulier.

Mais le Coran entretient aussi une querelle à l'encontre les deux autres religions « abrahamiques ». Selon l'enseignement de l'islam, chaque moment de la révélation représente le point de départ d'un nouveau cycle prophétique, qui aboutit à une corruption, par mauvaise volonté ou par ignorance, de l'idée originelle et primordiale. En fin de cycle, un nouveau prophète apparaît. Ainsi, le cycle inauguré par Jésus s'est achevé par la « corruption » que représente la croyance chrétienne à propos de la Trinité et de la divinité du Christ (voir p. 64-65).

Donc, pour chacun des prophètes successifs, la dégénérescence du message divin précédent impliquait une double responsabilité : avertir de cette corruption et renouveler le message. Selon l'islam, Mahomet entre dans cette tradition, mais il est unique ; en ce sens, il est le « sceau » des prophètes ; avec lui, le cycle prophétique s'achève. Il donne à l'humanité le vrai message des origines et l'amène à sa forme définitive et parfaite : le Coran.

Les voyages d'Ibn Battuta

Une source importante de notre connaissance du monde islamique médiéval est constituée par les récits de voyages d'un savant du XIVe siècle, Ibn Battuta (1304- v. 1370). De l'Afrique du Nord à l'Égypte et au Hedjaz, de la Palestine à la Perse, puis à l'Asie centrale, à l'Inde, à l'Asie du Sud-Est et peut-être jusqu'à la Chine, Ibn Battuta rencontra tout un éventail de sociétés islamiques présentant une grande variété de langues, de cultures et d'expériences historiques. Il nota les effets dévastateurs des invasions mongoles sur la Perse et l'Asie centrale, les progrès de l'islam chez les Turcs qui occupaient progressivement la péninsule anatolienne, et la présence croissante de la foi dans les territoires en bordure de l'océan Indien et au cœur de l'Afrique.

L'âge des Empires

À Médine, Mahomet continua de prêcher, et augmenta le nombre de ses partisans en rédigeant le brouillon d'une « Constitution de Médine » révélant l'existence de la communauté des croyants. Pendant les dix années qui suivirent, il exerça un pouvoir, aussi bien religieux que politique et militaire, sur une communauté nouvelle et dynamique. Ses tentatives pour obtenir le soutien des tribus juives de Médine s'achevèrent en tragédie, avec l'exil de deux tribus et l'élimination de la troisième Sa campagne pour la conquête de La Mecque fut couronnée de succès. À sa mort, le 8 juin 632 de l'ère chrétienne, Mahomet contrôlait une grande partie de la péninsule Arabique et avait même dépêché des troupes pour éprouver les défenses byzantines dans le sud de la Syrie. Vingt ans plus tard, les armées arabes sous commandement musulman avaient entièrement détruit l'Empire perse des Sassanides et chassé les Byzantins de la Syrie et de l'Égypte. Les conquêtes ultérieures conduisirent les armées musulmanes en Asie centrale, dans le nord de l'Inde, en Afrique du Nord et en Espagne.

L'administration de cet Empire en croissance rapide fut d'abord exercée par les proches compagnons du Prophète. Après des luttes intestines, la succession fut assurée par l'élite de la tribu de Mahomet, les Koreïchites, aidée par la famille

Les peuples conquis

L'église byzantine de Sainte-Sophie, à Constantinople, devint une mosquée lorsque la ville tomba aux mains des Turcs en 1453.

La conversion des peuples assujettis à l'Empire arabo-islamique prit plusieurs siècles. La majorité des convertis vivait alors au Proche-Orient et dans le nord de l'Afrique, et des communautés importantes de chrétiens, de juifs et d'autres confessions demeuraient en Égypte et en Irak notamment. Il y eut des exemples de conversions forcées, mais ils demeurèrent rares. Quelques églises chrétiennes furent converties en mosquées, mais cette pratique resta exceptionnelle.

En tant que « peuples du Livre » – c'est-à-dire des peuples à qui Dieu avait envoyé le message prophétique –, les juifs et les chrétiens furent définis par les oulémas (les savants religieux musulmans) comme *dhimmis* ou « peuples protégés ». Cela signifiait que leurs traditions et coutumes devaient être respectées, et qu'on se devait de les laisser s'occuper en toute tranquillité de leurs propres affaires. Plus tard, principalement pour des raisons politiques et fiscales, le statut de *dhimmi* fut étendu aux zoroastriens.

Pour les *dhimmis*, la sécurité des personnes, des biens et des lieux de culte était garantie, ce qui était généralement respecté. Cependant, le statut de *dhimmi* était inférieur à celui de musulman. Dans bien des endroits et à bien des époques, les *dhimmis* devaient porter des vêtements distinctifs et n'avaient pas droit au port d'armes. Plus significatif encore, le prosélytisme religieux leur était interdit. Les *dhimmis* n'avaient pas le droit de bâtir de nouveaux lieux de culte et devaient payer un impôt spécial, le *jizya*, réservé aux non-musulmans. Il semble que les spécificités de ce type associées au statut de *dhimmi* incitèrent de nombreux non-musulmans à se convertir.

des Omeyyades. Les successeurs politiques du Prophète prirent le titre de « califes », de l'arabe *khalifa* (« député » ou « successeur »). De 661 à 750, après le transfert de la capitale islamique de Médine à Damas, les Omeyyades contrôlèrent le califat et prirent des mesures décisives pour l'arabisation et l'islamisation des territoires conquis. En 750, les Omeyyades furent renversés par les Abbassides, une autre branche des Hachémites (le clan du Prophète). Bagdad fut la capitale des Abbassides pendant une période de croissance régulière de la communauté islamique, avec la vague des conversions balayant l'Afrique du Nord, l'Espagne et le Proche-Orient.

Après leurs conquêtes, les Arabes s'installèrent dans les principaux centres urbains du Proche-Orient, et des garnisons arabes comme celles de Bassora, de Kufa et de Fustat se transformèrent en villes. Dans cet environnement, aux IXe et Xe siècles, les Arabes se trouvèrent en contact avec les traditions juives, chrétiennes, perses et zoroastriennes. Ils eurent également à faire face aux problèmes de l'administration d'un grand Empire. Ces circonstances favorisèrent une floraison de la pensée légale, religieuse et politique de l'islam. Le centre de l'activité était la prospère capitale impériale, Bagdad. Parmi les figures les plus importantes de cette époque, on citera les savants réputés Jafar al-Sadiq (700-765) et al-Safii (767-819), l'historien et exégète al-Tabari (838-923), le philosophe Ibn Sina (connu en Europe sous le nom d'Avicenne, 980-1037) et, peut-être le plus influent de tous, le philosophe et théologien al-Ghazali (1058-1111 ; voir p. 100-103).

Vers le milieu du IXe siècle, cependant, le pouvoir des Abbassides commença à vaciller. Un siècle et demi auparavant, leur dynastie avait déjà perdu l'Espagne, restée sous le contrôle d'un survivant des Omeyyades. Des revers politiques, joints à la montée en puissance des oulémas, leur firent perdre une grande par-

La cour des Lions dans le palais de l'Alhambra, à Grenade. Siège des souverains musulmans andalous, cette ville du sud de l'Espagne connut les derniers feux de la grande civilisation arabe dans la péninsule Ibérique ; elle fut conquise par les armées chrétiennes espagnoles en 1492.

L'islam chiite

On trouve à l'origine du chiisme un conflit à propos de la succession du Prophète. En effet, à la mort de ce dernier, en 632, une poignée de musulmans respectés choisirent Abu Bakr, un proche de Mahomet, pour premier calife. D'autres virent en Ali ibn Abi Talib, le gendre du Prophète, son successeur légitime, et prétendirent qu'une injustice avait été commise (Ali devint ensuite calife de 656 à 661). Le mouvement chiite descend de la faction Alid (les pro-Ali), et les musulmans de ce courant pensent que seul un descendant d'Ali et de sa femme Fatima, la fille du Prophète, peut être imam et diriger l'*umma*, la communauté musulmane. En 680, après l'assassinat d'Ali, son fils Hussein reprit la lutte et, après un bref soulèvement (en 681), il trouva la mort avec ses partisans au cours d'un affrontement avec les troupes des califes omeyyades. Les deux grands courants de l'islam chiite, les duodécimains et les ismaéliens, sont issus d'une controverse sur l'attribution du titre d'imam (voir p. 108-109). L'islam duodécimain, dont le centre était à Bagdad, était dirigé par une élite savante et plutôt apolitique et bien intégré dans la société urbaine musulmane. Le chiisme ismaélien, lui, d'origine rurale et politiquement radical, fut à l'origine un mouvement missionnaire dynamique, qui fit des adeptes dans tout le monde islamique. Au début du Xe siècle, un État ismaélien s'établit dans le nord de l'Afrique : le califat fatimide. De 969 à 1171, les Fatimides régnèrent sur un empire dont l'Égypte était le centre.

tie de leur légitimité. De même, l'émergence de deux sectes qui allaient former les branches chiites de l'islam (voir texte en marge ci-contre) constitua une menace sérieuse. L'Empire abbasside se disloqua peu à peu et fut supplanté par différents centres régionaux. Les Fatimides, établis en Tunisie dès 909, conquirent l'Égypte en 969 et prirent pour capitale impériale Le Caire. Les principautés abbassides en Iran et dans les pays situés au-delà du fleuve Oxus (Amou Darya) furent renversées par des armées de Turcs musulmans nomades, par exemple celles conduites par la famille seldjoukide. Les sultans seldjoukides s'emparèrent de Bagdad en 1055, mettant fin à un califat très troublé. Une courte période d'unité impériale au Proche-Orient instaurée par un gouvernement seldjoukide s'acheva en se désintégrant. Tout était prêt pour de nouvelles invasions turques et, finalement, pour l'arrivée des Mongols au XIIIe siècle.

La période seldjoukide (1038-1194) vit la floraison des traditions artistiques et intellectuelles perses et turques, qui fournirent de nouvelles inspirations pour la pensée islamique. Le ministre seldjoukide Nizam al-Mulk (mort en 1092) s'associa tout particulièrement aux oulémas, représentants de l'autorité religieuse, qu'il favorisa en les nommant à des postes religieux ou judiciaires élevés. Il créa aussi le système des madrasa (écoles de théologie). Une telle relation, difficile bien que mutuellement avantageuse, entre une élite militaire turque et la communauté religieuse est également caractéristique de la dynastie des Mamelouks

L'islam sunnite

La plupart des musulmans appartiennent au courant sunnite (90 % de la communauté mondiale est sunnite et 10 % chiite). Le sunnisme met l'accent sur le consensus et la communauté, et prend pour base le Coran et le modèle prophétique. Le terme « sunnite » dérive du mot arabe *sunna* qui signifie « usage », « coutume ». La « coutume » dont il est question est celle que donne Mahomet comme exemple, dans ses paroles et dans ses actes : c'est le modèle de la conduite musulmane. Parmi les étapes décisives de la codification du sunnisme, on notera le développement, autour de l'an 1000, des quatre principales écoles juridiques (voir texte en marge p. 110).

Deux pages d'un coran de l'époque seldjoukide. Elles sont calligraphiées dans l'écriture muhaqqaq, *avec un titrage de sourate en écriture coufique.*

(1250-1517), qui succéda aux Fatimides en Égypte. Les efforts des oulémas, en partie sous protection officielle, aboutirent à diffuser un système commun de symboles, de rites, de traditions et de pratiques dans tout le monde islamique.

L'islam parvint en Inde avec les premières conquêtes, mais sa présence n'est significative qu'au début du XIIIe siècle, avec la création des sultanats de Delhi (1206-1526), principautés dominées par des seigneurs de guerre d'origine turque ou d'Asie centrale. Les marchands, les missionnaires et surtout les mystiques musulmans (les soufis, voir p. 101-103) ont converti les peuples de l'Inde à l'islam. Aux XIIIe et XIVe siècles, l'islam pénètre pacifiquement en Asie du Sud-Est, à partir de l'Inde et sous l'influence de voyageurs soufis et de marchands. Progressivement, la majorité de la population de ce qui constitue aujourd'hui l'Indonésie et la Malaisie se convertit à l'islam. Les marchands et les soufis ont également joué un rôle décisif dans les progrès de l'islam, à partir du nord de l'Afrique, dans l'ouest du Sahara et sur les côtes de la Somalie et de la Tanzanie actuelles. Dans la période médiévale tardive, l'islam se répandit lentement dans l'Afrique subsaharienne, mais ses principaux progrès dans ces régions ne datent en fait que des XIXe et XXe siècles.

Du XVe au XVIIe siècle, trois Empires dynamiques et prospères surgirent dans le monde islamique. Les sultans ottomans régnant à partir d'Istanbul (anciennement Constantinople, la capitale byzantine) contrôlaient, au sommet de leur gloire, un domaine qui s'étendait du nord de l'Afrique à l'Anatolie, en passant par l'Égypte et le Proche-Orient, et qui comprenait aussi une bonne partie du sud-est de l'Europe. La dynastie des chahs safavides amena un changement fondamental : la conversion de la société iranienne du sunnisme au chiisme duodécimain. En Inde, l'Empire de la dynastie moghole, également centralisé, était officiellement un État islamique, mais se trouvait légitimé par la protection qu'il accordait à la culture hindoue (voir p. 132).

Cependant, la période du XVIIIe siècle à nos jours a connu des changements rapides et souvent déchirants dans le monde islamique. Pour commencer, les trois grands Empires ottoman, safavide et moghol furent déstabilisés par des troubles internes et soumis à la concurrence d'États impérialistes, la Grande-Bretagne, la France et la Russie principalement. La rencontre de l'Europe chrétienne et du monde islamique date en fait au moins des croisades, lesquelles furent entreprises à partir du XIe siècle par les armées chrétiennes « latines » (catholiques). L'une d'elle provoqua, en 1492, la fin définitive de la domination musulmane sur l'Espagne. Plus récemment, plusieurs phases de l'impérialisme européen amenèrent, à partir des années 1920, à l'occupation de la quasi-totalité du monde islamique, depuis l'Afrique de l'Ouest et du Nord jusqu'à l'Inde.

Au XVIIIe siècle, la préoccupation principale des savants et écrivains musulmans était la désunion due à la fragmentation et à l'affaiblissement des trois Empires. Les mouvements de rénovations sociale et politique qui résultèrent de ce manque de cohésion dans les terres de l'islam jetèrent les bases de sa réémergence sur la scène mondiale du XXe siècle, avec une vitalité extraordinaire.

Une école coranique à Tombouctou, dans l'État saharien du Mali. L'islam a été transmis dans cette région de l'Afrique par l'intermédiaire des routes commerciales entre 1250 et 1500.

Les premiers mouvements de réforme

Il y eut diverses réactions à la dislocation islamique du XVIIIe siècle (voir texte principal). Toutes recherchèrent des solutions à la crise dans une restructuration de la vie sociale et religieuse. Dans la péninsule Arabique, Ibn Abd al-Wahhab (mort en 1792) présenta une vision stricte, voire autoritaire, de la société islamique. Son alliance avec le prince Muhammad Ibn Saud (mort en 1765) eut pour conséquence ultime la fondation, en 1932, de la moderne Arabie saoudite. Uthman dan Fodio (1754-1817), un prédicateur et un activiste nigérien très populaire, lança ses fidèles à l'assaut de ses ennemis politiques et, en particulier, contre les forces qui selon lui corrompaient la société musulmane. Son mouvement prétendait instaurer une société réellement islamique et un État théocratique à la tête d'un processus de renouvellement. En Inde, le chah Wali Allah (1702-1762) appela à la réforme de la pensée et de la pratique juridique islamique traditionnelle. Ses idées étaient également partagées par Muhammad Ibn Ali al-Sanusi (1787-1859), un savant du nord de l'Afrique, fondateur de l'ordre soufi des Sanusiyas. Au milieu du XIXe siècle, le problème de l'impérialisme européen rejeta dans l'ombre la question du renouveau de la société islamique. Par exemple, dans ce qui est aujourd'hui la Libye, les sanusiyas s'orientèrent en priorité dans la lutte armée contre les colonialismes français et italien.

L'art et le divin

L'affirmation selon laquelle l'islam a toujours interdit l'art figuratif est exagérée, voire tout simplement fausse, comme le montre la riche tradition islamique des manuscrits illustrés (bien qu'il ne s'agisse jamais du Coran ou d'autres textes purement religieux). Alors que le Coran ne contient aucune interdiction explicite, il se répandit parmi les savants une attitude généralement hostile à toute sorte d'imagerie figurative, fondée sur la théorie selon laquelle créer des images d'êtres vivants serait un défi lancé au génie créateur que seul Dieu possède. Il n'y a pas d'art figuratif dans les mosquées : là, les grandes traditions islamiques de la calligraphie et de l'art symboliste continuent à fleurir.

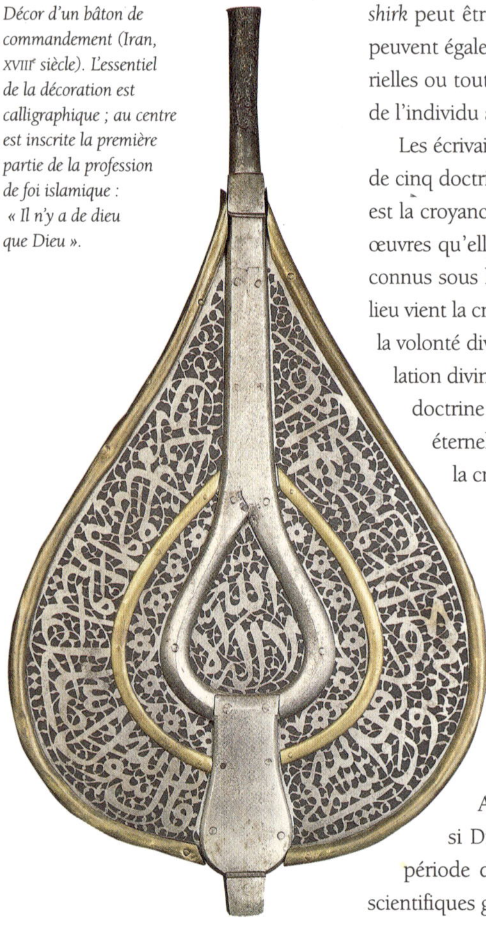

Décor d'un bâton de commandement (Iran, XVIIIe siècle). L'essentiel de la décoration est calligraphique ; au centre est inscrite la première partie de la profession de foi islamique : « Il n'y a de dieu que Dieu ».

L'approche de Dieu

L'islam conçoit Allah, Dieu, comme étant ce dont tout émane. Il est, d'abord et avant tout – comme le concept de *tawhid* (voir encadré p. 101) le montre clairement –, absolument Un. Dans les mots mêmes du Coran : « Dieu a rendu ce témoignage : il n'y a point d'autre Dieu que lui ; les anges et les hommes doués de science et de droiture répètent : il n'y a point d'autre Dieu que lui, le Puissant, le Sage » (sourate 3, 16, trad. Kasimirski). Affirmer l'unité de Dieu constitue le tout début de la *shahada*, la profession de foi islamiste : « Il n'y a de dieu que Dieu. »

Violer le principe du *tawhid* revient à commettre le *shirk* (traduit souvent par « association »), c'est-à-dire associer avec ce qui est saint ou divin un aspect quelconque du monde qui ne possède aucune de ces qualités. Comme dit le Coran : « Sers Dieu et ne Lui associe rien. » En plus de désigner le péché grave de vénérer n'importe quelle force ou n'importe quel être dans l'univers, le terme *shirk* peut être employé pour d'autres situations. Par exemple, les musulmans peuvent également considérer comme *shirk* tout intérêt pour les richesses matérielles ou toute conduite impulsive ou arrogante, car ils corrompent la conduite de l'individu à la fois vis-à-vis de Dieu et de la communauté.

Les écrivains islamiques indiquent souvent que la foi, ou *iman*, est composée de cinq doctrines. La première est la croyance tout court, ou *tawhid*. La seconde est la croyance aux créatures liées à Dieu, à leur présence dans l'univers et aux œuvres qu'elles accomplissent en son nom ; y sont inclus les anges et les êtres connus sous le nom de *djinns* (à l'origine de notre mot « génie »). En troisième lieu vient la croyance aux prophètes et au message prophétique qui communique la volonté divine à l'humanité. Cette croyance englobe tous les livres de la révélation divine, aussi bien la Tora de Moïse que l'Évangile de Jésus. La quatrième doctrine concerne le Jugement dernier et la récompense ou la souffrance éternelle qui en résultera (voir encadré p. 101). La cinquième doctrine est la croyance en la prédestination.

Selon une notion coranique importante, Dieu se révèle par des « signes », nommés par le Coran *aya* (pluriel *ayat*), un mot également utilisé pour désigner chaque verset du Coran. Comme il attire l'attention et instruit, le Coran lui-même est un signe.

Les savants musulmans se sont, depuis les origines, confrontés aux problèmes posés par la connaissance ou la conscience de Dieu. L'histoire intellectuelle de la Tradition islamique a été en partie dessinée par diverses approches de la théologie et par les tensions que ces approches ont engendrées. Au IXe siècle, par exemple, un débat a surgi sur la question de savoir si Dieu était discernable par la raison, débat suscité par une longue période de traductions et de commentaires d'œuvres philosophiques et scientifiques grecques par des savants musulmans.

Le mysticisme, quête d'une expérience spirituelle intense de la conscience du divin, est représenté dans l'islam par le soufisme. Le terme dérive peut-être du mot arabe *suf* (« laine ») et se réfère dans ce cas au vêtement rude et simple porté par les ascètes des débuts de l'islam.

Dans le contexte musulman, la recherche d'une spiritualité intérieure est une part intégrante de la vie et non quelque chose qui se situe en dehors des pratiques de la majorité des fidèles ou des doctrines de la Tradition. Le soufisme tire une grande partie de son inspiration de l'idée coranique d'« amitié » *(wilaya)* avec Dieu, et les soufis sont souvent mentionnés dans les écrits islamiques comme « amis » *(awliya*, au singulier *wali*), c'est-à-dire comme des personnes sincères et confiantes en leur relation avec Dieu.

Les origines du soufisme remontent aux pratiques du Prophète et de ses compagnons. La littérature sur la spiritualité islamique parle du mode de vie ascétique de Mahomet et explique en quoi son exemple fut une inspiration pour l'élite du premier Empire islamique, et même pour les califes. Dans les écrits soufis, Mahomet apparaît comme l'exemple même de la vie intérieure et spirituelle. Les penseurs et poètes soufis d'époques tardives mentionnent comme preuve de cette spiritualité le parcours miraculeux *(Miraj)* du Prophète depuis La Mecque jusqu'à Jérusalem, et de là au ciel (voir encadré p. 107). S'inspirant de l'exemple du Prophète et des enseignements de la révélation, les premiers soufis

Les noms de Dieu

Le Coran fournit une longue liste des noms de Dieu, chacun exprimant une dimension différente de la présence divine, infiniment complexe et en définitive indescriptible. Dans les célèbres Hadiths (voir texte en marge p. 105), le Prophète cite 99 noms de Dieu et de nombreux autres sont mentionnés dans le Coran. Ces noms ne constituent pas seulement une liste de propriétés mais sont une manière de souligner l'idée de la perfection de Dieu : les humains peuvent posséder partiellement chacune de ces qualités, mais Dieu seul peut les posséder toutes, entièrement et parfaitement.
Deux noms sont privilégiés : *al-Rahman* (« le Compatissant ») et *al-Rahim* (« le Miséricordieux »). Les deux termes sont souvent accouplés, comme dans l'invocation que l'on nomme *Basmala* (voir texte en marge p. 104).

Affirmer Dieu

La relation du musulman avec Dieu est centrée sur trois principes qui dérivent directement du Coran. Le premier, *tawhid*, peut être commodément traduit par « l'unité de Dieu » : il s'agit de l'idée que Dieu est absolument et inévitablement Un, une entité parfaite et unique.

Cependant, une traduction plus exacte serait « l'affirmation de l'unité divine » qui englobe alors l'obligation faite aux musulmans d'organiser leur foi *(iman)* et sa pratique *(islam)* autour de leur croyance en l'unité divine. Ainsi le *tawhid* donne pour mot d'ordre : il faut une vie attentive et pieuse.

Nubuwwa (« prophétie ») est le second principe qui renvoie à la manière dont Dieu manifeste clairement sa volonté à l'humanité, en chargeant les prophètes d'apporter le message du *tawhid* au monde et d'appeler l'humanité à l'obéissance et au culte. L'islam accorde à Mahomet un rôle spécial, en tant que « sceau » de la prophétie (voir encadré p. 95).

Les idées complexes de *tawhid* et de *nubuwwa* sont brièvement exprimées dans la *shahada* (« témoignage ») : « Il n'y a de dieu que Dieu (Allah) et Mahomet est Son Prophète. » Il suffit de prononcer la *shahada* pour se convertir à l'islam et ce sont ces paroles que l'on murmure à l'oreille d'un nouveau-né. C'est aussi le premier des « cinq piliers » de l'islam – les cinq actes qui fondent le système des rites de la Tradition (voir p. 114 à 117).

Le troisième principe concerne le concept des « derniers jours », c'est-à-dire de la fin du monde. On l'exprime souvent en employant le terme *maad*, qui contient l'idée du retour de toute chose créée par Dieu à sa source divine.

Selon le Coran, les derniers jours seront accompagnés du Jugement dernier. En termes souvent frappants, le Coran montre clairement le caractère inéluctable du jugement divin et la certitude du fait que chacun sera jugé selon la nature de ses réactions à la convocation prophétique.

La Tradition chiite ajoute deux autres principes aux trois autres. Le premier est celui de l'« imamat » : la notion que la succession de Mahomet, guide social et spirituel, est assurée par la lignée de ses descendants divinement inspirés, les imams (voir p. 108-109).

Le second principe est celui de l'« attribut divin », ou *adl*. Les savant chiites médiévaux choisirent cet attribut particulier de Dieu comme base pour leurs discussions à propos du Jugement dernier, de l'idée de justice qui le fonde, et de la responsabilité des êtres humains pour leurs actes.

commencèrent à formuler ce que des savants allaient plus tard développer en un soufisme théorique, discipline clef des lettres islamiques du Moyen Âge tardif. À ces théories sont associés les noms de Hasan al-Basri (mort en 728), Rabia-al-Adawiya (mort en 801), al-Tustari (mort en 896) et Junayd (mort en 910). Les deux premiers mettaient l'accent sur la nécessité de l'ascétisme, d'avoir une confiance profonde et inébranlable en les intentions de la divinité, et sur la conscience de soi. Les soufis élaborèrent ensuite la notion de l'union avec la présence divine, souvent désignée également comme annihilation de soi *(fana)*, par la discipline et la contemplation ; ces thèmes devinrent les doctrines centrales du soufisme institué. Jafar al-Sadiq (mort en 765) fut également un penseur soufi des origines, et les musulmans chiites le tiennent pour le sixième imam.

La réputation grandissante de ces figures des premiers âges leur attira, ainsi qu'à d'autres de même tendance, des disciples. Aux IXᵉ et Xᵉ siècles apparurent des cercles informels constitués de professeurs, ou « guides » *(shaykhs)*, et de leurs étudiants *(murids)*. De leur expérience vint l'idée que la vie intérieure dépendait d'une

Les premiers ordres soufis

Les historiens considèrent que le Qadiriyya est l'un des premiers ordres soufis. Son nom vient de celui de Abd al-Qadir al-Jilani (1077-1166), un savant prédicateur perse, dont les sermons à Bagdad attiraient, dit-on, une foule considérable. Ses fils et ses premiers disciples furent à l'origine de la création de l'ordre et assurèrent la réputation de Abd al-Qadir, qui est restée vivace si on en juge par le nombre de pèlerins qui visitent toujours sa tombe aujourd'hui.

Les Subrawardiyya et les Shadhiliyya sont deux autres groupes anciens : le premier présent surtout en Inde, au Pakistan et au Bangladesh ; le second en Afrique du Nord et au Proche-Orient. Les Bektashiyya, un ordre turc associé étroitement aux militaires de l'ancien Empire ottoman, étaient connus pour leurs pratiques ésotériques. Il en est de même des Qadiriyya, dont les membres, par exemple, mangeaient du verre et marchaient sur des charbons ardents. Ces ordres jouèrent un rôle crucial pour la conversion à l'islam de certaines populations d'Afrique centrale, de la région de l'océan Indien et d'Asie centrale.

Certains ordres d'élite n'avaient pour membres que des citadins éduqués ou étaient associés à certains secteurs de la société comme les guildes militaires ou urbaines. D'autres ordres avaient une base sociale plus étendue et étaient parfois liés au culte des saints, qui s'était répandu dans l'islam médiéval. Un maître soufi pouvait être à la fois l'inspirateur d'un ordre particulier et, par ailleurs, un objet de vénération, laquelle s'exprimait par des festivités organisées près de sa tombe.

Construit aux XIIIᵉ et XIVᵉ siècles, le mausolée de Rukn-i-Alem, un saint soufi Subrawardiyya, à Multabn (Pakistan). D'abord fondé à Bagdad, l'ordre des Subrawardiyya fit de nombreux adeptes dans le sous-continent indien, où la plupart de ses membres sont aujourd'hui concentrés.

discipline progressive à travers une série d'étapes spirituelles que l'étudiant ou le disciple traversaient sous la conduite d'un professeur. Et, de la même façon que le maître, l'étudiant trouvait connaissance et aide dans sa confiance en Dieu.

Dans le soufisme, la pratique du *dhikr* (mot souvent traduit par « se souvenir » ou « invoquer Dieu et ses noms » [voir texte en marge p. 101]), méditation silencieuse ou psalmodie à voix basse, est centrale à la quête spirituelle. L'origine du *dhikr* se trouve dans le Coran et dans les Hadiths du Prophète (voir texte en marge p. 105) ; celui-ci se résume dans la prière rituelle *(salat)* par laquelle les musulmans invoquent la présence et les noms de Dieu.

À ses débuts, le soufisme était restreint à de petits cercles d'ascètes, mais dès les Xᵉ et XIᵉ siècles ses idées avaient commencé à se répandre dans la communauté. Des ordres soufis, ou « fraternités », apparurent (voir encadré p. 102), associés à des loges soufies *(khanqabs)* plus nombreuses encore. En quelques siècles, les ordres soufis devinrent une composante de la vie quotidienne musulmane, et ils le sont encore aujourd'hui dans de nombreuses régions du monde musulman.

Un fidèle dans une mosquée de l'ordre soufi Khalwatiyya, à Baqal-Garbiyya (Israël).

Dieu dans la littérature islamique

Le soufisme inspira un grand nombre d'écrits souvent très difficiles concernant la connaissance spirituelle et l'union mystique avec la présence divine. Parmi les plus importants se trouvent les œuvres d'Ibn Arabi (1165-1240) qui vécut une partie de sa vie en Espagne musulmane *(al-Andalus)*. De nombreux écrivains soufis pensaient que la poésie était le meilleur moyen d'expression pour des idées complexes et profondes. Farid al-Din al-Attar (mort vers 1220) et Ibn al-Farid (1181-1234) sont deux de ces poètes. Jalal al-Din al-Roumi (mort en 1273) est aujourd'hui connu grâce à de nombreuses traductions en Europe et en Amérique du Nord. Il composa une poésie mystique qui est considérée comme l'un des joyaux des lettres de l'islam médiéval. Dieu et ses nombreux attributs forment le sujet de nombreux écrits de théologiens mystiques, de poètes et de romanciers. Parmi les grands penseurs de l'époque médiévale, Abu Hamid Muhammad al-Ghazali (1058-1111) conçut des œuvres qui sont encore lues aujourd'hui. D'origine perse, il passa sa vie à enseigner et à écrire, et s'interrompit dix années, à la suite d'une crise spirituelle, pour se consacrer à la contemplation et pour voyager. Son ouvrage le plus connu, où figure l'une des expressions les plus marquantes de la foi sunnite, est le gros volume intitulé *Ihya Ulum al-din (la Renaissance des sciences religieuses)*. Dans ce livre (et dans bien d'autres, comme dans sa célèbre autobiographie spirituelle, *al-Munqidh min al-Dalal – la Délivrance de l'erreur*), al-Ghazali parvient à une sorte de synthèse des points de vue rationnel et mystique sur le divin.

***La* Basmala**

À une exception près (la sourate 9), chaque sourate du Coran commence par l'invocation connue sous le nom de *Basmala* ou *Bismillah* : « Au nom de Dieu clément et miséricordieux » *(Bismillahi al-Rahman al-Rahim).* Cette phrase est aussi prononcée au début de chaque acte du culte et est souvent répétée par les musulmans dans la vie quotidienne. Le Coran prête une grande attention à la miséricorde divine, dont la plus haute expression est le Coran lui-même, avec les éclaircissements qu'il apporte et les conseils qu'il prodigue.

La parole de Dieu

La Tradition islamique révère dans le Coran la parole littérale de Dieu, transmise directement au Prophète durant toute sa vie. Les musulmans considèrent le Coran comme une extension divine dans le domaine terrestre, la représentation sur terre de la miséricorde de Dieu, de sa puissance et de son mystère.

Les versets du Coran furent révélés à Mahomet qui, à son tour, les récita à ses disciples. Le mot « Coran » lui-même signifie « récitation » et peut se référer à tout ou partie du texte sacré. D'après la Tradition, le Coran prit sa forme écrite actuelle pendant le califat de Uyhman (644-656) qui donna l'ordre à un groupe de musulmans respectés d'en composer une version définitive. Celle-ci comprend 114 chapitres, que l'on nomme « sourates ». Chacune est identifiée par un numéro et par un titre (en général un mot ou une phrase apparaissant dans la sourate : par exemple, le titre de la deuxième, *al-Baqara*, « la Génisse », fait référence au verset 63 qui décrit le sacrifice de l'animal en question par Moïse). Les spécialistes occidentaux ont tendance à citer les sourates par leur numéro d'ordre, mais les écrivains musulmans emploient plus volontiers les titres.

Les sourates se composent de versets (*ayat*, singulier *aya*), littéralement les « signes » de la présence de Dieu et de sa miséricorde. La Tradition enseigne que la première sourate révélée fut celle portant le numéro 96 et le titre *al-Alaq* (« le Sang coagulé »). L'archange Gabriel annonce à Mahomet sa mission : « Lis, au nom de ton Seigneur qui a créé tout. Qui a créé l'homme de sang coagulé » (96, 1-2).

Le Coran dans la vie islamique

Le Coran est présent dans la vie des musulmans de bien des manières. Il est le point central de l'enseignement traditionnel de l'islam, les jeunes musulmans apprenant à lire et à écrire les versets, et, dans l'idéal, à mémoriser le texte entier du livre. Depuis un siècle, cette pratique a reculé devant les progrès d'un enseignement public laïque, mais les parents continuent aujourd'hui à faire en sorte que leurs enfants reçoivent une éducation coranique.

L'exemple du Prophète transmettant oralement la parole de Dieu à ses disciples explique la grande valeur attachée à la mémorisation et à la restitution orale du Coran jusqu'à nos jours. La récitation du Coran demeure une forme d'art appréciée, et des enregistrements de récitants connus sont disponibles dans tout le monde islamique.

Le Coran possède un caractère sacré en tant qu'objet physique. Les musulmans préfèrent n'approcher et manipuler le livre saint que dans un état de pureté rituelle. Il a un pouvoir divin, une grâce divine (en arabe *baraka*) et peut même servir, pour un emploi beaucoup plus superstitieux, de remède.

Élèves de l'institut islamique Fouad, une école coranique, à Assiout, en Égypte. L'étude du Coran continue à représenter une partie importante de l'éducation de la plupart des musulmans.

Sur ce coran illustré (Inde, époque moghole, vers 1700), sont calligraphiées l'intégralité de la première sourate, al-Fatiha *(« l'Ouverture »), à droite, et le début de la deuxième sourate,* al-Baqara *(« la Génisse »).*

Les sourates sont ordonnées par longueur, les plus longues au commencement du Coran, les plus courtes à la fin, avec une exception pour la première sourate, *al-Fatiha* (« l'Ouverture »), qui ne comprend que sept versets.

On distingue aussi les sourates de La Mecque de celles de Médine, selon qu'elles furent révélées avant ou après l'hégire, départ de Mahomet pour Médine en 622. Les versets de La Mecque sont centrés sur la majesté de Dieu, l'unité et la certitude qu'il exercera sa compassion et son jugement sur l'humanité et le monde. Dans ce contexte, le rôle de Mahomet pendant cette période, comme il le proclama lui-même, fut d'apporter la bonne nouvelle, celle de la pitié de Dieu et de prévenir du jugement à venir qui séparerait les justes des pécheurs. Comme le dit la sourate 35, aux versets 7 et 8 : « Ceux qui ne croient pas éprouveront un supplice terrible. Ceux qui croient et qui pratiquent les bonnes œuvres obtiendront le pardon et une récompense magnifique. » Les versets de La Mecque sont souvent courts et succincts, ornés d'images vives, intenses.

Les versets de Médine contiennent des idées et expressions similaires, mais ils reflètent également les épreuves rencontrées par Mahomet et la communauté islamique naissante. Ils sont généralement plus longs et plus complexes, et témoignent souvent de préoccupations d'ordre religieux, moral et social. Ils prescrivent aussi, ce qui est plus important, les devoirs du musulman : prières, aumônes, jeunes du ramadan, pèlerinages à La Mecque *(hadj)*. D'autres sujets sont abordés : le mariage, le divorce, l'adultère, le jeu et la conduite de la guerre.

Depuis les débuts de la Tradition, les savants musulmans se sont efforcés d'élucider les enseignements complexes du Coran. L'interprétation coranique, ou *tasfir*, forme la partie centrale du savoir islamique. Les ouvrages sur ce sujet abondent ; l'un des premiers, et parmi les plus grands, est constitué par l'œuvre en plusieurs volumes de al-Tabari (839-923), qui composa aussi un livre d'histoire très influent.

Hadiths : le chemin de Mahomet

Pour se guider dans l'interprétation du Coran, les érudits religieux (oulémas) se sont appuyés sur les traditions concernant Mahomet lui-même. À sa mort, la communauté islamique entreprit de rassembler ses préceptes, ses paroles et le récit de ses actes. Le « chemin » ou la « tradition » du Prophète (*sunna*, d'où vient le mot « sunnite », voir texte en marge p. 98) a été ensuite rassemblé en une série de comptes-rendus connus collectivement et individuellement sous le nom de « Hadiths ». Chaque Hadith est précédé par la liste de ceux qui ont effectué la transmission, laquelle remonte, idéalement, jusqu'à Mahomet lui-même ou à l'un de ses compagnons auquel il se serait personnellement adressé.
C'est à la fin du VIIIe siècle et au début du IXe que le principal rassemblement des Hadiths et de leurs commentaires fut effectué. Les Hadiths donnèrent lieu à de grands débats au début de l'époque médiévale, quand il devint clair pour les commentateurs que les Hadiths reflétaient souvent des opinions et des positions doctrinales qui étaient postérieures à la vie du Prophète. Vers 850, plusieurs recueils d'analyses critiques furent produits dans le monde sunnite, les plus respectés étant ceux de al-Bukhari (810-870) et de Muslim Ibn al Haijaj (mort en 875). Le chiisme produisit également très tôt un ensemble considérable de Hadiths complexes, transmis par les imams (voir p. 108 et 109). Pour les savants chiites, les Hadiths des imams jouent le même rôle que les Hadiths sunnites : ils servent à expliquer le Coran et sont la source de la pensée religieuse et juridique. Des quatre recueils anciens de Hadiths considérés comme canoniques par le chiisme, le plus important est sans doute celui de al-Kulayni (mort en 939).

Une « main de Fatima » datant du XIXe siècle : ce type d'amulette est très populaire pour chasser le mauvais œil. Fatima passait pour avoir été la fille favorite du Prophète et une femme à la conduite exemplaire.

Prophète et messager

L'importance de Mahomet est inestimable, non seulement pour la formation de l'islam mais aussi pour la vie quotidienne des musulmans jusqu'à nos jours. Révéré comme le musulman parfait, il représente l'exemple fondamental de la manière dont doit être vécue la vie islamique. Sa vie est retracée dans une série d'ouvrages qui datent le plus souvent des premiers siècles de l'islam, formant la base d'un ensemble plus vaste et plus tardif. Les premiers écrits comportent les biographies du Prophète et de sa famille, dans des ouvrages historiques comme celui de al-Tabari (838-923) par exemple ; dans les Hadiths sont consignés les paroles du Prophète et le récit de ses actes (voir texte en marge p. 105). Le Coran est, bien sûr, une source tout à fait unique pour ce qui concerne l'existence du Prophète, à la fois parce qu'il contient la révélation qu'il reçut de Dieu, mais aussi parce qu'on y trouve des informations précieuses – quoique souvent difficiles à interpréter – quant au déroulement de sa vie.

Dans de tels ouvrages, certaines données peuvent clairement ressortir au domaine de la légende, et d'autres provenir d'événements réels. D'après Muhammad Ibn Ishaq et d'autres biographes, Mahomet est né à La Mecque vers 570 dans le clan hachémite, de la tribu des Koreïchites. Orphelin très jeune, élevé par son oncle Abu Talib dans la nombreuse famille de ce dernier, il aurait acquis, dès son jeune âge, une réputation de probité qui lui valut le surnom de al-Amin (« digne de confiance »). On raconte aussi qu'une série de prédictions qu'il fit alors le révéla comme un futur prophète. Sa réputation attira l'attention d'une femme plus âgée que lui, une marchande nommée Khadija, qui devint sa première femme et la mère de ses quatre filles ; parmi elles, Fatima est particulièrement révérée par les musulmans chiites (voir texte en marge p. 106).

La mission prophétique de Mahomet commença au cours de l'une de ses fréquentes périodes de méditation solitaire. En 610, dans une grotte du mont Hira qui domine La Mecque, l'ange Gabriel lui apparut et lui ordonna de devenir prophète. Surmontant sa peur initiale, Mahomet prêcha le message monothéiste qui lui avait été révélé, attirant d'abord un tout petit nombre de disciples, puis un public plus large.

Il bénéficia au début de la protection de son oncle et du soutien de sa femme face à l'opposition croissante des habitants païens de La Mecque. Lorsque tous les deux moururent en 619, il devint davantage vulnérable aux attaques et émigra alors avec ses disciples à Médine. Ce voyage (*hidjira*, ou hégire) commença, selon la Tradition, le 16 juillet 622, et il marque pour les musulmans le début de l'histoire de leur communauté.

À Médine, Mahomet prit rapidement des responsabilités nouvelles et importantes. À La Mecque, il avait prophétisé, enseigné et fondé un nouveau mouvement religieux, mais il devait maintenant superviser et diriger une communauté qui comptait sur lui pour organiser sa protection physique contre des opposants mais

La famille du Prophète

L'expression *ahl al-bayt* (littéralement « famille de la maison [du Prophète] ») se réfère aux membres de la famille de Mahomet, contemporains de ce dernier, et à leurs descendants. Les premiers sont révérés, par les sunnites comme par les chiites, à cause des liens du sang qu'ils ont avec le Prophète et parce qu'ils ont passé leur vie en sa compagnie. Pour les chiites, Ali Ibn Abi Talib et sa femme Fatima (une des filles du Prophète), leurs fils Hassan et Hussein sont particulièrement importants, parce qu'ils sont à l'origine de la lignée des imams (voir p. 108-109). Les femmes qui jouèrent un rôle dans la vie du Prophète sont considérées comme spécialement vénérables et dignes d'éloge. Khadija, sa première femme, encouragea Mahomet pendant la période initiale de la révélation, lorsqu'il était très impressionné par la vision de l'archange Gabriel. L'image d'une épouse plus tardive, nommée Aisha, est plus discutée. Les sunnites reconnaissent en elle la favorite après Khadija, mais les chiites prétendent qu'elle commit l'adultère et prit part aux querelles qui suivirent la mort du Prophète.

aussi pour être guidée dans toutes ses affaires religieuses, sociales et politiques. Ses disciples, les musulmans, se répartissaient principalement en deux groupes : les Mujahirun qui étaient venus avec lui de La Mecque, et les Ansar, ou « aides », qui étaient originaires de Médine. Une des tâches de Mahomet à cette époque fut de persuader ces deux groupes de travailler en harmonie.

Un conflit armé avec les habitants de La Mecque se conclut par la reddition de la ville en 630. On dit que Mahomet, en rentrant dans la cité, se rendit directement à la Kaaba (voir texte en marge p. 112), qu'il purifia des idoles préislamiques païennes. Il tenta autant de forger des alliances avec les tribus les plus puissantes de l'Arabie que de les soumettre. Après la mort du Prophète, en 632, la plupart des alliances s'effondrèrent, obligeant les successeurs immédiats de Mahomet à mener des campagnes pour contraindre ces tribus à rejoindre le bercail musulman.

Après son dernier pèlerinage à La Mecque, quelques semaines avant sa mort, le Prophète se serait adressé une dernière fois à ses disciples sur une place nommée Ghadir Khumm, où il prêcha pour l'unité de la communauté des fidèles. Les paroles qu'il aurait prononcées à cette occasion au sujet de son beau-fils et cousin, Ali Ibn Abi Talib, sont l'une des sources de division à l'intérieur de l'islam entre la majorité sunnite et la communauté chiite.

Écrire la vie du Prophète

Les biographies de Mahomet constituent un genre littéraire connu sous le nom de *Sira*. La première et la plus influente date sans doute du VIIIe siècle. Elle fut écrite par Muhammad Ibn Ishaq (mort en 770) et l'on n'en possède qu'une version postérieure due à Abd al-Malik Ibn Hisham (mort en 834).
Pendant toute l'histoire de l'islam, les premières biographies et les Hadiths servirent de point de départ à des récits de plus en plus élaborés de la vie et des actes du Prophète. Les récits « populaires » renferment un grand nombre de chants et de poèmes, chantés et récités à l'occasion de l'anniversaire de Mahomet *(mawlid al-nabi)*.

Les voyages fabuleux de Mahomet

Pour les écrivains et poètes soufis, un événement précis de la vie de Mahomet fournit à lui seul une preuve suffisante de son statut exceptionnel. Selon la Tradition islamique, peu de temps avant l'hégire (voir texte principal), le Prophète fit un voyage miraculeux de La Mecque à Jérusalem en compagnie de l'archange Gabriel (*Jibril* en arabe). Cet événement se nomme *Isra*.

Dans la ville sainte, selon la Tradition, le Prophète conduisit une séance de prières avec un groupe d'anciens prophètes, parmi lesquels Abraham *(Ibrahim)* et Jésus *(Isa)*, confirmant ainsi leur rang de prophètes, mais aussi de nouveaux musulmans. Puis, à cheval sur une étrange bête ailée nommée Buraq, il monta au ciel et se trouva en présence de Dieu. Les récits de l'*Isra* et de l'ascension *(Miraj)* indiquent que c'est à l'occasion de cet événement que le nombre de prières quotidiennes requises pour tout musulman fut fixé à cinq.

Ce voyage, tel qu'il est expliqué dans de nombreux écrits et recueils de poèmes, est le signe à la fois de la relation personnelle de Mahomet avec Dieu, et celui de la possibilité pour chacun de s'approcher de Dieu, spirituellement tout au moins.

Mahomet (à droite) monte au ciel sur Buraq, créature moitié homme moitié cheval, guidé par Gabriel (à gauche). Miniature peinte à Herat (Afghanistan) datée de 1436.

Imams et saints

Hussein (en haut, à gauche) et Hassan (à cheval) à la bataille de Karbala, événement commémoré jusqu'aujourd'hui comme une date martyre par les chiites (affiche iranienne, vers 1900).

La différence première entre chiites et sunnites est que les chiites croient en une lignée de guides vénérés, les imams. Cette croyance s'appuie sur une interprétation particulière des événements des débuts de l'islam. En effet, lors de son dernier discours devant ses fidèles réunis à Ghadir Khumm (voir p. 106-107), Mahomet est censé avoir parlé de son beau-fils, Ali Ibn Abi Talib. Selon l'interprétation sunnite, Mahomet aurait fait l'éloge d'Ali et l'aurait simplement recommandé à la communauté. Pour les commentateurs chiites, il aurait en fait désigné Ali comme son successeur en tant que guide *(imam)* temporel et spirituel. Pour les chiites, les chefs musulmans trahirent les volontés du Prophète en ne désignant pas Ali comme le successeur immédiat de Mahomet. Le terme « chiite » vient de *Shiat Ali* : « partisans [ou disciples] d'Ali ».

Après la mort d'Ali en 661, les chiites firent allégeance à son premier fils, Hassan, puis, à la mort de celui-ci, à son deuxième fils, Hussein. En 680, Hussein tenta de rejoindre ses partisans dans la ville de Kufa, au sud de l'Irak, une action que le calife omeyyade d'alors, un parent de Hussein, interpréta comme une tentative de coup d'État. Ses troupes assassinèrent Hussein et ses compagnons à Karbala, près de Kufa.

Les érudits et activistes chiites construisirent sur cette histoire ancienne et tragique un système complexe de croyances et de pratiques centré sur le rôle de l'institution de l'imam. La personne de l'imam, telle qu'elle est décrite dans la littérature très élaborée de la Tradition chiite, est l'un des maillons d'une chaîne prophétique qui remonte, à travers Mahomet et Jésus, jusqu'à Abraham et Adam (voir p. 94-95). L'imam doit être un descendant direct du Prophète Mahomet, et l'héritier désigné par l'imam qui le précède immédiatement, de la même façon qu'Ali, selon la conception chiite, était le successeur désigné de Mahomet.

L'administration des affaires chez les duodécimains

À l'origine, les oulémas duodécimains ne jouaient, en l'absence d'imam, qu'un rôle limité de professeur et de guide spirituel de leur communauté. Mais il devint rapidement clair qu'ils devaient parfois, ne serait-ce que temporairement, assumer certaines fonctions de l'imam, comme diriger la communauté et prendre des décisions sur des questions juridiques ou doctrinales. Au cours des siècles, les oulémas duodécimains se définirent peu à peu eux-mêmes comme les représentants de l'« imam caché ». Il en résulta que l'autorité légale et religieuse parvint aux mains des savants les plus renommés, et que la communauté fut obligée de payer une dîme, appelée souvent « impôt religieux », aux oulémas les plus importants. La combinaison d'un pouvoir économique et d'une situation morale et religieuse élevée donna à ces hommes une influence considérable sur la communauté duodécimaine.

L'imam, par conséquent, est la seule autorité légitime sur la terre, et l'humanité lui doit obéissance. Il est tenu pour infaillible, sans péché, et en possession d'un corpus doctrinal qui lui a été transmis par Dieu à travers les autres imams.

La branche la plus importante du chiisme est le chiisme duodécimain, ainsi nommé parce que ses doctrines s'articulent autour de la personne du douzième imam, un jeune garçon nommé Muhammad qui aurait disparu peu de temps après la mort de son père Hassan al-Askari, le onzième imam, en 873. La disparition du douzième imam donna naissance à un corpus doctrinal complexe. On pense, fondamentalement, qu'il ne mourut pas, mais qu'il entra dans un état de dissimulation miraculeuse (c'est la doctrine de l'« occultation »), dont la nature et la durée ne sont connues que de Dieu. Il reste donc un être vivant à qui tous les adhérents à la Tradition doivent vénération et obéissance. Ce douzième imam « caché » est également une figure messianique qui est censée réapparaître peu avant le jour du Jugement dernier pour se mettre à la tête des forces du bien contre celles du mal, dans la bataille apocalyptique finale. Il est souvent qualifié d'« imam Mahdi », *mahdi* étant le terme arabe le plus courant pour « messie ».

Les ismaéliens

La branche ismaélienne du chiisme émergea à la mort du sixième imam, Jafar al-Sadiq, en 765. De nombreux fidèles choisirent Musa, son fils cadet, comme septième imam, mais d'autres son fils aîné Ismaïl. Ces derniers formèrent la branche ismaélienne (également nommés « septimains » ou « partisans du septième »). Pour eux, la lignée des imams est continue jusqu'à nos jours, différant des duodécimains qui attendent le retour de l'« imam caché » (voir texte principal). Le chiisme ismaélien est divisé en plusieurs sous-groupes. L'un d'entre eux est celui des Druzes, groupe ismaélien à l'origine mais qui, au XIe siècle, accorda un statut divin à un calife fatimide. Malgré des tentatives de suppression de cette hérésie, les Druzes survivent au Liban, en Syrie et au nord de l'État d'Israël.

« Amis de Dieu »

Une croyance existe dans le monde islamique que certains individus et certaines familles ont des pouvoirs spirituels spéciaux et une grande familiarité avec le sacré. Entre la vénération de tels « saints » et le soufisme ordinaire, on trouve de nombreux points communs (voir p. 100-103). Le même terme coranique de *wali Allah*, « ami de Dieu », est utilisé aussi bien pour désigner les soufis que les « saints » musulmans.

Les savants religieux musulmans ont souvent fait montre d'embarras voire d'hostilité vis-à-vis de telles croyances, considérant notamment que la sainteté ne doit être attribuée qu'à Dieu, et non pas à des êtres humains. Mais de nombreux musulmans trouvent cette idée parfaitement naturelle ; la vénération de tels personnages peut, aujourd'hui encore, représenter une part significative de leur expérience religieuse. La croyance se fonde sur la piété et la grande moralité des « saints » et des « saintes », et sur leur capacité à agir sur le monde matériel (en guérisseurs par exemple) ou à dominer les éléments naturels. D'autres « saints », célébrés pour avoir résisté à des gouvernants tyranniques, s'apparentent à des héros folkloriques.

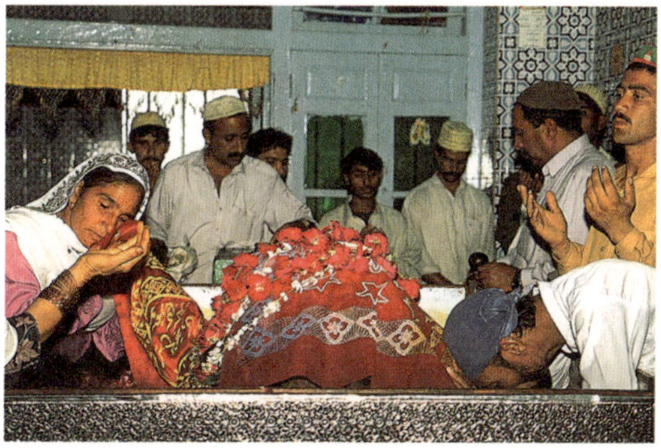

Fidèles sur la tombe de Abd Shah Ghazi, un « saint » islamique, à Karachi (Pakistan). Une partie du monde islamique partage la baraka *(bénédiction spirituelle ou divine), une aide précieuse qui peut être transmise par un « saint » ou par les reliques d'un « saint » (comme sa tombe).*

Il existe des cultes locaux et internationaux. Par exemple, la ville de Marrakech, au sud du Maroc, souvent qualifiée de « tombe des saints » en raison du grand nombre de personnages sacrés qui y sont enterrés, est associée à sept de ces « saints » dont les anniversaires sont célébrés par des fêtes, mais dans les environs de la ville seulement. En revanche, le « saint » égyptien Sayyid Ahmad al-Badawi (mort en 1276) est renommé aussi bien en Égypte que dans les pays voisins, et plusieurs fêtes annuelles sont données en son honneur. La plus importante, à Tanta, en Égypte, attire des foules considérables.

Les quatres voies

Dans la période médiévale, quatre écoles juridiques, ou traditions (*madhhah*, littéralement « sentier » ou « route »), naquirent dans l'islam sunnite. Chacune proposa sa propre interprétation des enseignements du Coran et des Hadiths. Les quatre « voies » – les écoles Hanafi, Maliki, Shafi et Hanbali –, ont emprunté le nom de leurs fondateurs supposés, quatre figures impressionnantes de l'islam primitif : Abu Hanifa (mort en 767), Malik Ibn Ans (vers 715-795), Muhammad Ibn Idris al-Shafii (767-820) et Ahmad Ibn Hanbal (mort en 855). Le plus important, al-Shafii, exposa ses opinions sur la loi et la religion dans son traité *al-Risala (Épître)*. C'est principalement sous son influence que les Hadiths devinrent une source codifiée de précédents juridiques et que les bases de la loi furent mises en forme (voir encadré ci-dessous). Les quatre écoles sont présentes dans tout le monde sunnite. Les Maliki dominent dans le nord de l'Afrique ; les Shafi en Égypte, en Indonésie et en Malaisie ; les Hanafi en Asie centrale et dans le sous-continent indien ; et les Hanbali en Arabie saoudite.

La charia et la loi islamique

La Tradition de l'islam, fondée sur les enseignements du Coran et des Hadiths (voir p. 104-105), explicitée par les savants religieux musulmans (les oulémas), invite les musulmans à obéir à la volonté divine non seulement en tant qu'individus, mais aussi en tant que membres d'une communauté. Selon ce point de vue, l'humanité est choisie par Dieu pour le représenter *(khalifa)* sur terre et, pour utiliser une variante d'une formule du Coran, « pour commander le bien et interdire le mal » (sourate 3,110). Tous les musulmans, par conséquent, ont la responsabilité de veiller à la création et au maintien d'un ordre social juste et moral.

Au fondement de l'ordre moral et social, on trouve bien sûr les enseignements du Coran (source principale de la pratique judiciaire et éthique), les Hadiths et les traditions religieuses légales développées par les oulémas (voir textes ci-contre et ci-dessous). La désignation de cet enseignement est connue sous le nom de « charia », « la voie prescrite ». De là proviennent les lois à l'aide desquelles les savants musulmans se sont efforcés de mettre en pratique le système social islamique idéal. L'étude de la charia s'appelle *fiqh*, dont la meilleure traduction serait « jurisprudence ».

Dès les débuts de la tradition légale, les lois qui gouvernent la vie de l'islam furent divisées en deux catégories principales : celles qui concernent la relation entre l'humanité et Dieu, et celles qui ont trait à l'intégrité de la communauté humaine. Chacune de ces sphères est divisée à son tour en cinq catégories de

Les sources de la loi islamique

Les savants sunnites distinguent quatre sources pour la loi islamique. Avant tout, il y a le Coran, expression directe de la volonté divine. Très tôt, les érudits musulmans se consacrèrent à l'exégèse du Coran, ou *tafsir*, et à un examen intense du livre sacré à la fois du point de vue linguistique et du point de vue religieux.

Pour aider à la compréhension des significations complexes du texte, les spécialistes se tournèrent ensuite vers les Hadiths, la seconde autorité pour la loi. Ces recueils contiennent des leçons du Prophète lui-même (voir texte en marge p. 105), ainsi que des explications et des commentaires des versets du Coran. La *ijma*, mot traduit en général par « consensus », constitue la troisième source pour les juristes sunnites. Il s'agit, à propos d'un point controversé, de l'interprétation commune d'une majorité de savants d'une région particulière, ou de la compréhension du travail de savants d'époques antérieures. La *ijma* est un moyen efficace pour maintenir inchangées les opinions à propos d'une question donnée.

La quatrième source de la loi, à peu près contemporaine de la *ijma*, est le *qiyas*, « raisonnement sur la base de l'analogie ». Le *qiyas* est utile pour trancher des questions pour lesquelles ni le Coran ni les Hadiths ne fournissent d'indications claires.

Les savants chiites diffèrent de leurs collègues sunnites en ce qu'ils accordent une valeur plus grande à l'exercice de la raison et de l'intelligence humaines ; aussi, à la place du *qiyas*, ils mettent plus volontiers en avant l'*aql* ou *ijtihad*, « le raisonnement personnel ».

La cour principale de la madrasa de la mosquée al-Azhar, au Caire, centre principal de l'enseignement juridique sunnite.

comportement éthique : exigé, recommandé (ou non exigé), indifférent (ou permis), répréhensible, interdit. Ainsi, dans la sphère des relations avec Allah, cinq actes de dévotion (*ibadat*, singulier *ibada*) sont exigés pour les musulmans ; on les nomme souvent « les cinq piliers » de l'islam et ils constituent son système de rituels (voir p. 114-117).

Les lois islamiques relatives aux domaines social et politique sont beaucoup plus nombreuses. Pour les spécialistes de la loi, le secteur essentiel est celui des lois de la famille. Le Coran s'exprime sur de nombreuses questions concernant ce domaine – le mariage, le divorce, l'adultère, les héritages, le traitement des épouses et des enfants –, ainsi que sur les questions financières. En ce qui concerne le mariage, la question de la polygamie est sujette à controverse. Le Coran affirme clairement, dans la sourate 4 (verset 3), qu'un musulman peut avoir jusqu'à quatre épouses simultanément. Néanmoins, comme les commentateurs modernes s'empressent de le faire remarquer, le même verset et un verset ultérieur du même chapitre (4, 128) exhortent les hommes à limiter le nombre de leurs épouses et à traiter chacune de leurs femmes de la même manière, en tous points ; cette exigence a été comprise comme une limitation draconienne et presque une interdiction de la pratique de la polygamie.

La madrasa

Au fur et à mesure que les différentes branches du savoir islamique (la jurisprudence étant la plus importante) se développèrent, les professeurs transmirent leur savoir à des élèves, et il devint nécessaire de prévoir des bâtiments pour loger les étudiants et donner les cours. La madrasa (collège religieux) est sans doute apparue en Iran au xe siècle et proliféra rapidement à la fois vers l'est et vers l'ouest jusqu'à devenir un trait commun du paysage islamique urbain, surtout sous les Seldjoukides (voir p. 96-99). On peut considérer la madrasa comme une extension de la mosquée, car elle sert souvent de lieu de culte autant que d'étude.

La Mecque et la Kaaba

Le lieu le plus sacré de l'islam est la ville sainte de La Mecque et ses environs immédiats. Au cœur s'élève le sanctuaire majeur, la Kaaba. Les environs de La Mecque, et la ville elle-même, sont interdits aux non-musulmans. À l'intérieur de ces limites, les musulmans sont supposés se comporter d'une manière particulière : les combats, la chasse, toutes les activités qui peuvent entraîner une effusion de sang sont bannis. La ville entière, en fait, est considérée comme un sanctuaire.

La Kaaba est mentionnée dans le Coran comme « la maison de Dieu ». Selon la Tradition, ce vénérable ensemble de forme cubique fut construit par Adam et rebâti et purifié par Abraham (un acte que réitéra Mahomet en détruisant les idoles, lesquelles appartenaient à ce que les musulmans nomment le *Jahiliyya*, « l'âge de la corruption »). La Kaaba joue un rôle central dans l'islam. Lors de leurs cinq prières journalières (voir p. 114-117), les musulmans se tournent dans sa direction. Au moment culminant du grand pèlerinage, le *hadj* (voir encadré p. 117), les fidèles font trois fois le tour du sanctuaire sacré. Dans un coin de la Kaaba se trouve une pierre noire, peut-être une météorite, symbole matériel du lien primordial entre Dieu et l'humanité.

Mosquées et sanctuaires

Depuis la période médiévale, l'unité remarquable de foi et de pratiques religieuses qui caractérise les diverses cultures constituant la communauté musulmane trouve une expression dans le site principal du culte islamique : la mosquée (en arabe *masjid*, « lieu où on se prosterne »). Toutes les mosquées sont construites selon le même plan (voir encadré p. 113). Cependant, certaines d'entre elles présentent des traits additionnels qui reflètent leur environnement culturel et historique particulier. L'origine supposée de l'architecture de la mosquée est la propre maison de Mahomet à Médine. Des tentatives répétées de reconstruction du site n'ont pas révélé le plan originel de manière satisfaisante, mais on pense que la maison du Prophète comportait une grande étendue ouverte réservée à la prière, un espace couvert pour protéger les fidèles des rigueurs atmosphériques et une indication de la *qibla*, la direction convenable pour la prière (direction de La Mecque, ou, plus précisement, de la Kaaba).

Tout au long de l'histoire de l'islam, les constructeurs et les architectes musulmans ont travaillé sur ces éléments de base en utilisant une grande variété de styles et de matériaux. Les musulmans des premiers siècles, après les

La mosquée Selimiye à Edirne, en Turquie, fut construite entre 1569 et 1575 par l'architecte Sinan. Avec cet ouvrage, il réalisa son ambition d'élever un dôme plus grand que celui de l'église Sainte-Sophie d'Istanbul (voir illustration p. 96).

conquêtes, utilisèrent des structures existantes comme les églises chrétiennes, ou bâtirent des mosquées rudimentaires. Très tôt, une distinction s'établit entre les petites mosquées locales et celles, plus grandes, qui ne servaient pas seulement à la prière privée et à l'étude mais aussi à des congrégations pour la prière commune et le sermon hebdomadaires *(khutba)*. Reflets d'influences byzantines et perses, de nouveaux éléments apparurent, comme le *mihrab* et le *minbar*.

Parmi les exemples impressionnants des mosquées les plus anciennes, il faut signaler la mosquée omeyyade de Damas, la mosquée al-Aqsa de Jérusalem, et les deux mosquées congrégationnelles construites à Samarra, la capitale du califat abbaside du IXe siècle, qui malheureusement n'existent plus. D'une période plus tardive, les mosquées ottomanes sont généralement considérées comme les plus beaux exemples d'architecture islamique, et, particulièrement, celles dessinées par le grand architecte turc Sinan (1489-1588). La plus belle est peut-être la mosquée Selimiye dans la ville turque d'Edirne (voir illustration p. 112).

La mosquée n'est pas le seul endroit où les musulmans peuvent se recueillir. Pour la prière quotidienne (voir p. 114-115), il est simplement demandé de choisir un endroit calme, propre, exempt de toute distraction, ainsi digne d'un acte de dévotion. On utilise habituellement un petit tapis rectangulaire spécialement réservé pour la prière, marquant ainsi l'idée d'un lieu spécifique.

Les « loges » soufies

Une *khanqah*, ou « loge », est difficile à distinguer d'une madrasa (voir texte en marge p. 111) pour ce qui concerne sa fonction et son architecture. Ce type de bâtiment est apparu également aux Xe et XIe siècles en Iran pour servir de lieu où un maître soufi pouvait instruire et loger ses disciples. Il servait aussi d'hospice ou d'auberge pour accueillir les voyageurs. Peu à peu, les principaux ordres soufis établirent des réseaux de loges à travers le monde islamique. Le célèbre érudit et pèlerin marocain Ibn Battuta (voir texte en marge p. 96), au XIVe siècle, mentionne avoir rencontré de très nombreux *khanqah* sur son chemin.

L'architecture de la mosquée.

Les caractéristiques de la mosquée sont apparues à des époques différentes. Le trait le plus essentiel est le *mihrab*, ou « niche », qui est souvent l'élément le plus richement décoré de la mosquée. Il se trouve dans le mur de la *qibla*, la direction vers laquelle le musulman doit s'orienter pour la prière : celle de La Mecque et de la Kaaba (voir texte en marge p. 112).

Parmi les autres éléments importants, citons le minaret, une tour qui était à l'origine un bâtiment séparé sans rapport avec la mosquée, et sans but connu. C'est aujourd'hui l'endroit à partir duquel l'appel à la prière (voir p. 114-117) est proclamé. Il semble cependant que telle n'était pas sa fonction à l'origine, car l'appel peut être fait depuis le toit de la mosquée.

Une fontaine distribue l'eau nécessaire aux ablutions rituelles *(wudu)* qui précèdent chacune des cinq séances journalières de prière. La *dikka*, une plate-forme surélevée, est un ajout tardif à l'architecture des mosquées. Elle était utilisée traditionnellement par les aides de l'imam (dans ce contexte particulier, l'imam est celui qui prononce le sermon du vendredi depuis la chaire, ou *minbar*). La *dikka* est fréquemment décorée de manière très élaborée et comporte des escaliers.

Mihrab *turc en céramique datant de 1570 environ. L'inscription coranique (extraite de la sourate 3, 32) sur la bande supérieure est habituelle dans ces niches, elle est à l'origine du terme* mihrab *: « toutes les fois qu'il [Zacharie] allait visiter Marie dans sa cellule [al-mihrab en arabe], il voyait de la nourriture auprès d'elle. D'où vous vient, lui demanda-t-il, cette nourriture ? Elle me vient de Dieu, répondit-elle » (trad. Kasimirski).*

La jihad

La Tradition islamique, au cours de son développement, a souvent exprimé l'opinion selon laquelle la *jihad*, un concept coranique longuement discuté dans les lettres islamiques, constitue un « sixième pilier » de l'islam. *Jihad* est un terme complexe, trop souvent réduit dans les médias et l'imagination populaire des pays occidentaux à une seule de ses significations, celle de « guerre sainte », slogan des mouvements islamistes radicaux modernes. Dans le Coran, comme dans la Tradition, le mot est compris comme « effort vers la voie de Dieu », c'est-à-dire une tentative pour parvenir à un ordre moral parfait, dans la société aussi bien que dans la vie de chaque individu. Il implique donc pour chaque musulman, et pour la communauté dans son ensemble, une lutte contre ce qui pourrait corrompre la parole de Dieu et être cause de dysharmonie. La *jihad* est probablement née dans le contexte des premières conquêtes de l'islam. Si c'est le cas, elle signifiait certainement la propagation de la vraie foi, et elle se prête alors bien à l'utilisation qu'en font ceux qui ont une vision militante de la Tradition islamique.

Hommes en prière dans une mosquée à Jamma, en Inde. Les tapis ou les morceaux de tissus sur lesquels ceux-ci sont agenouillés pour prier indiquent le caractère sacré du lieu (voir p. 112-113).

Les devoirs du culte

Les musulmans ont l'obligation d'apprendre et d'exécuter cinq rites, souvent désignés comme les « cinq piliers de l'islam ». La Tradition les considère cependant plutôt comme des actes de vénération, en arabe *ibadat* (singulier *ibada*). Le Coran les mentionne mais sans grands détails, si bien que les savants et les professeurs de l'islam durent se tourner vers les Hadiths pour plus de renseignements. La littérature islamique, aussi bien dans ses formes savantes que populaires, traite longuement de ces cinq devoirs, ce qui indique l'intérêt que l'islam porte à cette dimension de la vie religieuse.

Le premier rite obligatoire est la récitation de la *shahada*, la profession de foi musulmane : « Il n'y a de dieu que Dieu, et Mahomet est Son Prophète. » Ces croyances sont essentielles et ces mots sont employés couramment dans la vie quotidienne.

Le second rite – qui est, pour beaucoup, le plus important – est le devoir de prière, *salat*. Cette obligation est formulée clairement par le Coran et par le Prophète lui-même. Dans un des nombreux Hadiths qui parlent de prières, Mahomet est supposé avoir dit : « Celui qui prie est en communication avec le Seigneur. »

Le Coran se réfère plusieurs fois à la prière et fait allusion à plusieurs types de prières. La « prière obligatoire », la principale, est un cycle que le musulman doit accomplir cinq fois par jour, à des moments bien déterminés du jour, à la suite du rite de purification. Les autres formes de prière ne sont pas considérées comme obligatoires. Les cinq séances de prière ont lieu au coucher du soleil, pendant la soirée, à l'aube, à midi et dans l'après-midi. La vie quotidienne dans les pays musulmans est rythmée par l'appel à la prière *(adhan)* qui est effectué avant l'heure de chaque séance par le muezzin (en arabe, *muadhdhin*), en général depuis le minaret de la mosquée.

Bien qu'il soit recommandé aux musulmans de se rassembler à la mosquée pour la prière, cette recommandation ne vaut que pour les hommes qui doivent assister à la prière de midi le vendredi. La séance du vendredi comporte un sermon *(khutha)* prononcé par un prédicateur ou par un membre éminent de la communauté. Celui-ci comporte généralement des commentaires sur des sujets religieux ou sociaux spécifiques et une discussion sur certains versets ou un ensemble de versets du Coran. Les fidèles sont en rang, et l'imam, c'est-à-dire la personne choisie pour diriger la séance, est seul debout en face du *mihrab* (voir encadré p. 113). Notons que l'emploi du mot « imam » dans le contexte de la prière ne doit pas être confondu avec l'utilisation qu'en font les musulmans chiites pour nommer les descendants du Prophète (voir p. 108-109).

Avant la prière, que ce soit à la mosquée, dans leur maison ou sur le lieu de leur travail, les musulmans doivent se préparer mentalement et physiquement, en se concentrant sur l'acte à accomplir et sur sa signification. La pureté corpo-

Un croyant à Istanbul. Les musulmans sont invités à prier en commun, mais n'y sont pas obligés, et la prière individuelle en dehors des cinq périodes journalières prescrites est fortement encouragée.

relle est assurée par la purification rituelle qui doit être accomplie avant chaque séance de prière.

Le cycle des prières commence par le *takbir* (*Allahu akbar*, « Dieu est très grand ») et la première sourate du Coran, *al-Fatiha*. Le fidèle effectue ensuite un cycle de quatre positions successives – debout, incliné, prostré, assis –, accompagnées chacune par des paroles à prononcer, certaines obligatoires, d'autres facultatives. Chaque cycle s'appelle *raka*, et le nombre de cycles dépend de la prière.

Qu'il soit seul ou en groupe, le fidèle termine chaque séance par la « paix », c'est-à-dire par la phrase rituelle du *taslim* : « Paix sur vous, miséricorde et bénédiction de Dieu. » C'est une adresse à tous les musulmans et, selon certaines interprétations, aux anges qui sont juchés sur les épaules du fidèle.

Le troisième des cinq devoirs principaux du musulman est le *zakat*, « l'aumône obligatoire ». Le Coran, ainsi que les Hadiths, le mentionne. C'est le moyen pour les musulmans de se venir en aide les uns les autres, mais il ne doit pas être confondu avec les aumônes volontaires. Traditionnellement, il représente un certain pourcentage fixe du revenu du fidèle, mais le niveau de richesse et la capacité à payer de ce dernier sont pris en ligne de compte.

Le quatrième devoir est de participer au jeûne (*sawm*, ou *siyam*) qui a lieu chaque année durant le *ramadan*, le neuvième mois du calendrier islamique. Pendant les heures du jour, les musulmans doivent, en plus de s'abstenir de manger, s'abstenir de boire, d'avoir une activité sexuelle et de fumer. Le *ramadan* est une démonstration remarquable de culte collectif dans tout le monde isla-

L'année musulmane

Le calendrier islamique possède douze mois. Le premier s'appelle *muharram* et le dernier *dhu al-Hija* (c'est l'époque du pèlerinage, ou *hadj*, voir encadré p. 117). Il s'agit d'un calendrier lunaire qui retarde sur le soleil d'environ onze jours par an. Chaque mois passe ainsi par toutes les saisons en un cycle d'à peu près trente-deux ans et demi. Parmi les jours de célébration et de commémoration, il faut noter l'anniversaire du Prophète *(Mawlid al-Nabi)*, le douzième jour du troisième mois *(rabi al-Awwal)*. Deux grandes fêtes, *Id al-Fitr* et *Id al-Adha*, marquent respectivement la fin du neuvième mois, le mois de ramadan, et la fin du *hadj*.

Musulmans effectuant leurs ablutions rituelles dans un endroit réservé, près de la Coupole du Rocher, al-Haram al-Sharif, à Jérusalem.

Rites de passage

Dans les maisons pieuses, un enfant nouveau-né reçoit un nom chargé de significations historique ou religieuse, par exemple Mohammed ou Hussein pour les garçons, Khadija ou Fatima pour les filles (voir texte principal p. 106-107). Il y a d'autres noms, qu'on forme à partir des noms de Dieu : Abd Allah ou Abd al-Rahman, par exemple. On peut bénir l'enfant en récitant des versets du Coran, tirés le plus souvent de la première sourate *(al-Fatiha)*. La circoncision pour les garçons a lieu dans l'enfance (voir texte principal). De nombreux mariages sont encore des unions arrangées, mais cette pratique recule, particulièrement en milieu urbain. La polygamie est autorisée, mais est rare aujourd'hui (voir p. 110-111). Après la mort, le cadavre est lavé et préparé, avec accompagnement de prières. L'enterrement a généralement lieu le lendemain du décès, au matin. Dans de nombreuses régions, les cortèges funéraires sont fréquents, mais les Hadiths rapportent la désapprobation du Prophète à l'égard des obsèques trop somptueuses et marquées par des démonstrations émotives trop ostentatoires.

mique. Il marque non seulement une intensification du sentiment religieux, mais aussi une accentuation des liens sociaux et familiaux.

Le cinquième et dernier devoir du musulman est le pèlerinage à La Mecque, ou *hadj* (voir encadré p. 117).

L'état de pureté rituelle qui est exigé de chaque musulman avant les cinq séances journalières de prière s'appelle *tahara*. Les rites de purification accompagnent la prière, les pèlerinages, ainsi que d'autres activités, comme tenir et lire le Coran, toutes choses que le musulman ne doit pas accomplir sans être en état de pureté.

Les autres rituels de purification concernent la circoncision qui, bien que non mentionnée dans le Coran, est universellement pratiquée sur les garçons ; dans certaines régions, l'excision pour les filles en tient lieu. Dans le monde entier et dans le monde islamique en particulier, la controverse à propos de l'excision des filles ne cesse de s'amplifier. Les érudits musulmans s'affrontent sur cette question, et beaucoup argumentent contre le rite en affirmant qu'il ne s'agit que d'une coutume culturelle locale qui n'a aucun fondement, ni dans le Coran ni dans les Hadiths. Plusieurs pays musulmans l'ont bannie. Pour les garçons, la circoncision s'effectue généralement à l'âge de dix ans, ou encore, dans certaines sociétés, dès que l'enfant sait réciter le Coran.

Avant la purification, le fidèle peut se trouver dans un état de « grande » ou de « petite » impureté. Les « grandes » impuretés exigent un nettoyage complet du corps *(ghusl)* ; il s'agit par exemple des périodes de menstruation, d'enfantement et de l'émission de sperme. Les petites pollutions ne nécessitent qu'une ablution rituelle *(wudu)*, par exemple après le sommeil, après usage des toilettes, après un évanouissement, etc.

Jusqu'à très récemment, les spécialistes musulmans et non musulmans du système des rituels de l'islam avaient parfois des divergences d'opinion sur le caractère de ces actes dans la vie religieuse des musulmans. Par exemple, dans des commentaires occidentaux très dépassés, on qualifie le rituel de « mécanique et sans vie ».

Mais une telle interprétation des « cinq piliers » néglige la préoccupation centrale de la réflexion intérieure et de la concentration nécessaires au musulman qui se livre aux actes du culte. Le terme *niyya* (« intention ») est souvent utilisé dans ce contexte par les auteurs musulmans. Selon al-Ghazali (voir p. 100-103), personnage essentiel dans le développement de la pensée islamique, un rite est dénué de sens s'il n'est pas accompli par une personne très attentive à la signification de ce qu'elle est en train de faire : « Loin de Le voir, le fidèle inattentif ne tient pas compte de Celui à qui il s'adresse et remue simplement sa langue par routine. » Pour citer le Coran lui-même : « Malheur à ceux qui font la prière/Et la font négligemment/Qui la font par ostentation » (sourate 107, 4-6).

Le pèlerinage à La Mecque

Le *hadj*, le pèlerinage à La Mecque, la ville sacrée, constitue le cinquième devoir rituel des musulmans. Tous les croyants doivent le faire une fois au moins dans leur vie, mais uniquement s'ils ont les ressources nécessaires et sont assurés que les besoins de leur famille seront convenablement pourvus pendant leur absence. C'est pourquoi, en fait, beaucoup de musulmans n'accomplissent jamais le *hadj*, mais ils n'en sont pas mal considérés pour autant. Dans certains pays, il existe des systèmes d'épargne permettant d'économiser afin d'effectuer le *hadj* ; c'est le cas de la Malaisie, pays où il existe également une loterie dont le premier prix est un voyage de pèlerinage, tous frais payés.

Le pèlerinage a lieu le dernier mois de l'année islamique, le *dhu al-Hija* (« mois du *hadj* »). Même avec les moyens de transport modernes, le *hadj* reste physiquement et spirituellement éprouvant. Le pèlerin commence par revêtir le *ihram*, un vêtement blanc ; c'est un rite de purification, le symbole d'un éloignement par rapport aux affaires terrestres. Viennent ensuite d'autres gestes rituels qui mettent l'accent sur la figure d'Abraham et sur la conception musulmane des relations de l'humanité avec Dieu, ainsi que du lien entre Abraham et Mahomet. En entrant dans La Mecque, le pèlerin fait sept fois le tour de la Kaaba (voir texte en marge p. 112), parcourt sept fois en courant la distance qui sépare les collines de Safa et de Marwa, imitant Hagar (Hajir) qui, dans la Bible, alla chercher de l'eau pour son fils Ismaël (Ismaïl).

Le pèlerin doit ensuite sortir de La Mecque pour effectuer d'autres rites : par exemple, se tenir debout sur la plaine d'Arafat pour commémorer Abraham et Ismaël ; jeter des pierres sur des colonnes qui représentent la tentation d'Ismaël par Satan ; sacrifier des animaux.

Un parcours final *(tawaf)* autour de la Kaaba achève la série des rites sacrés. De nombreux pèlerins se rendent ensuite à Médine pour voir la tombe du Prophète. Cela ne fait pas partie du *hadj* mais est néanmoins un acte très apprécié.

La Kaaba est aujourd'hui au centre d'une très vaste mosquée, dont la taille témoigne du grand nombre de pèlerins qui font le hadj *de nos jours (environ trois millions par an contre un million en 1970). Le* kiswa, *un voile noir brodé de fils d'or et portant des inscriptions coraniques, est étendu au-dessus de la Kaaba.*

Le retour à Dieu

Le Coran ne traite pas la mort comme une fin mais comme un retour à Dieu, source de toutes choses, créateur *(al-Khaliq)*, seul possesseur de la vraie et parfaite réalité. Dieu crée, et décide aussi du moment où les choses cessent d'être. « Toute âme goûtera la mort. Nous vous éprouvons par le mal et par le bien, et vous serez ramenés à nous. » (sourate 21, 36).

Par la mort, Dieu ne fait que retirer la vie provisoire que mène l'être humain sur terre. C'est un changement d'un mode d'être à un autre. La vie terrestre est fuyante, incomplète, et – parce que Dieu seul peut être parfait – inexorablement imparfaite. La mort elle-même est un état sans permanence. Le corps matériel se désagrège et disparaît, et l'âme (en arabe, *nafs*), libérée des contraintes physiques, passe sur un autre plan. La Tradition islamique conserve donc l'idée d'une autre vie, dont on peut avoir l'image par la révélation divine, le Coran. La croyance à l'autre vie est un aspect essentiel de la foi islamique : à travers elle, les musulmans affirment l'existence de Dieu et son intimidante présence. Elle sert

Les anges, les djinns *et Eblis*

Dans l'univers du Coran, et en particulier dans l'ordonnancement du ciel et de l'enfer, les anges et des êtres que l'on nomme *djinns* (nom collectif d'où provient le français « génie ») jouent un rôle crucial. Parmi les anges, on trouve Gabriel (Jibril) que Mahomet rencontre à plusieurs moments décisifs de sa mission prophétique, et Azraël, l'ange de la mort. Ces deux anges sont souvent mentionnés dans le Coran et leur nature a été examinée en détail par les écrivains musulmans du Moyen Âge. Leur rôle est de servir de messagers entre Dieu et l'humanité ; l'exemple le plus frappant de cette médiation est celui de Gabriel apportant à Mahomet la révélation. Les anges sont des êtres de lumière et apparaissent généralement dans l'art de l'islam comme des créatures ailées survolant la terre.

La lumière angélique, qui symbolise à la fois l'illumination et la sagesse, est très différente du feu dont les *djinns* sont faits. Souvent présentés comme étant d'un rang inférieur aux anges, ce sont des créatures très ambiguës dans l'univers islamique. Ils peuvent servir Dieu à la fois d'une manière constructive et d'une manière destructrice. Ainsi, le grand musicien arabe al-Mawsili (767-850) affirmait que les *djinns* avaient inspiré sa musique ; mais c'est également dans les rangs des *djinns* qu'Eblis, le Satan islamique, serait né.

Le récit des rapports d'Eblis avec Dieu est l'une des rares narrations détaillées contenues dans le Coran. D'abord accepté par Dieu et les anges comme un personnage pieux, Eblis prend position contre la divinité au moment de la création d'Adam. Sur l'ordre de Dieu, les anges se prosternent devant l'être humain qui vient d'être créé ; mais Eblis refuse et est en conséquence banni du ciel. Il promet alors de se consacrer à la corruption de l'humanité (sourate 2, 28-34).

Enluminures d'un manuscrit turc du XVIe siècle représentant l'ange Gabriel (au centre) transmettant la parole de Dieu à Mahomet (à droite).

aussi à expliquer la signification et le but de la vie terrestre, avec ses nombreuses tribulations et exigences.

L'islam croit à la fois au jugement de chaque individu après sa mort, et à un jugement final apocalyptique de toutes les âmes. Dans la littérature des Hadiths, les commentaires savants, comme ceux destinés au grand public, décrivent le destin final de chaque individu comme composé de plusieurs phases. Pour commencer, le corps cesse de fonctionner, libérant l'âme qui passe un examen devant les deux anges Munkar et Nakir. Après ce moment, l'âme occupe la tombe jusqu'à la fin du monde, jusqu'à ce que l'humanité dans sa totalité soit ressuscitée pour faire finalement face au jour du jugement. Dieu alors juge les humains (selon une image populaire, il pèse les âmes avec une balance) selon la nature de leur réaction au message prophétique apporté par Mahomet et par les prophètes qui l'ont précédé. Il évalue ainsi l'obéissance à la volonté divine ; le non-croyant qui rejette les règles de conduite codifiées par le Coran et les Hadiths va en enfer, alors que le vrai croyant, dont les actes ont été conformes à la tradition prophétique *(sunna)*, est conduit au paradis. Le Coran rappelle sans cesse à ses lecteurs ces récompenses et ces punitions, et fournit des représentations, détaillées et frappantes, du Ciel comme de l'enfer.

Dans le Coran ou dans ses commentaires, l'une des idées les plus remarquables qui apparaisse à propos de la fin des temps est celle de la « voie droite » *(al-sirat al-mustaqim)* de la vraie dévotion, de laquelle les damnés s'écartent, et sur laquelle les vrais croyants restent. Ainsi le Coran stipule-t-il : « Dieu est mon Seigneur et le vôtre. Adorez-le. C'est la voie droite » (sourate 19, 37). Au Jugement dernier, le chemin devient aussi étroit qu'une lame d'un rasoir aiguisé, et toute l'humanité doit y marcher, les croyants y passant aisément, et les pécheurs trébuchant et tombant dans les feux éternels de l'enfer.

Libre arbitre et jugement

Un problème central pour les théologiens de l'islam, comme pour leurs correspondants juifs ou chrétiens, est celui de la définition du libre arbitre de l'être humain et de la notion de responsabilité. Selon quelles règles les hommes peuvent-ils être jugés si tout est pré-ordonné par Dieu ? Les débats à ce sujet parmi les premiers savants musulmans reflètent les divisions politiques de l'époque, les opposants au califat omeyyade (voir p. 96-99) défendant fortement le libre arbitre humain et l'exigence pour tous d'assumer la responsabilité de leurs actions, les partisans des Omeyyades invoquant l'idée de la prédestination et affirmant que tout est décidé d'avance par Dieu – y compris, bien sûr, le règne des Omeyyades. Un groupe de savants du IXe siècle, les Mutazilites, mirent en avant la liberté humaine et tentèrent de faire avancer l'idée que le mal dans le monde ne pouvait pas être d'origine divine mais était d'origine humaine uniquement. Plus tard, des théologiens sunnites, particulièrement al-Ashari (mort en 935), recherchèrent une position médiane. Pour al-Ashari, Dieu, tout en conservant son omnipotence, fournit à l'humanité une petite part (ou, selon d'autres lectures, un « bref moment ») de liberté et donc de responsabilité.

Un enterrement à Kashgar, en Chine. Le Prophète ne tolérait que les pierres tombales les plus simples, et même s'il y eut quelques exceptions – comme les monumentaux tombeaux des Mamelouks en Égypte (1250-1517) –, la plupart des tombes musulmanes, comme c'est le cas ici, sont simples et sans ornements.

Questions et controverses

Portrait de Mustapha Kemal Atatürk (« père des Turcs »), dont les réformes radicales dans la Turquie post ottomane se sont révélées être les plus durables des entreprises de sécularisation du monde islamique.

Au cours des cent dernières années, les réactions du monde islamique à l'impérialisme occidental d'une part, au développement des nouvelles technologies et idéologies d'autre part, furent très diverses. Par exemple, dans les cercles politiques et militaires de certains pays, l'idée d'un nationalisme laïque, qui insiste sur la création d'un État centralisé et dynamique, s'est révélée populaire. En Iran et en Turquie particulièrement, après la chute de l'Empire ottoman suite à la Première Guerre mondiale, des militaires ambitieux prirent le pouvoir et mirent en œuvre un programme radical non confessionnel de réforme de l'État. Mustapha Kemal Atatürk (1881-1938), fondateur de l'État turc moderne, s'efforça d'éloigner de la sphère publique les pratiques et les lois de l'islam. Parmi ses mesures figurent l'abolition du califat et de la charia, la suppression du système d'éducation reposant sur les madrasa (collèges religieux). En Iran, la dynastie des Pahlavi (qui régna de 1925 à 1979) tenta de suivre une politique semblable, mais avec beaucoup moins de succès, en raison de la forte opposition des religieux chiites duodécimains (voir p. 108-109) et de leurs fidèles.

D'autres personnages et mouvements influents essayèrent également de créer une société moderne et progressiste, mais fondée sur les principes de l'islam. Parmi ceux qui contribuèrent à l'idée de « réforme de l'islam » (souvent sujet de polémiques), figurent des intellectuels musulmans aussi éloquents que Jaml al-Din al-Afghani (1839-1897), Sayyid Ahmad Khan (1817-1898), Muhammad Abduh (1849-1905), Rashid Rida (1865-1935) et Abel al-Hamid ben Badis (mort en 1940). Leurs tentatives de réformes furent généralement entravées par l'émergence d'élites nationalistes et en grande partie laïques. Ils rencontrèrent aussi une violente opposition de la part des conservateurs, les *adama*, inquiets de la propension des réformateurs à mettre en cause les bases les plus sûres de la Tradition et de la loi islamiques – empruntant au passage les idées politiques et les conceptions juridiques de l'Occident –, ainsi que de leurs incitations à secouer le système d'éducation traditionnel des madrasa. Abduh se heurta directement à l'opposition des conservateurs. Éduqué à la célèbre université al-Azhar du Caire, il essaya vainement d'en remodeler le programme, ainsi que celui d'autres institutions islamiques. Il est réputé pour avoir participé à la fondation, en 1914, d'un établissement d'un genre nouveau, l'université du Caire.

Les problèmes que rencontre le monde islamique contemporain s'enracinent aussi bien dans le passé récent que dans l'histoire ancienne. Les réponses aux questions posées reflètent la variété des positions prises par les musulmans de l'époque moderne, religieux ou laïcs, pour comprendre et adapter des traditions sociales et religieuses profondément ancrées dans les esprits. La communauté islamique continue de s'aggrandir, à la fois dans les régions où elle existe depuis longtemps et dans d'autres où sa présence est plus récente, comme en Europe et en Amérique du Nord. Des problèmes spécifiques à l'islam, au caractère local et transitoire, sont en lutte avec d'autres qui intéressent le monde moderne dans son ensemble : l'expansion des nouvelles technologies et des moyens de communication, les fluctuations politiques accompagnant la fin de la guerre froide, la progression universelle de la culture populaire occidentale, enfin l'impact profond de la transformation des structures économiques dans le monde. Cependant, l'examen des problèmes auxquels le monde islamique contemporain est confronté ne pourra être fructueux que s'il est tenu compte des outils de compréhension de ces phénomènes que la tradition fournit aux croyants, aussi bien sur le plan individuel que collectif.

Aux questions qui se posent à la société islamique, nombre de musulmans offrent une réponse très simple : « l'islam est [ou « fournit »] la solution ». Cette phrase est celle employée par les mouvements dits « islamistes » ou, plus globalement, « fondamentalistes ». Ce dernier terme indique que de tels mouvements cherchent à revenir à un passé islamique idéalisé, dans un retour vers le passé médiéval. Néanmoins, beaucoup de mouvements offrent une vision nouvelle à la fois de l'islam et de la société islamique, même s'ils se réfèrent effectivement aux réussites de l'islam historique. Plusieurs observateurs ont, par exemple, signalé que la manière fortement politisée dont les dirigeants et les partisans de ces mouvements utilisent le vocabulaire et les symboles de l'islam – port du voile ou d'autres vêtements, citations du Coran – n'a guère de précédent dans la tradition islamique.

Ce qu'on nomme également l'« islamisme politique » est un phénomène d'une grande complexité, trop souvent réduit par les médias et les observateurs traditionnels à quelques séismes politiques : révolution islamiste en Iran, en 1979, qui renversa le chah et mena au pouvoir l'ayatollah Khomeyni (1902-1989) et ses partisans ; assassinat en 1981 du président égyptien Anouar el-Sadate ; activités d'organisations comme le Hezbollah au Liban, le Hamas en

La nation de l'islam

L'islam a été le berceau de certains mouvements socio-religieux ayant des doctrines et des pratiques que les musulmans orthodoxes considèrent comme inadmissibles, quelles que soient leurs racines islamiques. Deux exemples significatifs sont les Druzes (voir texte en marge p. 109) et, à l'époque contemporaine, le mouvement de la Nation de l'islam aux États-Unis.
La Nation de l'islam fut créée pendant la grande dépression des années 1930 dans les quartiers afro-américains de Detroit et de Chicago. Ses fondateurs furent Fard (Farrad) Muhammad (mort en 1934) et son disciple Elijah Muhammad (1896-1975), qui prêchaient un nationalisme afro-américain séparatiste militant aux habitants pauvres et politiquement non représentés des ghettos urbains des États du Nord. Le message fortement « racial » du mouvement et l'affirmation de la divinité de Fard Muhammad sont inacceptables pour l'islam orthodoxe.
Le révolutionnaire américain Malcolm X (1925-1965), l'un des premiers disciples de Elijah Muhammad, joua un rôle central dans ce mouvement. Malcolm X rompit ensuite avec la Nation de l'islam et se convertit au sunnisme. Des scissions dans le mouvement au cours des années 1970 et 1980 conduisirent de nombreux adhérents à suivre l'exemple de Malcolm X ; mais le mouvement reprit de la vigueur sous la direction de Louis Farrakhan (né en 1933).

Des femmes se rendent à la mosquée, en Bosnie. Les progrès de l'« islamisme politique » parmi les musulmans laïques de Bosnie furent la conséquence inattendue des pressions exercées par les organisation extrémistes nationalistes non islamistes dans l'ex-Yougoslavie.

Israël et en Palestine, ou comme les différents groupes islamistes qui apparurent dans la guerre civile algérienne depuis 1990. On ignore trop souvent le fait que l'action politique n'est que l'une des expressions possibles d'un renouveau de la foi chez de nombreux musulmans. De plus, il faut tenir compte du fait que la plupart des groupes islamistes en question sont des mouvements d'opposition, et qu'on ne peut en conséquence pas comprendre ce qu'ils représentent sans examiner leurs idéaux particuliers et leurs revendications.

Les idées et les mouvements d'un islamisme politique ont pris racine, essentiellement, depuis le début du siècle dans une réaction à l'impérialisme occidental et dans les débats d'alors sur la manière de relancer la société musulmane. Ils sont en un sens une réponse radicale à l'idée de réforme islamique et à l'apparition d'États nationalistes et généralement non confessionnels dans le monde de l'islam. Dans ce contexte, trois mouvements sont particulièrement significatifs. En Iran,

Les femmes dans l'islam

Femmes algériennes portant le voile traditionnel. En Algérie, le conflit entre l'élite au pouvoir et le radicalisme islamique a eu des conséquences particulièrement tragiques : une guerre civile sanglante qui éclata au début des années 1990.

Le rôle des femmes dans la société islamique est une question débattue au-dedans et au-dehors du monde musulman. Les efforts des écrivains et des activistes religieux pour affronter le problème de la vie privée et publique des femmes furent très nombreux. Les discussions portèrent en partie sur le traitement réservé aux femmes dans le Coran, dans les Hadiths et dans d'autres textes.

Des penseurs islamiques modernes renommés comme Mawdudi (voir texte principal) et l'écrivain égyptien Qasim Amin (mort en 1908) ont demandé, chacun à sa manière, un réexamen de cette question. Plus récemment, le débat s'est porté sur le rôle des femmes dans la sphère publique, particulièrement sur les lieux de travail et dans les universités. Les progrès du port du « voile » (hijab) et de vêtements austères par les femmes musulmanes montrent à quel point les arguments des féministes occidentales peuvent avoir du mal à progresser dans certains milieux musulmans. Cependant, la question du rôle des femmes a souvent été considérée comme un problème qui pouvait remettre en cause la société islamique en entier. En d'autres termes, le débat à ce propos n'est qu'un aspect du problème plus général de la famille sous tous ses aspects : mariage, divorce, successions, etc.

Les lois concernant la famille ont été soumises à un examen minutieux par ceux qui s'intéressent au débat sur la place des femmes dans la société islamique. Les tentatives de réforme des codes traditionnels concernant la famille ou le statut personnel des femmes eurent des résultats très mitigés. Elles aboutirent dans la Turquie de Kemal Atatürk et dans la Tunisie dirigée par le président Habib Bourguiba (né en 1903), mais eurent des effets beaucoup moins sensibles dans d'autres pays, par exemple en Égypte, au Koweït ou au Pakistan.

l'histoire du XIXe siècle, avec le déclin de la dynastie qadjar (1794-1925), a consolidé l'influence des oulémas du chiisme duodécimain. Ce phénomène a préparé la tension ultérieure entre ces derniers et les chahs, un conflit qui culmina avec la naissance du mouvement dirigé par Khomeyni. En Inde, les idées de Abu Ala Mawdudi (1903-1979) conduisirent à la création, dans les années 1940, du Jammat-i-Islami (« association islamique ») très actif aujourd'hui au Pakistan. En Égypte, l'activisme et les conceptions de Hasan al-Banna (1906-1949) préparèrent l'apparition dans ce pays du mouvement des Frères musulmans. Les années qui suivirent ont vu ce mouvement se répandre dans le Proche-Orient. Le Hamas en fait partie, et il y existe d'autres branches en Syrie et en Jordanie.

Comme les réformateurs des périodes antérieures, les islamistes modernes présentent certains de leurs arguments en termes sociaux et moraux. La société islamique, disent-ils, a été corrompue par son acceptation de la culture occidentale, qu'ils considèrent généralement comme moralement laxiste. Ils expriment en particulier une vive inquiétude en constatant le rôle croissant des femmes dans la vie publique, développement que de nombreux islamistes considèrent comme déstabilisant pour l'ordre social et comme contraire aux principes coraniques (voir encadré p. 122). Les islamistes d'aujourd'hui s'intéressent aussi aux réformes politiques. Dans les écrits de Khomeyni et, par exemple, dans ceux de Sayyid Qutb (mort en 1966), un membre du mouvement des Frères musulmans exécuté par le gouvernement égyptien, on trouve une puissante critique de l'élite politique du monde islamique, un appel en faveur de la justice sociale et en faveur de changements révolutionnaires. Les écrits de Qutb exercent toujours une influence majeure sur les groupes islamistes militants. Le thème central en est la nécessité d'un État islamiste, c'est-à-dire d'une entité dont le fondement unique serait la charia, la loi divine (voir p. 110-111).

L'islam et Israël

Le conflit israélo-palestinien préoccupe grandement le monde islamique proche-oriental. Les pays arabes ne reconnurent pas l'État d'Israël à sa création en 1948 et n'acceptèrent pas le « plan de partage » de la Palestine décidé par l'ONU. De nombreux Palestiniens se réfugient à cette date dans les pays arabes voisins. Après deux guerres israélo-arabes (en 1948-1949 et 1956) et nombres d'incidents, la guerre des Six-Jours (1967) attisa le conflit avec la conquête par Israël de territoires sous domination arabe (rive orientale du canal de Suez, Cisjordanie, Golan, bande de Gaza et Jérusalem). Jérusalem est la troisième ville sainte de la tradition islamique, en raison de son attache historique avec le Prophète Mahomet (voir encadré p. 107) et parce qu'elle est directement concernée par la période de formation de l'histoire de l'islam. À ce facteur religieux il faut ajouter que, pour de nombreux Arabes, les pertes de 1967 ont souligné la nature, selon eux corrompue, de certains régimes arabes et du nationalisme laïque. En conséquence, beaucoup ont vu dans cette défaite une justification pour des formes plus militantes de l'islamisme. En 1991, des négociations s'ouvrirent entre des délégations arabes (syrienne, libanaise, jordano-palestinienne) et Israël. Elles furent suivies, le 13 septembre 1993, de la signature d'un accord entre les Palestiniens et Israël pour la mise en place de l'autonomie de certains territoires (Gaza et Jéricho). Considéré comme un réel progrès dans la difficile histoire des relations entre Israël et les Arabes, cet accord rencontre cependant des oppositions farouches de la part des partis religieux extrémistes des deux bords.

Une mosquée récemment construite, à Brunei, en Indonésie. Depuis la découverte de pétrole sur son sol, Brunei est un petit État musulman prospère. Parce qu'ils contrôlent les deux tiers environ des réserves mondiales de pétrole, les pays musulmans connaissent un degré de prospérité et de puissance économique qui n'est pas étranger à la réintroduction de l'islam sur la scène internationale du XXe siècle.

CHAPITRE 4

L'HINDOUISME

Vasudha Narayanan

Ce bas-relief en grès (vers 800 de notre ère) provenant du Madhya Pradesh représente le dieu Shiva en Nataraja (le Seigneur de la danse), l'une de ses principales manifestations.

Page ci-contre : des sculptures vivement colorées de dieux, de déesses et d'autres êtres divins décorent la façade du temple de Kadirampuram, à Hampi, dans la province du Karnataka.

Introduction

L'hindouisme compte près de 800 millions de fidèles en Inde et de nombreuses communautés religieuses dans le reste du monde. Pourtant, le mot « hindouisme » recouvre une réalité relativement difficile à cerner. Les hindous ne reconnaissent ni fondateur, ni foi, ni prophète qui soit commun à l'ensemble de la communauté, ni d'ailleurs aucun livre sacré d'importance fondamentale.

L'utilisation du mot « hindou » est en elle-même complexe. « Inde » et « hindou » dérivent du mot *Sindhu*, ancien nom de l'Indus. Dans les textes et inscriptions antiques, « hindu » se réfère aux habitants de l'« Hind », le sous-continent indien. Dans les Empires musulmans de l'Inde médiévale, le terme était utilisé pour désigner tous les Indiens non musulmans, quelle que soit leur religion. Ce n'est qu'à la fin du XVIIIe siècle qu'il en vint à désigner les adeptes de la religion dominante de l'Inde.

« Hindouisme » est une expression utilisée depuis longtemps par les hindous, et qu'ils utilisent encore de façon très spécifique à propos de leur religion, bien que le discours politique moderne fasse aujourd'hui souvent référence à l'*Hindutva* (l'« hindouité »). Les hindous se définissent par rapport à leur caste, à leur communauté, à leur région et à leur langue. L'expression *sanatana dharma* (« la religion éternelle »), qui s'est popularisée au cours des deux derniers siècles, s'applique davantage à des interprétations philosophiques de la religion qu'à ses pittoresques manifestations locales. Dans les textes anciens, *sanatana dharma* recouvrait les devoirs religieux sacrés des hommes, mais n'exprimait pas l'idée d'une communauté religieuse.

Selon la loi indienne, le mot « hindou » englobe des personnes appartenant à des courants religieux théologiquement distincts de l'hindouisme. On l'utilise

Le temple Swaminarayan de Neasden, à Londres, qui a ouvert ses portes en 1997, est fréquenté par l'une des nombreuses communautés de la diaspora hindoue. C'est le plus grand temple hindou en dehors de l'Inde.

Les sites sacrés hindous

Cette carte indique l'emplacement de nombreux sites sacrés hindous : villes, montagnes et rivières. La plupart des villes saintes sont consacrées à une ou à plusieurs divinités. D'autres lieux, tels les cités de la civilisation de l'Indus, le site d'Ellora ou les temples de Khajuraho, présentent surtout un intérêt historique. D'autres villes sont indiquées comme références, mais, même lorsqu'elles n'ont pas d'importance religieuse particulière, elles possèdent la plupart du temps une multitude de lieux sacrés, du grand temple au modeste sanctuaire de bord de route.

Légendes

- Site sacré hindou
- Montagne sacrée
- Autres villes
- Site de la civilisation harappéenne

d'une manière générale pour désigner tout habitant de l'Inde qui accepte la tradition hindoue – elle-même n'étant pas définie – dans toutes les formes qu'elle revêt. S'y retrouvent ainsi regroupés les bouddhistes, les jaïns et les sikhs. Il s'applique également à toute personne qui n'est ni musulmane, ni chrétienne, ni parsie (zoroastrienne), ni juive. Cependant, l'utilisation de ce terme ne va pas sans poser de problème pour certains groupes que le plus grand nombre considère pourtant comme hindous. À différentes époques, des écoles et des mouvements indiens ont contesté devant la justice leur statut officiel d'« hindous ».

L'hindouisme a été décrit au cours des deux derniers siècles comme une religion plus ou moins unifiée. Mais on ne saurait négliger les innombrables divisions internes liées aux castes, aux communautés, à la langue et à la géographie. Les manifestations régionales d'une divinité, ou un texte sacré local, revêtent parfois une plus grande importance pour un groupe de fidèles qu'aucun concept panhindou. Nombre de ces groupes se réfèrent à des textes, des divinités, des traditions et des rituels communs, qu'ils interprètent parfois de manière différente ; mais il existe également des groupes qui n'ont guère de références communes avec les premiers. Des fils conducteurs conduisent d'une région à l'autre du sous-continent indien, ainsi que d'une époque à l'autre de son histoire plurimillénaire. Il est donc préférable de parler, pour certaines époques, de multiples écoles hindoues, et pour d'autres d'une tradition unique.

L'hindouisme est-il une religion, une culture ou, pour de nombreux hindous, un mode de vie ? Les trois propositions sont exactes ; la distinction entre les domaines sacré et profane que l'on opère souvent en Occident ne saurait

Chronologie

Vers - 3000 -1750	Civilisation de la vallée de l'Indus (harappéenne)
Vers - 1500	Invasions aryennes au nord de l'Inde
Vers - 800	Compilation des *Veda* transmis oralement
Vers - 600	Composition des *Upanishad*
- 326	Les armées d'Alexandre le Grand atteignent l'Inde
- 272	Accession au trône d'Ashoka, empereur des Maurya
Vers - 100	Composition de la *Bhagavad-Gita*
Vers 200	Compilation des *Lois de Manu*
Vers 500	Fondation de l'école tantrique
Vers 700	Époque des Alvars, poètes *bhakti* (dévots) tamouls, parmi lesquels Nammalvar
Vers 800	Le philosophe Shankara rédige le *Advaita Vedanta,* ouvrage principal de la philosophie non dualiste
1137	Mort de Ramanuja, philosophe théiste vaishnavaïste
Vers 1175	Acmé du poète *bhakti* Jayadeva
1206	Sultanat musulman à Delhi
1450 ?-1547	Vie de la princesse Mira, poètesse *bhakti*
1483-1530	Vie de Babur, fondateur de l'Empire moghol
1483-1563	Vie de Surdas, grand dévot de Krishna
1486-1583	Vie de Chaitanya, chef *bhakti* vaishnavaïste du Bengale
1518	Mort de Kabir, poète *bhakti* du nord de l'Inde
1543 ?-1623	Vie de Tulsidas, poète *bhakti* du nord de l'Inde
1556-1605	Règne de l'empereur moghol Akbar
1757	La domination britannique s'établit à Calcutta
1772-1833	Vie du réformateur hindou Ram Mohan Roy, fondateur de l'école Brahmo Samaj (« Société de Brahman ») en 1828
1824-1883	Vie du réformateur hindou Dayananda Sarasvati, fondateur de l'école Arya Samaj (« Communauté des Aryens »)
1857-1858	Fin de l'Empire moghol et mise en place définitive de l'administration britannique
1875	H. Blavatsky et H. S. Olcott fondent la Société de théosophie, inspirée de l'hindouisme et du bouddhisme
1914	Sri Aurobindo (1872-1950) fonde le premier *ashram* (lieu de retraite religieuse) à Pondichéry
1920	M. K. Gandhi (né en 1869), dit le Mahatma Gandhi, lance sa campagne anti-britannique fondée sur la non-violence *(ahimsa)*
1947	L'Inde accède à son indépendance
1948	Assassinat de Gandhi
1992	Des militants hindous détruisent la mosquée d'Adyodhya (du XVIe siècle)

s'appliquer aux traditions hindoues. De nombreux textes et pratiques sacrés de l'hindouisme indiquent au fidèle des parcours spirituels pourt le délivrer du cycle des réincarnations, mais, par d'autres aspects, le mode de vie et les rituels de l'hindouisme semblent plutôt représenter pour leurs adeptes un moyen d'améliorer la qualité de leur vie. Ainsi, des activités diverses se rattachent au domaine religieux : la plantation des arbres, le chant, la danse, la médecine, le tir à l'arc, l'astrologie, la sculpture, l'architecture et la construction d'une maison.

Toute analyse des traditions hindoues doit faire un usage prudent des termes « laïque » et « sacré ». Dans le contexte de l'hindouisme, il est préférable de retenir les mots de *dharma* et *moksha*. *Dharma* est un mot sanskrit dérivé d'une racine qui signifie « soutenir » et recouvre les notions de « vérité », de « rectitude », de « devoir », de « loi » et de « justice ». Moksha signifie au sens propre « délivrance », soit la délivrance du cycle des renaissances, auquel chacun se considère comme soumis (voir p. 156-157) et qui se poursuit éternellement jusqu'à ce que l'âme se libère enfin dans la béatitude. Cette croyance, sans être spécifique à l'hindouisme, est sans doute la seule que partagent tous les « hindous ».

Femme et enfant à l'entrée du temple Hoysala à Halebib, dans le Karnataka. Ce temple est consacré à Hoysaleshvara (« Seigneur de la dynastie ou du peuple des Hoysala »), une manifestation locale de Vishnou, l'un des grands dieux pan-hindous.

Une tradition cinq fois millénaire

La religion hindoue ne se connaît pas de fondateur et ne peut dater précisément son origine. On considère généralement qu'elle prend ses racines dans la culture autochtone du pays et dans celle des anciens peuples indo-européens qui apparaissent en Inde il y a environ quatre mille ans. Aucune personnalité remarquable ne se manifeste dans les premiers temps de l'histoire hindoue, ni aucun grand mouvement missionnaire. Ce que l'on observe dès l'origine, c'est la transmission orale de textes sacrés exprimant les grands concepts de ce que nous appelons aujourd'hui l'« hindouisme ».

Les premières civilisations indiennes connues apparaissent entre - 3000 et -1750 dans une région plus ou moins centrée autour de l'Indus, mais aussi sans doute dans d'autres régions. Des villes entières furent découvertes à Harappa et Mohenjo Daro. Les peuples appartenant à cette civilisation (que l'on appelle « civilisation de l'Indus » ou « harappéenne ») connaissaient l'écriture, mais leurs textes n'ont jamais pu être déchiffrés. Sur certains sceaux harappéens, on remarque des personnages présentant plusieurs caractéristiques du dieu hindou Shiva. Le « Grand Bain », immense complexe de bassins de Mohenjo Daro, incluant portiques et salles annexes, avait peut-être une fonction religieuse. Ainsi, certains éléments permettent de se hasarder à dire que, sous certains de ses aspects au moins, la religion hindoue pourrait être près de cinq fois millénaire.
À la culture harappéenne succède l'« âge du Veda », qui tient son nom des hymnes sacrés indo-européens. Il est généralement admis que les Indo-

Les ruines du « Grand Bain », sur le site antique de Mohenjo Daro, dans la vallée de l'Indus, au Pakistan. Ce bassin de brique était peut-être utilisé, comme certaines constructions similaires de temples hindous plus récents, pour les ablutions rituelles.

Européens sont arrivés d'Asie centrale en Inde vers 2000 avant notre ère, bien que certains érudits considèrent l'Inde comme leur terre d'origine. Il est permis de penser, d'après les travaux des archéologues, des anthropologues et des linguistes, que cette pénétration, liée à la recherche de nouvelles terres cultivables, a eu un caractère pacifique. Les Indo-Européens se désignaient comme « Aryens » ou « Peuple noble ». Leur langue est l'ancêtre de la langue indienne (le sanskrit), elle-même étroitement associée à toutes les autres langues que les linguistes appellent « indo-européennes », parmi lesquelles le latin et le grec.

En Inde, les Indo-Européens ont composé de nombreux hymnes sacrés, et, par la suite, de véritables manuels de rites et traités de philosophie. L'ensemble des textes les plus anciens, que l'on appelle *Veda* (en sanskrit « savoir »), constitue la base de la religion védique protohindoue (voir encadré ci-dessous). La vision du monde de ces temps anciens, telle qu'elle apparaît dans les *Veda*, fondée sur les sacrifices, a fait par la suite l'objet d'études et de débats philo-

La religion védique

La liturgie de la période védique se caractérise essentiellement par le sacrifice rituel. Le feu intervient dans la plupart des rites (voir p. 152-155), qui sont célébrés par des officiants spécialisés et des prêtres qui dirigent eux-mêmes la construction des autels et la récitation des prières. De nombreux sacrifices exigent la consommation d'une boisson enivrante, le *soma*.

La religion védique perçoit l'accomplissement des rites comme une participation au rétablissement du *rita*, ou *rta* (qui est « vérité », « justice » et « ordre »). C'est grâce au *rita,* dont les défenseurs sont les premiers dieux védiques tel Varuna, que la paix et l'harmonie peuvent régner sur la terre et aux cieux. Des récits védiques datant d'environ 1 000 ans avant notre ère racontent que le monde pourrait avoir pour origine un sacrifice cosmique. L'un des hymnes de la Création fait référence à l'origine des divisions sociales que l'on appelle aujourd'hui « le système des castes » (voir p. 158-161).

Manuscrit du XVIIIe *siècle du* Rig Veda *(« Sagesse des versets »), un ensemble de plus de mille hymnes sacrés invoquant les anciens dieux védiques et faisant référence à divers rituels de sacrifice.*

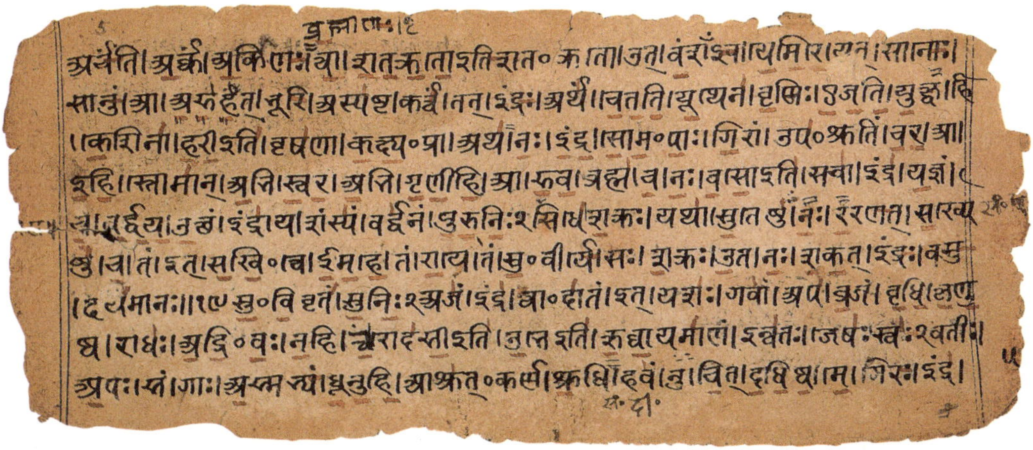

L'hindouisme, le Bouddha et Mahavira

La composition des *Upanishad*, ouvrages philosophiques d'une grande complexité, coïncide dans le temps avec l'émergence d'un questionnement critique qui se manifeste en plusieurs lieux du nord de l'Inde. Siddharta Gautama (le Bouddha) et le Jina Mahavira (« le Grand Héros », dont les adeptes s'appellent aujourd'hui jaïnistes) contestent tous deux l'idée que les *Veda* seraient une révélation divine. Tous deux, ainsi que d'autres penseurs, s'appuient sur leur propre expérience spirituelle pour proclamer qu'il existe une voie de la délivrance ouverte à tous, et non seulement réservée aux hautes castes de la société. Siddharta et Mahavira sont apôtres de la non-violence *(ahimsa)*, vertu essentielle de l'hindouisme et de nombreuses autres religions du sud de l'Asie. À l'époque moderne, c'est de leur enseignement que s'inspirera Mohandas Karamchand Gandhi (dont le surnom « Mahatma » signifie « grande âme ») qui dirigea au XXe siècle la lutte de l'Inde pour son indépendance.

sophiques transcrits dans les textes postérieurs que sont les *Aranyaka* et les *Upanishad* (voir p. 138-141). Ces textes furent écrits vers le début du VIe siècle avant notre ère, à une époque d'effervescence intellectuelle, lorsque Siddharta Gautama (le Bouddha, voir p. 168-171), Mahavira (le fondateur du jaïnisme) et d'autres remirent en question et même rejetèrent les structures autoritaires de la religion traditionnelle de l'Inde, comme la suprématie religieuse de la caste des prêtres (les brahmanes), le système des castes lui-même ainsi que le statut des *Veda* (voir texte en marge ci-contre). Les *Upanishad* parlent de la délivrance du cycle des réincarnations et introduisent la notion d'immortalité. La quête ultime de la religion hindoue, dans son évolution ultérieure, devait se donner pour objectif l'immortalité de l'âme et, en ce monde, le bonheur et la paix.

La plupart des textes sanskrits postérieurs traitent directement ou indirectement du *dharma* (ce mot recouvrant plusieurs strates de sens, parmi lesquelles « bonne conduite », « vérité » et « loi »). La *Bhagavad-Gita* insiste sur le fait que le *dharma* doit s'accomplir de façon désintéressée, en offrande à un dieu. En effet, avec le terme *brahman*, les *Upanishad* se réfèrent à la « réalité suprême », un concept abstrait (voir p. 134-135), alors que dans la *Bhagavad-Gita*, il s'agit du dieu Krishna ou Vishnou. Au cours des deux derniers millénaires, la dévotion *(bhakti)* – adoration absolue et abandon total à cette réalité suprême –, qu'elle se manifeste sous la forme de Vishnou, de Shiva, de la Déesse ou de tout autre être divin (voir p. 134-137), est l'une des notions communes les plus répandues parmi les communautés hindoues. Deux facteurs ont contribué à la diffusion de ce culte : d'une part, l'utilisation des langues vernaculaires de préférence au sanskrit ; d'autre part, le fait que ce culte concernait toutes les classes sociales. Parmi les saints poètes les plus renommés, Nammalvar, au VIIIe siècle, et Tukaram, au XVe siècle, appartenaient à de très basses castes, ce qui n'a pas empêché leur

Cette miniature du XVIIIe siècle illustre un récit hindou de la Création, dans lequel le dieu Vishnou (au centre) préside au barattage de l'océan primordial, la mer de lait, afin de produire un breuvage sacré, le soma. Pour actionner la grande palette de la baratte, les dieux (à gauche) et les démons (à droite) tirent alternativement sur la tête et la queue du Serpent cosmique.

Les réformateurs hindous

Ram Mohan Roy (1772-1833) naquit dans une famille de brahmanes orthodoxes, mais il eut l'occasion de côtoyer la société occidentale, de prendre connaissance des Écritures chrétiennes et de rencontrer des membres de l'Église de l'unitarisme. Il étudia les *Upanishad* (voir p. 138-141) ainsi que d'autres textes, et parvint à la conclusion que certaines pratiques hindoues ne relevaient pas de l'hindouisme « classique ». En 1828, il créa une société destinée à débattre de la nature du *brahman*, la réalité suprême (voir texte en marge p. 135). Cette organisation fut alors appelée Bhramo Samaj (« Société de Brahman »).

Roy traduisit en langue commune une partie des *Upanishad* ainsi que d'autres textes sanskrits, et les distribua. En véritable pionnier de l'enseignement, il créa aussi de nouveaux périodiques et fonda des établissements d'enseignement, tout en œuvrant à l'amélioration du statut des femmes hindoues.

Pour Dayananda Sarasvati (1824-1883), seuls les hymnes les plus anciens du *Rig Veda* (voir p. 130-133) constituaient les véritables Écritures. Il avait été frappé de l'amour de la vie exprimé par ces textes, ainsi que de l'intérêt porté à l'individu, à la famille et à la communauté. En 1875, Dayananda créa la Arya Samaj (« Communauté des Aryens »). Fondée sur les enseignements du *Rig Veda*, le mouvement prônait une vie de travail intellectuel et productif. À ses yeux, l'homme idéal est celui qui se rend utile à autrui et vit ainsi une vie pleine, et non une vie de renoncement. « Une bonne société, disait-il, est une société dans laquelle les hommes travaillent au mieux-être de l'humanité, et cette activité en soi entraîne le bien-être de l'âme et du corps. »

influence de s'étendre à tous les niveaux d'une société fortement stratifiée, la simplicité de leur pratique religieuse présentant le même attrait pour les élites et pour les masses. D'autres célèbres poètes étaient d'une origine sociale plus aisée : Mira (1450 ?-1547), une princesse du Gujerat, auteur de poèmes passionnés chantant l'amour de Krishna, en est l'une des plus célèbres représentantes. Selon certaines légendes, à la fin de sa vie, Mira aurait fusionné avec une image de Krishna.

Au XVIe siècle, le sikhisme se développe sous l'influence de ses gourous, le premier étant Guru Nanak (1469-1539), alors que l'Empire musulman des Moghols est à son apogée, sous le règne de l'empereur Akbar et de ses successeurs (voir texte en marge ci-contre). Au cours de cette période, les Portugais, les Hollandais, les Français et les Anglais commencent à établir leurs comptoirs commerciaux en Inde. Au fur et à mesure du déclin de l'Empire moghol, ces derniers en viennent à acquérir des territoires, et, au XVIIIe siècle, de vastes portions du sous-continent se trouvent plus ou moins réunies sous la férule du gouvernement britannique. Nombre de pratiques sociales et religieuses des hindous – notamment leur « idolâtrie » et le système des castes – font alors l'objet de sévères critiques de la part des missionnaires européens, et certaines pratiques comme le *sati* (la crémation des veuves sur le bûcher funéraire de leur mari) sont interdites. En réponse, plusieurs mouvements de réforme se manifestent dans l'hindouisme au début de la période moderne (voir encadré ci-dessus).

Les nombreux courants qui constituent la trame de l'hindouisme sont encore florissants dans la diaspora. Les hindous émigrés en Asie du Sud-Est au cours du premier millénaire de notre ère ont cherché à transmettre leur culture en édifiant de vastes temples au Cambodge et à Java ; de la même façon, les hindous émigrés en Grande-Bretagne et aux États-Unis au cours des dernières décennies se sont efforcés d'assurer la survie de leur culture.

L'hindouisme sous les Moghols

Il y a cinq cents ans, une grande partie de la population de l'Inde se trouva soumise aux empereurs moghols, une dynastie musulmane originaire de l'Asie centrale. Un fossé séparait l'islam de l'hindouisme, tant du point de vue de la doctrine que de celui de l'organisation de la société, mais la dévotion et la spiritualité devaient transcender ces différences. La tradition de la dévotion chez les hindous (voir texte principal) trouvait sa contrepartie dans la tradition mystique du soufisme chez les islamistes (voir p. 101-103). Dans les régions où hindous et musulmans coexistaient, la piété était un élément commun aux deux cultures. Sous le règne marqué par la tolérance de l'empereur Akbar (1556-1605), on assista même à des tentatives pour réunir les deux religions, ou du moins pour déterminer ce qu'elles avaient en commun. Akbar lui-même ainsi que le prince Dara Shikoh, l'un des fils de l'empereur Shah Jahan (qui règna de 1627 à 1658), tentèrent ce rapprochement. Mais Dara Shikoh fut exécuté par son frère, Aurangzeb, dont le règne (de 1658 à 1707) fut marqué par le retour de la cour moghole à la stricte orthodoxie islamique.

Les images sacrées

Les hindous adorent la divinité sous la forme d'une « image », expression souvent utilisée (en parallèle avec « idole ») pour traduire le mot sanskrit *murti*, qui recouvre en fait plutôt les notions de « forme », de « personnification » ou d'« incarnation ». La plupart des hindous considèrent en effet l'image sacrée comme une présence réelle de la divinité, l'aspect que prend le dieu pour permettre à l'homme de l'adorer. Un rite de consécration appelé *prana pratisha* (« mise en place de la vie ») permet de transformer la matière brute d'une image pour en faire une incarnation de la divinité sur terre. L'esprit du dieu habite l'image aussi longtemps que le dévot souhaite qu'il en soit ainsi.

Dieux et déesses

En Inde, les villes comptent parfois des dizaines de temples et de sanctuaires consacrés à divers dieux. Mais on rencontre aussi des images de dieux et de déesses hindous dans les magasins, les hôpitaux, les bureaux de l'administration, ainsi que sur les autels domestiques.

Les hindous croient en l'existence de nombreuses divinités, dont une supérieure. S'ils considèrent tous les dieux et déesses comme égaux, ils réservent leur dévotion à leur divinité favorite. Mais la plupart des hindous considèrent tous les dieux comme les diverses manifestations d'un grand dieu unique. Pour nombre d'entre eux, désigner ce dieu comme mâle ou femelle, unique ou multiple, revient à l'amoindrir, à plaquer des notions humaines de genre et de nombre sur le divin.

Les *Upanishad*, textes sacrés hindous écrits vers 600 avant notre ère, évoquent la « réalité suprême », le *brahman*, comme ineffable et inaccessible à l'entendement humain (voir texte en marge, page 135). Cependant, les textes appelés *Purana* (« récits d'autrefois ») affirment que cette entité divine adopte une forme et un nom afin de se rendre accessible aux hommes. C'est pourquoi les hindous désignent cette entité suprême comme étant simultanément *nirguna*

La divinité féminine

Depuis plus de deux mille ans, les hindous vouent un culte à une divinité féminine – souvent appelée simplement la Déesse. Cette tradition remonte même peut-être à la civilisation préhindoue d'Harappa (voir p. 130-131). La Déesse, parfois appelée Devi dans les textes sanskrits, est en général considérée comme une incarnation de Parvati, l'épouse de Shiva.

Lorsqu'elle est favorable aux humains, on l'appelle Amba, ou Ambika (« petite mère ») et on l'adore sous les noms de Shri ou de Lakshmi (voir encadré p. 136). Sous sa forme de Kali, elle est terrifiante, noire, les cheveux ébouriffés, et porte autour de son cou un collier de crânes. Mais même sous cet aspect, ses fidèles l'appellent « mère ». En déesse guerrière, elle est Durga, et on la représente souriante mais armée jusqu'aux dents.

Peinture du XVIIIe siècle représentant la terrible mais très vénérée déesse Kali assise à califourchon sur Shiva. Ce type de représentation très populaire symbolise l'union des principes divins mâle et femelle.

Durga, chevauchant un tigre ou un lion, est l'une des déesses les plus populaires de l'Inde. Elle est à la fois forte et belle, et toujours prête à défendre ses dévots. Dans un récit bien connu, elle s'empare de l'énergie de tous les autres dieux pour lutter contre Mahisa Asura, un démon-buffle. Après neuf nuits de combat, elle emporte la victoire, qui est célébrée à l'automne par la fête de Navaratri (« neuf nuits ») [voir encadré p. 153].

Le panthéon indien compte beaucoup d'autres déesses. Dans certaines régions, une déesse porte un nom local et les récits la concernant se déroulent dans la région ; mais cette même déesse est aussi parfois identifiée avec une déesse panhindoue. Certaines communautés offrent des sacrifices d'animaux à la déesse locale ou à Kali.

(« sans attributs ») et *saguna* (« avec attributs », tels la grâce et le pardon). Selon les textes, le *brahman* est tantôt assimilé à Vishnou (« le Sans-limites »), Shiva (« le Propice »), ou la Déesse dans l'une de ses manifestations, telles que Shakti (« l'Élan vital »), Durga ou Kali (voir encadré p. 134).

Dans les Écritures hindoues, Vishnou, Shiva et la Déesse sont les divinités les plus importantes, à côté d'autres dieux très populaires comme Ganesha (fils de Parvati), le dieu à tête d'éléphant, Kattikkeya/Murugan (fils de Shiva) et Hanuman (le dieu singe serviteur de Rama, qui est lui-même une incarnation de Vishnou). On rencontre souvent au bord des routes des sanctuaires consacrés à Ganesha et à Hanuman. Ganesha est représenté à cheval sur une souris. On l'appelle également Vigneshwara (« Celui qui surmonte tous les obstacles »). C'est à lui que les hindous adressent leurs prières avant d'entreprendre un travail, un projet ou un voyage quelconque.

Les dieux et les déesses se reconnaissent, à travers l'iconographie, à leurs caractères spécifiques. La position des mains et des pieds, les animaux ou les plantes qui sont leurs attributs symboliques ont tous une signification particulière. De nombreux dieux ont plusieurs mains, chacune portant une arme ou une fleur qui indique la protection, protection dirigée tantôt sur eux-mêmes et tantôt sur leurs dévots. Certains hindous interprètent ces multiples bras comme

Le brahman et la sagesse absolue

La définition du *brahman*, ou « réalité suprême » selon les *Upanishad*, fait depuis des siècles l'objet de débats passionnés. Le *brahman*, selon le *Taittiriya Upanishad* est vérité *(satya)*, connaissance *(jnana)* et infini *(ananta)*. On peut encore ajouter qu'il est existence *(sat)*, conscience *(chit)* et félicité *(ananda)*. Mais en réalité, le *brahman* ne peut être décrit, car décrire est réduire, ce qui est impossible à propos de l'infini. Selon le sage Yajnavalkya, la description la plus exacte du *brahman* n'évoque que ce qu'il n'est pas. Il est tout aussi difficile de décrire la relation entre *brahman* et *atman* (« l'âme humaine »). Dans un célèbre dialogue du *Chandogya Upanishad*, un père demande à son fils de dissoudre du sel dans de l'eau. Il lui dit alors que le *brahman* et l'*atman* s'unissent de même et termine son discours par un célèbre dicton : « *Tat tvam asi* » (en sanskrit « tu es cela »), *tat* (« cela ») se référant au *brahman* et *tvam* (« tu ») à *l'atman*. Pour le philosophe Shankara (VIIIe siècle), cette affirmation signifiait qu'*atman* et *brahman* étaient identiques. Mais Ramanuja (XIe siècle) donnait à la phrase un autre sens : *brahman* et *atman* sont inséparables, mais non identiques.

Une statue du dieu-singe Hanuman est transportée à travers la ville de Mysore au cours d'une fête. Le dieu s'ouvre la poitrine pour laisser voir ses chers Rama et Sita (voir texte en marge p. 138), logés dans son cœur.

Le divin dans la nature

Les hindous attribuent souvent un caractère divin aux éléments et aux phénomènes naturels. Ainsi des fleuves comme le Gange, la Kaveri, la Yamuna et bien d'autres sont-ils personnifiés et adorés comme des déesses-mères.
Les hindous vénèrent également des corps célestes lors de rituels comme celui des *navagraha* (« les neuf planètes », le Soleil, la Lune, Vénus, Mercure, Mars, Jupiter, Saturne et deux autres entités mythiques appelées Rahu et Ketu).
Ces objets célestes sont représentées dans de nombreux temples du sud de l'Inde et de la diaspora.

un signe de toute-puissance. Un ou plusieurs animaux leur sont souvent associés. Les textes sacrés fournissent des explications précises, d'origine mythologique, à leur présence, mais les fidèles les interprètent parfois de façon plus métaphorique. Ainsi, la tête d'éléphant de Ganesha et la souris qui l'accompagne symbolisent sa capacité à surmonter les obstacles : l'éléphant écrase les gros objets qui se trouvent en travers de sa route, et la souris ronge les plus petits. De nombreuses divinités ont, comme Ganesha, des fonctions spécifiques, ce qui permet aux fidèles d'adorer l'une ou l'autre selon qu'ils veulent réussir dans leur carrière, guérir d'une maladie, etc.

En dehors des divinités panhindoues, nombre de dieux et de déesses locaux ont une histoire et une fonction spécifiques. Ils sont souvent considérés comme des incarnations des grands dieux. Ainsi, on retrouve Vishnou sous divers noms dans plusieurs régions de l'Inde du Sud.

Les fidèles considèrent souvent le dieu qu'ils adorent comme « la Réalité suprême ». Certains textes anciens évoquent l'idée d'une *trimurti* divine (trois dieux) constituée de Brahma (le Créateur), Vishnou (le Conservateur) et Shiva (le Destructeur), mais cette notion n'a jamais eu une très large audience. Avec le temps, Brahma s'est marginalisé et les fonctions de création, conservation et destruction se sont trouvées rassemblées en un seul dieu, qui est tantôt Vishnou, Shiva ou Devi (la Déesse), selon le choix du dévot.

Shri, la gracieuse déesse

Une statue de Shri-Lakshmi, parmi d'autres divinités, sur un autel domestique décoré pour la fête de Divapali (voir p. 152-153).

L'une des manifestations les plus familières de la déesse dans l'hindouisme et le jaïnisme est peut-être Shri, que l'on appelle souvent Lakshmi. Les images de cette déesse de la Richesse et de la Chance sont exposées dans des millions de foyers, de boutiques et d'entreprises. On dit que Shri-Lakshmi, mère de la Création, dispensatrice de sagesse et de salut, est aussi l'incarnation de la grâce. De nombreux maîtres ont composé des hymnes pour louer sa pitié et sa sagesse. Non contente d'apporter la richesse sur cette terre, elle se montre aussi très efficace pour délivrer les hommes du cycle des réincarnations.

Il suffit à Lakshmi, pour dispenser la grâce et la richesse, de jeter un regard sur quelqu'un. L'une de ses mains est dirigée vers le sol, attitude que les hindous appellent *varada* (« le geste du don »). Parfois, une pluie de pièces d'or s'échappe de sa main. L'autre main est levée, indiquant qu'elle protège le dévot. On la considère comme une déesse indépendante, et elle a souvent son propre autel dans les temples, mais on la voit aussi souvent aux côtés de Vishnou, dont elle est la compagne inséparable.

Shri-Lakshmi est généralement associée au lotus. Bien qu'omniprésente, elle reste toujours cachée et ne se manifeste que dans un environnement propice. Or, le lotus est considéré comme un élément des plus favorables. Shri est parfois représentée tenant des lotus dans la main, et l'on dit qu'elle habite sur un lotus resplendissant ou même dans « une forêt de lotus ». Du lotus, elle a la couleur et le parfum, et le parfum du lotus est aussi inséparable de la fleur que la grâce de Shri l'est de la déesse. Le lotus rappelle aux hommes la condition à laquelle ils doivent aspirer par rapport au monde : né dans la boue et l'eau trouble, jamais il n'est souillé par leur contact.

Krishna et ses jolies vachères. Peinture, vers 1710.

Les multiples manifestations de la puissance de Shiva se traduisent par des rôles paradoxaux : il est à la fois menaçant et bienveillant, créateur et destructeur, danseur exubérant et yogi austère, ascète solitaire et époux de la déesse Parvati. Les récits exposant son rôle salvateur le dépeignent comme accordant à ses dévots la sagesse et la grâce. Dans l'iconographie, Shiva et Parvati sont représentés sous la forme d'un poteau *(linga)* reposant sur une base représentant l'organe sexuel féminin *(yoni)*, symboles de leur pouvoir créateur.

Quant à Vishnou, il est représenté sous la forme de ses divers avatars (*avatara*, en sanskrit, « descente »). On croit en effet qu'au fil des temps le dieu serait descendu sur terre sous une forme humaine ou animale, lorsque son intervention devenait nécessaire pour venir à bout du mal et rétablir la loi, ou *dharma*. Au Vᵉ siècle, on lui connaît dix incarnations. Son premier avatar est un poisson qui a sauvé du déluge Manu (celui qui a engendré la race des hommes), sa famille et de nombreux animaux. Les incarnations suivantes de Vishnou sont une tortue, un sanglier et une créature mi-homme mi-lion.

Ensuite viennent les incarnations humaines de Vishnou : le nain Vamana, le guerrier Parasurama, Rama (héros d'une grande épopée, le *Ramayana*, voir texte en marge p. 138), Balarama et Krishna. Le dixième avatar, encore attendu, devrait intervenir à la fin du monde actuel (selon certains calculs, celui-ci aurait débuté vers 3102 av. J.-C. et devrait durer 432 000 ans). Dans plusieurs textes, le Bouddha tient la place de Balarama. Certains hindous interprètent cette progression des incarnations, du poisson à l'homme, comme une prémonition de la théorie de l'évolution.

Les mérites de Krishna (« le Noir »), la huitième incarnation de Vishnou, l'un des dieux hindous les plus populaires, ont été chantés et relatés à travers des chants, des récits (comme la *Bhagavad-Gita* ; voir encadré p. 139), des sculptures, des peintures et des représentations théâtrales. Bien que Khrisna soit généralement considéré comme une incarnation de Vishnou, certaines écoles le considèrent comme le dieu suprême. La plupart des hindous regardent Krishna comme l'avatar majeur de Vishnou, le représentant « parfait » de la descendance du dieu dans ses vertus de grâce, de pardon et de paix. Mais Krishna est aussi l'amant ensorcelant, dansant au clair de lune en compagnie de ses chères *gopi* (jeunes vachères). Parmi ces danses, que pratiquent de nombreuses communautés, celles du *raas lila*, dans le Gujerat, sont très réputées. Les textes sanskrits comme le *Gita Govinda* de Jayadeva (XIIᵉ siècle) identifient la *gopi* nommée Radha avec l'amante de Krishna, tous deux étant fréquemment représentés ensemble (voir illustration p. 141).

Le Ramayana

Ce grand poème épique narre les aventures du jeune prince Rama, né à Ayodhya, capitale du royaume de Kosala. À la veille de son couronnement, Darasathala, son père, l'envoie en exil. Dans la forêt, Sita, la belle épouse de Rama, est enlevée par Ravana, le roi démon de Lanka, et la suite du récit narre les efforts que multiplie Rama pour la reconquérir. À la fin du récit, ils retournent à Ayodhya et sont couronnés roi et reine. Rama, vénéré en tant que septième incarnation de Vishnou (voir p. 134-137), est l'idéal du roi intègre. Les hindous considèrent Sita comme l'épouse parfaite qui suit son mari en exil. Pour d'autres, elle est un modèle de courage et de vertu, qui se plie aux volontés de son mari, comme lui aux siennes. Ils donnent l'exemple de l'amour parfait. Pourtant, Sita se rebelle lorsque Rama lui demande de prouver qu'elle est restée pure. La première fois, à Lanka, elle accepte, mais la seconde fois, au moment de donner la preuve de sa chasteté, elle demande à la terre mère de l'avaler si elle doit de nouveau le faire. Il existe de nombreuses versions du *Ramayana* en langue commune, et ce récit a donné lieu à de multiples interprétations. Dans une version du XIIIe siècle, Sita part volontairement en captivité et offre ses souffrances pour sauver les hommes et le monde des forces du mal. Métaphoriquement, l'âme humaine (Sita) est capturée par le corps matériel (Ravana), lequel est vaincu par Rama. L'âme est ainsi sauvée de l'emprise des sens. Dans certaines versions, appelées *Sitayana*, l'histoire est racontée du point de vue de Sita.

Paroles de dévotion

Les plus anciens textes sacrés de l'Inde sont les textes védiques, rassemblés pour la première fois vers 800 avant notre ère, mais dont certains ont une origine bien plus ancienne (voir p. 130-131). Les quatre grands textes des *Veda* (*Rig Veda*, *Sama Veda*, *Yajur Veda* et *Atharva Veda*) incluent des hymnes et des manuels liturgiques, ainsi que les *Aranyaka* (« Textes forestiers ») et les *Upanishad* (« Assis auprès [du Maître] »), ouvrages philosophiques écrits aux environs du VIe siècle avant notre ère ou à une date légèrement postérieure.

Dans de nombreuses traditions hindoues, les *Veda* sont considérés comme d'origine « surhumaine », c'est-à-dire qu'ils n'auraient pas d'auteur humain. Éternels par nature, ils auraient été « révélés » à chaque cycle du temps. Le récitant védique, où « voyant » *(rishi)*, n'a ni inventé ni composé les textes védiques ; ils lui ont été transmis par « voyance » ou « intuition ». Pendant des siècles, le fait de transcrire les textes védiques était considéré comme un acte profanatoire, et donc tabou. Les voyants les transmettaient de vive voix à leurs disciples, marquant ainsi le début d'une tradition orale toujours existante. L'ordre des paroles sacrées doit être maintenu, et leur mémorisation constitue un processus et une discipline complexes où interviennent de nombreux procédés mnémotechniques qui garantissent l'exactitude de la prononciation, du rythme et de la diction.

Au corpus védique succède un ensemble d'ouvrages appelé la *smriti*, ou littérature « mémorisée ». Ces textes sont considérés comme des œuvres inspirées et, s'ils bénéficient d'une moindre autorité que les *Veda*, ils n'en ont pas moins occupé une grande place dans la vie des hindous pendant deux millénaires. On répartit parfois la smriti en trois catégories : les épopées, les récits anciens (*Purana*), et les codes de droit et d'éthique (*dharmashastra*, voir encadré p. 159).

Les deux épopées de la *smriti*, le *Ramayana* (« Histoire de Rama », voir texte en marge ci-contre) et le *Mahabharata* (« Grande Épopée de l'Inde », ou encore « les Grands Enfants de Bharata », voir texte en marge p. 139), sont les plus célèbres

Cette illustration du Ramayana, *provenant du Rajasthan, représente plusieurs événements de la vie de Rama et Sita pendant leur exil dans la forêt.*

La Bhagavad-Gita

Krishna (à gauche) en conversation avec Arjuna sur son char (illustration d'un manuscrit du XIX*e siècle de la* Bhagavad-Gita*).*

L'un des plus grands livres saints de l'hindouisme est la *Bhagavad-Gita* (« Chant du bienheureux seigneur »), abrégé en *Gita*. Au moment où va commencer la guerre du *Mahabharata* (voir texte en marge, ci-dessous), Arjuna, l'un des frères Pandava, jusqu'ici décrit comme le héros victorieux de nombreuses batailles, s'afflige à l'idée de devoir combattre ses cousins, ses oncles et d'autres membres de sa parenté.

Il dépose alors son arc et demande à son cousin Krishna présenté ici comme une incarnation de Vishnou) s'il est juste de livrer une bataille dans laquelle périront tant d'hommes, et notamment des hommes de sa propre famille. Krishna répond par l'affirmative : il faut se battre si la guerre est juste. Il faut tenter d'imposer la justice *(dharma)* par des moyens pacifiques, mais en cas d'échec, il faut se battre pour la loi. Cet échange de vue entre Arjuna et Krishna sur le champ de bataille occupe environ dix-huit chapitres. C'est la *Bhagavad-Gita*, qui constitue un épisode du *Mahabharata*.

La *Gita* parle de la tendre dévotion au seigneur et de l'action désintéressée. Krishna enseigne à Arjuna, qui représente l'âme humaine en quête d'un guide spirituel, quelle est la nature de l'âme et de dieu, ainsi que les voies de la délivrance.

C'est par la dévotion, la connaissance et l'action désintéressée que l'on peut atteindre les entités Vishnou/Krishna/Dieu. Certains exégètes ont reconnu là trois voies différentes, tandis que d'autres interprétaient ces conseils comme une voie unique de soumission totale à la « réalité suprême ».

des grands textes hindous. Appréciés depuis plus de deux mille ans, ils ont été l'objet d'innombrables exégèses et commentaires, et constituent le noyau de la littérature sacrée hindoue. Ils sont demeurés populaires à travers les siècles, en dépit des divisions religieuses et sociales, et représentent encore pour les enfants le premier et plus durable contact avec les Écritures hindoues. Pour de nombreux hindous, l'expression « livres sacrés » se réfère spécifiquement à ces textes. Le *Ramayana*, plus particulièrement, a inspiré des générations de dévots, en Inde comme dans le reste du monde. Une version télévisée de l'épopée (comptant soixante épisodes, programmés chaque semaine) a connu la plus forte audience de l'histoire de la télévision indienne. On donne des représentations théâtrales ou chorégraphiques du *Ramayana* dans toutes les régions d'Asie du Sud-Est culturellement marquées par l'hindouisme ou le bouddhisme, et les personnages du récit sont connus jusqu'en Thaïlande et en Indonésie.

Les épopées et les *Purana* sont écrits en sanskrit, l'ancienne langue « parfaite », qui, comme le latin pendant de nombreux siècles en Europe, constitue le domaine plus ou moins réservé des représentants masculins de l'élite sociale. Cependant, les hommes et les femmes des autres castes de l'Inde ont exprimé leur dévotion passionnée et leur quête de la compassion divine dans les langues locales. Aujourd'hui, dix-huit langues officielles et des centaines de dialectes

Le Mahabharata

Le *Mahabharata*, la plus vaste épopée de la littérature mondiale, compte près de cent mille vers. Il raconte l'histoire de la lutte entre les descendants du roi Bharata (nom que de nombreux hindous utilisent pour désigner l'Inde). La plus grande partie du récit est consacrée à la guerre entre deux familles, les Pandava et les Kaurava. Les Kaurava tentent de subtiliser aux Pandava leur part du royaume de Bharat. Il s'ensuit une guerre qui contraint tous les royaumes à choisir leur camp. Les Pandava emportent la victoire, mais à grand prix : tous leurs fils et proches parents ont péri dans la bataille. Les foyers hindous possèdent rarement une version intégrale du *Mahabharata*, mais souvent un exemplaire de son épisode le plus célèbre, la *Bhagavad-Gita* (voir encadré ci-dessus).

Sur cette illustration moderne représentant le réseau des temples de l'île d'Omkareshvara, au milieu d'un lac du nord de l'Inde, on a donné aux routes (en rouge) la forme de la syllabe Om.

locaux sont représentés en Inde, dont beaucoup possèdent une ancienne et riche littérature religieuse.

Dès le VIe siècle avant notre ère, Siddharta Gautama (le Bouddha) et Mahavira, le fondateur de la tradition jaïniste (voir texte en marge p. 132), rejetèrent le sanskrit et commencèrent à s'adresser à leurs disciples en langue commune. Mais les adeptes des *Veda* et des épopées – que l'on appelle aujourd'hui « hindous » – conservèrent le sanskrit comme langue véhiculaire de leur religion pendant plusieurs siècles après le début de notre ère.

Les premiers textes religieux hindous en langue commune furent rédigés en tamoul, une langue de l'Inde du Sud aujourd'hui parlée par quelque soixante-quinze millions d'habitants. Le tamoul était illustré déjà il y a deux mille ans par un important corpus littéraire. Les poèmes les plus anciens, que l'on appelle couramment *Sangam* (« Académie »), sont soit des récits profanes qui parlent de rois et de chevalerie, soit des poèmes lyriques ou romanesques. Les textes religieux s'en sont ensuite inspirés, la divinité prenant alors la place du roi et de l'amant.

Le mouvement *bhakti* (dévot) de l'hindouisme naît dans le sud de l'Inde au XVIe siècle. Les saints se déplaçaient de temple en temple et chantaient en tamoul (une langue sans aucune relation avec le sanskrit) des hymnes à la louange de Vishnou ou de Shiva. Ces premiers textes sacrés en langue commune s'inspirent des anciennes poésies tamoules et s'adressent à la divinité dans un style très personnel, tendre et intime. Dans la littérature commune, le dévot fait jouer plusieurs rôles à Vishnou, sous ses diverses incarnations (voir p. 134-137), et à Shiva. Vishnou et Shiva sont tantôt considérés comme le père ou la mère, l'amant, le fiancé, le protecteur ou l'ame. L'être divin prend aussi souvent la forme d'un petit enfant, et le dévot le berce d'un chant d'amour maternel.

Après le Xe siècle, les poèmes dévotionnels tamouls sont intégrés à la liturgie dans les régions de langue tamoule et acquièrent un statut équivalent à celui des *Veda* sanskrits. La pratique de la dévotion se propage à l'ouest et au nord de l'Inde après le XIe siècle, avec des textes sacrés comme le *Bhagavata Purana* et aussi sous l'influence de Ramananda (1299 ?-1400), célèbre figure de saint hindou extrêmement charismatique. Au XIIIe siècle, le poète Jnaneshvar écrit un grand traité commentant la *Bhagavad-Gita*. C'est le *Jnaneshvari*, écrit en marathi, la langue parlée dans le Maharashtra.

Deux éléments ont contribué à l'extension de la dévotion en langue commune. En premier vient l'utilisation d'une langue vivante ; ensuite, le fait que les pratiques dévotes attirent toutes les classes de la société, comme l'indiquent l'appartenance à une « basse » caste du poète dévot Tukaram (1598-1649) et l'origine de la princesse Mira (1450 ?-1547), qui composa des centaines de chants, encore très populaires dans les temples et les foyers de l'Inde et de la diaspora hindoue. Surdas (vers 1483-1563), chanteur et poète aveugle qui s'installa près d'Agra, juste au sud de Delhi, est l'un des poètes les plus admirés de l'Inde du Nord. Ses chants sont rédigés dans un dialecte hindi. Il est l'auteur du *Sursagar*, poème lyrique très populaire en l'honneur du jeune Krishna.

Om : *la syllabe sacrée*

La syllabe *om* est prononcée par les hindous et les jaïnistes au début et à la fin de toute prière ou lecture des Écritures. Les bouddhistes, notamment tibétains, l'utilisent également. *Om* est constituée de trois sons, *a-u-m*. Le son part des profondeurs du corps et se termine sur les lèvres, cheminement considéré comme bénéfique. L'histoire du phonème *om* remonte à une époque ancienne. Son sens et son pouvoir sont commentés dans les *Upanishad*. Pour les hindous, *om* est le son le plus sacré, mais tous ne s'accordent pas sur son sens. Pour certains, il a pour origine une racine verbale sanskrite, *av-*, signifiant « ce qui protège ». Il représenterait la réalité suprême, le *brahman*. Pour de nombreux philosophes hindous, *om* est le son primordial, qui contient l'essence de la véritable connaissance. Pour d'autres, les trois sons représentent les trois mondes : terre, espace, ciel. Pour d'autres, c'est l'essence même de trois livres des *Veda* (*Rig Veda*, *Yajur Veda* et *Sama Veda*, voir p. 138-141). Chez les vaishnavaïstes (dévots de Vishnou), les sons *a-u-m* représentent Vishnou et l'homme, ainsi que la relation entre les deux, ou encore Vishnou, Shri et le dévot.

Dans la ville de Puri, en Orissa, se déroule chaque année la procession de Jagannatha, au cours de laquelle on promène la statue de la divinité sur un char monumental. Le poète Jayadeva (acmé vers 1175 ?), auteur du *Gita Govinda*, célèbre ouvrage en sanskrit célébrant l'amour de Radha et de Krishna, a probablement un rapport avec ce culte. Cependant, plus tard, les dévots orientaux de Krishna écrivirent dans la langue locale, le bengali. Tulsidas (1543 ?-1623) est un autre poète dévot écrivant en langue commune. Le *Lac des hauts faits de Rama* est en fait une version en hindi du *Ramayana*. C'est une version très populaire, dont les vers d'une grande beauté ont inspiré les conteurs traditionnels et des millions de dévots de Rama dans les régions où l'on parle l'hindi.

Écritures en langue commune et tradition védique

Lorsque le mouvement de la *bhakti* se propage en Inde (voir texte principal), le statut des Écritures en langue sanskrite décline. En effet, les poèmes en langue commune font désormais partie de la liturgie, en dépit des partisans de la doctrine orthodoxe selon laquelle le sanskrit constituait le seul moyen d'expression de la révélation et de la communication en matière théologique. Aujourd'hui encore, certains brahmanes apprennent et perpétuent la tradition de l'apprentissage des textes védiques en sanskrit, mais d'autres ne connaissent que quelques hymnes dans cette langue. La plupart des hindous ont entendu réciter une partie des grands poèmes épiques, sans être à même de les lire dans leur langue originelle.

En revanche, tous ou presque peuvent réciter des poèmes dévotionnels écrits par des hindous dans une de leurs langues. Les poésies de Surdas en hindi (voir texte principal), les chants de la princesse Mira et les poèmes en tamoul de Nammalvar et d'Andal (XVIIIe siècle) constituent parfois le corpus sacré d'une communauté. Poèmes et chansons en langue commune guident, inspirent, consolent la masse des croyants et leur apportent l'espoir et la sagesse bien plus que les *Veda* ou tout autre texte en sanskrit.

La littérature en langue commune ne s'écarte pas pour autant du message des *Veda*. Dans les diverses communautés, l'idée prévaut que les saints hommes qui traduisirent ces textes dans une langue vivante ont saisi le message difficile des *Veda* et les ont rendus accessibles aux hommes pour leur inspirer la dévotion et leur permettre d'obtenir la grâce divine et salvatrice.

Les poètes *bhakti* qui ont écrit en langue commune étaient issus de diverses castes – l'un d'entre eux aurait même été un paria – et sont considérés comme les disciples parfaits des dieux qu'ils adoraient. Les poètes *bhakti*, vénérés quels que soient leur caste ou leur sexe, remettent ainsi en question le système des castes, qui refusait parfois aux classes « inférieures », aux femmes et aux parias l'accès à la connaissance salvatrice (voir p. 159-161).

Krishna joue de la flûte pour sa compagne, Radha. La fusion amoureuse du couple sert depuis longtemps de modèle pour décrire l'union de l'âme et du divin dans la poésie dévotionnelle et la danse classique. Dans les poèmes en hindi de Surdas (voir texte principal), Krishna est un malicieux enfant voleur de beurre, mais c'est aussi le séduisant joueur de flûte qui danse au clair de lune avec Radha. Surdas chante l'amour de Radha pour Krishna, exemple même de la dévotion, et sa poésie très personnelle a renforcé la dévotion au dieu dans tout le nord de l'Inde (illustration d'un texte du XVIIIe siècle en langue commune, provenant de l'Himachal Pradesh).

Femmes gourous : Anandamayi Ma

À notre époque, de nombreuses femmes gourous ont rassemblé autour d'elles un grand nombre de dévots. Anandamayi Ma (1896-1982) est l'une des plus célèbres d'entre elles. C'est une Bengalie dont le nom signifie « Mère très bienheureuse ». Bien que mariée, elle vécut comme une célibataire, et son mari devint l'un de ses dévots. Après quelques expériences spirituelles, elle entendit une voix intérieure qui lui révéla son essence divine, en vertu de laquelle elle ne devait plus se soumettre à quiconque. Beaucoup de maîtres charismatiques ne descendant pas d'une lignée de gourous officiels ont connu une révélation de ce type.
Anandamayi Ma rassembla des milliers d'adeptes qui la révéraient non seulement comme gourou, mais comme une incarnation de la Déesse. L'un de ses disciples se souvient de l'avoir vue apparaître sous la forme d'une splendide déesse, illuminant la pièce comme le soleil à l'aube. Elle ne réalisa pas de miracles spectaculaires, mais ses dévots affirment qu'elle effectuait, de manière discrète, des miracles à leur intention.

Maîtres et guides spirituels

Depuis longtemps, les Indiens de tradition hindoue, bouddhiste ou jaïne se tournent vers de saints hommes ou de saintes femmes pour apprendre à vivre en paix et, finalement, à se libérer du cycle des réincarnations (voir p. 156-157). Pour de nombreux hindous, la première expérience religieuse passe par l'intermédiaire d'un maître qui porte le nom d'*acharya*, de *guru* ou de *swami*. *Acharya* désigne en général le religieux qui dirige un monastère, le chef d'un groupe ou d'un sous-groupe, ou un précepteur chargé de l'initiation d'un néophyte. Ce terme est parfois utilisé comme synonyme de *guru* qui, tout comme swami (« maître »), désigne de manière plus floue et plus générale un maître spirituel. Le modèle absolu du gourou est, pour la plupart des hindous, le dieu *Krishna*, qui joue le rôle de précepteur auprès de son neveu Arjuna dans la *Bhagavad-Gita* (voir encadré p. 139). Pour d'autres, ce modèle suprême est Shiva (voir p. 135-137). Outre ces maîtres, il existe des milliers d'ascètes, d'individus possédés par un dieu ou un esprit, de médiums, de conteurs et de *sadhu* (« saints hommes »), entourés d'adeptes qui les vénèrent ou obéissent à leurs commandements.

Les diverses écoles philosophiques hindoues sont réparties entre des courants distincts, ayant chacun un chef à leur tête. À toutes les époques, on rencontre des théologiens influents, et, à chaque génération, de nouveaux groupes se créent sous l'influence de gourous charismatiques (voir encadré ci-dessous).

Les guides charismatiques

Sai Baba (à droite) en compagnie de quelques uns de ses adeptes. Ce « guide » à la spiritualité contestée est à la tête d'une secte.

Bien que les adeptes ne la perçoivent pas toujours très clairement, il est possible de faire une distinction entre les maîtres spirituels appartenant à une lignée plus ou moins ancienne, et ces guides charismatiques qui attirent à eux les dévots par des phénomènes « surnaturels » allant de l'apparition « magique » d'objets à la guérison. On ne saurait définir précisément cette catégorie de guides, dont chacun rassemble un grand nombre d'adeptes. Les dévots les considèrent parfois comme des incarnations de la divinité, descendue sur terre pour le bien de l'humanité. Il en est ainsi de Sri Satya Sai Baba (né Satya Narayan Raju, en 1926), guide charismatique de l'Andhra Pradesh, que ses adeptes considèrent comme une incarnation de Shiva et de Shakti (la Déesse).

Mais il arrive également que les dévots vénèrent leur maître parce qu'ils lui reconnaissent une grande spiritualité et une âme élevée, comme un être qui s'est détaché des préoccupations de la vie humaine et a atteint la réalisation de soi ou la perfection. On donne parfois à un guide charismatique le nom de *rishi* (« voyant »), du nom des auteurs des *Veda*.

À la tête de ces écoles, les maîtres se sont succédé jusqu'à nos jours, parfois depuis des siècles. C'est par exemple le cas des écoles fondées par Shankara vers 800 (voir texte en marge ci-contre), Ramanuja (XIe siècle), Madhva (XIIIe siècle) et Chaitanya (XVIe siècle). Ces communautés sont parfois divisées par des schismes, et les chefs entrent en rivalité pour s'assurer la fidélité des disciples. Chez les fidèles de Ramanuja, au cours d'un rituel d'initiation fort complexe, le maître marque légèrement le nouvel adepte à l'épaule, puis lui donne un nom et un mantra à méditer. Mais l'adhésion à d'autres communautés dévotes peut revêtir un caractère plus informel.

Dans le *Taittiriya Upanishad*, l'élève qui quitte l'école est exhorté à considérer son père et sa mère, ainsi que son maître, comme Dieu. Les maîtres spirituels se trouvent ainsi placés, jusqu'à l'époque actuelle, sur un pied d'égalité avec la divinité. Les adeptes des préceptes philosophiques de Ramanuja, de Chaitanya et d'autres, vénèrent leurs maîtres presque autant que leurs dieux. Dans leurs écrits religieux, on constate que le maître humain et vivant est considéré comme occupant une place d'une importance plus immédiate que Dieu, et que la voie de la délivrance passe par une obéissance absolue à ce maître.

De nombreux maîtres sont des ascètes non mariés. Les textes sacrés sanskrits font allusion aux quatre étapes de la vie par lesquelles doit passer le brahmane mâle de caste élevée : étudiant, chef de famille, ermite dans la forêt, ascète. Le maître Shankara serait, semble-t-il, directement passé du premier au dernier stade.

À l'époque actuelle, de nombreux gourous disposent de sites sur Internet créés par leurs dévots (voir texte en marge p. 149) ; leurs parcours, sermons et chants sont diffusés sur le réseau, et constituent une « cyber-communauté » hindoue à l'échelle mondiale.

La lignée de Shankara

On raconte que Shankara (acmé vers l'an 800), l'un des principaux théologiens indiens, aurait créé quatre ou cinq monastères dans diverses régions de l'Inde : à Dvaraka (Ouest), à Puri (Est), à Sringeri et à Kanchipuram (Sud), et enfin à Badrinbath (Nord). Chacun de ces monastères abrite une lignée ininterrompue de maîtres qui portent tous le nom de « Shankara le maître » *(Shankaracharya)*. Ces maîtres se sont souvent engagés dans des questions sociales ou politiques, exercent une autorité considérable sur les élites urbaines et influencent tous ceux qui adhèrent à la philosophie du fondateur. Des philosophes spécialisés dans l'exégèse jouent un rôle comparable, comme par exemple Swami Chinmayanda, dont les adeptes se consacrent à la diffusion des Écritures par la publication ou l'informatique.

Le sage Sukadeva (au centre), célèbre rishi *(« voyant ») à la cour du roi Parikshit, disait descendre d'Arjuna, le guerrier conseillé par Krishna dans la* Bhagavad-Gita *(miniature, vers 1760).*

Le tantrisme hindou

C'est vers le ve siècle que le tantrisme commença à prendre de l'importance en Inde. Il a depuis marqué de son influence un grand nombre d'écoles hindoues. La liturgie des temples shaïvaïstes et vaishnavaïstes découle pour une grande part des pratiques tantriques : par exemple, lorsque l'on expose dans le temple des images de divinités, le marquage sur le sol de dessins géométriques *(mandala)* représentant la divinité et le cosmos, destinés à la méditation et aux rites. L'école tantriste prône sa propre forme de *yoga*, appelée *kundalini yoga. Kundalini*, qui signifie littéralement « Celle qui porte des boucles d'oreilles » se rapporte à Shakti, ou au pouvoir de cette déesse dont on dit qu'elle s'enroule comme un serpent à la base de la colonne vertébrale. Lorsque l'on est éveillé, cette force remonte dans tout le corps, franchissant six centres cosmiques appelés *chakra* (« roues ») jusqu'au dernier centre, localisé sous le sommet du crâne, emplacement apparenté à « un lotus aux mille pétales ». L'objectif ultime de ce type de yoga est d'éveiller la force de *Kundalini* pour lui permettre de s'unir à *Purusa*, le principe suprême masculin qui réside dans le lotus. Cette union confère de grands pouvoirs psychiques et des visions à celui qui pratique ce yoga, et lui permet en fin de parcours de se libérer du cycle des renaissances.

Les voies de la délivrance

Les traditions religieuses originaires de l'Inde décrivent l'homme comme enfermé dans un cycle continuel de réincarnations (voir p. 156-157). Pour les hindous, les jaïnistes et les bouddhistes, il s'agit là d'une situation douloureuse dans laquelle l'homme est retenu prisonnier sur la terre. Mais les écoles proposent diverses méthodes pour se libérer de ce cycle.

Les deux grandes visions du monde présentes dans l'hindouisme déterminent les diverses voies envisageables. Selon la première, l'âme humaine *(atman)* est identique à la réalité suprême, *brahman* (voir p. 134-135). Étant donné qu'il n'y a qu'un *brahman* et que nous lui sommes identiques, la délivrance intervient au moment où nous parvenons à réaliser notre nature divine. Cette vision du monde, dont la meilleure description a été donnée par le maître Shankara (voir texte en marge p. 143), met l'accent sur l'importance des efforts que l'homme doit accomplir pour acquérir la sagesse nécessaire à cette transformation. La seconde vision du monde s'exprime dans les écoles qui évoquent une distinction ultime, si faible soit-elle, entre l'homme et Dieu. Les tenants de cette vision recommandent la dévotion à la réalité suprême et la confiance en la grâce de Dieu.

Dans la *Bhagavad-Gita* (voir encadré p. 139), Krishna décrit les trois voies de la délivrance : la voie de l'action, la voie de la connaissance et la voie de la dévotion. Pour certains hindous, il s'agit là des divers chemins vers le divin, et pour d'autres des différents aspects d'une même discipline. La première voie *(karma yoga)* est la voie de l'action désintéressée : chacun doit accomplir son devoir *(dharma)*, étudier ou réaliser de bonnes actions par exemple, mais non par crainte du blâme ou du châtiment, ni dans l'espoir d'en tirer quelques louanges

Saints hommes en méditation à Bénarès. Dans la tradition hindoue, la méditation (dhyana) *est l'une des voies qui permettent d'acquérir la « véritable sagesse ».*

ou récompenses. Rejeter ainsi les fruits de ses actes permet d'atteindre la paix. Un concept voisin est l'idée de l'« action détachée » comme étant la meilleure des voies pour atteindre la délivrance. Toute action doit être marquée par la miséricorde et l'altruisme. Si l'on opte pour la voie de la connaissance (*jnana yoga*), c'est la lecture des Écritures qui permettra d'atteindre la sagesse transformatrice qui abolira le *karma* (voir p. 156-157). La véritable connaissance est la révélation de la vraie nature de l'univers, du pouvoir divin et de l'âme humaine. On peut parvenir à cette sagesse par la lecture des textes, avec l'aide d'un gourou savant et qualifié, par la méditation et par le contrôle de son corps et de son esprit grâce aux exercices du *yoga* (voir encadré ci-dessous).

La troisième voie est celle que recommande la *Bhagavad-Gita* : celle de la dévotion (*bhakti yoga*), la plus populaire parmi les hindous de toutes les conditions sociales. Comme Krishna le promet à Arjuna, si l'on s'abandonne tout entier au Seigneur, celui-ci pardonne les péchés et anéantit le *karma*. Cette dévotion totale à un dieu ou à une déesse, qui rend l'âme réceptive à la grâce divine, est considérée par la plupart des hindous comme le seul moyen d'atteindre le salut. Le difficile travail d'accès à la sagesse ainsi que les diverses formes de *yoga* sont considérés comme louables, mais ne sont pas pratiqués par tous.

Patanjali et le yoga

Le mot sanskrit *yoga* (littéralement « joug ») se réfère à la pratique de diverses disciplines qui permettent au dévot d'« atteler » son esprit au divin. Le yoga est tenu en haute estime dans les Écritures hindoues et recouvre des significations diverses. Ses origines sont obscures mais on le fait en général remonter à l'époque pré-indo-européenne. Pour de nombreux hindous, le yoga est associé à Patanjali (vers le IIIe siècle avant notre ère), auteur des *Sutras du Yoga*, recueil de brèves sentences et d'aphorismes.

Le yoga de Patanjali, tel que ses commentateurs l'interprètent, implique une discipline morale, mentale et physique, ainsi que des exercices de méditation. C'est un yoga à huit « membres », ou disciplines, les deux premières étant le *yama* (refus de la violence, du mensonge et d'autres pratiques négatives) et le *nimaya* (pratiques positives comme l'égalité d'humeur et l'ascétisme). Patanjali recommandait également des postures physiques (*asana*) propres à la méditation, le contrôle respiratoire (*pranayama*) et le détachement mental des stimulations extérieures (*pratyahara*). Une concentration (*dharana*) et une méditation (*dhyana*) parfaites amènent celui qui pratique le yoga au *samadhi*, état fusionnel avec le divin et délivrance du cycle des réincarnations. Cet état ne saurait être décrit dans une langue humaine.

Si le yoga de Patanjali est considéré comme la forme la plus classique par de nombreux érudits, cette discipline constituait probablement un élément important de la vie religieuse en Inde bien avant la rédaction de ce texte, et il en existe aujourd'hui de nombreuses variantes. Au cours du siècle dernier, on a ainsi pu faire la distinction entre *raja yoga* et *hatha yoga*. Le *raja yoga* s'intéresse à la discipline mentale, et il arrive que cette expression soit utilisée pour parler du yoga de Patanjali. Quant au *hatha yoga*, il porte principalement sur les postures et le contrôle du corps, celui-ci étant censé contenir des « soleils » et des « lunes ». La délivrance finale ne peut être atteinte que lorsque les divers centres du corps sont en harmonie avec le cosmos. C'est la forme de yoga qui s'est popularisée en Occident.

Posture de méditation. Illustration d'un manuel de hatha yoga *du XVIIIe siècle.*

Les villes saintes

Les textes sacrés hindous, notamment les poèmes épiques et les *Purana*, vantent la sainteté de nombreux sites. Pour le dévot hindou, vivre près de tels sites ou entreprendre le pèlerinage pour s'y rendre suffit à abolir les péchés et le *karma*, et facilite la délivrance du cycle des réincarnations (voir p. 156-157). Il existe de nombreux villes et villages sacrés, dont la réputation ne dépasse pas l'échelle régionale ou couvre, au contraire, l'ensemble du sous-continent. Un court poème rappelle l'existence de sept sites sacrés : « Ayodhya, Mathura, Maya Kashi, Kanchi, Avantika et la cité de Dvaraka ; Ces sept [cités] nous donnent La Libération. »

Une terre sacrée

Des millions d'hindous sillonnent l'Inde pour se rendre dans des villes saintes, prier dans les temples, se baigner dans les fleuves sacrés et escalader des montagnes également sacrées, afin d'obtenir le bonheur en cette vie et dans celles qui suivront. Certains textes déclarent l'ensemble de l'Inde terre sacrée (concept qui se forme dès le début de notre ère), car c'est sur ce territoire que s'accomplissent pleinement les actions qui constituent la base du *karma*. Manu, auteur d'un traité sur le *dharma* (voir p. 126-129) et l'éthique, décrivait un territoire situé au sud de l'Himalaya, entre la mer de l'Est et la mer de l'Ouest : l'Aryavarta ou « pays des hommes nobles ». Avec le temps, le concept de territoire sacré s'est étendu à l'ensemble du sous-continent. Depuis la fin du XIXe siècle, le territoire indien est devenu une mère divine, « Mère Inde » (*Bharata Mata*), et de nombreux chants font appel à la pitié de la déesse mère. Cette image n'est pas sans implications politiques : durant la lutte que mena le pays pour se libérer du joug britannique, Mère Inde était représentée comme prisonnière des forces étrangères.

L'Inde est couverte de lieux saints, reliés par quelques grands itinéraires traditionnels qui conduisent à de célèbres temples dédiés à Vishnou ou à Devi, mais aussi à des milliers de villes, de villages et d'autres sites sacrés. L'itinéraire des pèlerinages est souvent organisé autour d'un thème : les dévots peuvent ainsi visiter 108 lieux habités par Shakti « la puissance de la Déesse » ; 68 autres où, dit-on, l'emblème de Shiva se serait érigé « par lui-même » ; 12 où il se

*Le temple Narayan de Lakshmi à New Delhi est également connu sous le nom de « temple de Birla », du nom de la famille qui le fit construire en 1938. Il est principalement dédié à Vishnou et à Lakshmi. À l'extérieur, les temples hindous sont souvent couverts d'une ornementation colorée, et les tours (*shikara*) sont caractéristiques de l'architecture sacrée du nord de l'Inde. Ces dernières représentent les montagnes cosmiques où résident les dieux et les déesses.*

Les rivières sacrées

Le caractère sacré de rivières ou de fleuves tels que le Gange, la Yamuna, la Kaveri et la Narmada est tel que le seul fait de s'y baigner annule tous les péchés. Le confluent entre deux rivières, ou l'embouchure d'un fleuve, sont des lieux particulièrement sacrés. Les pèlerins se rendent sur le site de Triveni Sangama (« le confluent des trois rivières ») à Prayag (Allahabad), où confluent le Gange, la Yamuna et une rivière souterraine mythique appelée Sarasvati. On garde à la maison, dans une petite jarre étroitement fermée, de l'eau du Gange que l'on utilise au cours de rituels domestiques pour purifier morts et mourants.

Il arrive que les pèlerins emportent de l'eau du Gange ou d'une autre rivière sacrée du Nord jusqu'à un site sacré du Sud, dans la ville de Rameswaram par exemple, d'où ils rapporteront alors du sable pour le jeter dans le Gange. On voit ainsi comment peut être bouclé un cycle de pèlerinage, et comment les divers sites sacrés de l'hindouisme se relient les uns aux autres. Lors de la consécration d'un temple, parmi les communautés hindoues vivant hors de l'Inde, on mêle l'eau des fleuves sacrés de l'Inde à celle des fleuves locaux, puis on verse cette eau sur le nouveau temple de manière à relier celui-ci, physiquement et symboliquement, à la sainte mère patrie.

Un fidèle dit ses prières du matin dans le Gange, à Bénarès. L'immersion dans les eaux sacrées du fleuve est considérée comme un acte de purification.

manifeste sous la forme de « la flamme de l'énergie créatrice » *(Jyotir linga)* ; 8 où Vishnou s'est lui aussi manifesté spontanément, etc.

À chaque lieu saint ou presque est associé un *sthala purana*, texte dans lequel sont déclinées toutes les informations concernant l'ancienneté du site et son caractère sacré. Le temple lui-même est considéré comme un « lieu de transit », où un homme peut « traverser » *(tirtha)* l'océan de la vie et de la mort. À cet effet, de nombreux temples sont situés à proximité d'une mer, d'un lac, d'une rivière ou d'une source. Lorsque ce n'est pas le cas, on a construit un puits ou un bassin, tradition qui remonterait à la civilisation harappéenne (voir p. 130-133). Le « Grand Bain » de Mohenjo Daro fait en effet penser aux bassins creusés aux abords de centaines de temples hindous de l'Inde du Sud. Les pèlerins se purifient physiquement et moralement dans l'eau de ces bassins avant de pénétrer dans le temple.

De nombreux sites sacrés sont situés à proximité de montagnes et de grottes, décrits dans les *Purana* comme lieux de résidence des dieux. Ainsi Shiva vit-il sur le mont Kailasa dans l'Himalaya, et, aux yeux des dévots, tous les temples de Shiva représentent ce mont. Dans certaines régions, au nord notamment, de grands temples-tours *(shikara)* sont édifiés pour représenter ces montagnes cosmiques (voir illustration p. 146). Le saint des saints d'un temple hindou est traditionnellement un espace sans fenêtre, à l'instar des grottes sacrées qui furent les premiers lieux de culte hindous.

La prière dans les temples est attestée depuis le début de notre ère, pourtant les grands temples-cités sont postérieurs au VIe siècle. Les hindous qui émigrèrent vers l'Asie du Sud-Est y construisirent également des temples afin d'assurer la survie de leur religion, lesquels, parce qu'ils étaient appelés à devenir de grands centres religieux, culturels et économiques, devaient être construits selon des règles strictes, à l'image du cosmos. Certains parmi les plus importants sont entourés de plusieurs enceintes représentant les sept niveaux du ciel dans la cosmologie hindoue.

Ces vastes ensembles se rattachent aux grandes écoles et sont consacrés à Vishnou, à Shiva ou à la Déesse, et à leur suite. Les dieux et les déesses sont souvent adorés sous leur nom local ou régional. Il n'est pas rare que le temple abrite des sanctuaires distincts pour le dieu, son ou ses épouses, d'autres serviteurs divins, et les saints. Ainsi, dans le temple de Tiruvanmiyur, près de Madras, édifié au VIIIe siècle, on rencontre un sanctuaire de Shiva, la divinité principale,

Tirumala-Tirupati

Le temple de Tirumala-Tirupati, dans l'Andhra Pradesh, est le plus riche des temples indiens et l'une des institutions religieuses les plus prospères du monde.

Dans les textes anciens, on l'appelle Tiru Venkatam. Il est dédié à Vishnou, dont le nom familier est ici Venkateshvara (« le souverain des collines de Ventakam »). Les hymnes dévotionnels s'adressant à Venkateshvara remontent au VIIe siècle, mais les pèlerins se rendent sur le site depuis près de mille ans.

Le temple est situé dans le cadre pittoresque des collines de Tirumala et plus de six cents villages des environs en dépendaient jusqu'en 1965, époque à laquelle le gouvernement en reprit possession. Pendant plus de mille ans, Tirumala-Tirupati a bénéficié de la protection des princes indiens, mais ce n'est qu'au XIXe siècle qu'il devint un grand centre de pèlerinage. On dit que sa popularité phénoménale d'aujourd'hui est due à sa reconsécration en 1958.

Le sanctuaire principal du complexe de temples de Tirumala-Tirupati. Des filiales du temple dédiées au seigneur Venkateshvara furent créées à Pittsburgh, Atlanta, New York, Chicago, et dans d'autres grandes villes des États-Unis.

Les médias indiens évoquent souvent la fantastique richesse du temple.

Dans le tronc à offrandes, les dévots déposent régulièrement des diamants, des joyaux et de l'or, soit une vingtaine de kilos d'or et de pierres précieuses chaque mois.

Le temple reçoit également en offrande des voitures et des camions. Les dons en argent s'élèvent chaque année à dix millions de dollars.

Le temple de Tirumala-Tirupati utilise ses énormes ressources pour financer tout un ensemble de projets et d'entreprises, d'associations humanitaires, d'hôpitaux, d'universités et autres établissements d'enseignement, des logements sociaux et des publications.

Au cours des dernières années, l'un des principaux objectifs du temple fut de contribuer à résoudre les graves problèmes écologiques de l'Inde, et les premiers dons furent consacrés au financement de grands projets de reforestation.

mais aussi un autre dédié à son épouse Parvati – ici connue sous le nom de *Tripura Sundari* (« la belle dame des trois mondes ») – et à ses enfants Ganesha et Murudan. D'autres images et manifestations de Shiva sont également vénérées, tel Natajara (le Danseur cosmique, voir illustration p. 125), ainsi que des images de ses fidèles serviteurs. D'une manière générale, les temples de la diaspora s'adressent à une communauté de fidèles très diversifiée et regroupent sous le même toit des représentations de Shiva, de Vishnou et de la Déesse, ainsi que d'autres divinités.

La plupart des hindous fréquentent le temple de leur localité, ou tout autre lieu saint revêtant un intérêt particulier pour leur famille, depuis plusieurs générations, et certains économisent pour effectuer un pèlerinage jusqu'à un site sacré éloigné. Les émigrés vivant hors de l'Inde, pour qui un tel pèlerinage est impossible, peuvent néanmoins suivre les rites qui s'y déroulent grâce à des films vidéo ou à des programmes de télévision diffusés à leur intention. De plus, les hindous peuvent en tout temps prier chez eux, dans le lieu réservé à la prière familiale.

Le corps lui-même est parfois désigné comme « le temple de la réalité suprême ». Dans certains groupes hindous, comme celui des virashaiva (communauté créée vers 1150), la prière dans les temples est explicitement décriée, chaque être humain étant considéré comme le temple de l'entité divine Shiva. D'autres communautés, comme celles du sud de l'Inde, adoratrices de Vishnou et de Lakshmi, considèrent, tout en maintenant la prière au temple, que le corps est d'essence divine. Au XVIIIe siècle, le poète Periyalvar évoque le corps en ces termes : « Édifie un temple dans ton cœur. Fais-en la résidence de Krishna. Offre-lui la fleur de l'amour. »

Le « cyber-espace » dévotionnel

Chez les hindous, l'espace sacré est le lieu où les fidèles viennent contempler la divinité dans son sanctuaire et écouter la lecture des textes sacrés. Jadis, les religieux se montraient très prudents dans le choix des gens à qui ils dispensaient leur enseignement. Mais aujourd'hui, sur Internet, l'image des divinités, des maîtres et des gourous est accessible à tous, et chacun peut avoir accès aux chants et à la récitation des textes sacrés. Les grands gourous ont parfois jusqu'à cinquante sites, créés par leurs fidèles. Certaines organisations parlent, à propos de leur site, d'« ashram électronique » (un ashram est un ermitage ou un lieu d'étude religieuse). Les dévots prennent très au sérieux les images des divinités transmises par Internet. On rappelle parfois aux fidèles que télécharger ces images serait irrespectueux. Mais le « cyber-dévot » a désormais un accès direct aux sermons de son gourou et à la récitation des prières.

À Puri, dans l'Orissa, un homme prie devant son autel domestique. Les hindous prient dans les temples mais aussi chez eux. Un autel, une étagère, un placard, ou même une pièce entière, est réservé à la dévotion et rempli d'images de dieux et de déesses.

अखाड़ा वापसी
मार्ग

गुलाबबैण्ड
ज्वालापुर
गुलाबबैण्ड
ज्वालापुर
गुलाबबैण्ड
ज्वालापुर
ज्वालापुर

Double page précédente :
le Kumbh Mela (« fête de la Jarre » ou « Verseau ») d'Hardwar, lieu où le Gange pénètre dans les plaines du nord de l'Inde, est l'occasion de l'un des plus vastes rassemblements humains du monde. La cérémonie se déroule tous les douze ans, et près de quinze millions de pèlerins se déversent dans la ville pour pratiquer un acte qui expie toute faute : se baigner dans le fleuve à un moment où les astres sont dans une conjonction favorable. Le dernier Kumbh Mela a été célébré à Hardwar de février à avril 1998 (cette photographie a été prise au cours du précédent festival, en 1986). Tous les quatre ans, une version plus modeste du Kumbh Mela est fêtée en alternance dans les villes de Hardwar, de Nasik (sur la Godavari), d'Allahabad (au confluent du Gange et de la Yamuna) ou d'Ujjain (sur le Sipra). Des centaines de milliers d'ascètes hindous prennent part aux cérémonies qui s'y déroulent.

La fête sacrée

Les fêtes hindoues, joyeuses et pittoresques, sont toujours l'occasion de se réjouir et de manger, mais prévoient également des périodes de jeûne rituel. L'Inde entière célèbre les anniversaires de Rama, de Krishna et de Ganesha. Parmi les fêtes régionales importantes figurent Holi (le joyeux festival de printemps célébré dans le Nord de l'Inde en l'honneur des vives couleurs des fleurs printanières), Onam (la fête des Moissons, célébrée dans l'État méridional du Kerala en août et en septembre en l'honneur de la cinquième incarnation de Vishnou ; voir p. 134-137) et Pongal (la fête des Moissons célébrée à la mi-janvier dans le Tamil Nadu).

Navaratri (voir encadré p. 153) et Divapali (que l'on appelle dans certaines régions Diwali) sont des fêtes panhindoues qui célèbrent globalement la victoire des forces du bien sur le mal. Divapali (« collier de lumières ») est probablement la fête la plus suivie dans le monde hindou. Elle a lieu au moment de la nouvelle lune, entre la mi-octobre et la mi-novembre. On illumine la maison, on tire des feux d'artifice et on s'habille de neuf. C'est l'occasion d'organiser des repas de fête et d'échanger des cadeaux.

Dans l'Inde du Sud, Divapali célèbre le jour où Krishna tua un démon, Narakasura, assurant ainsi le triomphe de la lumière sur les ténèbres. Au nord, la fête est associée au retour de Rama à Ayodhya et à son couronnement (voir texte en marge p. 138). Au Gujerat, la fête marque le début de la nouvelle année. Dans de nombreuses régions de l'Inde, on se lève avant l'aube afin de prendre un bain rituel, car pour les hindous, ce jour-là, les eaux sacrées du Gange se mêlent à toutes les eaux du pays.

La dévotion au temple est l'un des principaux éléments de la vie religieuse hindoue. Elle n'a pas un caractère congrégationnel, au sens où l'on ne se réunit

Sur cette peinture provenant de l'Himachal Pradesh (vers 1780), on voit Krishna célébrant Holi, la joyeuse fête du Printemps. Parmi les réjouissances, les fidèles se lancent de la poudre colorée.

pas à heure fixe pour prier ensemble. On ne s'assied pas dans le temple, les dévots se tiennent debout face à l'autel de leur dieu. Ce qui, dans l'hindouisme, se rapproche le plus d'une prière commune est le moment où les dévots se rassemblent pour écouter l'enseignement d'un maître – quoique, le plus souvent, ces rassemblements aient lieu dans une salle publique et non dans un temple –, ou encore le moment où ils chantent ensemble des chants religieux traditionnels, à la maison ou dans un lieu public. C'est dans la diaspora que ce type de prière en commun est le plus répandu, notamment pendant le week-end.

On quitte toujours ses chaussures à l'entrée du temple, cette coutume signifiant que le fidèle abandonne en pénétrant dans le temple la poussière et la crasse dont sont imprégnées les pensées et les passions du monde extérieur. Le geste de base de la dévotion au temple consiste à faire une offrande à la divinité : camphre, fruits, fleurs, noix de coco, que l'on peut souvent se procurer aux étals situés à l'entrée du temple. Si celui-ci est de taille modeste, le dévot fait directement son offrande à la divinité, mais dans la plupart des cas, il la remet au prêtre qui se charge de l'apporter au dieu ou à la déesse. Dans de nombreux temples du nord de l'Inde, les fidèles ont accès au cœur du sanctuaire, mais, dans le Sud, ces lieux sacrés sont réservés aux prêtres et autres initiés.

Les calendriers hindous

Les calendriers et autres systèmes de mesure du temps des hindous se rattachent tous aux phases de la lune. Ils sont ensuite ajustés sur le cycle solaire de manière que les fêtes tombent à la même saison chaque année. Selon les régions de l'Inde, on célèbre le Nouvel An à des dates différentes. Dans le Gujerat, par exemple, il tombe après Divapali (voir texte principal). Mais, en d'autres lieux, il pourra tomber sur la nouvelle lune la plus proche de l'équinoxe de printemps, ou au milieu du mois d'avril.

Navaratri

L'Inde entière célèbre la fête de Navaratri (les « neuf nuits »), qui commence à la nouvelle lune du mois lunaire entre la mi-septembre et la mi-octobre. Elle est souvent consacrée au culte des déesses Sarasvati, Lakshmi et Durga. Mais c'est aussi l'occasion pour tous de rendre hommage aux outils de leur métier, quel que soit celui-ci. Ainsi, dans certaines régions, on décore de guirlandes les voitures et les autobus. Récemment, on a même vu bénir de poudres sacrées des machines à écrire et des ordinateurs, auxquels on offre un jour de « repos ».

Le neuvième jour de Navaratri est consacré de manière spécifique à Sarasvati, patronne de l'enseignement et de la musique. Dans le sud de l'Inde, tous les instruments de musique de la maison, tout le matériel d'écriture et les livres de classe sont exposés devant la déesse afin qu'elle les bénisse pour l'année suivante.

Le dernier jour de Navaratri est dédié à Lakshmi, déesse de la Chance (voir encadré p. 136). Ce jour-là, après avoir écrit le mot favorable *Shri* (l'un des noms de Lakshmi), on peut se lancer dans un projet nouveau, créer une entreprise, ou débuter un nouvel apprentissage. On apprend de nouvelles prières, de nouveaux chants ou morceaux de musique, et l'on rend hommage aux grands maîtres de l'hindouisme.

Les fidèles portent un grand portrait en stuc de la déesse Sarasvati à travers les rues de Calcutta à l'occasion du festival de Navaratri.

Les spectacles sacrés

Dans le monde hindou, l'expérience religieuse se manifeste, entre autres, à travers la danse et la musique. Il ne s'agit pas là d'une simple distraction : celui qui chante ou qui danse invoque les grands dévots du passé et peut ainsi se délivrer du cycle de la vie et de la mort (voir p. 156-157), sans avoir besoin d'autres méthodes pour obtenir son salut.

Les danses folkloriques ont toujours été largement pratiquées en Inde, mais, pendant des siècles, la danse classique fut réservée à la cour royale et aux temples. Ce n'est qu'au XXe siècle que les hommes et les femmes de toute condition sociale ont eu accès à ce rite de libération.

Les éléments rituels de la danse sont décrits dans un livre intitulé *Natya Shastra* (« traité de la danse »), écrit vers l'an 200 de notre ère. Ce texte, qui fait l'objet d'une grande vénération, est souvent considéré comme le cinquième livre des *Veda* (voir p. 138-141), conçu pour rendre le divin accessible à tous les hommes. On pratique la danse sacrée dans les temples, en hommage à la divinité. Depuis le temps des *Veda*, la musique fait partie intégrante de la liturgie hindoue. Elle est la manifestation sonore de la divinité, et, selon certains textes hindous, Vishnou et Shri peuvent s'incarner en Nada Brahman (*brahman* étant « la réalité suprême », voir p. 134-137), sous forme de sons.

Les grands textes narratifs de l'hindouisme (voir p. 138-141) se transmettent davantage par l'intermédiaire du chant et de la danse que par les livres – notamment les récits concernant Krishna et Rama, qui sont mis en scène dans l'Inde entière. Le plus célèbre de ces spectacles sacrés, le *Ramayana* (voir texte en marge p. 138), est représenté tous les ans dans un grand parc de Bénarès, dans le cadre de la fête de Ramalila. Les acteurs, pendant la durée du spectacle, sont considérés comme des dieux.

Ces danseuses aux costumes colorés célèbrent la fête du Printemps, Holi (voir p. 152-155), dans un temple voisin de Sadri, dans le Rajasthan.

Les actes les plus significatifs aux yeux du dévot sont le fait de contempler la divinité (c'est-à-dire son image ; voir texte en marge p. 134) et de se trouver en sa présence. Lorsque l'offrande a été remise à la divinité, celle-ci est considérée comme « bénie » et emplie de sa « faveur » *(prasada)*. Elle est alors rendue au fidèle. Cet acte simple qui consiste à voir le dieu, à faire une offrande et à la recevoir à nouveau, sanctifiée, est le plus populaire des rites votifs hindous.

Le dieu que l'on adore chez soi est, comme au temple, considéré et traité comme un roi. Les membres de la famille allument une lampe à huile ou font brûler des bâtons d'encens devant son image, et lui offrent des fruits ou d'autres aliments (voir illustration p. 149).

Lorsqu'un groupe de dévots prie à la maison ou au temple, le rituel se termine parfois par un *arati*, ou « balancement des lampes ». Le prêtre chargé de la cérémonie (ou l'un des fidèles) allume un morceau de camphre placé dans une soucoupe et le fait tourner dans le sens des aiguilles d'une montre devant l'image du dieu. L'officiant fait alors passer le camphre enflammé devant les fidèles qui étendent d'un geste rapide mais recueilli la main au-dessus de la flamme avant de se toucher les paupières, comme pour absorber la lumière de la connaissance mystique émanant du dieu.

Les femmes célibataires ou mariées – mais non les veuves – pratiquent souvent des rites spécifiques appelés *vrata*. Nombre d'entre eux ont un caractère domestique, leur objectif étant le bien-être du mari, de la famille ou de la communauté. Selon les manuels sanskrits, ces rites permettent à la femme de se libérer du cycle des renaissances, mais la plupart des femmes les pratiquent en vue d'assurer le bonheur de leur famille. Après la prière au dieu domestique, les femmes se rassemblent parfois pour prendre un repas et distribuent des aliments bénéfiques, comme des bananes, des noix de coco et du *kum kum* (la poudre rouge dont elles s'ornent le front). La *vrata* peut durer de quelques minutes à cinq jours, les périodes de jeûne alternant avec les repas pris en commun.

Au nord de l'Inde, les rites réservés aux femmes sont souvent centrés sur le bien-être des hommes de la famille. Ainsi, au cours du mois lunaire qui s'étend de la mi-octobre à la mi-novembre, les épouses pratiquent le jeûne à deux reprises, le quatrième et le huitième jour de la lune descendante, au bénéfice de leur mari et de leurs fils. Dans la plupart des régions de l'Inde du Sud, les rituels féminins destinés à renforcer la spiritualité ont lieu au cours du mois lunaire entre la mi-juillet et la mi-août. Les femmes brahmanes prient la déesse Lakshmi (voir encadré p. 136) d'assurer le bonheur de leur foyer. Les femmes non-brahmanes apportent au temple des récipients emplis d'eau et de lait, et les offrent à une déesse locale de la part de leur famille. Parfois encore, elles font cuire du riz au lait et le distribuent autour d'elles. Dans les temples de la puissante déesse Draupadi Amman (l'un des principaux personnages du *Mahabharata*), les hommes comme les femmes entrent parfois en transe et marchent sur des charbons ardents au cours d'une cérémonie appelée de façon antinomique « la marche sur les fleurs ».

Les rites de passage

On rencontre dans l'hindouisme, comme dans beaucoup d'autres religions, de nombreux rites de passage marquant la transition d'un âge de la vie à un autre. Selon certains textes sacrés, le premier de ces « sacrements » a lieu à la naissance d'un enfant, alors que, selon d'autres, cela commence par le mariage, étape où est censée commencer la vraie vie. Certains des rites associés aux cycles de la vie sont communs à tout l'hindouisme, mais d'autres ont un caractère purement local, notamment ceux qui concernent les femmes (voir texte principal). Comme tous les grands sacrements hindous, les rites de passage doivent être célébrés en présence d'un feu sacré. L'importance de ce feu (en sanskrit *agni*) remonte à la période védique. Les rituels védiques primitifs (voir encadré p. 131) étaient célébrés autour d'un autel de feu, et le feu était considéré comme le maître de la maison. Les rites prénataux et les mariages incluent des offrandes au feu sacré – le mariage n'est d'ailleurs considéré comme valide que s'il est célébré devant le feu, témoin cosmique du sacrement. Les autres rites impliquant la présence du feu sont célébrés lorsqu'un homme atteint 60, puis 80 ans. Enfin, le corps du mort est offert aux flammes du bûcher funéraire. Les rites annuels de commémoration des ancêtres se font également en présence du feu. Les sacrements liés aux cycles de la vie doivent être célébrés à une date propice, en fonction de l'horoscope de la personne, qui est établi à sa naissance.

Karma, *mort et renaissance*

Le fils de l'auteur, Venki Narayanan, au cours d'une cérémonie du « fil sacré », à Chennai (Madras). Par ce rituel, il acquiert le droit d'étudier et d'enseigner les anciennes Écritures védiques (voir p. 158-161). L'étude des textes sacrés, qui permet au dévot d'accéder à la connaissance, est l'une de voies permettant d'obtenir le moksha *(la délivrance de l'âme). Tout comme le feu réduit le bois en cendres, le feu de la connaissance peut, selon certains philosophes hindous, réduire à néant le* karma.

L'un des caractères distinctifs des religions originaires du sous-continent indien est la croyance dans le *karma*, une idée qui apparaît vers le VIIe siècle avant notre ère. Littéralement, *karma* signifie « action », et plus précisément l'accomplissement d'un rite, mais, après les *Upanishad* (vers 600 av. J.-C.), le sens du mot englobe les notions de récompense et de châtiment associées à diverses actions.

La théorie du *karma* est sous-tendue par l'idée de l'immortalité de l'âme. Les *Veda* primitifs évoquaient vaguement une vie après la mort, mais au temps des *Upanishad*, on en est venu à croire que l'âme humaine a toujours existé et qu'après la mort elle connaît une ou plusieurs réincarnations *(samsara)*. La « loi du *karma* » renvoie ainsi à un système de causes et d'effets qui peut s'étendre sur plusieurs vies. Les actions des hommes leur valent alors de gagner des mérites *(punya)* ou d'accumuler des démérites *(papa)*. Bonnes et mauvaises actions ne se compensent pas : chacun récoltera les fruits de ses actes au cours de nombreuses vies ultérieures. C'est la proportion de *punya* et de *papa* accumulés au cours d'une vie qui décide de la nature et de la qualité de la vie suivante.

L'homme ne peut se délivrer de ce cycle *(moksha)*, selon les *Upanishad*, qu'en atteignant la sagesse suprême, à l'issue d'un long apprentissage. Acquérir cette connaissance libératrice, c'est plonger dans la vision de sa propre immortalité *(amrta)*. À partir de ce moment, l'âme perd sa faculté de réincarnation. La renaissance et sa relation avec le *karma* – notions qui seront par la suite au cœur de la tradition hindoue – sont clairement explicitées dans les *Upanishad*, et constituent le but ultime de toute vie humaine. Il s'agit de se délivrer du cycle infini de la vie et de la mort et du cortège de souffrances qui accompagnent ces multiples existences (voir p. 144-145).

Depuis l'époque des *Upanishad*, ces notions de *karma* et d'*amrta* sont devenues pour les hindous des évidences. Mais les diverses écoles n'ont pas la même conception de l'avenir de l'âme libérée du cycle des renaissances. Pour certains, l'âme réalise l'union béatifique avec l'absolu divin. Pour d'autres, comme les écoles vaisnavaïstes du Bengale, la délivrance n'est pas la fusion avec le divin. Selon cette tradition, Dieu est représenté comme Krishna, et l'âme s'identifie à l'une des jeunes vachères avec lesquelles le dieu a une relation d'amour.

Divers textes sacrés décrivent le voyage de l'âme après la mort. L'âme libérée, qui ne renaîtra pas, peut franchir le seuil de la demeure de Vishnou ou de Shiva (voir encadré p. 157). En revanche, aucun texte sacré hindou ne mentionne ce qu'il advient, aussitôt après la mort et entre les réincarnations, d'une âme non délivrée. On sait que le *karma* accumulé au cours des existences précédentes conditionne la nature de la vie suivante, mais les livres saints ne précisent pas la durée qui s'écoule entre deux incarnations. Rien n'est dit non plus sur les raisons pour lesquelles on ne se souvient pas de sa vie antérieure, bien que, selon certaines croyances populaires, de nombreuses personnes en conservent des bribes en mémoire. Seules les âmes élevées, les grands chefs ou maîtres spirituels, se souviennent en totalité de leurs vies passées.

De nombreux textes mentionnent le caractère misérable de la vie humaine et incitent les hommes à multiplier leurs efforts pour libérer leur âme et parvenir à la vie « réelle ». Pour d'autres, il est possible, en glorifiant le divin sur terre, de faire l'expérience du paradis au cours de sa vie terrestre. Les pèlerinages sacrés, en interrompant le rythme de la vie quotidienne, peuvent ainsi être l'occasion de recevoir l'illumination divine. Pour certains hindous, l'expérience d'une vie consacrée au divin peut être réellement joyeuse et conduire à un état qui n'est pas une imitation de l'état de délivrance, mais la délivrance elle-même.

Paradis et enfer de l'hindouisme

La réincarnation et la délivrance (voir texte principal) sont les thèmes les plus récurrents des débats sur l'au-delà dans l'hindouisme. Cependant, les *Purana* évoquent un grand nombre de paradis et d'enfers. Dans certains textes, on trouve des descriptions précises de sept mondes souterrains et de sept ciels. Quant aux visions du paradis, elles incluent le plus souvent des jeunes danseuses et des arbres qui accordent les souhaits – images caractéristiques d'un lieu de délices (centré sur les hommes).

Dans la tradition hindoue, le séjour d'une âme en enfer ou au paradis est généralement considéré comme transitoire. L'âme renaît dans ces régions si elle a accumulé un certain type de mauvais ou de bon *karma*. Mais une fois ce *karma* épuisé, elle passe à une autre forme d'existence.

Selon certains textes, l'âme qui est parvenue à s'émanciper du cycle des renaissances traverse une rivière appelée Viraja (« sans passion ») et entre dans un paradis divin, tantôt Vaikhunta (la demeure de Vishnou), tantôt Kailasa (la demeure de Shiva, située dans les montagnes entre l'Inde et le Tibet). Pour les fidèles de ces dieux, le paradis est empli d'autres dévots qui chantent la louange de leur Seigneur. Vaikhunta est parfois décrit comme un immense palais aux mille piliers, resplendissant de lumière.

Shiva et son épouse Parvati, entourés de leurs fils Ganesha et Skanda, dans leur demeure du mont Kailasa (sommet himalayen à l'ouest du Tibet). D'autres divinités et des dévots sont en adoration devant la famille divine.

Divisions et identité

Jusqu'à une époque récente, le mot « hindou » n'était guère utilisé en Inde comme marque d'identité. La situation d'un individu au regard de la société se rattachait bien plus étroitement à sa « classe » sociale (*varna*, littéralement « couleur »), sa « sous-classe » (*jati*, littéralement « groupe de naissance »), sa communauté religieuse et l'école de pensée à laquelle il appartenait.

On compte quatre principaux *varna* et, aujourd'hui, des milliers de *jati*. C'est dans les *Veda* qu'apparaît pour la première fois cette notion de classes sociales distinctes au sein de la société indienne. À propos du sacrifice effectué à l'échelle du cosmos dans lequel les divers éléments de l'univers émergent du corps d'un homme cosmique primordial, le *Rig Veda* déclare : « De sa bouche est née la classe des prêtres, de ses bras sont nés les chefs. Les artisans sont issus de ses jambes, et les serviteurs de ses pieds. » Ces vers sont pour certains à l'origine de ce qu'on appelle désormais le « système des castes » (du portugais *casta*, qui signifie « division sociale »), mais il semble bien que cette stratification de la société indienne ait préexisté longtemps avant la rédaction de ce texte.

Les quatre *varna* principaux sont les prêtres (brahmanes), les chefs et les guerriers (*kshatriya*), les commerçants, artisans et agriculteurs (*vaishya*) et les serviteurs (*shudra*). Ces deux dernières classes ont toujours représenté de vastes ensembles et, si à une époque on a pu considérer que tous les membres d'une caste devaient, en théorie du moins, s'en tenir à la profession affectée au groupe auquel ils appartenaient, cette consigne ne correspondait vraisemblablement guère à la réalité. À l'heure actuelle, quelques *jati* correspondent encore plus ou moins aux quatre secteurs traditionnels, mais il en existe des centaines qui ne peuvent s'intégrer clai-

Vanniers à Jodhpur, Rajasthan. La vannerie est la spécialité de plusieurs jati. *Dans de nombreuses régions de l'Inde, les vanniers appartiennent à une « basse » classe sociale.*

rement à la catégorie, par exemple, des « commerçants » ou des « serviteurs ». Les membres des groupes des prêtres, des guerriers ou des commerçants étaient parfois considérés comme appartenant aux « hautes castes », et les hommes de ces groupes étaient dits « deux fois nés » en raison d'un ancien rituel d'initiation à la renaissance spirituelle appelé *upanayana*. Ils se trouvaient donc ainsi investis d'un « lien sacré » qui leur conférait le pouvoir d'étudier les *Veda* (voir illustration p. 156 et encadré ci-dessous). Selon la tradition, il est interdit aux femmes ainsi qu'aux membres de la caste des *shudra* de lire les *Veda*, bien que plusieurs hymnes védiques aient eu des femmes pour auteur.

La grande idée qui sous-tend cette hiérarchie sociale chez les hindous est que la vie des hommes est la conséquence de leur *karma* antérieur (voir p. 156-157). Le statut social de l'individu en cette vie est donc traditionnellement

Les devoirs des quatre castes

De nombreux traités hindous concernant la justice, le devoir moral et la loi étaient déjà écrits aux premiers siècles de notre ère. L'ensemble de ces textes, les *dharmashastra* (« traités de bonne conduite »), constitue la base des lois hindoues élaborées par la suite. Le plus célèbre d'entre eux est le *Manava Dharmashastra* (« les Lois de Manu »).

Les *dharmashastra* décrivent les devoirs et les privilèges des quatre grandes classes *(varna)* de la société. La caste des brahmanes (les prêtres) était seule habilitée à apprendre et à enseigner les *Veda*. Pendant des siècles, les brahmanes – enseignants, guides spirituels ou prêtres –, défendant jalousement leur monopole, ont interdit l'écriture des *Veda*. Les rois et les princes de l'Inde ancienne appartenaient à la caste des *kshatrya* (caste « princière » ou « guerrière »), qui tenait par tradition les rênes du pouvoir séculier. Les *kshatrya* avaient le droit d'apprendre les *Veda*, mais non de les enseigner ; leur devoir se bornait à protéger le peuple et le pays. La plupart des *kshatrya* font remonter leurs origines aux premiers dieux (dans l'hindouisme, jusqu'à l'époque actuelle, on attache la plus haute importance à l'ascendance), et les rites hindous postérieurs ont toujours souligné cette parenté avec la divinité. Les membres de la classe des marchands *(vaishya)*, chargés du commerce, des échanges et de l'agriculture, sont susceptibles d'accumuler de grandes richesses et donc de détenir un important pouvoir économique. Selon la loi, les *vaishya* avaient également le droit d'apprendre les *Veda* mais non de les enseigner.

Les textes précisent enfin que le devoir d'un *shudra* consiste à servir les autres classes, notamment celle des brahmanes. Les *shudra* ne sont pas autorisés à accumuler des richesses, même s'ils ont la capacité de le faire, et la seule chose qui permette à un *shudra* d'avoir droit au respect est son grand âge

Brahmanes récitant des textes védiques dans le temple de Kanchipuram, dans le Tamil Nadu. Chacun d'entre eux porte le « fil sacré » indiquant le statut de celui qui est autorisé à apprendre et à enseigner les Veda.

Le système des castes était – et est encore – infiniment plus complexe et plus souple que ne l'exigent les *dharmashastra*, et l'histoire montre que les prescriptions s'adressant à une classe, de la même façon que celles de Manu concernant les femmes (voir encadré p. 160), n'étaient probablement pas prises très au sérieux dans de nombreux secteurs de la société et n'étaient apparemment pas respectées dans de nombreuses régions. Ainsi, les *jati* appelés *vellalas* appartenaient à la caste des *shudra*, alors qu'ils étaient de riches propriétaires terriens, disposant d'un pouvoir économique et politique considérable dans le Sud. Les interdits des *dharmashastra* ne semblent guère avoir eu d'incidence sur leur sort.Enfin, le code ne prenait pas en compte divers groupes de « parias », soit qu'ils soient issus de mariages mixtes, soit qu'ils se soient adonnés à une profession considérée comme inférieure (voir texte principal).

Un vaishnavaïste (dévot de Vishnou) dans le temple de Sri Rangam, dans le Tamil Nadu. Les vaishnavaïstes se reconnaissent aux signes peints sur leur front.

considéré comme prédéterminé et immuable, et chacun est tenu de pratiquer les rites et de respecter le régime alimentaire propres à son *jati*. Au cours des siècles précédents, celui qui ne se conformait pas aux pratiques de sa caste risquait fort de se trouver exclu de son *jati* et de devenir un *paria*.

On a longtemps débattu pour savoir ce qui déterminait à l'origine la caste d'une personne. Le mot sanskrit *jati* implique que la naissance est déterminante, mais certains points soulevés dans le *Mahabharata* (voir texte en marge p. 139) laissent penser que la question n'a pas toujours été résolue de manière aussi claire. En pratique, la question n'a jamais été tranchée, et le statut social des hindous est aujourd'hui entièrement déterminé par le groupe auquel l'individu appartient à sa naissance. Cependant, au cours de l'histoire, on a toujours observé une relative mobilité inter-castes. Ainsi, il arriva que des membres de « basses castes » usurpèrent des trônes et affirmèrent qu'ils étaient d'origine divine, élevant par là leur caste au niveau de celle des *kshatriya*. Aujourd'hui, les habitants de l'Inde continuent de s'identifier en fonction de leur *jati*, et le système des castes demeure une force sociale si puissante que les communautés non hindoues (chrétiens, jaïns et sikhs) l'ont partiellement adopté. Ainsi, un chrétien nadar du sud de l'Inde ne peut pas épouser une femme qui ne soit pas de même origine.

De nombreux textes font référence à la hiérarchie des castes (voir encadré p. 159), mais une partie des hindous interprète le système traditionnel comme une répartition équitable du travail, chaque groupe étant chargé d'un secteur d'activité indispensable à la société. Mais, jusqu'à l'époque actuelle, le puissant système des castes a toujours entravé les réformes sociales. Le Mahatma Gandhi, par exemple, a déployé de grands efforts pour éliminer les préjugés à l'égard des groupes les plus défavorisés de la société indienne, les « intouchables », chargés

Les femmes dans les Écritures hindoues

D'une manière générale, la littérature hindoue exprime un point de vue paradoxal sur le rôle et la position des femmes. Selon les « Lois de Manu », rédigées au début de notre ère, le statut des femmes de l'époque était des plus bas. Ainsi, « la femme fidèle [...] doit adorer son mari comme un dieu, même si celui-ci est sans vertu. » Sans doute Manu poursuit-il en déclarant que, pour plaire aux dieux, il faut honorer les femmes, mais les jugements négatifs l'emportent sur les jugements positifs.

Le point de vue des écrivains religieux masculins est sous-tendu par le concept de « favorabilité ». Par nature, une personne ou une chose est dite « favorable » si elle sert les trois grands objectifs : *dharma* (le devoir), *artha* (la prospérité) et *kama* (le plaisir des sens). Ainsi, dans les *dharmashastra* (voir encadré p. 159), ainsi que dans la pratique hindoue jusqu'à nos jours, il est « favorable » pour une femme d'être mariée afin qu'elle puisse être la partenaire à part entière de son mari pour le *dharma*, l'*artha* et le *kama*. Seule une femme mariée pourra porter le titre de *Shrimati* (« Celle qui est favorable »). Elle est aussi dite *Grhalakshmi*, « la déesse Lakshmi de la maison », celle que l'on honore par-dessus tout dans la société hindoue, notamment si elle a des enfants.

Les commandements de Manu et des autres ne furent pas nécessairement respectés. Déjà, aux âges védiques, les femmes composaient des hymnes et prenaient part à des débats philosophiques. Après le VIIIe siècle, des femmes écrivirent des poèmes, des textes philosophiques, des exégèses religieuses et des ouvrages érudits. Elles étaient respectées, honorées et même dans certains cas vénérées.

Cette peinture moderne représente Chaitanya (1486-1583), grand saint bengali, en compagnie de ses disciples. Les adeptes de Chaitanya, lui-même dévot de Krishna, constituent l'une des plus grandes « communautés philosophiques » du monde hindou.

des tâches considérées comme « sales » et « dégradantes » par les « hautes » castes. Parmi les activités dont ils avaient la charge figuraient toutes celles qui impliquaient un contact avec le cuir et le cadavre des animaux, la peau et la chair mortes étant considérées comme polluantes (le mot tamoul *paria*, « joueur de tambour », qui a ensuite signifié « hors caste », a été donné à cette catégorie d'individus parce que les tambours étaient faits de la peau « impure » des animaux). Gandhi appelait les parias *harijan* (« enfants de Dieu »), et la Constitution de l'Inde après l'indépendance interdit la discrimination à leur égard. Mais les déclarations officielles sont à ce jour restées sans grand effet. L'obédience à une religion ou à une philosophie va parfois à l'encontre du système des castes et propose d'autres bases d'identification sociale. Les groupes religieux hindous se définissent par le dieu qu'ils vénèrent – les vaishnavaïstes adorent Vishnou, les shaivaïstes Shiva, etc. Les communautés philosophiques – adeptes de grands penseurs tels que Shankara (VIIIe siècle), Ramanuja (XIe siècle) et Chaitanya (XVIe siècle) – constituent également des groupes distincts dans de nombreuses régions de l'Inde. L'identité régionale a aussi son importance : les hindous tendent à se marier non seulement entre membres d'une même caste, communautés religieuse ou philosophique, mais également d'une même région.

D'une manière générale, la femme hindoue est fidèle à son mari pendant sa vie, et à sa mémoire s'il meurt avant elle. Si un mari a le droit d'abandonner sa femme, la pression sociale s'exerce encore dans certaines communautés à l'encontre de la femme qui quitte son mari. Cependant, si Manu (voir encadré p. 160) a été cité avec enthousiasme par les auteurs masculins de la loi hindoue – dont les écrits ont contribué à l'image que se font les Occidentaux de la femme indienne –, nombreuses sont encore les femmes hindoues qui jouissent d'une grande indépendance et contribuent pour une large part à la culture de leur pays.

CHAPITRE 5

LE BOUDDHISME

Malcom David Eckel

Cette figurine en bronze du XIVe siècle représente Maitreya, l'un des bodhisattvas les plus populaires du bouddhisme mahayana en Asie (voir p. 176-177).

Page ci-contre : drapeaux de prière bouddhistes. Sur ces lambeaux d'étoffe suspendus au col du Khambala, entre la Chine et le Tibet, sont inscrites des prières que le souffle du vent disperse dans l'espace.

Introduction

Le bouddhisme doit son nom à Siddharta Gautama (vers 566-486 avant notre ère), que ses disciples vénéraient comme *Bouddha*, ce qui signifie « l'Éveillé ». En quelques siècles, sa doctrine se répandit en Inde et dans de nombreuses autres régions d'Asie. Par la suite, alors qu'il disparut pratiquement de son pays d'origine, le bouddhisme marqua profondément de son empreinte la vie culturelle d'autres pays, de l'Afghanistan à l'ouest jusqu'à la Chine, la Corée et le Japon à l'est, et tout le Sud-Est asiatique, du Myanmar (Birmanie) jusqu'aux îles indonésiennes de Java et Bali. Aujourd'hui, le bouddhisme fait preuve d'une grande vitalité dans le paysage religieux de l'Europe et de l'Amérique du nord. Au cours de ses migrations, le bouddhisme fit preuve d'une grande souplesse, s'adaptant aux besoins des cultures et traditions des pays qui l'adoptèrent. De ce fait, il revêt aujourd'hui des formes si diverses qu'il est parfois difficile de reconnaître comme « bouddhique » telle ou telle pratique ou croyance.

Le personnage du Bouddha demeure la figure centrale de la religion. Fils d'un prince indien, Siddharta renonça à la vie de la cour pour chercher à se délivrer du *samsara*, le cycle éternel des réincarnations (voir p. 192-193). Après une longue période d'études, de méditation et d'introspection, il reçut l'« illumination » ou l'« éveil » *(bodhi)*, qui firent de lui un *bouddha* (il faut noter que, bien qu'on l'appelle le Bouddha, Siddharta n'est ni le premier ni le dernier à avoir atteint le stade de *bouddha*). Il commença alors sa prédication et quelques premiers fidèles commencèrent à se grouper autour de lui. Puis il résuma sa pensée sous la forme désormais connue des « Quatre Nobles Vérités » (voir texte en marge p. 171) et de la « Noble Octuple Voie » (voir p. 184-185). Tout en conservant son objectif, le bouddhisme a connu plusieurs évolutions aussi diverses que complexes. Le Bouddha n'était pas considéré comme un dieu ni comme un être

Sur cette illustration d'un manuscrit birman du début du XIXe siècle consacré à la vie du Bouddha, Siddharta Gautama est assis en méditation à Bodh Gaya, avant son « éveil » (à gauche). Il est assailli par les troupes de Mara, le roi des démons (voir p. 168-171), qui s'enfuient, saisies de panique devant l'impassibilité du futur Bouddha. À droite, quelques divinités rendent hommage au nouveau bouddha, *« éveillé ».*

Le bouddhisme en Asie

Légende

- Centre historique
- Aire initiale de diffusion
- Bouddhisme mahayana
- Bouddhisme theravada
- Bouddhisme tantrique
- Limite de l'influence tibétaine en Chine
- Principales routes de diffusion
- Site religieux important
- Site important dans la vie du Bouddha
- Autre ville
- Montagne sacrée

surnaturel, mais comme un homme qui, ayant trouvé les réponses aux grands dilemmes de la vie humaine, avait su les transmettre aux autres hommes. Par ses caractéristiques – sens du sacré, cohésion sociale et culturelle, et absence de référence à un dieu créateur –, le bouddhisme exerce un attrait puissant sur des millions d'Asiatiques, ainsi que sur de nombreux Américains et Européens.

Un siècle environ après la mort du Bouddha, des conflits concernant la discipline entraînent les premières scissions au sein de la communauté bouddhiste. Dix-huit « écoles » rivales *(nikayas)* se constituent, parmi lesquelles seule survivra l'école du « theravada », aujourd'hui dominante en Asie du Sud-Est. Au IIIe siècle avant notre ère, sous l'influence de l'empereur indien Ashoka, le bouddhisme émigre au Sri Lanka, puis en Asie du Sud-Est jusqu'en Indonésie. Au cours du IIe siècle de notre ère, les moines introduisent le bouddhisme jusqu'en Chine par la route de la soie. De là, il atteint la Corée et le Japon. Il s'implante au Tibet au VIIe siècle. Le bouddhisme tibétain est aujourd'hui l'une des cultures bouddhiques les plus marquantes, notamment grâce à la personnalité du quatorzième dalaï-lama (voir p. 194-197).

L'essor du bouddhisme au nord et à l'est de l'Asie a été favorisé par le développement du *mahayana*, ou « Grand Véhicule », en Inde, au début de notre ère. Le bouddhisme mahayana a apporté avec lui un nouveau corpus d'écritures saintes (les *sutras* du mahayana) ; le rôle des laïcs, par rapport à celui des moines et des nonnes, se trouvait revalorisé grâce à une nouvelle interprétation de l'idéal du *bodhisattva*, ou « *bouddha* en devenir » (voir p. 176-177), ainsi qu'à l'évolution de la conception du Bouddha lui-même. Dérivé du mahayana, le tantrisme

Chronologie

Voir également les chronologies de la Chine (p. 202) et du Japon (p. 240)

Vers - 566-486	Vie de Siddharta Gautama, le Bouddha
Vers - 486	Premier concile bouddhique, formation des éléments centraux du canon bouddhique
Vers - 383	Second concile bouddhique, première scission de la communauté
- 327-325	Les Grecs arrivent en Inde avec Alexandre
Vers - 269 -232	Règne d'Ashoka, qui envoie des missionnaires bouddhistes au Sri Lanka
Vers - 100	Premiers *sutras* du bouddhisme mahayana
Ier siècle de notre ère	Introduction du bouddhisme en Chine
220-236	Le bouddhisme se renforce au sud de l'Inde, sous la dynastie des Andhra
320-540	Règne de la dynastie des Gupta, « époque classique » du bouddhisme indien
IVe siècle	Le bouddhisme parvient en Corée ; Buddhaghosa édicte les principes fondamentaux du bouddhisme theravada
VIe siècle	Le bouddhisme parvient au Japon
606-646	Règne de Harsha au nord de l'Inde
VIIe s.	Naissance du bouddhisme tantrique
VIIe-VIIIe s.	« Première Diffusion du *dharma* » au Tibet, et fondation du premier monastère à Bsam-yas
800-1200	Époque de la dynastie des Pala ;grandes universités monastiques dans l'est de l'Inde
838-842	Règne de Glang-dar-ma au Tibet
Xe s.	« Deuxième Diffusion du *dharma* » au Tibet
XIe s.	Émergence des quatre grandes écoles du bouddhisme tibétain
1040-1123	Vie du saint tibétain Milarepa
1100-1200	Destruction des monastères dans l'est de l'Inde ; déclin du bouddhisme en Inde
1173-1210	Règne de Narapatisithu au Sri Lanka
XIIe-XIVe s.	La population indochinoise du Sri Lanka adopte le bouddhisme theravada
1357-1419	Vie de Tsong-kha-pa, fondateur de l'école tibétaine des Dge-lugs-pa
1391-1475	Vie du moine tibétain Dge'-dun-grub (rétrospectivement, le « premier » dalaï-lama)
1543-1588	Au Tibet, règne de Bsod-nams-Rgya-mtsho, qui reçoit le titre de dalaï-lama
1617-1682	Règne de Ngag-dbang-blo-bzang Rgya-mtsho, « Grand Cinquième » dalaï-lama ; construction du Potala, à Lhassa
1801-1852	Vie d'Eugène Burnouf, premier traducteur de textes bouddhiques
1844	Publication aux États-Unis du premier texte bouddhique (traduit d'un texte français par H. D. Thoreau)
1881	Fondation de la Société des Écritures pali en Angleterre
1864-1933	Vie de A. Dharmapala, réformateur sri lankais
1891-1956	Vie de B. R. Ambedkar, qui suscite la renaissance du bouddhisme en Inde
1893	Participation de maîtres bouddhistes asiatiques au Parlement mondial des religions à Chicago
1935	Naissance de Tenzin Gyatso, quatorzième dalaï-lama, qui vit en exil depuis 1959
1950	La Chine envahit le Tibet ; depuis cette date, persécution des bouddhistes au Tibet
1966-1976	Révolution culturelle en Chine

apparaît au VIIe siècle : par l'importance accordée au symbolisme et au rituel, et par sa vision des *bouddhas* comme des divinités redoutables, il est l'une des variantes les plus intéressantes et intellectuellement les plus stimulantes du bouddhisme. On rencontre des écoles de bouddhisme tantrique en Chine, en Corée et au Japon ; c'est le mouvement dominant au Tibet et au Népal.

L'expansion institutionnelle et intellectuelle du bouddhisme a pu se développer grâce à plusieurs personnalités remarquables, parmi lesquelles les premiers disciples du Bouddha, appelés *arhant* (« saints »). Par la suite, les mouvements mahayana et theravada produisirent de nombreux moines lettrés : ainsi, le moine theravadiste Buddhagosa qui élabora les bases intellectuelles sur lesquelles se fondent les écoles monastiques de l'Asie du Sud-Est. Le bouddhisme a également eu ses réformateurs religieux et sociaux, tels Shinran et Nichiren au Japon (voir p. 254-255). L'engagement politique fait du reste partie de ses traditions, depuis les temps anciens de l'empereur Ashoka, jusqu'aux deux récents prix Nobel de la paix : le quatorzième dalaï-lama (voir p. 182-183 et 194-197) et la Birmane Aung San Suu Kyi (voir encadré p. 197).

À côté de ces personnalités, des générations de fidèles ont pu donner un sens à leur vie en pratiquant les simples gestes de leur religion, qui, pour l'essentiel respectent quelques préceptes comme : offrir de la nourriture aux moines, célébrer les rites de passage, l'anniversaire du Bouddha ou des « saints » bouddhistes, effectuer un pèlerinage… À travers toutes ces pratiques bouddhiques semble se manifester, d'une manière ou d'une autre, le même besoin fondamental : atteindre la sérénité au sein d'un monde marqué par la souffrance et l'impermanence.

Écritures bouddhiques sacrées conservées dans des enveloppes de soie, dans la bibliothèque du monastère de Gompa, au Ladakh, dans la partie occidentalede l'Himalaya.

Moines sud-coréens récitant des prières à l'occasion du « jour du Bouddha », qui tombe en avril ou en mai. Cette fête est célébrée dans l'ensemble du monde bouddhiste (voir texte en marge p. 191).

La naissance miraculeuse de Siddharta

Plusieurs présages et événements surnaturels annonciateurs de sa carrière se rattachent à la naissance du Bouddha. Selon le *Buddhacharita* (« Actes du Bouddha »), récit de la vie du Bouddha par le poète Ashvaghosha (IIe siècle de notre ère), lors de sa conception, la reine Maya, sa mère, fit un rêve : un éléphant pénétrait son flanc sans douleur. Lorsque la grossesse arriva à terme, l'enfant Siddharta bondit du flanc de sa mère, fit six pas et déclara « Je suis né pour parvenir à l'éveil *(bodhi)*, pour le bien du monde. Ceci est ma dernière naissance. » Suddodhana, le père de Siddharta, demanda aux sages de la cour d'interpréter ces phénomènes merveilleux. Les sages, apercevant des roues sur la paume des mains et la plante des pieds de l'enfant, déclarèrent que Siddharta deviendrait « *Chakravartin* » (« Celui qui fait tourner la roue ») – au sens littéral, un « révolutionnaire » –, c'est-à-dire soit un roi conquérant, soit un grand maître spirituel.

La vie du Bouddha

L'origine du bouddhisme remonte à la vie d'un homme, Siddharta Gautama, également connu sous le nom de Shakyamuni (« Sage du clan des Shakyas »), qui vit le jour dans les collines au pied de l'Himalaya, à la fin du VIe siècle avant notre ère. L'histoire du Bouddha commence par celle de ses vies antérieures en tant que *bodhisattva* (« *bouddha* en devenir »). En effet, selon l'ancienne doctrine de la réincarnation *(samsara)*, une vie est le résultat d'un certain nombre d'actions *(karma)* accomplies au cours de nombreuses vies antérieures, et celle de Siddharta Gautama ne fait pas exception à la règle. Un ensemble de textes appelés *Jatakas* (voir encadré page ci-contre) explique que ce dernier se prépara à son ultime vie de *bouddha* au cours de nombreuses vies antérieures, pendant lesquelles il bénéficia de l'enseignement de *bouddhas* qui l'avaient précédé et eut l'occasion de faire preuve d'un grand nombre de vertus, qui deviendront par la suite les vertus fondamentales du bouddhisme.

Selon la chronologie fixée par les lettrés, Siddharta Gautama naquit en 566 avant notre ère et mourut en 486 (pour les bouddhistes d'Asie du Sud-Est, il s'agit de 623 pour sa naissance, et de 543 pour sa mort – ou *parinirvana*, « extinction totale »). Il n'existe que peu de variantes concernant sa naissance et la légende qui s'est construite autour de sa vie. Le Bouddha naquit à Lumbini, aujourd'hui au sud du Népal ; ses parents étaient les souverains d'un petit peuple indien, les Shakyas. Il passa ensuite la plus grande partie de sa vie dans le bassin central du Gange, aux environs de Bénarès, Patna et Vaishali (voir carte p. 165).

Cette peinture tibétaine du XVIIIe siècle représente la naissance merveilleuse et les sept premiers pas du Bouddha (voir texte en marge ci-dessus).

Élevé dans le palais de son père, le roi Suddhodana, à Kapilavastu, Siddharta épousa une princesse, Yashodara, qui lui donna un fils, Rahula. À l'âge de trente ans, Siddharta, qui n'avait jamais quitté le palais paternel, éprouva soudain le désir de connaître la vie qui se déroulait au-delà de ses murs. Aussitôt franchi le portail, il eut la révélation de la douloureuse condition humaine en voyant pour la première fois, dans le parc qui entourait le palais, successivement un vieillard, un malade et un cadavre.

À l'occasion d'une autre sortie, Siddharta fut une nouvelle fois troublé par la rencontre avec un ascète itinérant *(shramana)* ; il fit alors le vœu de suivre son exemple en cherchant à se libérer de la souffrance. Son père tenta tout d'abord de le retenir, mais Siddharta Gautama quitta le palais – avec, selon la légende, la complicité des dieux qui plongèrent toute la cour dans un profond sommeil – et abandonna son identité de prince pour adopter celle d'errant. Chaque fois que l'un de leurs membres décide d'embrasser la vie monastique, les bouddhistes évoquent cet événement, connu sous le nom de *Pravrajya*, ou « grand départ ».

Pendant les premiers temps de sa vie errante, Siddharta Gautama s'infligea de terribles jeûnes et des mortifications qui l'amenèrent aux portes de la mort. Comprenant un jour que la voie qu'il avait choisie pour se délivrer n'était pas la bonne, il accepta une offrande de nourriture de la main d'une jeune femme, se lançant alors dans la « voie moyenne », c'est-à-dire le choix d'une discipline qui

L'histoire de Vessantara

Les *Jatakas* (récits des « naissances ») relatent l'histoire des vies du Bouddha avant sa dernière incarnation en Siddharta Gautama. Parmi ces récits, celui du prince Vessantara, modèle absolu de générosité, est l'un des plus populaires. Dans le pays sur lequel il régnait vivait un éléphant blanc qui possédait le pouvoir magique d'attirer la pluie. Un jour, le souverain d'un royaume voisin envoya des messagers demander qu'on lui fasse don de l'éléphant. Dans son extrême générosité, Vessantara lui donna l'éléphant. Ses sujets, pour se venger, l'exilèrent dans une forêt avec sa femme et ses enfants. Là, un méchant brahmane (membre de la caste des prêtres) du nom de Jujaka demanda à Vessantara de lui donner ses enfants pour en faire ses esclaves. Le prince accepta avec joie.

C'est alors que le dieu Sakka, craignant que Vessantara ne donne aussi sa femme, revêtit une forme humaine et vint la lui réclamer. Vessantara la lui donna sans hésiter, mais Sakka la lui rendit aussitôt et lui expliqua que désormais, puisqu'elle lui avait été donnée par un dieu, il devait la garder pour toujours. Puis la chance sourit de nouveau à Vessantara : après avoir racheté ses enfants au méchant brahmane, il rentra triomphalement dans son royaume.

Comme les autres *Jatakas* (dans l'un d'entre eux, le Bouddha, incarné en cerf, donne sa vie en échange de celle d'une biche), l'histoire de Vessantara est considérée dans toute l'Asie du Sud-Est comme l'exemple suprême de la générosité. Cette qualité revêt une importance d'autant plus grande aux yeux des laïcs que les monastères dépendent de leurs largesses. Les libéralités de Vessantara et son exil dans la forêt annoncent aussi l'acte de renoncement qui mit Siddharta sur la voie du nirvana.

Sur ce tanka (icône portative) tibétain du début du XVIIIe siècle sont représentées plusieurs vies antérieures du Bouddha, lui-même trônant sur un socle au centre de l'image.

se situait entre les extrêmes d'une vie de plaisirs et d'une vie de pénitences. Enfin, Siddharta Gautama parvint à Bodh Gaya, et s'arrêta, au bord de la rivière Nairanjana, près de l'arbre qui devint l'arbre de la *bodhi* ou arbre « de l'illumination ». Là, décidé à faire un ultime effort pour se libérer volontairement du cycle de la mort et de la renaissance (voir p. 192-193), il subit les assauts du méchant dieu Mara, le « Satan » du bouddhisme (voir illustration p. 164) : Mara envoya ses filles, qui tentèrent de séduire Siddharta, et ses fils féroces qui, par leurs menaces, tentèrent de le faire fuir, mais il résista à toutes ces tentatives, et, au cours d'une dernière nuit de méditation, reçut l'illumination, la connaissance du *dharma* (la « vérité », la « loi ») de l'existence humaine (voir texte en marge p. 171). Il devint alors à proprement parler un *bouddha* (« éveillé »).

Selon certains récits, dans les premiers temps, le Bouddha envisagea de garder cette révélation pour lui seul. Pendant plusieurs semaines, il resta assis en méditation avant de se décider à transmettre le message de sagesse qu'il venait de découvrir. Puis il se rendit jusqu'au parc aux daims de Sarnath, près de Varanasi (aujourd'hui Bénarès), et y rencontra les cinq premiers compagnons de sa quête spirituelle. Il prononça devant eux son premier sermon *(sutra)*, connu sous le nom de « Discours sur la mise en mouvement de la roue du *dharma* [de la loi] » *(Dharmachakrapravartana)*. L'histoire du bouddhisme comme religion

Les représentations du Bouddha

Les plus anciennes représentations du Bouddha se rattachent à des symboles ou des scènes de sa vie. Deux des symboles parmi les plus connus sont les images de la roue du *dharma* (qui représente le premier sermon, voir illustration page ci-contre) et du trône où il a atteint l'éveil, sous l'arbre *bodhi*. Les représentations symboliques du « grand départ », quand le Bouddha quitte son palais pour vivre en ascète, représentent un cheval sans cavalier, surmonté d'un parasol, un groupe de divinités indiennes de moindre rang étouffant le bruit des pas du cheval, selon ce que raconte la légende. Également, l'un des exemples les plus courants de ce type de représentation est celle de l'empreinte des pas du Bouddha.

Au début de notre ère, les bouddhistes commencèrent à représenter l'apparence physique du Bouddha. Dans la région du Ghandara, à la frontière actuelle entre le Pakistan et l'Afghanistan, les images du Bouddha furent fortement influencées par l'art hellénistique des royaumes grecs d'Afghanistan et de l'ouest de l'Asie centrale. Dans la région moyenne du Gange, à Mathura, le Bouddha est représenté dans un style puissant et réaliste, inspiré des arts décoratifs traditionnels de l'Inde. Les deux styles se fondent ensuite sous la dynastie des Gupta (320-540 de notre ère) pour donner la représentation classique qui se propagera à travers tout le monde bouddhiste. Les fresques des grottes bouddhiques d'Ajanta, à l'ouest de l'Inde, relèvent également de ce style gupta, de même que celles de Sarnath, représentations élégantes, sensuelles, sereines, mais éthérées, de l'enseignement du Bouddha.

L'influence hellénistique est ici manifeste dans cette statue en schiste du IIe siècle, provenant du Ghandara : attitude, expression, musculature et drapé. La « bosse de la sagesse », sur la tête, est un élément spécifiquement bouddhique et les mains, aujourd'hui disparues, étaient probablement représentées dans un geste de bénédiction, l'une levée et l'autre baissée, paumes ouvertes.

organisée débute avec le discours de ce maître à la sagesse toute récente, confiant le contenu de sa révélation à une poignée de compagnons qui formeront le premier noyau de la communauté *(samgha)*. Pendant les quarante-cinq années qui lui restent à vivre, le Bouddha parcourut les routes du nord de l'Inde en prêchant le *dharma* et en multipliant le nombre de ses fidèles, poussant toujours plus loin les limites de la communauté. On raconte qu'il alla jusqu'à monter au ciel pour enseigner le *dharma* à sa mère défunte. Enfin, dans la ville de Kushinagari, Siddharta prononça son dernier discours *(sutra Mahaparinirvana)* devant ses disciples, s'allongea entre deux arbres et mourut ou, en termes bouddhiques, atteignit l'« extinction complète » *(parinirvana)*.

Suivant ses instructions, son corps fut incinéré par des disciples. Ses reliques furent ensuite partagées et enfermées sous plusieurs *stupas*, tumulus funéraires primitifs (voir p. 186-187). Aujourd'hui encore, l'un des fondements de la dévotion bouddhique est la vénération de ces reliques, culte qui s'est étendu à divers objets, images et sites, sanctifiés par leur relation avec des événements de la vie du Bouddha. Dans la tradition bouddhique, il s'agit du « Corps formel » bouddhique par opposition au « Corps de la loi ». Par le biais de ces deux Corps (souvent interprétés de façon différente dans les régions du monde bouddhique), la présence du Bouddha se fait encore sentir dans l'ensemble de la communauté.

Cette « roue du dharma », encadrée de deux daims, orne le faîte d'un temple de Lhassa, au Tibet. Elle symbolise le premier sermon du Bouddha dans le parc aux daims, près de Bénarès.

Les « Quatre Nobles Vérités »

À Bodh Gaya, la première grande révélation du Bouddha fut la connaissance de ses vies antérieures. Ensuite, il eut connaissance des vies antérieures des autres hommes, et, enfin, la révélation des « Quatre Nobles Vérités » : « la vérité de la souffrance », « la vérité de l'origine de la souffrance », « la vérité de la cessation de la souffrance » et la « vérité de la Voie ». L'ordre de ces révélations peut s'expliquer ainsi : l'éveil du Bouddha débute par la prise de conscience que le monde n'est que souffrance (notamment tout ce qui concerne le caractère inévitable de la disparition d'un être aimé, d'un objet, ou la fin d'une expérience) ; il comprend ensuite que l'origine de la souffrance est le désir, et que le désir est causé par la conception erronée de la nature des choses, et notamment de la nature du moi. En découvrant ces Quatre Nobles Vérités, Siddharta eut la conviction d'avoir mis fin à la douleur. Selon son enseignement, la souffrance cesse lorsque s'inverse le processus qui est à son origine, et l'on est alors sur le chemin du *nirvana*, qui est la fin du désir et de l'ignorance (voir p. 192-193). Le Bouddha affirme enfin qu'il est possible d'atteindre le *nirvana* par la Noble Octuple Voie (voir p. 184-185).

Écoles et Véhicules

Sculpture du Gandhara (IIIe siècle de notre ère) représentant le Bouddha émacié par le jeûne pendant sa période ascétique de la quête de l'illumination *(voir p. 168-171).*

Ce que l'on sait de la communauté bouddhiste primitive, ou *sangha*, nous vient pour l'essentiel de textes écrits cinq siècles ou plus après la mort du Bouddha. Il est donc difficile de savoir avec certitude comment le *sangha*, à partir d'une petite troupe de disciples rassemblés autour d'un seul chef charismatique, a pu devenir une force dominante en Inde et avoir une influence au-delà de ses frontières. Cependant, la tradition bouddhique rappelle les étapes du développement institutionnel qui ont permis à la religion de jouer un rôle important dans l'épanouissement de la civilisation asiatique.

Peu de temps après la mort du Bouddha, en 486 (ou 543) avant notre ère, un « premier concile » se réunit dans la ville de Rajagriha. Selon la tradition, l'un des disciples du Bouddha, Kashyapa, parcourait la région en compagnie d'un groupe de moines lorsqu'il apprit la mort de son maître. L'un des moines se réjouit ouvertement, déclarant que la mort du Bouddha les délivrait des contraintes de la vie monastique. Kashyapa, inquiet pour l'avenir de la discipline religieuse, proposa alors de réunir un concile afin de réaffirmer les enseignements du Bouddha et les règles monastiques, et d'établir une doctrine et un ensemble de pratiques communs destinés à guider la communauté bouddhiste. Les travaux de ce premier concile devaient constituer par la suite les éléments centraux du canon bouddhique.

Une autre source mentionne un deuxième concile, qui se serait réuni un siècle plus tard à Vaishali pour débattre des variantes introduites dans le code monastique du fait de l'expansion géographique de la communauté. Mais les questions ne furent pas toutes résolues, et la première scission se produisit entre *sthavira* (« tenants de la doctrine des anciens ») et *mahasanghika* (« grande communauté »). Cet événement marque le début de la scission du *sangha* en 18 écoles *(nikayas)*, anticipant la rupture définitive entre bouddhisme hinayana – « Petit Véhicule » – et bouddhisme mahayana – « Grand Véhicule » (voir texte en marge p. 173).

L'expansion de la communauté primitive doit beaucoup au soutien des royaumes, en Inde et au-delà des frontières. Ashoka, le grand empereur des Mauryas (268-239 avant notre ère), qui régnait sur le nord de l'Inde à partir de sa capitale Palipatura (aujourd'hui Patna), se convertit publiquement au bouddhisme. Dans le cadre de sa politique de « conquête au nom de la loi » *(dharmavijaya)*, il imposa les valeurs bouddhiques dans l'ensemble de son royaume et favorisa la propagation de la religion au-delà des frontières. Son fils Mahendra, par exemple (Mahinda en pali), aurait été chargé de diriger la mission dépêchée par Ashoka au Sri Lanka.

Il semble qu'à cette époque des moines bouddhistes avaient déjà pénétré en Afghanistan et en Asie centrale, où ils entrèrent en contact avec les royaumes helléniques qui s'y étaient établis à la suite de l'expédition d'Alexandre le Grand jusqu'en Inde (327-325 avant notre ère). On sait en effet qu'un roi grec, Ménandre

Le déclin du bouddhisme en Inde

Au XIIIe siècle, la renaissance de l'hindouisme en Inde semble avoir considérablement réduit l'attrait du bouddhisme aux yeux du peuple, alors qu'au fil des siècles les différences qui les séparaient semblaient avoir été occultées par la pratique populaire. Les monastères bouddhistes, exposés aux persécutions des ennemis des rois et des princes qui les protégeaient, se trouvaient alors dans des situations précaires. La destruction, par les envahisseurs musulmans, des monastères de Nalanda en 1197 et de Vikramashila en 1203 marque la fin de l'influence du bouddhisme sur la culture indienne. Quelques moines demeurèrent dans leurs monastères en ruines, mais, à partir de cette époque et jusqu'au XXe siècle (voir p. 194-197), le bouddhisme n'occupa plus qu'une place négligeable dans son pays d'origine.

(Milinda en pali), se serait converti au bouddhisme. La religion bénéficia également de l'aide des Sakas, une tribu scythe qui envahit l'Afghanistan vers 130 avant notre ère, et de celle du roi Kanishka, qui régnait sur une partie du nord de l'Afghanistan vers l'an 100. Au sud de l'Inde, le soutien de la dynastie des Satavahanas (de 220 avant notre ère à 236) permit l'épanouissement de la culture bouddhique dans la région qui est aujourd'hui l'Andra Pradesh.

Pendant les six ou sept premiers siècles de notre ère, le bouddhisme joua un rôle de premier plan dans l'épanouissement de la culture indienne, notamment sous la dynastie des Gupta (320-450) et pendant le règne du roi Harsha (606-646). Les monastères bouddhiques devinrent des centres d'étude très développés ; les moines y recevaient un enseignement dans des domaines divers, tels que la philosophie, la religion, la médecine, l'astronomie et la grammaire. Plus tard, des envahisseurs étrangers occupèrent le nord de l'Inde, et le centre de la vie monastique se déplaça en longeant du Gange vers le Bihar et le Bengale. Sous la dynastie des Pala (vers 800-1200), des centres monastiques tels que Nalanda et Viktamashila maintinrent et développèrent la tradition des premiers temps.

L'histoire du bouddhisme en Asie du Sud-Est remonte à la mission d'Ashoka au Sri Lanka. Pendant plus de mille ans, le bouddhisme fut constitué, dans cette région, d'un mélange éclectique de traditions, reflétant la diversité du bouddhisme indien. À partir du XIe siècle, l'influence des monastères bouddhiques commence à décliner (voir texte en marge p. 172) ; un certain nombre de moines

Un stupa bouddhique à Mihintale, le lieu où Mahendra (Mahinda), le fils du roi Ashoka envoyé en mission par son père au Sri Lanka, aurait prononcé son premier sermon. Le bouddhisme theravada s'est propagé au XIIIe siècle à partir de l'île dans tout le Sud-Est asiatique.

Le bouddhisme mahayana

Vers le début de notre ère apparut, dans des circonstances encore mal connues, un mouvement de réforme bouddhiste qui prit le nom de « mahayana », ou « Grand Véhicule », pour se démarquer de ce que l'on considérait comme « hinayana », ou « Petit Véhicule », qui englobait les dix-huit écoles (voir texte principal).

Le mahayana fait remonter son origine au Bouddha lui-même. Selon les textes du mahayana, le Bouddha réunit quelques-uns de ses disciples préférés dans le parc des vautours de Rajagrha (l'actuel Rajghir) et prononça devant eux un sermon connu sous le nom du « Discours sur le deuxième tour de la roue du *dharma* ». On dit que cet enseignement demeura secret pendant quelque temps avant d'être révélé à l'ensemble de la communauté bouddhiste indienne. On ne sait si le mahayana apparut dans une région donnée de l'Inde ou en plusieurs lieux, mais il est clair que l'importance accordée à l'idéal du *bodhisattva* (voir p. 176-177 et texte en marge p. 184) présentait un intérêt nouveau pour les bouddhistes laïcs. Un *bodhisattva* n'avait pas besoin de renoncer au monde pour atteindre le *nirvana*, comme le voulait l'idéal monastique, mais, au contraire, restait « dans le monde » par compassion pour l'humanité. Le bouddhisme mahayana créa toute une mythologie de *bouddhas* et de *bodhisattvas* célestes qui s'apparentent non seulement à certains aspects des cultes de l'Iran et du Moyen-Orient mais aussi à la mythologie des premiers temps de l'hindouisme.

Pagan, l'ancienne capitale de la Birmanie, compte plus de 5 000 édifices bouddhiques. La ville fut pendant deux siècles une cité prospère, jusqu'à sa prise par les Mongols en 1287.

Le bouddhisme tantrique

Du mahayana émergea un mouvement qui semblait remettre en cause les fondements même de la tradition bouddhiste. On l'appelle « tantra », du nom des textes sur lesquels se fonde son enseignement, ou encore « mantrayana » (« Véhicule des chants sacrés ») et « Vajrayana » (« Véhicule de l'éclair »). Le bouddhisme tantrique met l'accent sur le rituel et sur le symbolisme, notamment celui du *mandala*, « cercle sacré » (voir encadré p. 177), et recommande des méthodes qui permettent une expérience immédiate de l'« éveil ». Le caractère sans nuances de cet éveil se manifeste de manière particulièrement frappante dans l'art tantrique à travers la représentation du Bouddha comme « dieu de colère ». Un *siddha*, ou « saint » tantrique, sait qu'il n'y a en fait aucune différence entre la sérénité et la colère, et que l'expérience de l'éveil peut se manifester dans la moindre des émotions humaines.

et de rois bouddhistes du Myanmar et de Thaïlande se tournent vers le bouddhisme du Sri Lanka, où, pendant le règne de Narapatisithu (1173-1210), l'école theravada est en pleine ascension. Sous l'influence sri lankaise, le bouddhisme theravadiste se répand en Thaïlande et au Myanmar, et c'est cette branche qui prédomine encore aujourd'hui dans la région. Aux XIXe et au XXe siècles, les bouddhistes du Sud-Est asiatique sont confrontés au colonialisme européen, mais des générations de réformateurs décidés à faire front vont élaborer un bouddhisme résolument « moderne » (voir p. 196-197).

Le bouddhisme pénètre au Tibet en deux vagues successives, connues comme la « Première Diffusion du *dharma* » et la « Deuxième Diffusion du *dharma* ». La première vague se propage au VIIe siècle, lorsque les épouses du roi tibétain Srong-btsan-sgam-po (Songsten Gampo) introduisent dans la capitale, Lhassa, des images du Bouddha. Le premier monastère est fondé à Bsam-yas (Samye) à la fin du VIIIe siècle, avec la collaboration du saint indien tantriste Padmasambhava, du lettré indien Shantarakshita et du roi tibétain Khri-srong-lde-btsan (Thrisont Detsen). Le bouddhisme tibétain porte la marque des éléments introduits par ces trois fondateurs : rituel et méditation tantriques (voir texte en marge ci-contre), discipline intellectuelle monastique, pouvoir séculier royal.

La « Première Diffusion » prend fin lors d'une période de persécutions qui débute sous le règne du roi Glang-dar-ma (Langdarma, 838-842). La « Deuxième Diffusion » intervient à la fin du Xe siècle, et, à la fin du XIe siècle, les quatre grands courants du bouddhisme tibétain sont clairement constitués. L'un d'entre eux, le Rnying-ma-pas (Nyingmapa), se rattache au saint tantriste. Les autres, le Sa-skya-pas (Sakyapa), le Bka'-gdams-pas (Kadampa) et le Bka'-rgyud-pas (Kargyupa) revendiquent pour origines les saints et les lettrés de la période suivant la grande persécution. Du courant des Bka'-gdams-pas viennent les Dge-lugs-pa (Gelukpa), une lignée dont sont issus les dalaï-lamas (voir encadré p. 175).

Le bouddhisme a pénétré en Chine par la route de la soie au Ier ou au IIe siècle (voir carte p. 201). Comme en Asie du Sud-Est et au Tibet, la grande difficulté consistait à traduire toute la richesse et la complexité du bouddhisme indien dans une forme accessible aux autochtones. Cependant, à la fin de la dynastie des Tang (618-907), le bouddhisme avait perdu ses caractères culturels d'origine et occupait une place importante dans la civilisation chinoise. C'est à cette période qu'apparaissent les écoles chinoises classiques du mahayana, la tradition de méditation du chan (du sanskrit *dhyana* « méditation ») et les écoles de philosophie du Tiantai et Huayan. Le bouddhisme chinois se caractérise par l'importance dévolue aux *bouddhas* et *bodhisattvas* divins du mahayana, notamment Amitabha (Amituo Fo), Avalokiteshvara (Guanyin, voir texte en marge p. 211) et Maitreya (Mile Fo, voir p. 176-177).

Le bouddhisme, religion « étrangère », connut des périodes de persécutions, même à l'époque de son épanouissement sous les Tang (voir p. 204-207). Le développement du néo-confucianisme sous la dynastie des Song (960-1279) ne lui permit jamais de reprendre la place dominante qu'il occupait à l'époque des

Tang. Mais il demeura toujours l'une des « Trois Doctrines » vénérées de la Chine (voir p. 200-203). La variante chinoise du bouddhisme a pénétré en Corée au IVe siècle et au Japon au VIe siècle (voir p. 242-245). Le Viêt Nam adopta lui aussi les traditions bouddhiques chinoises, bien que la religion ait probablement été introduite dans le pays dès le IIe siècle. On retrouve dans ces trois pays une forme de bouddhisme « chan » (« zen » en japonais), qui donne une place prépondérante à la méditation et à l'éveil, ainsi qu'à la dévotion aux *bouddhas* et aux *bodhisattvas* célestes.

Au XXe siècle, les courants bouddhiques étaient pratiquement tous représentés en Occident, tant parmi les communautés émigrées que parmi les Occidentaux convertis (voir texte en marge ci-contre). Dans les monastères, temples et salles de méditation, de l'Europe aux États-Unis, le bouddhisme s'est enraciné dans des environnements différents de la région du Gange où il était apparu.

Le bouddhisme gagne l'Occident

Sauf pour quelques érudits, le bouddhisme resta pratiquement inconnu en Occident jusqu'au milieu du XIXe siècle. Vers 1900, il gagna beaucoup de terrain en Occident, sous l'influence d'un ex-colonel de l'armée américaine, Henry S. Olcott (1832-1907), et d'une mystique russe, Helena Blavatsky (1831-1891). Tous deux s'étaient donné pour mission de faire revivre le courant theravada dans le Sri Lanka colonisé, et la Société de théosophie qu'ils fondèrent s'inspirait largement de ces préceptes. Le bouddhisme gagna aussi de l'audience au Parlement mondial des religions (à Chicago en 1983), auquel participèrent de nombreuses personnalités d'Asie.

Les rois-prêtres du Tibet

Le titre de dalaï-lama (littéralement « maître de l'océan » – le premier mot signifiant vraisemblablement « océan de sagesse ») fut donné pour la première fois au roi tibétain Bsod-nams Rgya-mtsho (Sonam Gyatso, 1543-1588) par le chef mongol Altan Khan. Mais, pour les bouddhistes tibétains, Bsod-nams Rgya-mtsho est le troisième d'une série de réincarnations qui remonte au moine Dge'dun-grub (Gendun Dup, 1391-1475), qui est donc considéré comme le « premier » véritable dalaï-lama.

C'est au cours du règne du « grand cinquième » dalaï-lama, Ngag-dbang-blo-bzang Rgya-mtsho (Ngawang Losang Gyatso, 1617-1682), que le personnage devint à part entière le chef séculier et régulier du Tibet. Sous le règne de ces souverains, les tibétains conservèrent leur mode de vie traditionnel jusqu'à l'invasion du Tibet par la Chine (1950), qui contraignit à l'exil BsTsan-'dzin Rgyamtsho (Tenzin Gyatso), le quatorzième dalaï-lama. Depuis, l'action de Tenzin Gyatso incarne les efforts pour préserver la culture tibétaine, tant au Tibet que parmi les communautés de convertis et d'exilés à travers le monde (voir aussi p. 194-197).

Le palais du Potala, à Lhassa, fut édifié au XVIIe siècle par le « grand cinquième » dalaï-lama, Ngag-dbang-blo-bzang rGya-mtsho, et fut jusqu'en 1950 le siège des chefs religieux du Tibet.

Les créatures célestes

Buste d'un bodhisattva *du Gandhara. Dans les textes du mahayana, les* bodhisattvas *sont décrits comme des êtres qui regardent les hommes d'en haut, s'émeuvent de leurs souffrances et les sauvent du danger.*

Le bouddhisme theravada insiste sur le fait que le Bouddha était un homme véritable, et qu'il a atteint le nirvana pour ne plus jamais se réincarner. Lorsqu'un adepte du theravada dépose une offrande devant une image du Bouddha, il ne manifeste pas par là son adoration mais cherche à gagner des mérites et à se remémorer les vertus du Bouddha, qu'il se doit de cultiver.

Cela ne signifie pas pour autant que le bouddhisme soit privé de divinités, et, parmi celles que vénèrent les fidèles, certaines remontent aux anciennes traditions indiennes. Dans le mahayana, les êtres qui se rapprochent le plus de la « bouddhéité », les *bodhisattvas* (« *bouddha* en devenir » ou « futur *bouddha* ») ont accumulé par leur sagesse et leurs actes de compassion un tel pouvoir qu'ils ont acquis le pouvoir d'intervenir de manière quasi divine. Ces personnages extraordinaires sont connus sous le nom de « *bodhisattvas* célestes ». Ils ont la possibilité d'accomplir des miracles et même de créer des royaumes célestes où les humains renaissent dans la béatitude, pour des raisons qui dépendent tout autant de la bonté des *bodhisattvas* que des mérites du dévot. À la fin de leur carrière de *bodhisattvas*, ils deviennent des « *bouddhas* célestes », acquérant ainsi des pouvoirs encore supérieurs. Mais de nombreux *bodhisattvas* retardent volontairement leur passage à l'état de *bouddha* afin d'assister les dévots sur la voie du *nirvana*.

Ces concepts de *bodhisattvas* et de *bouddha* célestes ont permis au bouddhisme mahayana de se doter de tout un panthéon d'êtres quasi divins. L'un des plus importants d'entre-eux est le *bodhisattva* Avalokiteshvara (« Seigneur qui regarde d'en haut »), que l'on appelle aussi « le regard miséricordieux de Bouddha ». Pour faire appel à la compassion d'Avalokiteshvara, on récite un *mantra* particulier : « Om Mani Padme Hum » (« joyau dans le lotus » ; « om » et « hum » sont des syllabes sacrées intraduisibles, voir texte en marge p. 140).

Dans le bouddhisme indien, Avalokiteshvara a été peu à peu associé à une femme du nom de Tara, qui représente le versant féminin de la compassion. En Chine, où Avalokiteshvara est adoré sous le nom de Guanyin, les *bodhisattvas* masculin et féminin sont confondus, et il est adoré sous sa forme féminine (voir texte en marge p. 211). Les Tibétains se sentent très proches d'Avalokiteshvara (en tibétain : Chenrezig). Selon eux, ce *bodhisattva* s'est donné pour mission de défendre le Tibet, et c'est lui qui se manifeste en la personne du dalaï-lama.

Maitreya, le « *bouddha* du futur » (le prochain *bodhisattva* appelé à devenir *bouddha* ; voir illustration p. 163), compte parmi les plus vénérés des *bodhisattvas* célestes. Comme Avalokiteshvara, Maitreya vient au secours des personnes en danger : en Chine, où on l'appelle Mile Fo, des mouvements messianiques annoncent périodiquement son arrivée imminente, à la suite de laquelle la société se transformera pour devenir conforme aux principes de la doctrine bouddhiste. Mannjushri, *bodhisattva* de la sagesse, et Kshitigarbha, consolateur

Le bodhisattva Siddharta

La distinction entre un *bouddha* et un *bodhisattva* est assez imprécise. Selon le *sutra* du lotus (voir encadré p. 181), le Bouddha lui-même n'était que la manifestation d'un grand *bodhisattva* dont la longue carrière n'est pas encore achevée. Comprenant que les habitants de ce monde avaient besoin d'un modèle d'être humain ayant fait l'expérience du parcours qui mène au *nirvana*, il s'incarna en Siddharta Gautama et mit en scène son *parinirvana* (extinction totale). Mais sa carrière n'était pas terminée, et il continue de se manifester auprès de ceux qui ont besoin de lui.

des morts et patron des voyageurs, des pèlerins et des enfants, comptent également au nombre des grands *bodhisattvas* célestes (voir p. 184-185).

Le plus connu des *bouddhas* célestes est Amitabha (« Lumière immortelle »), qui, une fois devenu *bouddha*, aurait créé un paradis, la « Terre pure » (voir texte en marge p. 193). Tout homme qui prononce son nom avec la foi doit renaître dans la Terre pure, sous son regard protecteur. Le culte du *bouddha* Amitabha est très répandu en Chine et au Japon, où on l'appelle respectivement Amituo Fo et Amida Butsu (« fo » et « butsu » signifiant *bouddha*). Pendant l'ère Kamakura (1185-1333), Amida est devenu très important dans le bouddhisme japonais. Selon le grand réformateur Shinran (1173-1263), en matière de salut, la grâce d'Amitabha compte bien plus que tous les efforts du dévot (voir encadré p. 254).

D'autres créatures célestes jouent un rôle important ; parmi elles le *bouddha* médecin Bhaishajyaguru (« maître de la guérison ») et le « Bouddha soleil » Vairochana (« rayonnant »), ce dernier occupant une place centrale dans de nombreux *mandalas* tantriques (voir encadré ci-dessous). Identifié avec le soleil, ce *bouddha* a joué un rôle important dans la transposition du bouddhisme au Japon, où le panthéon shinto est dominé par la déesse solaire (voir p. 246-247).

Divinités populaires

Le bouddhisme a toujours ménagé une place au culte des divinités et des esprits locaux. Le Bouddha lui-même aurait été, dit-on, protégé par un *naja* (dans la tradition indienne, le *naja* est un dieu de la Pluie qui revêt la forme d'un serpent ; dans le bouddhisme, les *najas* sont les gardiens des trésors de la tradition). Les *stupas* (voir p. 186-189) sont souvent associés à des *yakshas* (dieux de la Prospérité et de la Chance) et à des *yakshis* (déesses de la Fertilité). En Asie du Sud-Est, des dieux hindous comme Indra et Vishnou jouent le rôle de gardiens dans la tradition bouddhiste. Par ailleurs, en Chine, en Corée, au Japon et au Tibet, la religion fait une place à de nombreuses divinités régionales.

Les mandalas *tantriques*

Dans le bouddhisme tantrique, l'univers est souvent représenté sous la forme d'un *mandala*, ou « cercle sacré » qui symbolise le macrocosme et le microcosme, regroupant en une seule image la représentation de l'univers, et celle de l'esprit et du corps du fidèle. Le *mandala* est utilisé pour le rituel et la méditation, et il permet également au croyant d'unifier sa vision du cosmos, de contempler l'intégration du moi et du monde, et de transcender la différence entre le *nirvana* et le royaume de la mort et de la renaissance.

L'une des plus répandues de ces images sacrées est le « *mandala* des cinq bouddhas », qui joue un rôle essentiel dans le bouddhisme tantrique du Tibet ainsi que dans l'école Shingon du Japon. Le point de départ est constitué de cinq *bouddhas* célestes : Vairochina au centre, Amitabha à l'ouest, Amoghasiddhi au nord, Akshobhya à l'est et Ratnasambhava au sud. Au-delà, le *mandala* s'organise en fonction d'un processus d'associations symboliques constituées de cinq couleurs, cinq traits de caractère, cinq sagesses, etc., chacun des éléments de ces groupes étant associé à l'un des cinq *bouddhas*. Les *bouddhas* sont également associés à cinq déesses que l'on retrouve au centre du *mandala* ainsi qu'aux quatre points intermédiaires de la boussole.

Vairochina est représenté au centre de ce mandala *népalais de 1860, avec les quatre autres* bouddhas *à proximité. On y voit également de nombreuses autres créatures sacrées.*

Les mots du dharma

Après la mort du Bouddha, ses disciples auraient réuni un premier concile afin de réaffirmer son enseignement, le *dharma* (voir p. 172-175). Le concile fut l'occasion d'élaborer une méthode de mémorisation et de récitation, qui a permis la transmission orale de l'enseignement pendant les cinq siècles précédant son enregistrement par écrit. Toutes les cultures bouddhiques possèdent des versions écrites des textes canoniques, qui font souvent l'objet du plus grand respect, mais la tradition orale occupe toujours une place de premier plan.

Le bouddhisme, à cause de cette pratique ancienne, ne possède pas de texte canonique unique. Plusieurs textes font autorité parmi les multiples courants et écoles, ces textes représentant les diverses manières de comprendre le *dharma* à travers les âges. Le canon pali du theravada (voir encadré ci-dessous) regroupe des éléments très anciens, qui remontent aux premiers temps de la tradition

Le canon pali

Le canon le plus conservateur des Écritures bouddhiques est le *Tipitaka* (du sanskrit *Tripitaka*, « trois paniers ») du bouddhisme theravada. Rédigé en pali, une ancienne langue indienne proche du sanskrit, le *Tipitaka* est souvent appelé plus simplement canon pali. Il aurait été écrit en - 29, sous le règne de Vattagamani, roi du Sri Lanka.

Les trois « paniers » correspondent aux trois sections du canon : *Sutta* (en sanskrit *Sutra*) *Pitaka*, *Vinaya Pitaka* et *Abhidamma* (en sanskrit *Abhidharma*) *Pitaka*. Les *sutras* du *Sutta Pitaka* renferment les sermons du Bouddha ainsi que de brefs poèmes ou de longs récits en prose sur ses vies antérieures. Il comprend également des vers attribués aux premiers disciples du Bouddha : le *Theragatha* (« poèmes des anciens ») et le *Therigatha* (« poèmes des anciennes »). Le *Vinaya Pitaka* contient les règles de la discipline, ainsi qu'un commentaire sur le *Patimokkha* (« préceptes monastiques ») et des récits visant à illustrer les principes moraux du Bouddha. La section *Abhidhamma Pitaka* contient une analyse systématique de toutes les catégories de la pensée bouddhique.

Des éléments des collections de textes canoniques de certaines des dix-huit écoles (voir p. 172-175) nous sont également parvenus. Ainsi, l'école de Sarvastivadin (« tenants de la doctrine selon laquelle toutes choses existent ») nous a laissé une partie de ses « trois paniers », dans des traductions chinoises et tibétaines, ainsi que dans leur langue originale, le sanskrit. Celles-ci présentent parfois des différences marquées avec les *Pitaka* du canon pali.

L'interprétation traditionnelle du canon pali doit beaucoup au moine indien Buddhaghosa, qui arriva au Sri Lanka au Ve siècle. Il rassembla et traduisit un vaste corpus de commentaires cinghalais sur les textes en pali, et son ouvrage le plus important, le *Visuddhimagga* (« Chemin de la purification »), est un manuel qui fait autorité dans la pratique du bouddhisme theravada.

La première version imprimée du canon pali fut éditée à l'initiative de Chulalongkorn, roi de Thaïlande, en 1893. La version le plus couramment utilisée par les érudits occidentaux a été réalisée à Londres par la Société des Écritures pali, fondée en 1881 pour favoriser la diffusion du bouddhisme theravada.

Un passage du canon pali écrite en birman sur une lanière d'or. Ce document du Ve siècle est le texte bouddhiste le plus ancien du Myanmar (Birmanie).

Un dévot fait tourner un « moulin à prières » dans un temple de Kyicho, au Bhoutan. Chaque « moulin » est constitué d'un cylindre renfermant des textes de prière, qui sont censés entrer en activité lorsque l'on fait tourner le moulin. Les drapeaux de prière ont la même fonction (voir illustration p. 162).

orale, avec des textes qui furent probablement composés vers le IIe siècle avant notre ère. Les canons chinois et tibétain sont constitués d'une abondante littérature mahayaniste rédigée jusqu'au XIIe siècle. Un canon formellement clos (comme c'est le cas du canon pali) peut cependant adopter différentes formes ; ainsi, certains textes de la version birmane du canon pali sont considérés comme non canoniques par les bouddhistes sri lankais.

La littérature canonique bouddhique est diverse, et de nouveaux textes y ont souvent été ajoutés, mais elle est toujours considérée comme faisant autorité, non seulement parce qu'elle rappelle l'enseignement du Bouddha, mais aussi parce qu'elle donne accès, d'une certaine façon, au Bouddha lui-même. Les textes sacrés bouddhiques représentent les aspects les plus importants, les plus permanents du Bouddha, ce que les bouddhistes appellent le « Corps de la loi *(dharma)* ». Un verset du *Samyutta Nikaya* interroge : « Que cherche-t-on à voir, Vakkali, en regardant ce corps méprisable ? Celui qui voit le *dhamma* [*dharma* en pali], c'est moi qu'il voit, et celui qui me voit, voit le *dhamma*. » Le *dharma/dhamma* fonctionne comme perpétuation de la présence de Bouddha dans la communauté bouddhiste, et on lui doit le même respect qu'au Bouddha lui-même. La récitation ou le recopiage des textes bouddhiques est en soi un

*Ces sutras « perfection de sagesse » sont inscrits sur des feuilles de palmier cousues ensemble (*sutra *signifie littéralement « fil »).*

acte de dévotion et il n'est pas rare, notamment dans le mahayana, de voir des textes exposés sur les autels comme objets de vénération à côté de statues ou d'images du Bouddha, voire à la place de celles-ci.

Le développement du mahayana est étroitement lié à l'évolution et à la diffusion de ses Écritures. Les textes les plus anciens de cette école remontent, comme l'indiquent certaines caractéristiques linguistiques, au Ier siècle de notre ère. Dès le IIe siècle, d'importants écrits du mahayana furent traduits en chinois, mais les textes considérés comme canoniques furent rédigés en Inde après 1100 ; l'Inde n'a jamais produit de canon mahayana aussi précis que ce canon pali, quoique des collections informelles de textes mahayanistes y aient existé dès le IIe siècle.

Le catalogue le plus ancien de la littérature canonique bouddhique chinoise remonte à 518 de notre ère. La première version imprimée du *Tripitaka* chinois est réalisée entre 972 et 983, au début de la dynastie des Song. Le canon tibétain, rassemblé par le lettré Bu-ston (1290-1364), a été intégralement imprimé à Beijing au début du XVe siècle.

Les canons tibétain et chinois évoquent tous deux le catalogue d'une bibliothèque monastique. Il est évident que, pour les deux, le concept de « canonicité » est des plus élastiques. Il existait un noyau de textes (connus en sanskrit sous le nom de *sutra*, en tibétain *Bka'*) qui faisait clairement référence à l'autorité des *bouddhas* et des *bodhisattvas* (voir texte en marge ci-contre). Mais, autour de ce noyau, un vaste ensemble de textes concernant la doctrine, la philosophie et l'interprétation s'est peu à peu accumulé, portant le nom de *shastra* en sanskrit et de *Bstan*, ou « enseignement », en tibétain.

C'est dans le canon tibétain qu'est regroupée la plus importante collection de textes tantriques. Comme les autres littératures canoniques bouddhiques, elle se présente sous les formes les plus diverses, des simples chansons des saints tantriques indiens aux commentaires les plus élaborés sur le rituel, la méditation et le symbolisme tantriques. Les bouddhistes tibétains classent généralement les

La « perfection de sagesse »

Les *sutras* des canons chinois et tibétain comportent tous une section appelée « perfection de sagesse » (en sanskrit, *Prajnaparamita*), qui décrivent les données essentielles de l'idéal du *bodhisattva* (voir p. 184-185), ainsi que le concept de « vacuité ». Les *sutras* « perfection de sagesse » ont une longueur variable, allant de textes très brefs, comme les *sutras* du diamant et du cœur, à des écrits pouvant compter jusqu'à cent mille lignes. C'est en cherchant à rendre compte de la doctrine de la vacuité dans les textes portant sur la perfection de sagesse que sont nées deux écoles distinctes : le madhyamaka (« Voie moyenne ») et le yogachara (« Pratique du yoga »). Pour le madhyamaka, dominant au Tibet, la doctrine de la vacuité signifie que toute chose est vide d'identité réelle, et que la « réalité » n'est qu'illusion et convention. Pour l'école du yogachara, dominante en Chine et dans les régions soumises à l'influence chinoise, tel le Viêt Nam, la doctrine de la vacuité (ou du vide) signifie que l'esprit est vide de toute distinction entre sujet et objet.

textes tantriques en quatre catégories : le rituel *(kriya)*, la pratique *(charya)*, la discipline *(yoga)* et la plus haute discipline *(anuttarayoga)*. Le *Mahavairochana Tantra* (« *tantra* du grand Vairochana »), qui revêt une importance considérable dans le tantrisme chinois et japonais, fait partie de la *charya*. Des textes tels que le *Tantra Hevajra* et le *Tantra Guhyasamaja*, centrés sur la réalisation immédiate de la « vacuité », appartiennent à la catégorie du *anuttarayoga*. La littérature tantrique de l'Inde s'est élaborée progressivement entre les VIIe et XIIe siècles.

Parmi les autres grandes collections du mahayana figurent le *Buddhavatamsaka* et le *Ratnakuta* (« montagne de joyaux »). Le premier renferme le *Sutra Gandavyuha*, qui raconte l'histoire de Sudhana, jeune pèlerin dont le voyage est retracé dans les bas-reliefs du grand *stupa* de Borobudur, à Java. Le *Ratnakuta* renferme les *sutras* qui ont inspiré la tradition de la dévotion au *bouddha* Amitabha (« Lumière immortelle ») chez les adeptes du mahayana.

La diversité et le nombre des écritures sacrées du bouddhisme ont suscité de nombreuses controverses concernant l'autorité et l'interprétation des textes. Les membres des dix-huit écoles (voir p. 172-175) ont contesté la validité du mahayana en s'appuyant sur le fait que ses *sutras* ne correspondaient pas vraiment à l'enseignement du Bouddha. Les mahayanistes répondirent que l'enseignement n'était qu'un travail préparatoire, et que le mahayana lui était donc supérieur. Au sein du mahayana, l'école de Madhyamaka affirmait que certains textes du mahayana avaient une signification accessible *(nitharta)*, tandis que d'autres devaient être interprétés *(neyartha)*. Les traditions chinoise et tibétaine ont avancé une classification complexe afin de réconcilier ces positions et de déterminer sur quels textes s'appuyer. L'école tantrique résout la question de l'interprétation en affirmant que les *tantra* sont délibérément obscurs, et ne peuvent être interprétés que par un maître qualifié (*guru* en sanskrit et *lama* en tibétain).

Jeunes moines apprenant les Écritures bouddhiques au temple de Kurje, au Bhoutan.

Le sutra *du lotus*

Dans l'est de l'Asie, le *sutra* du lotus est pratiquement considéré comme un précis de la doctrine mahayaniste. Bien qu'il ne constitue pas un élément du canon à proprement parler, c'est l'un des nombreux textes dont l'influence a fortement marqué l'évolution philosophique et religieuse du mahayana. Le *sutra* est à l'origine d'une parabole selon laquelle le Bouddha est identifié à un père qui parvient à faire sortir ses enfants d'une maison en flammes en leur promettant plusieurs « véhicules ». Une fois les enfants sortis, il leur donne « un véhicule unique », soit le « Grand Véhicule » du mahayana. Cette parabole éclaire la relation existant entre l'enseignement du mahayana et celui des « plus petits » véhicules, associés aux anciennes écoles.

Le *sutra* du lotus recommande également la dévotion à l'égard du texte lui-même, comme moyen d'exprimer son respect envers le « Corps de la loi » du Bouddha. Cette pratique revêt une particulière importance au Japon, notamment parmi les disciples de Nichiren (voir encadré p. 251 et p. 254-255).

Dans les pas du maître

Discussion entre un novice et son maître au monastère de Labrang, au nord-est du Tibet.

Pour devenir un « saint homme », dans la tradition bouddhique, il faut d'abord et avant tout imiter le Bouddha. La méthode la plus simple pour y parvenir est de se lancer, comme lui, dans la vie monastique, en quête du *nirvana* (voir p. 184-185). Les grands exemples de cet idéal sont les premiers fidèles de Bouddha, tel Shariputra, son principal disciple, issu d'une famille de brahmanes indiens de Nalanda. Peu après sa conversion, il devint un *arhant*, ou « saint » et, comme son maître, atteignit le *nirvana*. Shariputra est considéré comme un grand sage, et c'est souvent lui, dans les *sutras* du mahayana, qui pose la première question au Bouddha. Son ami Maudgalyayana, également né dans une famille de brahmanes, se convertit en même temps que lui. On lui prêtait le pouvoir magique d'apaiser les forces hostiles de la nature et de se déplacer à volonté dans tout le cosmos. La légende bouddhique chinoise l'a rendu populaire sous le nom de Mulian, qui se rendit aux enfers afin d'intercéder pour sa mère. L'un des disciples les plus remarquables du Bouddha est Angulimala (« guirlande de doigts »), que l'on vénère pour avoir été le premier à rompre brutalement avec sa vie passée pour embrasser la vie monastique. Avant de rencontrer le Bouddha et se faire moine, Angulimala était un tueur en série qui portait en collier les doigts coupés de ses victimes.

Dans les monastères indiens d'époque plus récente, des personnalités notables se sont distinguées par leur courage, leur savoir ou la qualité de leur méditation. Parmi les grands lettrés issus de la culture très évoluée des monastères du Bihar et du Bengale figurent des philosophes mahayanistes tels que Shantarakshita, fondateur du premier monastère tibétain, et Atisha, qui réintroduisit le bouddhisme

Souveraineté sacrée

L'une des manifestations les plus importantes de l'idéal du *bodhisattva*, du point de vue des institutions, est la mise en place d'une sorte de souveraineté sacrée. Cette tradition s'implanta dans le bouddhisme au IIIe siècle avant notre ère, sous le règne d'Ashoka (voir p. 172-175), à qui les bouddhistes donnèrent le statut particulier de « protecteur du *dharma* ». Avec le temps, les adeptes du mahayana en vinrent à vénérer les princes et les rois bouddhistes comme des *bodhisattvas*. Il en fut ainsi du prince Shotoku, qui joua un rôle essentiel dans l'introduction du bouddhisme au Japon (voir encadré p. 243), et du dalaï-lama au Tibet (voir encadré p. 175). Pour les bouddhistes tibétains, ce dernier n'est autre qu'une incarnation du *bodhisattva* Avalokiteshvara (voir p. 176-177). C'est grâce au respect que l'on accorde à leur statut de *bodhisattvas* que les dalaï-lamas ont pu assumer à la fois le pouvoir séculier et régulier au Tibet.

au Tibet à l'occasion de la « Deuxième Diffusion » (voir p. 172-175). Le développement du bouddhisme dans l'est et le sud-est de l'Asie et au Tibet est inséparable de l'activité des moines bouddhistes. C'est un moine indien, Buddhaghoṣa, qui a donné sa forme au bouddhisme theravada du Sri Lanka (voir p. 178-181). Les moines Shenxiu et Huineng ont fondé respectivement l'école chan du nord et du sud de la Chine. C'est au moine japonais Dogen qu'il revient d'avoir donné sa forme classique au zen (voir p. 252-255), et le moine tibétain Tsong-kha-pa (1357-1419) est l'auteur de la tradition gelukpa d'où sont issus les dalaï-lamas. Cet engagement monastique est aujourd'hui incarné par des personnalités vénérées comme Thich Nhat Hanh (né en 1926), un moine vietnamien qui prit la tête de la délégation bouddhiste pour la paix pendant la guerre du Viêt Nam et prêcha la vertu de l'« attention aux autres ». Nombreux sont ceux, bouddhistes ou non bouddhistes, qui considèrent le quatorzième dalaï-lama (voir p. 194-197) comme la plus haute incarnation actuelle de cet « idéal du Bouddha ».

L'idéal mahayaniste du *bodhisattva* (voir p. 176-177 et texte en marge p. 184) est, en principe, accessible à tout croyant, jeune ou âgé, laïc ou religieux. Certains *sutras* très populaires du mahayana racontent de manière fort convaincante la vie de *bodhisattva* laïcs, tel Vimalakirti, qui démontre l'absence de différence notable entre les mérites d'un moine et ceux d'un laïc. L'exemple de Vimalakirti a eu un grand écho en Chine, où l'idéal bouddhiste qui consiste à couper les liens avec sa famille pour entrer dans un monastère cadrait mal avec le concept confucéen de piété filiale (voir légende, p. 219).

Les saintes du bouddhisme

Les exemples d'idéal monastique ne se bornent pas aux hommes : le Bouddha lui-même avait fini par approuver l'ordination des femmes et créé un ordre de nonnes. On attribue à ces nonnes des temps anciens la composition de chants fort émouvants. Aujourd'hui, la tradition s'est perdue dans la plupart des pays bouddhistes, mais des ordres féminins actifs sont encore présents en Chine, et l'on constate dans d'autres pays une tendance à la renaissance de ces ordres. La reine Shrimala est l'une des femmes laïques que l'on vénère comme *bodhisattva.* Elle est l'héroïne du *sutra* du *Shrimala-devisimhanada* (« le Rugissement de la reine Shrimala »). Les idées qu'elle exprime sont les mêmes que celles du *bodhisattva* Vimalakirti (voir texte principal).

Moines et saints tantristes

Dans le tantrisme, et notamment au Tibet, on observe une interaction complexe entre l'idéal du moine érudit, vivant dans une communauté monastique, et celui du *siddha*, ou « saint » solitaire. La tradition tantriste indienne évoque la vie de *siddhas* tels que Maitrigupta (ou Maitripa), qui se retiraient pour méditer aux limites du monde civilisé, travaillant avec l'aide de gourous marginaux et charismatiques. Padmasambhava, le saint tantriste indien qui participa à la fondation du premier monastère au Tibet, est représenté comme un solitaire aux pouvoirs surnaturels. Sa compagne, Ye-shes-tsho-gyal, est elle aussi une personnalité remarquable.

Le « saint » tibétain Mi-la-ras-pa (ou Milarepa, 1040-1123) travailla pendant de longues années en compagnie de Marpa, un gourou irascible, avant d'avoir de grandes illuminations et de faire retraite dans les montagnes où il vécut en *siddha* solitaire.

En étant introduites dans les monastères, les pratiques tantriques ont ajouté de nouvelles valeurs au contenu de la vie monastique sans entrer en contradiction avec les valeurs traditionnelles. En une seule vie, les moines tibétains réunissent souvent l'expérience d'un *siddha* tantriste, d'un *bodhisattva* mahayaniste et d'un moine traditionnel.

Cette grande statue de bronze doré représente le « saint » tantriste Padmasambhava, co-fondateur du premier monastère tibétain à Bsam-yas (Samye), en dhyanasana *(posture de méditation), les jambes croisées dans la position du lotus.*

L'idéal du bodhisattva

Dans les pays du nord et de l'est de l'Asie, où domine le mahayana, l'idéal éthique du *bodhisattva* est devenu le premier principe moral des moines et des laïcs. Le *bodhisattva* cultive les vertus de compassion *(karuna)* et de sagesse *(prajna)*, qui s'expriment par le « vœu du *bodhisattva* » : « Puissé-je parvenir à l'état de *bouddha* pour le bien de tous les autres êtres ! » Le premier principe est un idéal actif, qui consiste à soulager la souffrance d'autrui. Il s'agit, entre autres, d'aider les autres hommes à atteindre le *nirvana*, ce qui amène parfois le *bodhisattva* à retarder sa propre délivrance. Le second idéal, de nature plus contemplative, consiste à percer le « voile de l'illusion » qui enveloppe toute expérience ordinaire, afin de se libérer soi-même de la souffrance.

La voie du nirvana

L'esprit de la morale bouddhique s'exprime à travers l'histoire d'un homme appelé Malunkyaputta. Celui-ci déclara au Bouddha qu'il n'accepterait d'écouter son enseignement que lorsque le maître aurait répondu à ces questions : « comment le monde a-t-il été créé ? » et « le Bouddha continuera-t-il d'exister après sa mort ? » Pour toute réponse, le Bouddha compara Malunkyaputta à un homme qui, venant d'être atteint par une flèche empoisonnée, interdit au médecin de procéder à l'extraction tant qu'il ne lui aura pas dit de quel bois est faite la flèche, qui l'a tirée, etc. Pour les bouddhistes, toute forme de spéculation est soumise à un principe concret : elle n'est utile que si elle peut aider directement quelqu'un à s'extirper lui-même la « flèche de la douleur », et à trouver la voie du *nirvana*. Toute autre forme de spéculation est accessoire, comme l'étaient les questions de Malunkyaputta.

Le guide fondamental pour atteindre le *nirvana* est « la Noble Octuple Voie », une discipline qui recouvre huit données fondamentales : « compréhension

Un moine plongé dans la lecture des textes sacrés bouddhiques dans le temple du Bayon, au centre du grand complexe d'Angkor Thom, au Cambodge.

pure », « pensée pure », « langage pur », « action pure », « moyens d'existence purs », « efforts purs », « mémoire pure » et « concentration pure ». Quant aux conditions préalables indispensables pour atteindre le *nirvana*, elles se résument en trois principes : s'abstenir des mauvaises actions (*shila* la « conduite morale », voir texte en marge ci-contre), la discipline de l'esprit (*samadhi*, la « concentration mentale ») et une juste connaissance du monde et de soi (*prajna*, la « sagesse »). Ces principes se rattachent à la conception bouddhique traditionnelle de la loi du *karma* (« rétribution morale »), qui gouverne le processus du cycle des réincarnations. L'homme doit éviter les actions mauvaises qui entraîneront son châtiment dans une vie ultérieure et rendront deux fois plus difficile sa libération du cycle des renaissances. La « concentration mentale » aide à éliminer les désirs et les haines qui poussent à mal agir. La « sagesse », quant à elle, permet d'abolir le sens trompeur du moi qui alimente tout le processus du désir, de la haine et du mal.

En ce qui concerne le *karma*, le bouddhisme précise que toutes les rétributions sont de même nature que les actions qui les ont entraînées. Ainsi, le péché entraîne la souffrance dans la vie suivante, les bonnes actions apportent le bonheur, et une action qui est en partie bonne et en partie mauvaise aura pour conséquence un mélange de souffrance et de bonheur. Lorsque les moines vont mendier leur nourriture le matin, plus la personne à qui ils s'adressent se montre généreuse, plus prospère sera sa vie future. Ceux qui se montrent coléreux ou cruels, qui manquent de respect à leurs parents ou aux anciens, qui sont cause de querelles ou d'affrontements souffriront en conséquence dans leur vie ultérieure. Le modèle de cet idéal laïc est le Bouddha, non pas tant dans sa vie monastique que dans ses vies antérieures de laïc, alors qu'il se préparait à devenir *bouddha* et manifestait à travers ses actes une loyauté, une générosité et un esprit de sacrifice extraordinaires (voir p. 168-171).

Plusieurs méthodes facilitent la pratique de la « concentration mentale » (*samadhi*). L'une des techniques les plus simples consiste à s'asseoir dans une position stable, le dos droit et les jambes croisées, et de cultiver la « conscience attentive » (*smrti* en sanskrit, *sati* en pali) de sa respiration. L'objectif est de mettre l'esprit en repos, de réduire les émotions nuisibles et de prendre mieux conscience du flux de réalité qui constitue le moi et le monde. D'autres formes de concentration et de méditation font intervenir le travail systématique sur des images mentales, souvent celles de *bouddhas* ou de *bodhisattvas*, sur lesquelles on concentre pieusement son attention.

La culture de la sagesse (*prajna*) peut également revêtir plusieurs formes. Le bouddhisme theravada l'associe à l'étude de l'*Abidhamma*, troisième partie du canon pali, et son concept clef est la doctrine de la « négation du moi ». Être sage (ou, selon les termes de la Noble Octuple Voie, avoir « des idées justes »), c'est réaliser qu'il n'est pas dans l'être d'identité permanente. Comprendre cette vérité au sens profond et pratique revient à se libérer des illusions égoïstes qui alimentent le cycle des renaissances.

Cette peinture chinoise du XIIe siècle montre des disciples du Bouddha distribuant des aumônes aux pauvres, exemple de « bonne action » qui permet à l'âme de s'élever vers le nirvana.

Les « cinq préceptes »

Pour les laïcs adeptes du theravada, ainsi que pour la plupart des autres bouddhistes, cinq préceptes suffisent à définir la « conduite morale » : le juste ne doit pas tuer, voler, violer, mentir ni s'enivrer. Les moines novices du theravada observent cinq autres préceptes : ils ne doivent pas manger après midi, porter des ornements, participer à des spectacles ou à des jeux, toucher à l'argent ni dormir sur des lits confortables. Une fois ordonnés, les moines doivent respecter plus de deux cents règles énumérées dans le *Vinaya Tipitaka*, la partie du canon pali (voir encadré p. 178) consacrée à la discipline monastique.

Les plus anciens sanctuaires bouddhiques furent établis dans des grottes. Ces statues du Bouddha se dressent dans les grottes sacrées de Pak Ou, dans la province de Luang Prabang, au Laos.

Lieux de dévotion

Dans les dernières instructions données à ses disciples, selon le récit du *Mahaparibbana Sutta*, le Bouddha demanda que son corps soit incinéré, et ses cendres enfouies sous une série de *stupas*, à l'origine des tumulus funéraires, qui deviendront des lieux de prière et de méditation. La forme élémentaire des sanctuaires bouddhiques rappelle celle de ces *stupas* primitifs : un tumulus hémisphérique entouré d'une balustrade et surmonté d'une structure carrée, portant en son sommet une hampe soutenant une série de parasols. Dans les *stupas* primitifs, les reliques du Bouddha étaient enfermées au sein de la structure carrée. Par la suite, on les enfouit dans le tumulus constituant la base du monument. Au fur et à mesure de son évolution, le *stupa* indien s'orna de représentations du Bouddha, des événements de sa vie ou d'autres récits importants racontés dans les textes bouddhiques. Pour rendre hommage au Bouddha dans l'un de ses sanctuaires, le croyant apporte les mêmes offrandes qu'un hindouiste apporterait à l'une de ses divinités : fleurs, bougies, encens, etc. De même, tourner autour du *stupa* est un acte rituel.

Le *stupa* a pris des formes très différentes dans les divers pays bouddhistes. Dans l'Asie du Sud-Est, les sanctuaires ont souvent conservé la forme basse et arrondie du *stupa* traditionnel. Au Tibet, le *stupa* originel s'est étiré vers le haut pour adopter la forme du *mchod-rten (chorten),* ou « lieu d'offrande ». La forme jaillissante des pagodes de Chine, de Corée et du Japon est issue des gracieux parasols qui ornaient le sommet des *stupas* de l'Inde.

Shambala : La terre sacrée

L'apocalyptique *Kalachakra* (« Roue du temps ») *Tantra*, l'un des derniers textes tantriques rédigés en Inde, raconte l'histoire d'un royaume mythique appelé Shambala, caché dans les montagnes du nord de l'Inde et gouverné par un roi bouddhiste et juste. Ce texte annonce un temps où les forces du mal auront conquis le monde. Alors, Shambala deviendra visible aux yeux de tous et son roi juste émergera de sa citadelle, entouré de son armée, pour vaincre les forces du mal et rétablir la règle du *dharma*.

La prophétie du *Kalachakra* représente une sorte de quête messianique dont l'influence s'est fait sentir à plusieurs reprises dans l'histoire du bouddhisme. Pour les Tibétains, Shambala est à la fois une représentation d'un royaume bouddhiste idéal, mais aussi le symbole de l'idéal auquel peut parvenir un yogi par la méditation.

Sous la forme de l'utopie du « Shangri-la », Shambala a fini par se confondre, dans l'imaginaire occidental, avec l'idée du Tibet lui-même comme paradis idéal du bouddhisme, avec son mode de vie ancestral et sacré, préservé pendant des siècles des influences extérieures par la barrière infranchissable de l'Himalaya.

Au grand temple bouddhique de Borobudur, à Java, le chemin de ronde autour du temple est constitué d'une série de galeries ascendantes, ornées de bas-reliefs retraçant l'histoire de Sudhana, un jeune pèlerin mahayaniste en quête d'illumination. Parvenu au sommet, le croyant se trouve sur une grande plate-forme couverte de multiples petits *stupas* représentant chacun un Bouddha assis. Au centre de la plate-forme, un grand stupa vide symbolise, semble-t-il, la clarté de la conscience de Bouddha. À travers tout le monde bouddhique, on rencontre peu de représentations aussi puissantes et élégantes de l'éveil du Bouddha.

Les bouddhistes en Inde suivirent la tradition locale qui consistait à construire des temples. Les premiers temples bouddhiques furent creusés dans des grottes à l'ouest de l'Inde. En général, l'ouverture de la grotte conduit à un vaste espace où les fidèles prient assis ou debout devant un petit *stupa* ou une statue du Bouddha. La statue est parfois placée dans une pièce séparée qui évoque le *garbha-grha,* ou « maison matrice » du temple hindou. Au cours des dernières années, d'importants efforts ont été déployés pour reconstruire certains des grands temples des bouddhistes indiens détruits au cours des XIIe et XIIIe siècles. Ainsi, une organisation bouddhiste, la Société du Mahabodhi (« grand éveil ») a dirigé les travaux de restauration du temple de Bodh Gaya, sur le lieu où le Bouddha reçut l'illumination.

Les temples hindous ont fortement influencé l'architecture religieuse dans l'ensemble du monde bouddhique. Le temple du Dalada Maligawa, à Kandy (Sri Lanka), qui renfermerait une dent du Bouddha, et le temple du Bouddha d'émeraude, à Bangkok (Thaïlande), étaient des lieux sacrés utilisés aussi comme symboles du pouvoir royal. Le Jokhang de Lhassa détient, semble-t-il, la plus ancienne représentation du Bouddha au Tibet ; c'est depuis plusieurs siècles le centre d'un pèlerinage pour les bouddhistes. Le grand temple de Nara, au Japon, a contribué à créer des liens étroits entre le bouddhisme et la dynastie impériale japonaise.

Le paysage sacré

En Inde, comme dans d'autres pays, la notion de temple ou de sanctuaire bouddhique peut recouvrir des réalités très différentes. Un lieu ayant un caractère sacré en raison de sa relation avec le Bouddha ne doit pas nécessairement être marqué par la construction d'un édifice remarquable. Les voyageurs des temps anciens mentionnent des objets peu spectaculaires mais surprenants ayant une relation avec la vie du Bouddha. Ainsi, certaines marques sur les rochers, à proximité de Sarnath, auraient été creusées par la robe du Bouddha au moment où celui-ci traversait la rivière. Dans une ville proche de Shravasti, une faille se serait formée pour engloutir un ennemi du Bouddha. De nombreux lieux de culte se sont constitués autour d'empreintes des pas du Bouddha, les plus connues étant peut-être celles du pic Adam, au Sri Lanka. Selon une tradition theravadiste, le Bouddha se serait envolé par magie au Sri Lanka et aurait laissé ces empreintes en souvenir de son passage.

Le grand temple bouddhique de Borobudur, sur l'île de Java, en Indonésie. Le temple est une représentation en trois dimensions du cosmos, et l'une des plus remarquables variantes architecturales du stupa traditionnel.

Rituel de purification par aspersion d'une statue du Bouddha au Shwedagon, le grand temple de Yangon, Myanmar (Rangoon, Birmanie).

Les temples bouddhiques font désormais partie du paysage en Amérique du Nord et en Europe. On dit parfois que Los Angeles est la ville bouddhiste la plus diversifiée du monde ; au nombre de ses sites sacrés figure le vaste complexe du temple Shi Lai, créé par la riche communauté bouddhiste taïwanaise qui y vit.

L'espace sacré délimité par le temple bouddhique peut être interprété comme une représentation du monde. Le dôme central d'un *stupa* représente le mont Meru, la montagne cosmique située au centre du monde, et les parasols qui le surmontent symbolisent les divers niveaux du ciel, occupés par diverses catégories de dieux dans la tradition indienne antique. Au-dessus des parasols, dans le vide du ciel, se trouve le royaume sans limites qu'atteignent les « saints » bouddhistes parvenus au plus haut niveau de la méditation, ainsi que les « champs de *bouddhas* », résidence des *bouddhas* et *bodhisattvas* célestes du mahayana. Ainsi, la pratique rituelle qui consiste à tourner tout autour du *stupa* n'est pas seulement un acte de piété accompli en souvenir de la vie du *bouddha*, mais aussi une manière de se positionner fermement au centre du cosmos.

Dans la tradition indienne, le concept de centre sacré se réfère plus particulièrement au trône de l'éveil du Bouddha, ou *bodhimanda*, à Bodh Gaya. Selon les légendes populaires indiennes, tous les *bouddhas* se sont rendus sur le même trône pour connaître l'éveil. La structure de pierre que l'on voit aujourd'hui sous l'arbre de l'éveil à Bodh Gaya est, dit-on, le sommet d'un trône de diamant qui s'enfonce jusqu'au cœur de la terre. Le concept du « siège sacré de l'illumination » s'applique également aux montagnes sacrées comme le Kailasha au Tibet et le Wutai en Chine, trônes vénérés de puissants *bouddhas* et *bodhisattvas*.

Mais cette notion de siège sacré permet aussi de sanctifier le lieu où tout simple bouddhiste s'assied en méditation. Les dévots du bouddhisme zen considèrent le lieu qu'ils choisissent pour méditer comme le trône de tous les *bouddhas* du passé et du futur.

Dans la tradition bouddhique, les reliques et les représentations physiques du Bouddha que l'on vénère dans les sanctuaires représentent le « Corps formel » du maître. Son enseignement, qui constitue le « Corps de la loi » est également l'objet d'un culte. Dans certains textes anciens du mahayana, il est dit que tout lieu où est exposé le *dharma* doit être considéré comme un « sanctuaire » *(chaitya)* du Bouddha, et certains textes classiques indiens décrivent des sanctuaires où l'exemplaire d'un livre saint du mahayana, installé en grande pompe, est exposé comme objet de vénération. En effet, les fouilles archéologiques ont montré que, dans de nombreux *stupas* indiens, des textes sacrés furent enfermés à la place de reliques du Bouddha. On observe le même respect à l'égard des écritures saintes dans les temples du Tibet, où des copies du mahayana sont disposées sur les autels, et au Japon, où le *sutra* du Lotus fait l'objet d'une grande vénération parmi les écoles qui font remonter leur origine à Nichiren (voir p. 252-255).

Lieux de pèlerinage

Pendant des siècles, les pèlerins ont afflué vers les sites sacrés du bouddhisme. Comme l'indique le récit chinois du *Voyage en Orient* (voir encadré p. 217), certains sites du nord-est de l'Inde attirèrent des pèlerins venus de Chine jusqu'à ce que l'anéantissement du bouddhisme indien mette fin à ce type de voyage. Dans toute l'Asie du Sud-Est, les bouddhistes effectuent des pèlerinages sur leurs lieux saints, tel le pic Adam, au Sri Lanka.

Les Tibétains traversent tout leur pays pour se rendre à la ville sainte de Lhassa, et effectuent l'éreintant voyage à travers l'ouest du pays pour faire le tour du mont Kailasa. Les montagnes sont souvent des lieux de pèlerinage. Les bouddhistes chinois se rendent au mont Putuo, sur une petite île au large de la côte du Zhejiang, afin d'adorer et d'implorer le *bodhisattva* Guanyin, dont c'est, dit-on, la demeure. Au Japon, de nombreuses écoles bouddhistes vénèrent le mont Fuji (voir encadré p. 261).

L'histoire du bouddhisme japonais conserve le souvenir de nombreux pèlerins illustres. Certains d'entre eux, comme Eisai et Dogen (voir encadré p. 252), les fondateurs de l'école zen, se rendirent en Chine afin d'y découvrir le *dharma*. D'autres, comme le poète Matsuo Basho (1644-1694), poursuivirent leur quête de l'éveil sur les routes du Japon.

Le pic Adam, au Sri Lanka, est un lieu de pèlerinage très fréquenté. Au sommet, un creux dans la roche serait, dit-on, une empreinte du pied du Bouddha.

Ce jeune Birman a la tête rasée avant d'être admis au monastère, où il séjournera quelque temps comme novice.

Rites de dévotion

De nombreuses fêtes bouddhiques rappellent certains événements de la vie du Bouddha, ou encore l'histoire et les doctrines du bouddhisme. Dans le monde du bouddhisme theravada, la fête la plus importante est le « jour du Bouddha », qui commémore la vie du Maître (voir texte en marge p. 191). Les Tibétains célèbrent également les grands événements de la vie du Bouddha, mais à plusieurs dates de l'année. La principale fête, celle de la conception, ou incarnation du Bouddha, est célébrée le quinzième jour du premier mois lunaire, et s'intègre à l'ensemble des festivités du Nouvel An tibétain.

Des célébrations particulières sont également organisées autour de reliques du Bouddha. À Kandy, au Sri Lanka, au mois de juillet ou d'août, les bouddhistes assistent à une grande procession au cours de laquelle ils honorent et fêtent une dent du *bouddha* (ou ce qui est présenté comme tel), depuis plus de mille ans (voir illustration p. 191). Un pèlerin chinois du IXᵉ siècle nommé Faxian a laissé un des premiers témoignages écrits sur cette célébration.

Des fêtes en l'honneur des Écritures sacrées sont organisées dans de nombreux pays bouddhistes. Les adeptes du theravada célèbrent le premier sermon du Bouddha à la pleine lune du huitième mois lunaire, date qui coïncide avec le début de la mousson, une époque pendant laquelle les moines font leur retraite annuelle. Au Laos, on fête chaque année l'histoire du généreux prince Vessantara, l'une des premières incarnations du Bouddha (voir encadré p. 169). Les bouddhistes tibétains organisent aussi une fête annuelle en l'honneur du *Kalachakra Tantra* (voir encadré p. 186), et les bouddhistes de Chine et du Japon célèbrent de leur côté plusieurs *sutras* bouddhiques, notamment le *sutra* du lotus.

Les pays du bouddhisme theravada célèbrent également plusieurs événements de la vie du Bouddha. L'origine de la *sangha*, la communauté bouddhiste, fait l'objet de grandes cérémonies lors de la pleine lune du troisième mois lunaire. Divers pays commémorent l'introduction du bouddhisme sur leur territoire, et les monastères fêtent la date anniversaire de leur fondation.

La fin de la retraite des moines lors de la mousson est l'occasion d'une grande fête très animée au cours de laquelle les laïcs se joignent aux religieux, leur apportant des offrandes pour leur permettre de se vêtir et d'assurer la vie du monastère pendant l'année suivante.

Les rites de passage jouent un rôle aussi important dans le bouddhisme que dans d'autres religions. Dans les pays du bouddhisme theravada, une série de rites marquent le passage de l'enfant à l'âge adulte. Au Myanmar, tout un ensemble de rites est consacré à l'enfance parmi lesquels figurent une cérémonie en l'honneur de la femme enceinte, une autre pour la naissance, une autre au cours de laquelle on lave la tête du nouveau-né, une cérémonie pour le percement des oreilles des petites filles, une autre le jour où l'on attache les cheveux du petit garçon. Il est difficile de distinguer, dans ces cérémonies, ce qui se rat-

L'ordination bouddhique

Dans les pays theravadistes d'Asie du Sud-Est, l'ordination est souvent assimilée, pour les jeunes garçons de douze ou treize ans, à un rite de passage à l'âge adulte. Le séjour de l'adolescent au monastère peut s'étendre de quelques mois à quelques années, juste le temps nécessaire pour apprendre les règles de la vie monastique, ou simplement à lire et à écrire, ou encore, dans la tradition du bouddhisme thaï, le temps d'être « mûr » pour le mariage. Naturellement, il a toujours la possibilité de prononcer ses vœux et devenir ainsi membre à part entière du monastère. Les rites de l'ordination s'inspirent de la renonciation au monde du Bouddha. Au cours des festivités qui rassemblent la communauté, on rase la tête du garçon, on le revêt de l'habit monastique et on prononce les paroles d'admission rituelles. Dans les pays mahayanistes, on attache moins d'importance à ce rituel de passage à l'âge adulte. Mais, pour le petit nombre de jeunes hommes (ou, en Chine, de jeunes femmes) qui choisissent d'entrer dans les ordres, ce geste représente une transition définitive vers un autre mode de vie.

tache à une quelconque origine bouddhique, mais souvent, des moines sont présents et récitent litanies et prières.

La même ambiguïté préside aux mariages « bouddhistes ». Il n'est guère aisé de se référer au Bouddha, qui abandonna femme et enfant pour vivre sa vie errante, comme modèle de l'homme marié. Dans l'Asie du Sud-Est, on invite souvent des moines aux mariages. Ils reçoivent des offrandes et chantent des hymnes en faveur des époux, mais l'élément spécifiquement bouddhique semble lointain, voire même inexistant. Le rituel du mariage en Chine, pour les bouddhistes eux-mêmes, se réfère essentiellement aux valeurs de la piété filiale et du respect des ancêtres (voir p. 224-227). Au Japon, les mariages traditionnels, de même que divers autres rites de passage, se déroulent généralement dans un contexte shintoïste plutôt que bouddhiste (voir p. 262-265).

Les funérailles revêtent un caractère différent. C'est la rencontre successive avec la vieillesse, la maladie et la mort qui décida le Bouddha à renoncer au confort de la vie terrestre, et les rituels entourant la mort sont sans conteste liés aux valeurs bouddhiques. En Chine, en Corée et au Japon, les moines et les prêtres sont chargés des rites funéraires, et les liens qu'entretient une famille avec le temple local se trouvent renforcés par les offrandes et les prières en souvenir des morts. Dans l'Asie du Sud-Est, les funérailles incluent des rites d'offrandes et la récitation de *sutras*. Ces cérémonies sont censées gagner de nouveaux mérites au défunt et lui assurer une vie future plus favorable.

Le « jour du Bouddha »

Au Sri Lanka, ainsi que dans les autres pays theravadistes d'Asie du Sud-Est, la plus grande fête bouddhiste est le « jour du Bouddha », ou Vishakha Puja, qui coïncide avec la pleine lune du mois lunaire de Vishakha (avril-mai). La fête commémore simultanément la naissance, l'éveil et la mort du Bouddha. À cette occasion, les croyants se rendent dans les monastères, prient dans des sanctuaires ou devant des images du Bouddha, et écoutent des sermons dans lesquels sont évoqués les grands moments de sa vie.

À Kandy, au Sri Lanka, les fidèles célèbrent la grande fête annuelle au cours de laquelle est transportée la sainte relique, une dent du Bouddha, à travers les rues de la ville.

Une représentation du samsara, ou « roue de la vie », peinte sur un mur du monastère de Taisicho Dzong, au Bhoutan.

Le cycle des renaissances

La réflexion sur la mort remonte, pour les bouddhistes, au moment où Siddharta Gautama reçut les « quatre visions » – celles d'un homme malade, d'un vieillard, d'un cadavre et d'un ascète – qui le décidèrent à renoncer à sa vie princière (voir p. 168-171). Ce renoncement s'accompagnait pour lui de la promesse qu'il parviendrait, par la discipline morale et spirituelle, à surmonter le problème de la mort.

La conception bouddhique de la mort repose sur l'ancienne doctrine indienne du *samsara*, qui signifie « réincarnation », « transmigration » ou simplement « renaissance », ou, littéralement, « errance » d'une vie à une autre. À l'époque de la naissance du Bouddha, la religion indienne avait donc une vision cyclique de l'existence : un individu naît, vieillit, meurt, puis se réincarne dans un autre corps, répétant indéfiniment le même processus. Cette réincarnation peut se faire sous la forme d'un être humain, d'une divinité, d'un fantôme ou d'un animal, mais une vie réellement mauvaise peut être punie d'une réincarnation en enfer.

La nature de la réincarnation dépend du *karma*, en vertu de la loi de la juste rétribution. Plus grands sont les mérites accumulés au cours d'une vie, plus noble sera la créature en laquelle on se sera réincarné, l'inverse s'appliquant à celui qui a commis plus de fautes qu'il n'a acquis de mérites. Avant de se réincarner en un être nouveau, ceux qui ont accumulé un lourd passif doivent d'abord se débarrasser de leurs « démérites » au cours d'un séjour dans l'un des étages de l'enfer, en fonction de la gravité du verdict, le niveau où sont endurés les pires souffrances étant réservé aux parricides et à ceux qui ont tué leur maître. De même que le coupable peut se laver de ses crimes en enfer et vivre une nouvelle existence, de même celui qui a atteint à la divinité peut se libérer de ses mérites et revenir parmi les humains. Aucun état n'est permanent.

Les bouddhistes s'efforcent donc d'éviter les mauvaises actions et d'accumuler les mérites par leurs offrandes aux moines et leurs actes de piété, afin d'obtenir une meilleure existence future. Mais Siddharta Gautama considérait le *samsara* comme la roue éternelle de la souffrance et de la mort (voir illustration p. 171). L'acte par lequel il se libéra de ce cycle pour ne plus jamais renaître s'appelle le *nirvana*, soit littéralement l'« extinction » du feu de l'ignorance et du désir, que le Bouddha considérait comme « l'aliment » du *samsara* et la source de toute souffrance (voir p. 168-171). Dans la tradition bouddhique, le Bouddha est parvenu au *nirvana* en deux étapes. Sous l'arbre *bodhi*, au moment de son « éveil » (voir p. 168-171), il réalisa qu'il n'alimentait plus le *samsara* par son *karma* – en d'autres termes, qu'il ne ressentait plus aucun désir. Plusieurs décennies plus tard, ayant enfin épuisé tout le *karma* qui lui restait, il mourut : c'est le *parinirvana*, ou « extinction complète », par lequel il fut entièrement libéré du *samsara*. En mourant, il cessa « définitivement » d'exister. Les moines et les nonnes se sont toujours efforcés de suivre l'exemple du Bouddha pour parvenir eux aussi à se

Poèmes zen au seuil de la mort

Au Japon, une tradition du bouddhisme zen veut que celui qui sent venir la mort compose un poème. Ces œuvres sont souvent fortement imprégnés de la sagesse et du détachement caractéristiques des récits de la mort du Bouddha. Un guerrier zen, contraint à se suicider pour rester loyal envers son seigneur, décrivit la mort comme l'épée affûtée qui coupe dans le vide, et compara la vie à un vent frais soufflant sur un feu dévorant. Son épée représentait la sagesse du Bouddha, tranchant les illusions de la vie et éteignant de son souffle le feu de l'existence, tout comme le *nirvana* du Bouddha avait « éteint » le feu de la vie et de la mort.

délivrer du cycle des réincarnations, en surmontant leur attirance pour les plaisirs et les responsabilités de la vie séculière, en s'exerçant à la méditation et en ayant une bonne conduite morale. Pour tous les bouddhistes, la voie du *nirvana* passe par le respect de la « Noble Octuple Voie » (voir p. 184-185).

Les funérailles bouddhistes ont pour objectif d'aider le défunt à obtenir une bonne réincarnation. Les Tibétains pensent même qu'il est possible, grâce aux rites des funérailles, de se délivrer du *samsara* (voir encadré ci-dessous). Cette pratique semble concerner aussi bien les vivants que les morts ; elle aide les parents endeuillés à s'habituer progressivement (durant plus de sept semaines) à leur perte, ainsi qu'à se préparer eux-mêmes à quitter la vie (voir p. 156-157).

Le Livre des morts

L'un des textes funéraires bouddhiques les plus connus est le *Livre des morts* tibétain. Pendant 49 jours – soit le temps nécessaire à un défunt pour se réincarner –, un lama psalmodie le texte de ce livre, les premiers temps en présence du corps et ensuite devant son image.

Le texte évoque les nombreux *bouddhas* bienveillants ou redoutables qui apparaîtront au disparu dans le « royaume intermédiaire » *(bar-do)* qui sépare la mort de la renaissance, et rappelle que celui-ci devra reconnaître ces êtres comme des manifestations de son propre esprit. Le défunt a la capacité de se fondre dans ces êtres, et de se trouver ainsi délivré du cycle de la mort et de la renaissance. Mais le *Livre des morts* n'oublie pas ceux qui ne parviendront pas à se fondre dans les créatures célestes, et leur explique comment obtenir une bonne réincarnation.

Cette peinture tibétaine du XVIIIe siècle représente le Bouddha en état de parinirvana, *mort pour ne plus jamais renaître. Le* Livre des morts *doit permettre au défunt de parvenir à cette même libération.*

La « Terre pure »

Selon l'école bouddhiste de la Terre pure, surtout représentée en Chine, au Japon et au Tibet, lorsqu'un fidèle chante avec foi le nom du *bouddha* céleste Amitabha (en chinois Amituo, et en japonais Amida), celui-ci viendra l'assister au moment de sa mort, en compagnie d'une foule de *bodhisattvas*. Amitabha emmènera alors le dévot jusqu'à son royaume, Sukhavati, la « Terre pure » céleste, ou « Paradis de l'Occident ». En ce lieu, délivré des distractions terrestres, le dévot pourra se préparer au *nirvana*, qui est promis à tous ceux qui parviennent à la Terre pure. Cette croyance et la pratique du bouddhisme de la Terre pure, ou amidisme, trouvent leur origine dans un ancien concept indien selon lequel celui qui, à l'heure de la mort, centre sa méditation sur une divinité renaîtra très probablement dans son royaume céleste. Cette conception amidiste de la mort est encore aujourd'hui très répandue parmi certaines variantes les plus populaires du bouddhisme japonais (voir p. 253-254).

Sa Sainteté Tenzin Gyatso, le quatorzième dalaï-lama. Malgré l'exil, son autorité spirituelle est toujours aussi grande tant parmi les bouddhistes du Tibet qu'à l'étranger.

Rôles et relations

La communauté bouddhique, ou *sangha*, distingue quatre catégories d'individus : les moines, les nonnes, et les laïcs, hommes et femmes. Les moines et les nonnes s'efforcent de suivre l'exemple du Bouddha en renonçant aux devoirs de la vie séculière et en vivant dans une grande simplicité. Les laïcs sont donc chargés de maintenir le tissu de la société bouddhique. Ils se marient et ont des enfants, ils cultivent la terre, accumulent des biens et en distribuent les bénéfices ; ils font la guerre et maintiennent l'ordre ; ils font, en bref, tout ce qui est en leur pouvoir pour que les moines qui vivent dans les monastères puissent avancer sur le chemin du *nirvana*. Mais cet ordonnancement est un résumé trop simple de la société bouddhique qui est, en fait, plus complexe. Différents rôles régissent la communauté monastique. Les métiers et fonctions des laïcs sont eux aussi différents. Et les liens entre les deux ordres de la société, monastique et laïque, sont relativement fluctuants.

La communauté monastique a pour origine ce petit groupe d'errants qui suivirent jadis le Bouddha à travers les villes et les villages du nord de l'Inde. Avec le temps, moines et nonnes adoptèrent un mode de vie plus sédentaire. En juillet et en août, les pluies de la mousson rendant les routes du Nord impraticables, les moines prirent l'habitude pendant cette saison de s'installer dans un lieu fixe. Cette pratique est à l'origine de la construction des monastères *(viharas),* qui devinrent par la suite les institutions centrales de la vie bouddhique. Avec l'aide des princes et de riches donateurs, les monastères indiens devinrent des centres où l'on ne se bornait pas à l'étude de la philosophie et du rituel bouddhiques, mais où l'on étudiait également la médecine, la littérature et l'astrologie. C'est dans les pays bouddhistes du Sud-Est asiatique que se sont développées les écoles monastiques les plus remarquables, souvent en relation avec le pouvoir royal. Cette relation prenait parfois un caractère direct, comme ce fut le cas avec le roi Mongkut, en Thaïlande (voir texte en marge p. 196).

L'influence d'un souverain sur la vie religieuse remonte à Ashoka, prince de l'empire des Mauryas, au nord de l'Inde, au IIIe siècle avant notre ère (voir p. 172-175). Il représente l'idéal du *dharmaraja,* ou « roi qui respecte la loi ». L'histoire raconte qu'Ashoka se convertit au bouddhisme après une campagne militaire particulièrement sanglante et qu'il s'efforça ensuite de mener une politique de « triomphe de la loi », remplaçant la force des armes par celle de la loi. Les rois bouddhistes se sont toujours considérés comme des « chefs selon la loi », suivant l'exemple d'Ashoka : en échange de la protection qu'ils assuraient aux monastères, ils voyaient leur pouvoir temporel légitimé par les moines.

C'est au Tibet que le pouvoir royal bouddhiste a connu sa variante la plus surprenante (voir texte en marge p. 182). Le « grand cinquième » dalaï-lama tira parti de la faiblesse de ses rivaux pour devenir le chef séculier et régulier en titre du pays, une situation relativement analogue à celle du pape catholique, avant

Le bouddhisme persécuté au Tibet

La tradition bouddhiste est demeurée inchangée au Tibet jusqu'en 1950, année où la nouvelle République populaire de Chine envahit le pays pour y imposer sa loi. Le quatorzième dalaï-lama, Tenzin Gyatso (Bstan-'dzin Rgya-mtsho), qui avait seize ans, fut alors contraint, tout en conservant son titre, de s'incliner devant la souveraineté chinoise. En 1959, un soulèvement fut suivi d'une violente répression, et le dalaï-lama dut s'enfuir en Inde. À partir de cette époque, les monastères tibétains subirent des persécutions, et plusieurs d'entre eux furent détruits, notamment lors de la Révolution culturelle (1966-1976). Cependant, depuis les années 1980, le contrôle exercé sur les activités religieuses s'est quelque peu relâché et la vie a repris dans plusieurs monastères. De son lieu d'exil en Inde, le dalaï-lama n'a cessé de faire appel à l'aide internationale pour obtenir par des voies pacifiques le maintien de la culture et de l'autonomie du Tibet. Ses efforts lui ont valu le prix Nobel de la paix en 1989. Mais la Chine est restée sourde à son appel et tente d'exercer un contrôle sur la vie religieuse au Tibet, notamment en choisissant les « réincarnations » qui reçoivent son approbation pour des personnages comme le panchen-lama et d'autres dignitaires de haut rang.

qu'il ne perde son pouvoir temporel au XIXe siècle. Le Tibet fut alors gouverné par cette combinaison spécifique de pouvoir royal et religieux jusqu'à l'invasion chinoise des années 1950 (voir texte en marge p. 194, et p. 175).

Quelle que soit la considération en laquelle ils tiennent les grands monastères, pour leur envergure et leur rôle social, les bouddhistes conservent une grande vénération pour les « saints » qui se retirent dans la solitude ou en petits groupes pour chercher la voie du *nirvana*, loin du monde. Les saints de la forêt du Sri Lanka et de Thaïlande sont traditionnellement considérés comme de grands héros. Ils représentent en quelque sorte les contre-exemples sur lesquels s'appuie la critique de la vie dans les grands monastères et dans l'ensemble de la société. Lorsqu'un envoyé impérial pria Dogen, le fondateur de l'école zen soto au Japon (voir encadré p. 252), de prendre part à la vie de la cour, ce dernier chassa le messager de son monastère en repoussant la proposition, conformément au vieil idéal bouddhique selon lequel le sage doit vivre à l'écart des affaires de l'État.

C'est la pratique de la quête matinale des moines, répandue dans tout dans le Sud-Est asiatique, qui traduit le mieux la relation entre laïcs et moines. Tous les matins, ceux-ci quittent le monastère et vont de maison en maison mendier leur nourriture du jour. Ce simple rituel institue un réseau d'assistance réciproque entre les deux communautés. Les moines reçoivent les aumônes qui leur permettent de poursuivre leur quête du *nirvana*, et les laïcs ont chaque jour l'occasion de manifester leur générosité et donc de gagner les mérites qui leur

Ces jeunes moines de Bangkok reçoivent d'une ménagère leur aumône matinale.

Fidèle en prière à la pagode Thien Hoa, à Hô Chi Minh-Ville (anc. Saigon), au Viêt Nam.

assureront une meilleure réincarnation. C'est là une illustration de la grande idée du Bouddha sur « l'interdépendance des causes ». En vertu de ce concept, chacun a un rôle distinct à jouer dans la société bouddhiste, mais tous sont associés dans un réseau de dépendance réciproque.

Aux XIXe et XXe siècles, les structures traditionnelles de la société bouddhiste furent soumises à plusieurs secousses dans l'Asie du Sud-Est : colonialisme européen, laïcisation, communisme et développement. Influencé par la vision moderniste et scientifique du bouddhisme élaborée par la Société de théosophie (voir texte en marge p. 175), le moine sri lankais Anagarika Dharmapala (1864-1933), au début du siècle, prit la tête d'un important mouvement de rationalisation de la pratique bouddhique, afin de la débarrasser de ses éléments de « superstition » et de mobiliser la communauté dans la lutte contre la domination coloniale britannique. Depuis son indépendance en 1948, le Sri Lanka (qui était alors Ceylan) a vu se développer les institutions bouddhistes, mais non sans difficultés. La violence ethnique entre Cinghalais bouddhistes et Tamouls hindous a introduit dans la société moderne du Sri Lanka un conflit religieux qui semble difficilement conciliable avec l'image de tolérance et de paix propres au bouddhisme.

Au Myanmar, l'interaction entre bouddhisme et vie politique a pris un caractère très spécifique. Après la libération du pays (alors appelé Birmanie) de la férule britannique en 1948, le premier ministre, U Nu (1907-1975), promulgua un programme de réformes baptisé « socialisme bouddhique » : selon lui, un véritable État socialiste se doit de promouvoir l'égalité, de décourager l'âpreté au gain et de donner au peuple suffisamment de loisirs pour lui permettre de consacrer du temps à la méditation en vue d'atteindre le *nirvana* ; chassé par les militaires en 1962, U Nu vécut en exil en Inde pendant plusieurs années avant de retourner au Myanmar, où il se fit moine.

La réforme en Thaïlande

De toutes les familles royales bouddhistes, c'est celle de Thaïlande (jadis le Siam) qui a conservé le plus d'influence aux XIXe et XXe siècles. Les problèmes liés à la colonisation ayant été épargnés au pays, la Thaïlande a pu, par l'intermédiaire de ses rois, choisir sa propre voie vers l'intégration au monde moderne. Le roi Mongkut (1804-1868) se consacra à la vie monastique pendant vingt-cinq ans avant de monter sur le trône, et se fit, pendant cette période, l'ardent défenseur d'un mouvement de réforme du bouddhiste connu sous le nom de Thammayut (du pali *Dhamma-yuttika*, « ceux qui acceptent la loi »). Devenu roi (à partir de 1851), il continua de soutenir le mouvement, dont le programme tend à moderniser et à raffermir la discipline de la communauté monastique thaïe. Chulalongkorn, le fils de Mongkut, qui régna de 1868 à 1910, poursuivit la politique de son père afin de développer une forme de bouddhisme compatible avec la société occidentale moderne (Chulalongkorn est le personnage qui se promène à bicyclette dans la comédie musicale *le Roi et moi*). Aujourd'hui encore, les pouvoirs étendus du roi de Thaïlande s'appliquent au même titre aux domaines religieux et temporel.

À une époque plus récente, la Birmane Aung San Suu Kyi fit appel aux principes du bouddhisme dans sa campagne pour rétablir la démocratie au Myanmar (voir encadré ci-dessous). Elle a prouvé par sa carrière que les femmes peuvent jouer un rôle politique important dans les pays bouddhistes modernes du Sud-Est asiatique. Mais la tradition de domination masculine reste néanmoins profondément ancrée dans la culture de ces pays.

Le bouddhisme a souvent été confronté à la difficulté de vivre sous des régimes communistes laïques, notamment en Indochine, où l'oppression s'est manifestée à des degrés divers. Au Viêt Nam par exemple, les institutions bouddhistes sont restées relativement actives, mais au Cambodge elles ont gravement souffert des ravages causés par le gouvernement des Khmers rouges (1975-1979) et ne sont pas encore totalement rétablies.

Le XXe siècle a vu une tentative de faire revivre le bouddhisme dans son pays d'origine, l'Inde, dans le contexte de la critique du système des castes. Dr. Bhimrao Ambekar (1891-1956), un « intouchable » de l'État du Maharashtra, voyait dans le bouddhisme un idéal d'égalité et de justice sociales capable de soulager les castes défavorisées de la société indienne (voir encadré p. 159). Il est à l'origine d'un important mouvement social fondé sur les principes du bouddhisme, dont l'influence se fait encore sentir sur la vie religieuse et politique en Inde.

Aung San Suu Kyi

C'est dans le Myanmar d'aujourd'hui (auparavant, la Birmanie) qu'une femme de grande renommée a fait la démonstration du poids des valeurs bouddhistes sur les affaires du monde. En juin 1988, le général Ne Win, chef du Parti du programme socialiste du Myanmar, organisa un référendum sur l'avenir politique du pays. L'opposition populaire au régime autoritaire des militaires se cristallisa alors autour de la personne d'Aung San Suu Kyi. (Le père de celle-ci, Aung San, leader avec U Nu [voir texte principal] du mouvement d'indépendance nationale, fut assassiné en 1947.)

Les principaux écrits politiques d'Aung San Suu Kyi ont été rassemblés sous la forme d'un livre intitulé *la Libération de la peur.* Il s'agit d'un appel éloquent en faveur de la démocratie moderne, des droits de l'homme et des valeurs bouddhistes : respect de la vérité, bravoure, sens de la justice et bienveillance. Sa campagne pour des réformes démocratiques pacifistes lui valut le prix Nobel de la paix en 1991.

Aung San Suu Kyi et ses partisans au cours de la conférence de presse qu'elle tient chaque semaine par-dessus la grille de sa maison à Yangon (Rangoon), d'où, assignée à résidence, elle continue de diriger la Ligue nationale pour la démocratie du Myanmar.

CHAPITRE 6

LES RELIGIONS CHINOISES

Jennifer Oldstone-Moore

Cette peinture du XVIIIe siècle montre des étudiants en train de passer le concours des fonctionnaires. Les épreuves nécessitaient une connaissance approfondie des préceptes confucéens, sur lesquels le gouvernement de la Chine s'appuya pendant deux millénaires.

Page ci-contre : les pèlerins escaladent les marches du temple sur le Taishan (le mont Tai, ou « Grande Montagne »), lieu vénéré des Chinois depuis les temps les plus reculés. C'est l'une des nombreuses montagnes sacrées de la Chine (voir carte p. 201).

Introduction

Les trois grandes écoles officielles, confucianisme, taoïsme et bouddhisme, ainsi que l'omniprésente religion populaire, ont façonné la culture et l'histoire de la Chine pendant des millénaires, et représentent encore aujourd'hui un élément important de la civilisation chinoise. Les religions traditionnelles sont aussi vivaces à Taïwan et à Hongkong qu'à Singapour et dans d'autres communautés chinoises d'outre-mer. À l'exception de Hongkong, leur présence est moins perceptible dans la République populaire, où la pratique religieuse s'est maintenue en dépit de la dissuasion des autorités politiques et même de périodes de persécutions.

Les traditions religieuses de la Chine reposent sur deux principes fondamentaux : le cosmos est un espace sacré ; tous les éléments du cosmos sont interdépendants. Leur principal objectif consiste à maintenir ce caractère sacré en faisant régner l'harmonie entre les hommes mais également entre les hommes et la nature. Le taoïsme et le confucianisme ainsi que la religion populaire se font l'écho de ces grands principes. De même, le bouddhisme, venu de l'Inde, s'est lui aussi adapté à cette vision du monde.

Le motif octogonal figurant sur ce chapeau d'enfant contient le symbole circulaire du yin-yang, entouré des huit trigrammes divinatoires traditionnels (voir texte p. 213).

Parmi les religions étrangères ayant pénétré en Chine, c'est, incontestablement, le bouddhisme qui a connu le plus grand développement. L'islam a eu également un impact non négligeable, notamment dans l'Ouest (voir illustration p. 119). Mais, mis à part dans cette dernière région, l'islam et le christianisme n'ont pas eu d'influence notable, phénomène qui peut être attribué au caractère exclusif de ces deux religions, lequel ne saurait s'accorder avec le syncrétisme de la pratique religieuse chinoise. Le confucianisme, le taoïsme et le bouddhisme, que l'on appelle les « Trois Enseignements », sont perçus comme étant complémentaires plutôt qu'opposés, et la plupart des Chinois s'y réfèrent. Ces trois traditions divergent par leur histoire et leur exégèse, mais le dicton chinois selon lequel « les Trois Enseignements n'en font qu'un » correspond bien à la vérité.

La religion traditionnelle chinoise se fonde sur l'ancienne conception de l'organisation du cosmos. Tout ce qui existe, y compris le ciel, la terre, les hommes et les dieux, est fait de la même substance vitale, le *qi*. Le *qi* se manifeste essentiellement sous la forme de deux forces complémentaires, le *yin* et le *yang*. Ces termes signifiaient à l'origine respectivement le versant ombragé d'une colline *(yin)* et son versant ensoleillé *(yang)*, mais ils prirent rapidement une signification symbolique. Le *yin* représente donc le côté sombre, humide, inerte, trouble, froid, mou et féminin, tandis que le *yang*, complémentaire, représente ce qui est brillant, sec, en croissance, lumineux, chaud, dur et masculin. Toute chose est faite de *yin* et de *yang*, en proportions variables.

À la vision dichotomique du monde partagé entre le *yin* et le *yang* s'ajoute le cycle des « Cinq Modalités », qui permet de comprendre plus en détail l'interaction des forces vitales. Ces modalités sont représentées par le « feu », le « bois »,

La Chine sacrée

Le paysage religieux de la Chine compte plusieurs temples et montagnes sacrées. Certains sites sont considérés comme sacrés depuis des temps très anciens. C'est le cas des cinq montagnes sacrées (Taishan, Hengshan [au nord], Songshan, Huashan et Hengshan [au sud]) ; d'autres sont devenus sacrées par la suite, lorsque des chefs religieux ou des écoles leur furent été identifiés (c'est le cas du mont Tiantai [Tiantaishan], où demeure le groupe bouddhiste éponyme, et de Putuoshan, montagne sacrée de la déesse bouddhiste Guanyin).

Du plus modeste village à la capitale chinoise, partout où l'on pratique une religion, on rencontre une multitude de temples. Dans la République populaire, les grands temples sont surtout considérés comme de centres d'attraction touristique, même si la vie religieuse s'y poursuit.

Parmi les autres sites apparaissant sur la carte et qui présentent un intérêt du point de vue religieux, on remarquera Anyang (où furent découverts de nombreux os divinatoires), Qufu (lieu de naissance de Kong Fuzi) et Chang'an (capitale de la dynastie des Tang), où nombre de textes saints bouddhiques furent originellement traduits en chinois, et où fut fondée la première communauté chrétienne en Chine, au VIIe siècle.

Note : le système choisi de transcription des caractères chinois en caractères latins est le pinyin.

Légende

- Grand site religieux
- Autre site
- Montagne sacrée
- Itinéraires historiques de la route de la soie
- Autres itinéraires de pénétration du bouddhisme vers la Chine et à partir de la Chine
- Grande Muraille

le « métal », l'« eau » et la « terre » : il ne s'agit pas là d'éléments concrets mais de forces métaphysiques qui exercent chacune, à un moment donné, une influence dominante. Ces modalités entretiennent des correspondances avec le système du *yin-yang* (les modalités feu et bois sont *yang*, métal et eau, *yin*, la terre étant neutre) et s'organisent en deux cycles. Dans le premier cycle (bois, feu, terre, métal, eau) chaque modalité produit la suivante. Dans le second (feu, eau, terre, bois, métal), chaque modalité détruit celle qui la précède. Dans l'univers, tout – les schémas et les changements de la nature, les corps célestes, le temps, les phénomènes naturels – est relié par la participation à ces cycles de transformation ainsi que par les diverses proportions de *yin* et de *yang* contenues en chaque chose. Les relations à l'œuvre entre les Cinq Modalités coexistent avec d'innombrables autres pentades (groupes de cinq entités) qui régissent la nature et l'interaction entre le ciel, la terre et les êtres humains. Parmi celles-ci figurent les points cardinaux (nord, sud, est, ouest et centre), les dieux, les animaux, les nombres, les planètes, les saisons et les couleurs.

Les grandes traditions expriment de diverses manières cet idéal : atteindre à l'harmonie cosmique. Le confucianisme, fondé sur l'enseignement d'un sage du VIe siècle avant notre ère, maître Kong (Kongfuzi, latinisé en Occident en Confucius), est centré sur les relations entre les hommes et la création d'une société fondée sur la vertu. La vertu principale est le *ren* (« bienveillance », « caractère humain »). La relation fondamentale est, pour Kongfuzi, celle qui unit le père et le fils, et sa plus grande manifestation est le *xiao*, la piété filiale. Si ce lien était maintenu, la famille, la communauté, l'État et enfin le cosmos se trouveraient transformés (voir p. 216-219).

Chronologie

Période légendaire *(dates traditionnelles)*

Les « héros culturels »

- **- 2852** • Fu Xi
- **- 2737** • Shen Nong
- **- 2697** • Huang Di

Les « Rois Sages » et la dynastie des Xia

- **- 2357** • Yao
- **- 2255** • Shun
- **- 2205** • Yu le Grand (fondateur de la dynastie des Xia)

- 2205 à - 1766 • Dynastie des Xia

Période historique

Dynastie des Shang (vers - 1766 à - 1050)

• Divination, culte des ancêtres et du « Souverain d'En Haut » (Shang Di)

Dynastie des Zhou (- 1050 à - 256)

• Culte du Ciel (Tian) ; formulation de la doctrine du Mandat du Ciel ; textes classiques chinois ; les « Cent Écoles », fondées notamment par Kongfuzi (- 551 à - 479) et Mencius (- 371 à - 289 ?), Laozi (? à - 604) ; élaboration des théories du *qi* et du *yin-yang* ; pratique du chamanisme

Dynastie des Qin (- 221 à - 207)

• L'empereur Qin Shi Huangdi persécute les érudits

Dynastie des Han (- 206 à 220)

• Le confucianisme devient la base de la religion d'État ; pénétration du bouddhisme en Chine ; apparition de mouvements religieux populaires comme les « Turbans jaunes » et les « Maîtres célestes »

L'ère de la division (220 à 589)

• Émergence du taoïsme religieux ; le bouddhisme consolide ses positions

Dynastie des Suy (581 à 618)

Dynastie des Tang (618 à 907)

• Le bouddhisme et le taoïsme gagnent du terrain (malgré des persécutions contre les bouddhistes, en 841-845) ; le bouddhisme chan et celui de la Terre pure se développent ; fondation de l'Église chrétienne nestorienne en 635 ; pénétration de l'islam (VIIIe siècle) ; présence du judaïsme, du manichéisme et du zoroastrisme

Les « Cinq Dynasties » (907 à 970)

Dynastie des Song (960 à 1279)

• Montée du néoconfucianisme ; création de sociétés dévotionnelles bouddhistes ; développement des religions populaires

Dynastie des Yuan (1280 à 1368)

• Les Mongols règnent en Chine

Dynastie des Ming (1368 à 1644)

• Wang Yangming (1472-1529), néoconfucianiste ; arrivée des missionnaires catholiques (XVIe siècle)

Dynastie des Qing (1644 à 1911)

• Répression du christianisme au début de cette dynastie ; au XIXe siècle, la Chine est « ouverte » par les puissances occidentales et les missions chrétiennes reviennent

Période moderne

République de Chine (1911 à 1949) ; de 1911 à aujourd'hui pour Taïwan.

• Épanouissement des religions traditionnelles ; missions chrétiennes relativement actives

République populaire de Chine (1949 à aujourd'hui)

• L'athéisme d'État supprime l'activité religieuse ; culte de Mao Zedong ; persécution de la religion pendant la Révolution culturelle (1966-1976) ; relâchement relatif des restrictions de l'activité religieuse après la mort de Mao, en 1976

Kongfuzi avec un groupe de disciples : illustration d'un ouvrage anonyme du *XVI*[e] *siècle,* le Livre de la vie de Kongfuzi.

Le taoïsme, qui remonterait au VIe siècle avant notre ère mais dont les textes fondateurs datent du IVe et du IIIe siècle, porte moins d'intérêt à l'harmonie entre les personnes qu'à la concorde entre les hommes et la nature. L'expression *tao*, ou *dao* (« le chemin »), évoque l'ordonnance naturelle qui régit toutes les mutations au sein du cosmos, la manière dont le *qi* se crée et se dissout éternellement, entraînant ainsi les myriades de phénomènes qui interviennent dans l'univers. Le taoïsme est centré sur le concept de *wu wei*, « non-interférence » avec le *tao*. Pour atteindre, dans sa vie et dans le cosmos, à l'ordre et à l'harmonie, il faut être capable de percevoir le *tao* dans la nature, et d'agir – ou de se retenir d'agir – en fonction de lui. Avec le temps, l'idée du renforcement de soi par la mise en harmonie avec les forces de la nature s'est appliquée à la conservation du corps en quête de longévité.

Le bouddhisme pénètre en Chine au Ier siècle, et rassemble rapidement de nombreux adeptes. Il apporte avec lui le charme de l'étranger et de l'exotisme, une cosmologie hindoue aussi fascinante que complexe et la promesse du salut universel – notions absentes ou relativement peu développées dans les religions autochtones. Mais le bouddhisme prendra en Chine des formes distinctives, notamment en fusionnant avec le taoïsme, fusion dont est issu le courant chinois du bouddhisme chan (« méditation » ; voir p. 216-219).

Les religions chinoises sont souvent décrites comme ayant une orientation pratique et terre à terre, qui est en effet manifeste dans la tradition populaire. Celle-ci reflète les grands principes des Trois Enseignements, mais n'inclut aucun ensemble fixe de croyances et s'intéresse à l'amélioration de la vie terrestre sous tous ses aspects : santé, longévité, prospérité, harmonie domestique, progéniture pour perpétuer la lignée et protection contre les désastres. Les relations entre les vivants et les esprits (ancêtres, divinités, fantômes) occupent une place prépondérante dans la pratique religieuse populaire : si les humains accomplissent bien leur devoir le monde des esprits leur sera favorable, leur accordera des bienfaits ou – pour ce qui est des âmes errantes – ne leur causera pas de tort.

Tête du Bouddha, détail d'une énorme sculpture creusée dans la roche à Leshan (province de Sichuan). Tout en valorisant les traditions chinoises autochtones, le bouddhisme a lui-même considérablement évolué par rapport à sa forme sud-asiatique. Cette sinisation du bouddhisme se manifeste également dans l'art.

Des traditions innombrables

Dès les dynasties des Shang et des Zhou (du XVIIIe au IIIe siècle avant notre ère), un grand nombre de thèmes religieux et de croyances circulent en Chine ; c'est sur cette base que s'établiront le confucianisme, le taoïsme, le bouddhisme et la religion populaire. Le culte des ancêtres s'implante pendant l'ère des Shang, époque où l'on enterre les morts avec tout un luxe d'offrandes. On utilise des « os divinatoires » (voir encadré ci-dessous). On invoque aussi parfois un dieu puissant, Shang Di (« le Souverain d'En Haut »), mais celui-ci demeure très éloigné des hommes. Il sera remplacé, sous la dynastie des Zhou, par Tian (« le Ciel »), qui règne sur les esprits des morts. Bientôt, le culte de Tian se développe, sous-tendu par l'idée que le dieu accorde un « Mandat du Ciel » à la personne ou à la dynastie qui se montre digne de régner. Lorsque le souverain ne lui donne pas satisfaction, Tian manifeste sa réprobation en semant le désordre sur terre provoquant révoltes, famines et catastrophes naturelles. Lorsque la situation devenait intolérable, il fallait comprendre que Tian avait retiré au souverain son mandat et que l'on pouvait légitimement le déposer.

Le système cosmologique chinois, soit le *qi*, le *yin-yang* et les Cinq Modalités (voir p. 200-203), se met également en place sous la dynastie des Zhou. C'est à la même époque que diverses traditions touchant aux domaines pratique, artistique, littéraire et moral sont consignées dans les Six Classiques, qui deviendront les textes fondamentaux du confucianisme (voir p. 212-213).

Les os divinatoires

Sous la dynastie des Shang, la divination par l'intermédiaire des « os divinatoires » joue un rôle très important. La famille royale y a recours pour recevoir des conseils dans les domaines les plus variés : par exemple prévoir le temps qu'il fera, déterminer la cause d'un mal de dents, le meilleur moment pour faire la guerre, les chances de tuer du gibier à la chasse, l'abondance de la récolte. On a retrouvé beaucoup de ces os divinatoires à Anyang, au nord-est de la Chine (voir carte p. 201). Les os permettaient de répondre à des questions appelant une réponse par oui ou par non. Ces questions étaient posées à des créatures surnaturelles – généralement des ancêtres, considérés comme vecteurs de chance ou de malchance, notamment en matière de fertilité. On pouvait aussi poser les questions au grand dieu Shang Di, ou même aux forces de la nature. Pendant que l'on posait la question, on appuyait un tisonnier sur une omoplate de mouton ou de bœuf, ou encore la carapace d'une tortue. Le devin interprétait les fissures provoquées par la chaleur, qui donnaient réponse à la question.

Un « os divinatoire », morceau d'omoplate de mouton : question et réponse y sont inscrites.

Au VIe siècle, l'autorité politique des Zhou est sur le déclin, et la période de désordres qui s'ensuit suscite l'élaboration de nombreuses théories sur le gouvernement et la manière de restaurer la paix et l'harmonie. Les enseignements diffusés pendant cette période portent le nom de « Cent Écoles », les plus connues étant le confucianisme et le taoïsme. Kongfuzi (Confucius) naît en - 551 à Qufu, dans la province actuelle de Shandong, au sein d'une famille pauvre mais respectable. Après avoir occupé un poste dans l'administration de l'État de Lu, il passe treize années à voyager à travers plusieurs États de la Chine, proposant aux princes ses conseils sur la manière de gouverner. Déçu par leur manque de réceptivité, il revient chez lui et consacre le reste de ses jours, jusqu'à sa mort, en 479, à l'enseignement et à la compilation des Six Classiques.

Les trois figures dominantes des écoles religieuses et philosophiques chinoises se trouvent réunies sur cette peinture du XVIIIe siècle. Laozi (à gauche) regarde Kongfuzi qui tient le Bouddha enfant dans ses bras.

L'idée fondamentale de Kongfuzi est que le gouvernement doit se fonder sur la vertu, et que tous les citoyens doivent respecter les devoirs afférents à leur situation. Son grand disciple, Mencius (Mengzi, de - 371 à - 289 ?), développa les leçons du maître sur la vertu et le bon gouvernement, proclamant que l'homme est naturellement bon et affirmant le droit des hommes à se révolter contre un chef malfaisant. Le troisième grand penseur confucianiste des temps anciens, Xunzi (il fut en activité d'environ - 298 à - 238), avait une autre conception de la nature humaine. Selon lui, les hommes naissent mauvais, et ne peuvent devenir bons que lorsqu'on les soumet à des lois très strictes et à des châtiments sévères. Le « Légalisme » (une autre des « Cent Écoles ») allait encore plus loin dans le rigorisme. L'histoire de la Chine conserve un très mauvais souvenir du rôle qu'il joua auprès de Qin Shi Huangdi, le cruel premier empereur de la Chine (- 221 à - 209), qui fit brûler les livres et exécuter nombre de lettrés confucianistes.

Sous la dynastie des Han (de - 206 à 220), confucianisme, légalisme et cosmologie du *yin-yang* fusionnent. Mais cette époque est surtout marquée par la mise en place de l'administration de la Chine impériale, composée de fonctionnaires imprégnés des vertus confucianistes, qui furent chargés de gérer le pays jusqu'au XXe siècle.

Au cours des siècles qui suivirent, la popularité croissante du taoïsme et du bouddhisme réduisit quelque peu l'impact du confucianisme, mais, sous la dynastie des Song (960-1279), émerge un mouvement de renaissance confucéenne, connu sous le nom de néoconfucianisme. L'érudit le plus connu de cette période, Zhu Xi (1130-1200), élabora un système métaphysique fondé sur la morale confucéenne. Selon son système, toute chose, y compris la nature humaine, est régie par un principe de raison, *li* (ce mot est différent de *li* signifiant « rituel »), qui donne sa forme à la matière vitale appelée *qi* (voir p. 200-203). Les hommes doivent « rechercher la raison des choses » afin de connaître leurs principes sous-jacents, et pratiquer un travail sur eux-mêmes qui leur permette de fonder leurs actes sur ces principes. Les néoconfucianistes recommandent, pour le développement de soi, des exercices de méditation tels que « s'asseoir les yeux fermés et en silence », qui rappellent l'influence du bouddhisme.

Selon la Tradition, Laozi (Lao-tseu), le père légendaire du taoïsme, serait venu au monde en - 604, à la suite d'une gestation et d'une naissance mira-

Portrait de Matteo Ricci (1552-1610). Au cours de son séjour en Chine, ce missionnaire italien, doué d'une mémoire fantastique, fit grande impression à la cour impériale en récitant de longs passages des textes classiques chinois.

Les jésuites en Chine

C'est avec la mission jésuite en Chine, au XVIe siècle, que les Européens tentent pour la première fois de comprendre de l'intérieur les religions chinoises. L'une des grandes figures de la mission est Matteo Ricci (voir illustration ci-dessus), qui débarque à Macao en 1582. Pour se faire accepter par les fonctionnaires confucianistes, et pouvoir ainsi approcher l'empereur, Ricci et ses collègues apprirent le chinois et adoptèrent l'habit, les manières et la culture de l'élite du pays.Les jésuites acceptèrent d'intégrer certains rites confucéens au christianisme. Ainsi, le culte des ancêtres était autorisé à condition qu'il prenne la forme de rites du souvenir et non d'adoration. Ricci savait que les Chinois avaient jadis adoré un dieu unique, sous la forme de Shang Di (voir p. 204-207), et il considérait que leur religion avait dégénéré en s'éloignant du monothéisme. Cependant, malgré les efforts des missionnaires pour se montrer aussi accommodants que possible, les Chinois ne parvinrent pas à s'intéresser autant à la religion occidentale qu'aux sciences de l'Occident : astronomie, mathématiques et applications technologiques.

culeuses. Fonctionnaire de l'administration impériale, il se fit l'avocat de la théorie du non-agir en matière de gouvernement. Déçu par le monde, il finit par se retirer dans les montagnes. En chemin, un garde le supplia de consigner son enseignement par écrit. Ce texte, le *Daodejing*, constitue la base du taoïsme. Le taoïsme philosophique, représenté par Laozi et Zhuangzi (IVe siècle avant notre ère), s'intéresse à la recherche et à la connaissance du *tao*, la force et le principe qui régissent la nature. Pour Zhuangzi, l'ordre naturel des choses, avant l'intervention des hommes, est fait de paix et d'harmonie, et l'homme doit se persuader du caractère relatif de toute valeur et de toute opinion.

La religion taoïste se construit au IIe siècle de notre ère avec des mouvements tels que les « Turbans jaunes » et les « Maîtres célestes » (ce dernier courant est également connu sous le nom de « Voie des cinq boisseaux de riz »). Ces groupes intégraient des pratiques et des croyances anciennes, comme la recherche de la longévité, et se fondaient sur leur propre corpus de textes, de dieux, de rites et, souvent, de prévisions millénaristes ; le gouvernement en vint à les considérer comme dangereux. Peu à peu, le taoïsme se dota d'un canon d'Écritures révélées, d'un panthéon de divinités, d'un clergé érudit et d'un ensemble de rites.

Le bouddhisme fait partie du paysage religieux de la Chine depuis le Ier siècle de notre ère. À l'époque de son apogée en Chine (du IIIe au IXe siècle), il promet le salut universel en un temps de grande instabilité politique et apporte sa vision complexe et pittoresque de l'au-delà. Il se montre particulièrement adaptable, et ce sont les écoles les plus proches de la sensibilité chinoise qui connaîtront le plus grand succès. Le bouddhisme tiantai, en organisant les divers enseignements du bouddhisme en niveaux de vérité relative, satisfaisait au goût des sensibilités chinoises pour l'harmonisation et la cohabitation d'opinions divergentes. Le bouddhisme de la Terre pure, par ses pratiques de dévotion accompagnées de la promesse d'une heureuse réincarnation (voir p. 192-193), séduisait le peuple en répondant aux besoins d'une époque troublée. La critique du langage et du discours rationnel propres à l'école chan trouvait un écho dans le taoïsme philosophique. Ils partageaient le même objectif de connaissance de la véritable nature de la réalité, même si cette réalité était décrite de manière différente. (Les écoles du bouddhisme tiantai, de la Terre pure et chan devaient toutes exercer une profonde influence sur le bouddhisme japonais ; voir p. 252-253). Cependant, le bouddhisme, perçu comme une religion « étrangère », a connu quelques époques de persécutions. À la suite de la plus longue d'entre elles (841-845), des milliers de monastères furent fermés, et le bouddhisme, tout en demeurant une force importante, ne reconquit jamais la place qu'il avait occupée. Seules l'école chan et celle de la Terre pure conservèrent leur vitalité.

La structure fondamentale de la religion populaire chinoise est déjà en place vers l'an 1000. Elle regroupe de nombreuses pratiques autochtones anciennes, comme le chamanisme (voir texte en marge, p. 207), la divination et le culte des ancêtres. Elle intègre également les notions bouddhiques de *karma* et de renaissance, et la cosmologie des cieux et des enfers, *bodhisattvas*, *bouddhas*, ainsi que toute la hiérarchie des divinités taoïstes. Les confucianistes méprisaient les pratiques religieuses populaires, tandis que le rôle des clergés bouddhique et taoïste consistait davantage à organiser le rituel qu'à expliquer la doctrine aux masses. On fait appel à eux pour célébrer des cérémonies dans les temples, mais ils ne sont pas régulièrement attachés aux temples de la religion populaire.

La confrontation avec la présence culturelle et militaire de l'Occident a exposé la tradition religieuse chinoise à de sérieuses difficultés. Les intellectuels et les gouvernements lui ont fait porter la responsabilité de la faiblesse de la Chine, comparée à un Occident scientifique et rationaliste. La politique officielle du gouvernement communiste a renforcé cette tendance, et il est aujourd'hui difficile d'évaluer l'importance de la religion traditionnelle dans le pays. On observe cependant que, dès que le gouvernement relâche sa pression, les pratiques religieuses ont tôt fait de réapparaître.

Le chamanisme

Le chaman est l'intermédiaire entre les hommes et les esprits. Lorsqu'il entre en transe, il quitte son corps et entre dans le monde des esprits. Dans la Chine ancienne, les chamans participaient aux rituels des sacrifices à la cour. Ils invoquaient dieux et déesses, demandant la pluie ou la guérison des maladies, et exorcisaient les démons. Leur rôle officiel prend fin vers l'an 400, mais, dans la religion populaire, on fait encore appel aux chamans pour interpréter les rêves, et comme médiums, exorcistes et guérisseurs.

Les grottes de Dunhuang

Cet ensemble de grottes artificielles, situé dans l'extrême nord-ouest de la Chine, est un exemple éclatant de l'épanouissement du bouddhisme en Chine et de sa transformation dans un nouveau contexte. Dunhuang était un poste avancé pour les pèlerins et marchands qui empruntaient la route de la soie reliant la Chine à l'Inde, au Moyen-Orient et à l'Europe (voir carte p. 201). C'est par cette route que le bouddhisme s'est introduit en Chine, et c'est aussi l'itinéraire que suivaient les pèlerins chinois se rendant en Inde pour y étudier les grands textes, comme le fit Xuanzang au VIIe siècle (voir p. 217).

Du IVe au XIVe siècle, les pèlerins creusèrent le Qianfo dong (« grottes des mille bouddhas »), un monastère bouddhique, dans la pierre tendre de la falaise de Mingsha à Dunhuang. Temples, sanctuaires et logements furent taillés dans le roc, et leurs parois décorées de fresques colorées. L'iconographie des grottes révèle à quel point le bouddhisme indien a évolué au fur et à mesure qu'il intégrait des thèmes chinois.

Les grottes abritaient une bibliothèque comptant des milliers de manuscrits précieux (voir illustration p. 213). On en scella l'entrée au XIe siècle, pour la protéger du pillage, et lorsqu'on l'ouvrit, en 1900, son contenu était demeuré intact.

Les grottes de Dunhuang, au nord-ouest de la Chine. L'éloignement du site l'a protégé des ravages de la lutte contre le bouddhisme en Chine, notamment pendant les persécutions de 841-845 et, plus récemment, pendant la Révolution culturelle.

Le dieu de la Cuisine entouré de sa famille (illustration du début du XXe siècle).

L'Empire céleste

L'intérêt des Chinois à l'égard du divin se manifeste de deux manières différentes. D'une part, on observe tout un éventail de divinités agissantes et d'esprits ; nombre d'entre eux sont vénérés dans les temples et autres sanctuaires. D'autre part, une grande partie de l'activité religieuse est consacrée aux grands principes régulateurs du monde – forces cosmiques et concepts de la réalité ultime –, objets de méditation plutôt que de culte. Pour la plupart des gens, le contact avec le divin prend la forme d'actes d'adoration et d'offrandes aux dieux et aux déesses susceptibles de les aider dans leur vie quotidienne ou de les protéger du danger. Cependant, les taoïstes, confucianistes et bouddhistes appartenant à des courants à tendance intellectuelle, comme le chan, se concentrent davantage sur la recherche de la connaissance et de l'illumination que sur l'adoration ou la prière.

Les divinités chinoises sont organisées selon une hiérarchie qui n'est pas sans rappeler celle de l'administration impériale de la Chine. Le panthéon regroupe des divinités taoïstes, des *bouddhas* et des *bodhisattvas*, et toute une armée de créatures issues de la légende et du folklore chinois. Chaque divinité a une fonction spécifique, et l'implorant choisit à qui il doit s'adresser pour répondre à un besoin précis. Telle divinité guérit d'une maladie ou rend les femmes fertiles, telle autre protège les soldats ou les marins, telle autre encore apporte la richesse ou la bonne fortune à une communauté. On peut faire appel aux dieux pour venir en aide aux ancêtres ou tenir à distance des esprits errants au comportement dangereux ou irrationnel.

Les divinités de haut rang ont autorité sur celles de moindre importance, système hiérarchique que l'on retrouve dans l'administration. Selon leurs résultats, les divinités, tout comme les fonctionnaires, mortels, peuvent être promues ou dégradées. Celles qui ne remplissent pas leurs devoirs comme elles le devraient peuvent être châtiées par leurs supérieurs dans la hiérarchie céleste ; il faut noter que cela peut également être fait par des fonctionnaires humains de rang plus élevé que ces divinités « inférieures » (les fonctionnaires en question sont alors de même niveau que les divinités de haut rang). Ainsi, un dieu qui ne réussit pas à faire tomber la pluie pendant une sécheresse pourra être chassé d'un temple et abandonné à l'extérieur en plein soleil, où il constatera par lui-même les effets de la chaleur et de la sécheresse. Ceux qui rendent des services exemplaires seront au contraire promus.

Le représentant de la hiérarchie céleste qui occupe le rang le plus bas est le dieu local, Tudi Gong, le dieu de la Terre. Chaque quartier, chaque village a « son » Tudi Gong, que l'on peut rapprocher d'un gardien de la paix ou d'un magistrat. Son rôle consiste à maintenir l'ordre, à calmer les esprits fauteurs de trouble et à se tenir au courant de tout ce qui se passe dans la localité. Les habitants peuvent rapporter à Tudi Gong, comme on rapporte au poste de police local, des incidents ou des événements importants comme les naissances, les

Zao Jun, le dieu de la Cuisine

Dans la maison, la cuisine est ce qui définit l'unité familiale. En effet, des familles apparentées peuvent partager un même autel, mais pas le même fourneau. Au côté de Tudi Gong, dieu du Voisinage, se trouve Zao Jung, dieu de la Cuisine, c'est-à-dire le dieu de la Famille et l'intermédiaire de celle-ci auprès des dieux du ciel.
Le 23 ou le 24 du dernier mois de l'année, Zao Jung se rend au ciel (on brûle ce jour-là une image du dieu), pour rendre compte des faits et gestes de la famille à l'Empereur de Jade (voir texte principal). Avant son départ, la famille le gave d'aliments sucrés ou collants. Ainsi, il ne pourra parler que de façon bénéfique à propos de celle-ci, faute de quoi ses lèvres resteront collées et ses paroles seront incompréhensibles.

morts et les mariages. Tudi Gong transmet toute information importante à son supérieur dans la hiérarchie céleste. Il réside sur un modeste autel où la population locale lui apporte de simples offrandes (parfois une offrande quotidienne d'encens) le deuxième et le sixième jour du mois lunaire (juste avant la nouvelle lune et la pleine lune). Le jour anniversaire du dieu, qui tombe le deuxième jour du deuxième mois lunaire, on lui présente des offrandes plus considérables.

Au sommet de la hiérarchie céleste se trouve le grand dieu, l'Empereur de Jade, personnage d'origine incertaine dont le culte apparaît au IXᵉ siècle pour

Mazu, impératrice du Ciel

Mazu, ou Tian Hou (impératrice du Ciel) est l'une des divinités les plus populaires de la Chine du Sud et de Taïwan. Son histoire illustre quelques aspects importants du panthéon chinois : l'origine humaine des dieux, leurs fonctions et leur attrait spécifique, la manière dont leurs mérites sont récompensés par une promotion. Selon la légende, Mazu naît au XIᵉ siècle sous des augures très favorables, dans une famille de pêcheurs de la province de Fujian, dans la Chine du Sud-Est. De très bonne heure, Mazu montre ses pouvoirs surnaturels. Un jour, sachant son père et ses frères pris dans une tempête en mer, son âme se détache de son corps pour leur venir en aide, et hale les deux bateaux jusqu'au rivage. Sa mère retrouve sur la plage le corps apparemment sans vie de Mazu. Épouvantée, elle agite le bras de sa fille, et l'âme de celle-ci lâche le bateau de son père. Les frères rentrent chez eux et déplorent la perte de leur père, qui avait failli être sauvé, et racontent qu'ils ont aperçu sur les vagues la silhouette de Mazu. Lorsque Mazu mourut, à l'âge de 28 ans, les marins commencèrent à emporter à leur bord, pour se protéger du danger, des images de la jeune fille. Après deux siècles de vénération populaire, elle fut officiellement reconnue comme déesse et admise dans la hiérarchie céleste. Enfin, au XVIIᵉ siècle, elle devint la compagne de l'Empereur de Jade (voir p. 209-210).

Une cérémonie dans un temple dédié à Mazu, au nord de Taïwan. La déesse est la patronne de tous ceux qui gagnent leur vie sur la mer.

La calebasse du chaos

Dans le taoïsme philosophique, l'absolu est représenté par l'état de perfection originelle, le temps du chaos et du potentiel illimité. L'histoire symbolique de Hundun, la calebasse cosmique, raconte la destruction de cet état paradisiaque, après laquelle tout ce qui était naturel et spontané devint obligatoire et déterminé.

Hundun (« chaos »), le roi du Centre, ne possédait aucun des sept orifices corporels des autres créatures vivantes. Il se montrait d'une générosité aussi spontanée que naturelle envers Rapide, le roi du Nord, et Furieux, le roi du Sud, ce qui les troublait profondément. Ceux-ci se torturaient pour savoir comment « garder la face » s'ils ne parvenaient pas à se montrer aussi généreux envers Hundun que celui-ci l'avait été envers eux. Ils décidèrent alors de percer dans Hundun les sept trous qui lui faisaient défaut. Ils vinrent lui rendre visite, et chaque jour percèrent un trou. Mais, le septième jour, Hundun mourut.

Dans la légende, Hundun a l'aspect d'une calebasse sans visage, bosselée, récipient de forme irrégulière empli de graines qui symbolisent le potentiel créateur du chaos. Cette image contraste fortement avec celles de Rapide et Furieux, qui, plutôt que d'accepter les dons de Hundun avec le plaisir et la spontanéité dont lui-même avait fait preuve, s'étaient laissé obséder par des questions de règles et de protocole. Ils se dirent à tort que Hundun apprécierait la « façade » sociale à travers eux-mêmes se reconnaissaient et se définissaient, entraînant ainsi la mort de la spontanéité créative. D'un point de vue taoïste, les deux rois avaient agi à l'encontre de la loi du *tao*.

Ce vase en laque du XVIIIe siècle, orné de lapis-lazulis, de jade et d'autres pierres précieuses, à la forme d'une calebasse (objet souvent associé au taoïsme). Les Immortels taoïstes sont souvent représentés portant une calebasse emplie d'herbes médicinales puissantes.

atteindre son plein développement au Xe siècle. C'est le juge et souverain suprême, le maître de l'administration céleste, qui donne son accord pour promouvoir ou destituer ses inférieurs. Il porte la robe et la coiffure des empereurs de la Chine ancienne. Quelques temples lui sont consacrés, mais en petit nombre, car, pour le Chinois moyen, comme d'ailleurs pour des dieux inférieurs comme Tudi Gong, l'Empereur de Jade est un être lointain avec qui l'on ne peut communiquer qu'à travers plusieurs intermédiaires.

En dehors du fait qu'ils habitent le ciel, ce qui distingue les divinités des hommes tient essentiellement à leur pouvoir et à leurs fonctions. Les hommes qui vivent des vies exemplaires sont récompensés après leur mort et invités à s'intégrer à la hiérarchie céleste, comme ce fut le cas par exemple de Mazu (voir p. 208-211). La personnalité des dieux et le récit de leur vie sont connus par l'opéra et les contes folkloriques chinois, ainsi que grâce à la communication par l'intermédiaire de médiums. Le jour anniversaire d'un dieu donne lieu à de grandes célébrations.

La relation entre le fidèle et la divinité est à double sens. Lorsque l'on offre de l'encens, de l'argent ou de la nourriture à un dieu ou à une déesse, celui-ci ou celle-ci est plus ou moins obligé de réagir de façon positive. Cependant, les divinités chinoises, et l'Empereur de Jade lui-même, ne sont pas toutes-puissantes, et il faut savoir limiter ses demandes. Les requêtes doivent suivre la voie hiérarchique : une personne ordinaire ne peut s'adresser directement à l'Empereur de Jade, pas plus qu'elle ne s'adresserait à l'empereur de Chine.

L'Empereur de Jade occupe le sommet de la hiérarchie, mais il n'est en fait que le porte-parole d'une trinité de créatures primordiales du taoïsme appelées les « Trois Purs », qui figurent parfois sur les autels des temples mais font rarement l'objet d'un culte. Les Trois Purs représentent le pouvoir abstrait et indifférencié du chaos. Ce sont des puissances cosmiques éloignées, auxquelles on ne demande pas de faveurs, mais que les prêtres taoïstes invoquent dans le cadre de liturgies de renouveau cosmique.

Dans la pensée confucéenne, l'expression de l'absolu est le « Ciel » lui-même (Tian). Avant Kongfuzi, sous les dynasties Shang et Zhou, les grands dieux appelés Souverain d'En Haut (Shang Di), et Tian, bien qu'envisagés en termes anthropomorphiques, n'étaient que rarement consultés dans la divination, en raison de leur éloignement. Pour le confucianisme, l'absolu est plutôt une entité : l'ordre moral qui sous-tend le cosmos. Convaincu de l'échec de sa mission (faire de la vertu le fondement du gouvernement), Confucius savait qu'il accomplissait la volonté du Ciel, qui se manifestait à travers le Mandat du Ciel, accordé ou retiré à l'empereur (voir p. 204-207). Dans la Chine impériale, seul l'empereur, que l'on appelait « Fils du Ciel », avait le droit de célébrer le culte du Ciel. Il démontrait ainsi son autorité, au titre du Mandat du Ciel, qui lui conférait un rôle essentiel de médiateur entre les divinités et les hommes.

Le naturalisme mystique du taoïsme philosophique ne s'intéresse ni à la vertu ni à la moralité, mais bien plutôt au mouvement et à la création de toutes choses en fonction du *tao*, la Voie de la nature et du cosmos. C'est là la source et l'ordre de toutes choses, lesquelles se constituent et se dissolvent dans le matériau vital primordial, le *qi* (voir p. 200-203). Les taoïstes expriment leur respect pour le caractère infiniment subtil et l'immensité du *tao*, qui englobe toute chose, qui est silence, invisibilité, impartialité et universalité. Mais il n'est pas divin, et on ne saurait l'adorer comme on adore le ciel et les divinités.

Le bouddhisme mahayana, l'école qui prit racine en Chine, reconnaît plusieurs figures salvatrices, que l'on appelle *bouddhas* célestes (en chinois, *fo*) et *bodhisattvas* (en chinois, *pusa*), qui, du haut de leurs royaumes célestes, accordent leurs bienfaits aux humains (voir p. 176-177). Bien qu'ils ne soient pas considérés comme d'essence divine, un certain nombre d'entre eux ont fini par s'intégrer au panthéon populaire chinois. Citons le Bouddha historique (Shakyamouni, en chinois, *Shijiamouni*), le Bouddha Amitabha (*Amituo/Amituo Fo*), Maitreya (*Mile Fo*), et Avalokiteshvara (*Guanyin*), *pusa* masculin en Inde qui devient en Chine la très populaire déesse de la Miséricorde (voir texte en marge ci-contre).

Guanyin, déesse de la Miséricorde

Guanyin, *bodhisattva* bouddhique (« celle qui entend les pleurs »), est la déesse de la Miséricorde, et jouit d'un amour et d'une ferveur populaires inégalés dans la religion traditionnelle chinoise. Elle se présente sous divers aspects : parce qu'elle protège particulièrement les femmes et les enfants, et toutes les femmes qui désirent avoir des enfants, on représente souvent Guanyin avec un bébé dans les bras ; souvent, également, c'est un *bodhisattva*, avec mille yeux et mille bras qui symbolisent son immense bienveillance et sa compassion envers ses fidèles ; on la voit encore, silhouette élancée en robe blanche, tenant à la main une branche de saule et un vase plein de nectar, symboles de la miséricorde divine (voir aussi p. 177 et 248).

Une grande statue en bois de Guanyin, datant de l'époque des Ming (1368-1644) ou antérieure.

Le Daodejing

Selon le *Daodejing*, attribué à Laozi, fondateur du taoïsme, l'homme doit découvrir sa place dans la nature et apprendre à pratiquer le *wu wei* (voir p. 200-203) afin de vivre en harmonie avec celle-ci. Dans une langue concise et mystique, il affirme la puissance de ce qui paraît faible, à l'exemple de l'eau, qui, goutte après goutte, est capable de ronger la pierre. Le *Daodejing* affirme paradoxalement qu'il ne faut pas faire confiance aux mots et aux noms, qu'ils ne sont qu'obstacles sur la découverte de la nature du *tao*. Selon les taoïstes, les mots ne sont utiles que pour évoquer quelque chose qui est en mouvement permanent et impossible à nommer.

Ces tampons à encre porteurs de maximes extraites des Entretiens *de Kongfuzi sont appréciés depuis des temps très reculés et constituent un genre artistique mineur. Sur celui-ci, on lit : « Sois courtois, magnanime, sincère, assidu et clément ».*

Les paroles des sages

Dans la tradition religieuse chinoise officielle, les Écritures sacrées sont pour l'essentiel constituées de textes qui ne sont pas considérés comme émanant de la parole divine. En fait, de nombreux textes anciens de première importance se sont progressivement intégrés aux canons d'une, de plusieurs ou de toutes les grandes écoles. Les textes confucéens occupent ici la première place. Si, jusqu'à une époque récente, un faible pourcentage de Chinois savaient lire et écrire, les valeurs du canon confucianiste ont eu une telle influence qu'ils font étroitement partie de l'identité culturelle du peuple chinois. Les préceptes de Kongfuzi constituaient la base des examens des fonctionnaires qui administrèrent la Chine pendant deux mille ans. Les fonctionnaires érudits qui dirigeaient l'Empire appliquaient les enseignements du canon aux problèmes de leur époque.

La grande préoccupation qui domine l'ensemble du canon confucéen, composé des Six Classiques et des Quatre Livres, est l'harmonie de l'ordre social. Kongfuzi ne se considérait pas comme un créateur, mais comme le médiateur des rois intègres de l'Antiquité. Il affirmait que l'on pouvait accéder à cette sagesse en étudiant les six textes classiques : le *Livre des mutations* (*Yijing*, voir texte en marge p. 213), le *Classique de l'histoire*, le *Classique de la poésie*, les *Annales des printemps et des automnes*, le *Livre des rites* et le *Classique de la musique*, qui est perdu. Kongfuzi n'aurait rédigé que les *Annales des printemps et des automnes* ainsi qu'un commentaire du *Yijing*, et se serait contenté de rassembler les autres textes. Selon des travaux récents, ces textes furent compilés pendant toute la dynastie des Zhou (de - 1050 à 256), à l'exception, peut-être, du *Classique de l'histoire,* qui aurait été écrit plus tôt. Kongfuzi tira de ce dernier et des *Annales* des leçons de morale et des exemples de bon gouvernement. Il affirmait également qu'une personne cultivée, supérieure, doit connaître aussi la musique, la poésie, la cosmologie, la divination et l'étiquette, telles qu'elles sont décrites dans les autres ouvrages classiques.

Quant aux recommandations de Kongfuzi à propos de l'édification d'une société idéale, elles sont conservées dans les *Entretiens*, livre dans lequel ses élèves consignaient son enseignement. Le maître démontre comment les rites (*li*) des anciens souverains de la Chine – au cours de cérémonies officielles – nous donnent l'exemple d'une interaction humaine appropriée. Les trois autres livres, le *Mencius*, la *Grande Leçon* et la *Voie du milieu*, décrivent aussi l'itinéraire à suivre pour mettre en place une société harmonieuse par la vertu d'un bon gouvernement. Tous ces textes ont été écrits dans la langue raffinée et concise qu'est le chinois classique et ont fait l'objet de nombreuses exégèses.

Les textes fondateurs du taoïsme, le *Daodejing* (voir texte en marge ci-contre) et le *Zhuangzi*, ont joué un rôle aussi important dans la formation de la morale chinoise que le canon confucianiste. Ces textes montrent également la voie de l'harmonie, mais l'ordre des choses repose ici entièrement sur la force du *tao* et non sur un âge d'or très ancien. Tout comme le *Daodejing*, le *Zhuangzi*, du nom

Le Bouddha prêchant devant Subhuti, son vieux disciple. Gravure sur bois illustrant un rouleau du Sutra du diamant *(voir p. 178-181), l'un des nombreux textes bouddhiques retrouvés à Dunhuang (voir p. 204-207) ; dynastie des Tang, 317-907.*

de son auteur, prône l'harmonie avec la nature. Il fait l'apologie de ses formes mouvantes et réfute les valeurs standardisées inventées par les humains, qu'ils ont plaquées sur sa diversité infinie. La vie et la mort font partie du processus naturel, et doivent être accueillies avec la même joie et le même enthousiasme.

Le taoïsme religieux dispose de tout un ensemble de textes, plus de mille ouvrages, auxquels d'autres textes ne cessent de s'ajouter. Ce canon comprend des traités sur divers sujets : rituels, alchimie, exorcisme, vies de saints taoïstes du passé, révélations. Les prêtres et les adeptes du taoïsme les consultent tant pour les enseigner que pour eux-mêmes, dans leur quête d'illumination et de longévité.

À travers les écritures bouddhiques chinoises, on perçoit l'effort réalisé pour adapter une religion étrangère à un contexte entièrement nouveau. Les premiers bouddhistes, en Chine, se trouvèrent confrontés à un énorme corpus de textes préexistants. Le *Sutra du lotus*, un texte d'une importance fondamentale pour toutes les variantes du bouddhisme en Asie du Sud-Est (voir aussi p. 181 et 251), prend en compte les enseignements du bouddhisme dans leur diversité et même parfois leurs contradictions, et démontre que toutes les écoles bouddhiques enseignent la vérité qui conduit à la connaissance. Un autre texte essentiel, le *Sutra de l'estrade*, d'origine purement chinoise, raconte l'illumination de Huineng, le sixième patriarche de l'école de méditation (de tradition chan).

La religion populaire n'a guère de textes sacrés, bien que quelques petits groupes possèdent leur propre corpus d'écritures. Les anciens *Chants du Sud* (IVᵉ siècle avant notre ère) décrivent le vol des chamans ainsi que d'autres pratiques et croyances qui se sont perpétuées dans la religion populaire (voir p. 204-207). Les débuts de l'imprimerie, au VIIIᵉ siècle, ont contribué à la diffusion de brochures peu coûteuses, guides de morale très populaires issus de diverses traditions religieuses.

Le Yijing

L'importance considérable de l'ancienne théorie et de la pratique de la divination est manifeste dans le classique confucéen *Yijing (Livre des mutations)*, qui fut élaboré pendant plusieurs siècles dès le début de la dynastie des Zhou. Bien qu'il fasse partie du canon confucéen, le *Yijing* occupe une place prépondérante dans les religions chinoises. Sa popularité tient en partie à la spéculation cosmologique, séduisante pour l'élite, notamment en ce qui concerne la pratique de l'art divinatoire, pour laquelle il est encore utilisé de nos jours. La méthode divinatoire du *Yijin* repose sur la combinaison de huit trigrammes, constitués de lignes brisées et de lignes continues représentant les forces opposées mais complémentaires respectivement du *yin* et du *yang* (voir p. 200-203). Les trigrammes se groupent par paires, dans toutes les combinaisons possibles, pour former un nombre total de 64 hexagrammes. Ces hexagrammes sont censés représenter toutes les situations et évolutions possibles dans un univers en mutation constante. Outre les jugements qu'il permet de porter sur chacun des hexagrammes et sur les lignes dont ils sont faits, le *Yijing* fournit des commentaires et des explications qui aident à interpréter les résultats de la divination.

Fu Xi, étroitement enlacé avec Nü Gua, la déesse qui, dans la mythologie chinoise, a créé les premiers hommes à partir de la boue (bannière funéraire en soie du VIe ou du VIIe siècle).

Saints et héros

Nombre de personnages réels, légendaires, semi-légendaires et mythiques ont acquis le statut de héros ou de saints soit pour avoir incarné dès l'origine les idéaux de la tradition religieuse chinoise, soit pour les avoir appliqués de manière exemplaire. Les héros confucéens sont associés aux fondements de la civilisation ou au perfectionnement des normes sociales. Parmi ceux-ci figurent des héros quasi mythiques et les saints rois d'autrefois, premières figures de l'histoire légendaire de la Chine. La légende mentionne également l'existence de personnages extraordinaires, pleins d'abnégation et remarquablement fidèles aux vertus confucéennes. Les héros taoïstes, à l'inverse, sont ceux qui ont perfectionné leur connaissance du *tao*. Cependant, héros confucianistes et héros taoïstes sont également vénérés pour avoir contribué à l'objectif d'harmonie universelle.

Les héros ont souvent été déifiés et ont ainsi trouvé leur place dans la hiérarchie céleste (voir p. 208-211). Le plus célèbre exemple en est peut-être le très populaire Guan Di, héros guerrier de l'ère des Han (206-220). Au fil du temps, celui-ci fut promu, par décret impérial, à divers niveaux de la hiérarchie céleste. Il est aujourd'hui le saint patron de nombreux métiers.

Les plus célèbres des « héros de la culture », figures semi-mythiques à l'origine, selon la Tradition, de la civilisation, sont Fu Xi, Shen Nong et Huang Di. Fu Xi, « le dompteur de bœufs » serait l'inventeur des filets utilisés pour attraper les poissons et les animaux sauvages, et aurait appris aux hommes à domestiquer les animaux. C'est aussi lui qui aurait élaboré les huit trigrammes divinatoires (voir texte en marge p. 213) et inventé le mariage (donc la famille). Shen Nong, « le divin laboureur », aurait inventé la charrue et transmis aux hommes l'art de l'agriculture. C'est également lui qui aurait fondé les bases de la médecine et de la pharmacologie en découvrant les vertus thérapeutiques et le caractère toxique de toutes les plantes. Huang Di, l'Empereur jaune, aurait inventé la guerre et vaincu les barbares, s'assurant ainsi le contrôle de ce qui allait devenir l'Empire chinois.

Selon la tradition chinoise, la période suivante, celle des héros de la culture, est l'âge d'or de l'Antiquité, le temps des « saints rois d'autrefois » et du bon gouvernement. Pour Kongfuzi, les rois Yao, Shun et Yu étaient des exemples des monarques exemplaires. Yao, ayant décidé que ses dix fils étaient indignes de régner, se mit en quête de l'homme le plus vertueux du royaume pour assurer sa succession. Son critère d'évaluation étant la piété filiale, il choisit Shun, qui continuait d'honorer son père et son beau-frère sans se plaindre, alors que ceux-ci avaient à plusieurs reprises tenté de l'assassiner. Shun devint donc roi et renonça lui aussi à mettre ses fils sur le trône, laissant la succession à Yu (voir encadré p. 215).

Dans chacune des dynasties, on trouve ainsi des héros, hommes ou femmes, qui incarnent les idéaux du fonctionnaire idéal, vertueux et plein d'abnégation, du bon fils, de la femme chaste et dévouée. Leurs histoires sont relatées dans des écrits qui font depuis toujours office de manuels de conduite, comme le *Classique de la piété filiale* et la *Biographie des femmes héroïques*. Il en est ainsi de l'histoire de Lanzi – qui faisait semblant d'être encore un enfant alors qu'il était âgé de plus de 70 ans, pour que ses vieux parents n'aient pas conscience de leur âge –, de celles de jeunes filles qui se suicident à la mort de leur fiancé, ou de celle d'une seconde épouse qui se jette dans une maison en flammes pour sauver les enfants de la première épouse de son mari, abandonnant les siens à la mort.

Contrastant avec ces héros confucéens célébrés pour leurs vertus morales, leur courage et leur altruisme, images mêmes de la morale et de la légitimité, les héros taoïstes donnent l'exemple de personnages qui s'appliquent à travailler sur eux-mêmes afin d'absorber les enseignements du taoïsme, d'acquérir des pouvoirs magiques et, par-dessus tout, l'immortalité. Ces personnages sont admirés, mais diffusent un parfum de contre-culture. Ainsi le moine taoïste à la tête couverte de croutes, indifférent aux espérances et à la vie du monde, riant d'un rire sauvage et irrévérencieux, est une image littéraire récurrente.

Le duc de Zhou

Le duc de Zhou (mort en 1094 avant notre ère) est le frère du roi Wu, fondateur de la dynastie des Zhou. Kongfuzi fait abondamment l'éloge de ce modèle du fonctionnaire zélé, accomplissant son devoir au service de l'ordre et de la dynastie régnante. À la mort de Wu, le duc assuma la régence auprès du fils du roi pendant sept années. Malgré les accusations dont il fut l'objet, qui furent plus tard discréditées, jamais il ne tenta d'usurper le trône. Cet exemple de personnage héroïque a toujours joui d'une grande popularité, et Zhou Enlai, le Premier ministre respecté de la Chine contemporaine, a souvent été surnommé « duc de Zhou ».

Yu, le maître des inondations

Pour les Chinois, l'État idéal se caractérise par un bon gouvernement et des chefs intègres qui s'efforcent de faire régner l'ordre et l'harmonie entre les hommes et la nature. L'histoire de Yu, l'un des « saints rois d'autrefois » et fondateur de la dynastie légendaire des Xia (dates données par la Tradition : de - 2205 à - 1766) en est un exemple. Son plus grand titre de gloire est d'avoir déployé des efforts surhumains pour protéger les hommes des inondations – le désastre le plus récurrent de toute l'histoire de la Chine.

Au temps de Yu, les hommes furent victimes d'un terrible déluge qui détruisit tout sur son passage. Yu divisa la grande rivière qui avait causé l'inondation et créa ainsi neuf provinces habitables. Il s'appliqua avec une telle ardeur à cette tâche que pendant neuf ans il ne regagna jamais sa maison, même lorsqu'il s'en approchait d'assez près pour entendre les cris de ses enfants. Yu travailla ainsi jusqu'à ce que ses ongles fussent entièrement usés. Ses mollets avaient perdu leurs poils, et il s'obstina à la tâche alors que son corps, rongé par une multitude de maladies, s'était réduit de moitié. Ses organes ne fonctionnaient plus, et ses jambes, affaiblies, pouvaient à peine le porter.

Yu est donc loué pour s'être dévoué au bien-être des « hommes à la chevelure noire ». Le thème de la grande inondation est commun à de nombreuses mythologies, mais il est intéressant d'observer que, dans la version chinoise, l'humanité ne doit son salut qu'à l'intervention d'un héros humain et non à une puissante divinité.

Le Grand Yu, troisième des souverains exemplaires de la Chine, ou « saints rois d'autrefois », fondateur de la première dynastie légendaire. On visite le lieu où il serait enterré, près de Shaoxing, dans la province du Zhejiang.

La quête de la concorde

La morale chinoise fait preuve d'une capacité extraordinaire à regrouper et à assimiler toutes sortes de courants religieux. Les divers éléments issus du confucianisme, du bouddhisme, du taoïsme et de la religion populaire se sont intégrés sans conflit. La préoccupation morale qui sous-tend toutes ces écoles se résume en une phrase : la recherche de l'harmonie – harmonie de la vie familiale, de la société et de la nature.

La morale est un élément important du taoïsme, mais non essentiel. Le taoïsme philosophique insiste sur la valeur de l'action naturelle, spontanée, tandis que le taoïsme religieux demeure centré sur la longévité et l'immortalité. Le bouddhisme a sa propre éthique, fondée sur la quête de l'illumination et du salut. Il s'est adapté aux anciens ethos confucéen et taoïste, et la religion autochtone a de son côté fait siennes certaines notions bouddhistes, comme la méditation.

Des enfants rendent hommage à leurs parents, selon l'idéal confucéen de la piété filiale : respect et obéissance de la part des enfants apportent tendresse et attention de la part des parents (tenture murale du XIIe siècle).

Le confucianisme donne la primauté à l'enseignement de la morale. La morale confucéenne tend vers l'émergence d'une société harmonieuse et d'un monde régi par la vertu et la bienveillance. Pour les confucianistes, il est possible d'y parvenir par la réflexion et la sincérité, et aussi par le *ren* (l'« humanité »), un

véritable altruisme. Kongfuzi décrit le *ren* comme l'attitude de quelqu'un qui traite tous les autres hommes avec respect et vit en conformité avec la règle d'or (voir illustration ci-contre).

Pour les confucianistes, chacun a droit à être traité avec humanité, mais en fonction d'une hiérarchie clairement définie. La piété filiale – le devoir, l'amour et le respect dus aux parents – est l'une des vertus centrales du confucianisme, au même titre que la conformité du comportement avec le rang occupé dans la hiérarchie. Les relations les plus importantes sont celles qui unissent le père et le fils, l'empereur et le ministre, le mari et sa femme, le frère aîné et le cadet, les amis entre eux. Seule la dernière de ces relations peut unir des personnes de rang égal. Le secret d'une société harmonieuse réside dans la manière dont chacun joue de bon gré le rôle qui lui échoit.

La morale confucéenne ne s'intéresse guère aux récompenses ou aux châtiments qui attendent les hommes dans l'autre monde. Cependant, la piété filiale qu'elle enseigne s'est, pour une grande part, intégrée au concept de salut de la religion populaire, notamment à travers le culte des ancêtres. L'idéal, pour devenir un ancêtre bienveillant et satisfait, plutôt qu'un esprit capable de malignité, est d'avoir les descendants mâles qui effectueront les rites nécessaires après sa mort.

Tout comme le confucianisme, le taoïsme philosophique se désintéresse de l'au-delà, et lui préfère l'idée d'un univers en mutation constante. Pour les adeptes de la philosophie taoïste, on ne saurait se sauver d'un quelconque état de l'être,

Ce tampon à encre reproduit une version confucéenne de la règle d'or : « Ne fais pas à autrui ce que tu ne voudrais pas que l'on te fasse à toi-même » (Entretiens, *12.2*).

Le Voyage en Occident

Le *Voyage en Occident*, roman de la période classique chinoise, écrit en 1592 par Wu Chengen, se fonde sur une histoire vraie, traitée sur un mode cocasse, paillard, irrévérencieux et extrêmement distrayant. Mais on peut aussi le lire comme une allégorie du travail sur l'esprit prôné par les néo-confucianistes, de l'alchimie physiologique et de la quête de l'immortalité des taoïstes (voir p. 220-223), ainsi que comme une illustration de l'illumination et de la rédemption chez les bouddhistes.

Le moine Xuanzang (qui vécut vers 596-664) entreprend un périlleux voyage en Inde pour y chercher des textes bouddhiques. Il est accompagné d'êtres célestes qui ont acquis de grands pouvoirs par la pratique des exercices taoïstes. Ils accomplissent leur mission sur l'ordre du Bouddha, sous la protection de Guanyin (voir p. 208-211), et leur itinéraire a été tracé par le taoïste Laozi et l'Empereur de Jade, grande figure du confucianisme (voir p. 208-211). Après avoir surmonté tous les dangers et sauvé leur vie, leurs membres et leur vertu des assauts de divers monstres voraces ou luxurieux, les cinq pèlerins finissent par arriver indemnes en Inde et reviennent chargés de nombreux textes bouddhiques. Au cours du voyage, Xuanzang est parvenu à l'illumination bouddhiste. Il a acquis la connaissance profonde du *tao* et obtenu l'immortalité physique, effectuant le parcours d'approfondissement de l'esprit du néoconfucianisme.

La récompense finale des pèlerins est donc l'illumination et le salut promis par les trois grandes écoles. On a là un bel exemple de la facilité avec laquelle s'articulent ces trois enseignements dans la pensée chinoise – au point de faire partager à un même individu leurs trois objectifs finaux.

Le singe, animal rusé et doué d'une grande intelligence, est l'un des principaux personnages du Voyage en Occident. *C'est la métaphore bouddhique et taoïste du « Singe de l'esprit », qui évoque le caractère bouillonnant de l'esprit, si difficile à contrôler.*

puisque tous les stades de l'existence font partie de l'ordre naturel du *tao*. La morale du « non-agir » *(wu wei)* propre à la nature exige que l'on se soumette aux processus et aux changements naturels. Naître, vivre et mourir sont également valorisés, comme parties intégrantes et nécessaires des processus naturels. Zhuangzi, un philosophe taoïste, répondit par ces paroles à ceux qui le critiquaient de ne pas pleurer la mort de sa femme : « À l'origine, elle n'avait pas de vie ; et non seulement pas de vie, mais encore pas de forme… de la forme s'est transformée en vie, et aujourd'hui cette forme s'est transformée en mort. Ceci est semblable au cycle des quatre saisons… Pour moi, ce serait mon ignorance de la destinée que d'aller pleurer ma femme et me lamenter » (Zhuangzi, « L'égalité de la mort »).

Le taoïsme religieux, en revanche, s'intéresse fortement à la quête de l'immortalité. Celui qui comprend le fonctionnement du *tao* comprend aussi les secrets de la vie et de la mort, qu'il peut utiliser à son avantage en ayant recours à des méthodes telles que le jeûne, des pratiques sexuelles spécifiques, la gymnastique et la méditation. Les taoïstes cherchent, par ces exercices, à inverser le flux des fluides essentiels du corps, ce qui leur permet de rajeunir et de cultiver en eux un « embryon d'immortalité » qui leur survivra après la mort. Les adeptes de cette méthode doivent purifier leur esprit et leur cœur au même titre que leur corps, et n'utiliser qu'au profit d'autrui les pouvoirs magiques que celle-ci leur permet d'acquérir.

L'éthique du bouddhisme, et notamment l'enseignement de l'idée ancestrale de *karma* (voir p. 156-157), a laissé une empreinte profonde dans le sentiment religieux chinois. La connaissance de la loi du *karma* incite le dévot à accomplir des actes qui lui vaudront des mérites : diffuser les Écritures, libérer des animaux en captivité, donner de la nourriture aux mendiants, aux moines et aux nonnes bouddhistes. Dans le bouddhisme chinois, le salut et l'illumination peuvent être considérés comme

L'art né de l'illumination

L'art est l'un des véhicules à travers lesquels les bouddhistes chan expriment les vérités qui leur sont révélées par la méditation, et qui ne peuvent s'exprimer par des mots. Au cours de cet instant d'illumination, toute distinction entre le soi et le reste du cosmos s'abolit ; cette expérience est saisie par le trait de pinceau rapide et intense des artistes chan, qui s'efforcent de traduire toute l'intensité de cet instant. L'œuvre achevée procure à celui qui la regarde une sensation proche de cette vérité finale, que les mots ne sauraient appréhender.

Muqi (première moitié du XIIᵉ siècle), l'un des plus illustres peintres chan, est un maître de ce style spontané. Il a peint les sujets les plus divers, mais son œuvre incite toujours l'observateur à identifier la nature profonde du sujet et à abolir la frontière entre « soi » et ce qui est « autre ».

Six kakis, par Muqi. Dans ce chef-d'œuvre de l'art chan, Muqi a transposé sa vision intense et passagère sur le papier. Selon les termes du sinologue Arthur Waley, « c'est la passion figée en un moment de calme stupéfiant ».

les deux aspects d'un même but. Pour le laïc ordinaire, qui ne peut avoir accès, pour des raisons matérielles ou morales, à la vie monastique ou à la méditation, le bouddhisme dévotionnel de la Terre pure représente une voie d'accès au salut. Le dévot invoque le nom du Bouddha Amitabha (Amituo Fo en Chine), qui s'est engagé à assister tous ceux qui cherchent l'illumination. Le pieux fidèle qui chante d'un cœur sincère « Salut à toi, Bouddha Amitabha » se verra épargner la réincarnation en enfer et renaîtra dans la Terre pure, ou « Paradis de l'Ouest », sur laquelle règne Amitabha (voir p. 192-193).

L'école du bouddhisme chan (en sanskrit, *dyana*, « méditation », et en japonais, *zen*) attache plus d'importance à l'illumination qu'au salut. L'illumination est cet éclair d'intuition qui permet de percevoir la vacuité inhérente à toute chose. Pour le chan, tout homme peut avoir accès à l'illumination, car la « nature de Bouddha » est présente en chacun. Au cours d'une vie, la méditation peut y donner accès. Pour atteindre à ce grand moment d'intuition et contraindre l'esprit à abandonner son processus habituel de pensée discursive, le maître chan peut avoir recours à ce que l'on appelle l'« examen de paroles » (*gong an*, d'où le terme japonais *koan*), c'est-à-dire un entretien au cours duquel le maître harcèle son disciple de questions absurdes dans un débat orageux, parfois ponctué de coups et de hurlements. Ce processus amène le disciple à abandonner sa vision séculière de la réalité et à saisir la vérité absolue.

La méditation joue également un rôle important dans le taoïsme et le confucianisme. Pour le taoïsme, ceux qui ont su préserver leur corps et parvenir à la connaissance du *tao* gagnent l'immortalité. Dans la Chine médiévale s'est développée la technique consistant à « s'asseoir en silence » en méditant les enseignements de Kongfuzi pour atteindre à la vérité.

Moines bouddhistes dans un monastère de Shanghai. Du point de vue de la morale chinoise traditionnelle, les moines et les nonnes bouddhistes étaient considérés comme des parasites, car ils mendiaient, et leur célibat les dispensait de se plier à la vertu cardinale de piété filiale. La légende de Mulian (un disciple de Bouddha) qui va rechercher sa mère en enfer, a servi à démontrer qu'un bouddhiste pouvait se comporter en fils attentionné.

Éthique et bon gouvernement

Le taoïsme et le confucianisme s'intéressent tous deux à l'art de gouverner, mais leurs idées concernant les qualités d'un chef diffèrent considérablement. Dans les *Entretiens*, Kongfuzi décrit celui-ci comme l'exemple vivant de la vertu : « Si vous voulez le bien, les hommes feront le bien. Le chef est comme le vent et... les hommes sont comme l'herbe. Dans quelque direction que souffle le vent, l'herbe se couche » (*Entretiens*, 12.19). Le *Daodejing* prône un mode de gouvernement beaucoup plus passif : « Je n'interviens pas, et les hommes se transforment par eux-mêmes. Je préfère la paix, et les hommes se corrigent d'eux-mêmes. Je n'agis point, et les hommes vivent dans l'abondance. Je n'ai pas de désirs, et les hommes parviennent par eux-mêmes à la simplicité » (*Daodejing*, chapitre 57). Jadis, les fonctionnaires chinois étaient recrutés en fonction de leur connaissance des classiques confucéens (voir illustration p. 199). On exigeait d'eux loyauté et vertu, au point de châtier le roi lui-même si celui-ci s'écartait du chemin de la vertu et d'abandonner sa fonction plutôt que de servir un despote. Kongfuzi le rappelle en ces termes : « Lorsque la [bonne] voie prévaut dans l'Empire, montrez-vous ; si ce n'est pas le cas, cachez-vous » (*Entretiens*, 8.13). Lorsque l'envahisseur mongol fonde en 1279 la dynastie des Yuan, de nombreuses personnalités de la cour choisirent ainsi de « se retirer vertueusement » plutôt que de servir sous les ordres d'un « barbare étranger ».

Le cosmos sacré

L'Inscription de l'Ouest

L'érudit néoconfucianiste Zhang Zai (1027-1077) est l'auteur d'une théorie sur la nature de l'univers qui connut un grand retentissement. Dans ce texte court, intitulé *l'Inscription de l'Ouest*, il explique l'imbrication fondamentale des éléments du cosmos et rappelle le caractère sacré et achevé de l'ordre des choses : « Le ciel est mon père et la terre ma mère, et, si infime que je sois, je trouve ma place en leur sein. C'est pourquoi je considère tout ce qui constitue l'univers comme mon corps, et ce qui règle la marche de l'univers comme ma nature. Tous les hommes sont mes frères et mes sœurs, et toute chose est mon amie. Le grand souverain [l'empereur] est le fils aîné de mes parents [le ciel et la terre], et les grands ministres sont ses serviteurs. Durant ma vie, je sers [le ciel et la terre] et me laisse guider par eux. Mort, je serai en paix. »

Dans la religion chinoise, le sacré est partout : dans les temples, les sanctuaires, le foyer, la nature. Le temple est pour tous le lieu de l'adoration et des sacrifices aux dieux et aux déesses. On désigne généralement comme « taoïstes » les temples de la religion populaire, mais en fait ils ne le sont pas toujours. En effet, on y trouve souvent des statues de Bouddha, du *bodhisattva* Guanyin (voir p. 208-211) et de Kongfuzi, voisinant avec des divinités populaires. Le culte y est en général informel, le dévot apportant de la nourriture, de l'encens et de l'« argent des esprits » (voir p. 230-233). À certains moments, la communauté se rassemble pour célébrer des rites marquants ou des sacrifices, à l'occasion du Nouvel An chinois par exemple, des cérémonies du dieu de la Terre au printemps et à l'automne, de la fête des Âmes errantes (voir p. 230-233) ou du *jiao* (« grande offrande »), un rite de renouveau qui joue un rôle important pour la communauté (voir p. 224-227). Certains temples sont aussi des lieux de pèlerinage populaires, notamment le jour anniversaire de la divinité. Des donateurs privés font construire les temples, qui sont ensuite gérés par une association de laïques. On fait appel à des religieux, bouddhistes ou taoïstes, pour la célébration des rites. La communauté du temple compte souvent des médiums, qui traduisent par oral ou par écrit la pensée d'une divinité, ainsi que des exorcistes. Les temples sont aussi des centres communautaires. On y débat des affaires du village, y assiste à des spectacles de musique ou de théâtre, et c'est souvent dans leur enceinte que se réunissent les clubs et associations culturelles locaux.

Dans la religion populaire comme dans le taoïsme, il existe une hiérarchie d'êtres divins parallèle à celle des fonctionnaires de l'Empire chinois (voir

L'extrémité du toit de l'un des monastères de la Cité interdite, l'ancien palais des empereurs, à Beijing. Le toit d'un temple chinois, qui s'apparente à une montagne sacrée, peut être « habité » de créatures et de personnages légendaires chinois, tels que les célèbres Immortels.

p. 208-211). Les temples qui abritent ces figures célestes sont copiés sur les bâtiments de l'administration impériale. On y retrouve de la même manière les toits aux extrémités recourbées, les piliers et les portes peints en rouge, couleur de la chance, et des lions de pierre qui en gardent l'entrée. Les temples sont également construits à l'image du cosmos : la base est carrée, comme la Terre dans l'ancienne représentation chinoise, et le plafond, parfois érigé en dôme, évoque la voûte céleste (voir p. 220-223).

Les temples bouddhistes et confucianistes font également partie du paysage religieux de la Chine. Les premiers sont en général des monastères, où résident moines et nonnes. Dans les temples confucianistes, les membres de l'administration (terrestre) rendaient deux fois par an, aux équinoxes, un culte à Kongfuzi, incluant des sacrifices. Ces temples sont également carrés, et leur intérieur, parfaitement symétrique, chaque mur exactement semblable à celui qui lui fait face, traduisant les idées d'ordre et de rationalité qui caractérisent la pensée confucéenne. Les éléments du paysage, rivières, grottes, montagnes, sont également considérés comme pourvus de

Le corps : un microcosme sacré

Dans certains exercices de méditation taoïstes, l'adepte est invité à regarder en lui-même pour contempler le « pays de son corps ». Le « pays » est un territoire familier, car c'est un microcosme, une réplique exacte de l'univers. Ainsi, selon l'ancienne représentation chinoise du cosmos, selon laquelle le ciel est rond et la Terre carrée, la tête de l'homme est le ciel et ses pieds « carrés », la Terre. Dans ce cosmos corporel, on retrouve aussi la Lune et le Soleil, les constellations, les montagnes, les ponts, les lacs et les pagodes. Le pays intérieur est habité par une multitude d'êtres et géré selon les règles de l'Empire chinois.

L'interaction entre microcosmes et macrocosmes est un thème récurrent du taoïsme. Lorsqu'un prêtre taoïste accomplit les gestes et les rites du *jiao* (voir p. 224-227), il a recours à une méthode de méditation que l'on appelle « alchimie physiologique », qui s'adresse au microcosme corporel. Les fluides essentiels du corps se trouvent purifiés et transformés par ce travail sur soi qui inclut divers exercices de jeûne, de gymnastique et de pratiques sexuelles dont l'objectif est la longévité et même l'immortalité.

L'alchimie physiologique est devenue, sous la dynastie des Tang et des Song, l'activité principale des hommes qui cherchaient à vivre aussi vieux que possible, et elle est encore pratiquée de nos jours. Auparavant, on avait recours à une alchimie plus traditionnelle, à base de substances étrangères au corps humain, telles que des élixirs créés à partir de métaux et d'autres ingrédients. Les alchimistes physiologistes s'intéressent également à la fabrication d'élixirs, mais s'efforcent de les produire de l'intérieur, en effectuant des transformations sur les substances existant à l'intérieur du corps.

Ces parallèles entre macrocosme et microcosme du corps humain reflètent le principe directeur du cosmos chinois et du taoïsme : toutes choses proviennent d'une source unique, et, une fois que l'on a saisi le principe constituant de l'univers, le *tao*, il devient possible d'utiliser cette connaissance pour son bien propre.

L'une des nombreuses représentations des pratiques sexuelles tendant à conserver le « cosmos interne ». Selon le taoïsme, tout comme l'univers sacré et externe, le microcosme du corps humain peut être rendu éternel par la pratique de la transformation alchimique de son intérieur sacré (peinture sur soie, fin du XIXe siècle).

Le Temple du Ciel

Au sud du palais impérial, à Beijing, se trouve un vaste domaine qui fut l'un des sites les plus sacrés de la Chine impériale : le Temple du Ciel. L'empereur y célébrait chaque année des rites incluant des sacrifices au solstice d'hiver, moment où l'énergie *yin* est à son apogée et où le *yang* recommence à se manifester, apportant avec lui croissance, chaleur et lumière. En tant que Fils du Ciel, seul intermédiaire entre le Ciel (Tian) et l'Empire (Tian Xia, « tout ce qui est sous le ciel »), lui seul pouvait accomplir le sacrifice. Les mouvements réguliers, prévisibles des corps célestes donnaient la preuve du pouvoir du Ciel sur la régulation du cosmos. Et, par ses sacrifices, l'empereur demandait au Ciel de maintenir l'ordre de l'Empire.

Le Temple du Ciel était un territoire sacré, et le peuple n'était même pas autorisé à regarder la procession silencieuse de l'empereur et de sa suite se rendant jusqu'au temple. Au cours du sacrifice du solstice d'hiver, l'empereur offrait de l'encens, du jade, de la soie et du vin. Il sacrifiait un taureau rouge, symbolisant le *yang*, et se prosternait à neuf reprises (le chiffre « neuf » est considéré comme étant le plus *yang* de tous les nombres), devant l'autel du Ciel. L'empereur recevait alors le Mandat du Ciel (voir p. 204-207), qui l'autorisait à gouverner, à condition d'avoir fidèlement accompli les rites et d'avoir vertueusement accompli sa tâche auprès de ses sujets. L'accomplissement de ce devoir garantissait de belles récoltes et le maintien de l'ordre dans l'Empire. Mais, si le Ciel était mécontent de l'empereur, l'harmonie et le rythme de la nature se détruisaient. Il manifestait son mécontentement en provoquant inondations, tremblements de terre, famines, sécheresses et révoltes. Si ces manifestations se poursuivaient, il devenait légitime de renverser la dynastie.

Le plafond du Temple du Ciel, à Beijing. Comme tous les édifices de cette enceinte, le temple a une base carrée et un plafond voûté, représentant le Ciel et la Terre. La configuration de chacun des éléments se fonde sur une numérologie complexe.

Les membres de la famille sont réunis autour de l'autel domestique à Dali, dans la province du Yunnan. Pour la plupart des Chinois, le foyer est le principal espace religieux, notamment l'autel domestique, qui peut être une table, ou encore une niche creusée dans le mur (voir aussi p. 230-233).

pouvoirs spirituels. Le mont Taishan, la plus importante des cinq montagnes sacrées (voir illustration p. 198), est un symbole de stabilité et de fertilité ; on l'invoque aussi pour éloigner les désastres naturels. Des cérémonies sont organisées en son honneur au printemps et en automne, au moment des semailles et des récoltes. Les Chinois se rendent encore aujourd'hui en pèlerinage sur ces montagnes sacrées et prient dans les temples édifiés à leur sommet.

On édifie aussi parfois des sanctuaires sur le lieu où quelqu'un a trouvé la mort de façon accidentelle, et où des forces surnaturelles risqueraient de s'installer (le carrefour où s'est produit un accident de voiture mortel, par exemple), pour éviter que l'esprit mécontent ne vienne menacer la sécurité des vivants.

Le sacré latent dans l'ensemble du monde matériel s'exprime à travers l'art très ancien de la géomancie chinoise, le *fengshui*, encore pratiqué de nos jours, et qui s'est popularisé en Occident. Le *fengshui*, qui signifie littéralement « vent et eau », est l'art qui consiste à trouver l'emplacement le plus favorable pour une tombe, une maison ou même une ville, afin de tirer le meilleur parti des forces naturelles. Il permet aux hommes, enseigne la Tradition, de vivre en harmonie avec la nature. Le maître de *fengshui* utilise un type de boussole particulier pour repérer les éléments visibles du paysage : montagnes, cours d'eau, chemins et rochers. Il détecte ainsi les forces célestes et terrestres, dont l'interaction rendra le site plus au moins propice.

Le *fengshui* revêt un caractère particulièrement important lorsqu'il s'agit de déterminer l'emplacement des sépultures, car plus paisible sera le lieu où l'on enterre les ancêtres, plus grand sera leur confort et plus il se montreront bienveillants. On y a également recours pour choisir l'emplacement des portes, des fenêtres, des meubles, etc., afin de créer un espace harmonieux à l'intérieur du lieu de vie ou de travail.

Grande exposition de fruits, de gâteaux et d'autres aliments à l'occasion d'une fête taoïste, à Taïwan.

Aliments de fête

Les aliments consommés à l'occasion des fêtes chinoises ont souvent été choisis par association d'idées ou pour leur valeur symbolique. Ainsi, les jeux de mots associent certains mets aux vœux de Nouvel An. « Cacahuète », par exemple, est homophone de « vie » en chinois ; les « dates » *(zao)* et « châtaignes » *(lizi)* font, une fois réunis, penser à « un fils bientôt à naître » *(zaozi)* ; « graines de lotus » se prononce comme « nombreux enfants », et « kumquat » comme « or ». Pour d'autres fruits, c'est plutôt au symbole que l'on s'attache : ainsi les pêches (fruit mythique de la longévité), les grenades (dont les nombreux pépins représentent de nombreux enfants), et les pousses de bambou (dont la croissance rapide évoque une progression rapide dans la carrière). Certains mets ont des noms bénéfiques : le pain à la vapeur s'appelle « lingot d'or », et les nouilles, « fils de longévité ». La rotondité de certains mets évoque la plénitude, la perfection et la présence de toute la famille réunie à l'occasion d'une fête. Citons par exemple les boulettes de porc géantes (« têtes de lion ») ou de farine de riz *(yuanxia)* du Nouvel An, ainsi que les fruits et les gâteaux de lune ronds de la fête de la Mi-Automne, qui représentent la pleine lune (voir p. 266-267).

Les saisons du culte

Le calendrier chinois se base sur les cycles lunaires (voir encadré p. 227). De nombreuses fêtes religieuses coïncident avec les phases de la Lune, tandis que d'autres sont fondées sur les rythmes de la vie agricole, activité principale des Chinois depuis la plus haute antiquité. Les fêtes annuelles reflètent également l'ancienne cosmologie du *yin-yang*, qui se manifeste dans la croissance *(yang)* et la décroissance *(yin)* de la Lune , ainsi que dans le rythme saisonnier de la croissance et de la mort des végétaux.

Mais les grandes fêtes religieuses chinoises se rattachent aussi à d'autres thèmes : l'importance de la famille et le respect dû aux ancêtres, la recherche de la longévité, le besoin de bénédictions, les bons augures et l'éloignement des forces malfaisantes. Ces thèmes trouvent un autre mode d'expression dans le culte des dieux et des déesses de la religion populaire, notamment dans les fêtes organisées pour le jour de leur anniversaire. Le jour anniversaire de la naissance de Kongfuzi (le 28 septembre), on rappelle l'importance de son enseignement. Cette journée, également appelée « jour des enseignants », est célébrée dans les temples confucianistes de Taïwan à grand renfort de costumes, de musique et de danses traditionnels.

Le Nouvel An chinois, ou fête du printemps (voir encadré p. 225), marque la fin de l'année et de la domination du *yin*, qui atteint son apogée au solstice d'hiver, et l'émergence du *yang*. Les familles se rassemblent et resserrent leurs liens. La fête du Clair et du Brillant *(Qingming)*, quinze jours après l'équinoxe de printemps, voit également la famille se réunir, cette fois pour resserrer les liens avec les morts. Les esprits des morts sont également honorés à l'occasion de la fête des Esprits, le quinzième jour (à la pleine lune) du septième mois lunaire.

Deux autres grandes fêtes connaissent toujours une grande vogue : le Double Cinquième et la fête de la Mi-Automne. Le Double Cinquième tombe le cinquième jour du cinquième mois lunaire, aux abords du solstice d'été, lorsque les forces du *yang* sont à leur apogée. C'est à cette saison que se produisaient autrefois les grandes épidémies, et on suspend encore aux portes des herbes et autres plantes médicinales le jour du Double Cinquième. Les plantes réputées les plus efficaces pour écarter les maladies sont celles qui portent des épines ou des feuilles pointues. Celles de l'iris, par exemple, sont censées agir comme des « épées qui transpercent les démons ».

« Cinq » est un nombre chargé de sens dans la cosmologie chinoise, et le Double Cinquième abonde en images de pentades (voir p. 200-203), telles que les « Cinq Poisons » (mille-pattes, serpent, scorpion, crapaud et lézard) et les « Cinq Couleurs » (bleu, rouge, jaune, blanc et noir). À l'époque de la fête, les Cinq Poisons sont représentés sur les vêtements, les préparations culinaires et les amulettes. Ces créatures bénéfiques sont censées repousser les attaques dangereuses grâce à leurs puissantes toxines. Quant aux Cinq Couleurs, elles évoquent la puissance des Cinq Modalités (voir p. 200-203). La fête du Double Cinquième honore également les dragons, l'eau et le poète Qu Yuan. Du point de vue de l'agriculture, elle a lieu au moment du repiquage des plants de riz dans la rizière, abondamment arrosée par la pluie. La tradition chinoise veut que ces pluies soient causées par des dragons vivant dans les nuages, qui déversent la pluie sur la terre en signe de bénédiction. Les célèbres courses des « bateaux-dragons » organisées à l'occasion de la fête rappellent cette croyance, ainsi que la légende de Qu Yuan, poète attaché au gouvernement de Chu, un petit royaume de la dynastie des Zhou, au IIIe siècle avant notre ère. Ce ministre avisé et consciencieux avait émis des recommandations qui n'avaient pas été entendues, et avait été envoyé en exil. Désespéré, il errait par le pays. Enfin, après avoir composé son plus célèbre poème, *Li Sao* (« rencontre avec la peine »), dans lequel il relatait son existence et décrivait son idéal, il se jeta dans la rivière Miluo, dans la province actuelle du Hunan. Les habitants se précipitèrent à son secours dans

Le Nouvel An chinois

Le Nouvel An, ou fête du printemps, est le jour férié le plus important du calendrier chinois. La fête commence le premier jour du premier mois lunaire, et se situe donc généralement entre le 21 janvier et le 19 février. Auparavant, la maison a été nettoyée de fond en comble et débarrassée de toute la crasse et de toutes les « haleines malfaisantes » de l'année passée. Toute la famille revient à la maison ; on a payé ses dettes et mis fin aux querelles. On envoie au ciel, par l'intermédiaire du dieu de la Cuisine, le bilan de l'année écoulée (voir p. 208-211).

Le rouge, couleur porte-bonheur, s'affiche partout. Le seuil de la maison est décoré d'images nouvelles représentant les dieux traditionnels, accompagnés d'un message de bienvenue. La veille du Nouvel An, la famille se rassemble autour d'un repas où le couvert des défunts, qui seront présents en esprit, a été mis. La famille discute pendant toute la nuit, en évitant les sujets et paroles néfastes ou négatifs. On peut éventuellement, selon la Tradition, sceller la porte pour interdire le passage aux mauvais esprits, et ne la desceller que le lendemain. Pendant les deux premiers jours de l'année, personne ne travaille et il est interdit de balayer ou d'utiliser des outils tranchants de peur de « chasser » ou de « couper » la chance qui vient avec le Nouvel An.

La dernière nuit des célébrations du Nouvel An est marquée par la Fête des lanternes, le premier jour de la nouvelle lune de l'année. Des foules joyeuses et bruyantes se rassemblent parmi les lanternes colorées pour admirer les hommes perchés sur des échasses, les danseurs-lions et tous ceux qui ont revêtu le costume traditionnel.

Des hommes costumés, montés sur des échasses, circulent parmi la foule qui fête le Nouvel An dans les rues de Beijing.

Le jiao

Grande cérémonie sacrificielle taoïste, le *jiao* se pratique encore aujourd'hui dans certains temples de Taïwan. Les prêtres taoïstes célèbrent de temps à autre le *jiao* pour renouer avec les grandes puissances cosmiques, les Trois Purs (voir p. 208-211). L'ensemble de la communauté se prépare au *jiao* par le jeûne, mais seuls les prêtres, les musiciens et les principaux bienfaiteurs du temple assistent aux rites. La population fait de nombreuses offrandes au temple et participe aux joyeuses festivités qui accompagnent le *jiao*.

La course des bateaux-dragons pendant la fête du Double Cinquième sur la rivière Miluo (province du Hunan), où l'on raconte que le poète Qu Yuan s'est noyé. Les bateaux, ornés d'une tête et d'une queue de dragon, mesurent parfois plus de trente mètres et sont équipés de quatre-vingts rameurs.

des barques, mais ne purent le sauver. Ils lancèrent alors du riz dans l'eau pour que les poissons le dévorent à la place du corps de Qu Yuan. On dit que les courses des bateaux-dragons rappellent aujourd'hui le souvenir de cet épisode dramatique. Aujourd'hui, on jette dans la rivière des *zongzi*, petits pâtés de riz gluant enveloppés dans des feuilles de bambous entourées de rubans des Cinq Couleurs.

La fête de la Mi-Automne tombe au moment de la pleine lune du huitième mois lunaire. C'est la fête des Moissons mais aussi de la Lune et de la Quête de l'immortalité. Dans la mythologie chinoise, la lune est la demeure d'une déesse, Chang E, ainsi que d'un lapin qui pilonne éternellement des herbes magiques pour fabriquer l'élixir d'immortalité. Au cours de la fête, on dresse une table que l'on recouvre de fruits ronds (en forme de lune), tels qu'oranges, melons et grenades, et de « gateaux de lune ». La population se rassemble pour regarder la moisson d'automne et raconter des histoires et des poèmes évoquant la Lune.

Les cérémonies religieuses chinoises sont davantage centrées sur la famille et la communauté que sur l'individu. En dehors de la mort, moment où un homme acquiert le statut d'ancêtre (voir p. 230-232), le plus important des rites de passage est le mariage, qui assure la continuation de la famille par la promesse d'une descendance. Traditionnellement, le mariage devient officiel lorsque le couple s'est incliné devant les tablettes des ancêtres du jeune homme, auxquels il présente sa future épouse. Par ces pratiques, le lien entre les vivants et les morts est maintenu, les rites de respect filial accomplis et la bénédiction des ancêtres assurée. D'autres cérémonies président aux changements d'état des

Le calendrier chinois

L'année religieuse chinoise résulte d'une combinaison du calendrier solaire et du calendrier lunaire. Le calendrier lunaire est constitué de douze mois lunaires, des mois intercalaires étant ajoutés tous les deux ou trois ans pour rattraper le calendrier solaire. L'année solaire, dans laquelle les solstices et les équinoxes marquent le début des saisons, se divise en vingt-quatre périodes d'environ quinze jours, appelées « nœuds » ou « respirations ». Ces divisions, liées à l'observation des changements climatiques et du ciel, reflètent le déroulement de l'année agricole.

Huit de ces périodes sont nommées d'après les équinoxes, les solstices et le commencement de la saison. Les autres portent des noms évoquant les données météorologiques ou autres ayant une incidence sur la vie agricole. On trouve ainsi : « Réveil des insectes » (au début de mars), « Clair et brillant » (au début d'avril), qui a donné son nom à une fête, « Limite de la chaleur » (fin août) et « Descente de la gelée » (fin octobre).

Les cycles de douze ans, fondés sur les animaux du zodiaque chinois, sont mieux connus des étrangers. Ils sont l'un des éléments d'un plus vaste ensemble de cycles. Ainsi, un autre cycle de soixante années inclut à la fois les animaux du zodiaque, les Cinq Couleurs (voir p. 224-225) et deux séries de symboles : les Dix Tiges célestes et les Douze Branches terrestres. Chacun des animaux est associé à l'une des branches et chaque couleur à deux tiges. Ainsi, l'an 2000 est l'année du dragon blanc, et 2012 sera celle du dragon noir. La première année du cycle de soixante ans est l'année du rat, *jiazi*, la dernière remontant à 1964.

Sur ce disque de bronze du XIXe siècle sont représentés les animaux du zodiaque chinois : rat, bœuf, tigre, dragon, serpent, cheval, bélier, singe, coq, chien et cochon.

garçons et des filles, mais celles-ci sont de moindre importance et sont parfois célébrées juste avant le mariage et non aux dates réglementaires. Le seizième anniversaire, qui représente l'achèvement d'un cycle de vie complet (voir encadré ci-dessus), marque une date importante.

Le culte des grandes forces du cosmos, particulièrement du Ciel et de la Terre, était réservé à l'empereur. Ces rites devaient être observés pour que la nature continue à se montrer généreuse. Dans la capitale impériale, l'empereur présentait des offrandes au Temple du Soleil à l'équinoxe de printemps, au Temple de la Terre au solstice d'été, au Temple de la Lune à l'équinoxe d'automne et au Temple du Ciel au solstice d'hiver (voir p. 220-223). Il célébrait encore d'autres rites au commencement de chaque saison. Au cours de la fête de Qingming, il offrait des sacrifices à ses ancêtres, à tous les empereurs du passé et aux héros de la culture (voir p. 212-215).

Tous les autres rites et fêtes de l'Empire étaient célébrés en fonction d'un almanach annuel prévoyant les événements célestes, établi par le Bureau de l'astronomie, qui dépendait du ministère des Rites. Lorsque les prédictions de l'empereur s'avéraient justes, c'est que l'harmonie régnait entre celui-ci et le ciel. Tout événement inattendu dans le cosmos pouvait être interprété comme une annulation du Mandat du Ciel lui donnant le pouvoir de gouverner (voir p. 204-207).

Double page suivante : une fillette et des danseurs-lions participent au défilé traditionnel du Nouvel An chinois.

Un autel domestique à Beijing, sur lequel on distingue des offrandes d'encens devant les portraits des ancêtres. C'est dans les tablettes de bois posées sur l'autel que résident les esprits des ancêtres, auxquels la famille offre de l'encens et de la nourriture. C'est là aussi que l'on tient les ancêtres informés des événements importants de la famille, tels que naissances, morts, fiançailles, voyages et projets professionnels.

Les tablettes des ancêtres

L'autel domestique est à plus d'un titre le centre de l'unité familiale, regroupant toutes les générations, les vivants et les morts. C'est sur l'autel que l'on conserve les tablettes qui sont censées contenir l'âme des morts. En général, on lit sur les tablettes le nom, la date de la naissance et de la mort, et le nombre de fils de chacun des ancêtres. On s'adresse aux ancêtres comme à des proches et on les traite de même. Théoriquement, c'est la famille de l'homme le plus âgé qui est représentée sur l'autel, mais, dans certains cas, on y trouve également d'autres tablettes. Ainsi, dans une famille où il n'y a pas de fils, une femme peut mettre les tablettes de ses ancêtres sur l'autel domestique de son mari. Les tablettes remontent à trois ou parfois à cinq générations. Au fur et à mesure, on enlève de l'autel les tablettes les plus anciennes et on les installe dans une salle des ancêtres, commune à plusieurs foyers de la famille (au sens large). Le culte est ici rendu collectivement aux ancêtres ; les émotions ont un caractère plus formel et elles marquent la reconnaissance envers l'hôte des ancêtres, davantage que l'amour filial à l'égard des disparus de plus fraîche date.

Une âme et un corps immortels

La conception chinoise de la vie et de l'au-delà est le reflet de croyances issues des grandes religions. Pour la plupart, les thèmes et les rites se rattachent au taoïsme religieux, au bouddhisme et à la religion populaire. Le confucianisme ne s'intéresse pas directement aux croyances concernant la vie après la mort, mais la piété filiale joue cependant un rôle essentiel dans la compréhension de la vie et de la mort, et dans la responsabilité des vivants à l'égard des morts. Le bouddhisme a ses propres théories concernant ce qui se passe après la mort, mais, au cours des siècles, ces idées ont fusionné avec les croyances chinoises autochtones. D'une manière générale, les rites funéraires, qui traduisent le sens de l'unité familiale et du bon comportement à l'égard d'autrui, ont plus d'importance aux yeux des Chinois que les croyances qui les sous-tendent.

Les Chinois ressentent une grande proximité avec les morts et pensent qu'ils exercent une forte influence sur les vivants. Les disparus de la famille ont un grand rôle à jouer sur le bien-être de leurs descendants. La piété filiale exige que les membres de la famille soient enterrés selon les rites et que des sacrifices soient faits en leur honneur. Ce traitement leur permet de devenir des ancêtres, source de bénédiction et de fertilité (c'est-à-dire de progéniture). Cette idée remonte au moins à la dynastie des Shang (voir p. 204-207). Les morts qui n'ont pas bénéficié de ces soins – par négligence ou manque de descendance –, et ceux qui meurent d'une mort prématurée ou violente deviennent des âmes errantes, forces dangereuses et malveillantes qui doivent être apaisées.

Les frontières matérielles entre les vivants et les morts sont floues et fluctuantes. Ceux qui résident en ce monde et dans l'autre sont tous faits d'un même matériau (le *qi*) sous ses formes *yin* et *yang* (voir p. 200-203). Chacun de nous possède deux âmes, une âme *hun*, constituée de *qi yang*, et une âme *po*, constituée de *qi yin*. Au moment de la mort, l'âme *hun*, qui représente les aspects spirituels et intellectuels de l'âme, quitte le corps et s'élève, en raison de sa nature *yang* ; elle vient enfin s'installer dans les tablettes des ancêtres, que l'on trouve sur les autels domestiques de tout foyer chinois respectueux de la tradition (voir texte en marge ci-contre). L'âme *po*, dotée d'énergie *yin*, s'enfonce dans le sol. Elle demeure près du corps pourvu qu'il ait été enterré selon les rites et qu'on l'apaise en déposant des offrandes sur la tombe.

Mais si le rite n'a pas été effectué selon les règles, ou si la mort est intervenue de façon violente ou prématurée, ou encore si l'âme n'est pas « nourrie » comme il se doit (voir ci-dessous), l'âme *hun* ne peut s'élever jusqu'aux tablettes des ancêtres et l'âme *po* ne peut descendre dans la tombe. L'esprit du mort restera là à hanter les vivants tant qu'il n'aura pas été apaisé. Les vivants ont la charge de procurer aux morts ce dont ils ont besoin : argent, nourriture et autres nécessités de base. Le rite minimal consiste à offrir deux fois par jour aux ancêtres de l'encens sur l'autel familial. À la nouvelle lune et à la pleine lune, de la nourriture figure parmi les offrandes ainsi que l'« argent des esprits » (voir p. 230-233), aux côtés de l'encens.

Les ancêtres consomment l'« essence » de la nourriture qu'on leur offre, et en abandonnent la grossière enveloppe matérielle à leur famille. Pendant les rites funéraires, on leur offre tout ce dont ils auront besoin : voitures, serviteurs, maisons, argent, et mobilier – le tout en papier, que l'on fait brûler afin que ces objets puissent monter jusqu'à eux en fumée. Pendant les vacances et le jour anniversaire de leur mort, on ajoute à l'encens quotidien de la nourriture, de la

Les Immortels

La civilisation chinoise s'intéresse depuis longtemps à la manière de travailler sur le corps humain de manière à vivre éternellement. Pour les Chinois, l'immortalité ne se concevait pas sans le corps. Les techniques d'allongement de la vie, et la certitude que certains peuples maîtrisaient ces techniques, font partie de l'histoire chinoise depuis la dynastie des Zhou. Il s'agissait entre autres d'agir sur le corps (voir p. 220-223), mais aussi de purifier son cœur et son esprit, car il n'existait pas de différence fondamentale entre l'âme et le corps. Tout effort de purification et de conservation participait à cette quête de l'immortalité.

Dans les temps anciens, les Chinois s'efforcaient de produire l'élixir ou la pilule d'immortalité dans leurs laboratoires (où l'on fabriquait « l'or potable » à partir de diverses substances, parmi lesquelles le cinabre), ou partaient le chercher chez des peuples vivant dans des pays de légende, aux frontières du monde chinois connu. Les princes, comme les gens du peuple, recherchaient ainsi assidument deux de ces lieux, l'île de Penglai et la montagne de Kunlun. Penglai, au large de la côte sud de la Chine, était, raconte la Tradition, habitée par des immortels. Qin Shi Huangdi, le premier empereur de la dynastie des Qin (221-209 avant notre ère), envoya des expéditions à la recherche de Penglai et de l'élixir d'éternité que, selon la légende, on pouvait s'y procurer. Le mont Kunlun, au nord-ouest de la Chine, à la frontière avec l'Asie centrale (voir carte p. 201), était la demeure de la Reine mère de l'Ouest. C'était elle qui cultivait les pêchers d'immortalité, qui ne portent de fruits qu'une fois tous les trois mille ans. Aujourd'hui encore, on offre en Chine des objets en bois de pêcher pour souhaiter longue vie à quelqu'un.

Les « Huit Immortels » du taoïsme. La manière dont chacun des huit est parvenu à l'immortalité constitue l'un des thèmes les plus populaires de la mythologie taoïste. Peinture du XXe siècle.

Ceux qui parviennent à l'immortalité vivent sur les frontières extérieures du cosmos, volent parmi les étoiles et sur la Terre dans un état de sérénité parfaite, se nourrissant de vent et buvant la rosée. Certains des Immortels sont décrits comme des « hommes-oiseaux », auxquels ont poussé des ailes qui leur permettent de s'envoler. D'autres ont l'air de mourir et se laissent enterrer comme des hommes ordinaires, mais, si l'on vient à exhumer et à ouvrir leur cercueil, on s'aperçoit que celui-ci est vide à l'exception d'un objet personnel, comme une canne ou une sandale.

boisson et de l'argent des esprits. Les rites consacrés aux morts assurent le bien-être des vivants, mais ils servent aussi à proclamer l'unité et la force de la famille à travers le temps et l'espace. Les offrandes montrent que les ancêtres sont toujours respectés et chéris comme membres de la famille à part entière (voir aussi l'encadré ci-dessous).

Le remarquable syncrétisme de la religion chinoise se manifeste dans sa capacité à intégrer de nombreuses notions – qui semblent parfois contradictoires – concernant le devenir de l'âme après la mort. Ainsi, on pense que l'âme *po* du mort descend dans le monde souterrain, soit l'enfer, pour y être jugée par le tribunal infernal avant d'être punie, et enfin réincarnée. Cette croyance est largement antérieure à l'arrivée du bouddhisme en Chine au Ier siècle de notre ère. Les thèmes bouddhiques se sont superposés au cadre existant : la notion de

Les fêtes des Morts

Chaque année, on célèbre deux fêtes en l'honneur des défunts. La fête du Clair et du Brillant *(Qingming)*, au printemps, est destinée à honorer les ancêtres. La fête des Âmes errantes *(Gui Jie)*, en automne, est destinée à apaiser les âmes susceptibles de malveillance.

La fête de Qingming tombe deux semaines après l'équinoxe de printemps. Ce jour-là, les familles se réunissent pour rendre visite aux tombes familiales et célébrer un pique-nique près de leurs morts. La famille désherbe le pourtour des tombes et repeint les inscriptions. Puis elle brûle de l'encens; allume des bougies rouges et fait aux défunts des offrandes de riz, de vin, de thé, de nourriture, de vêtements en papier et d'« argent des esprits ».

La fête des Âmes errantes a lieu le quinzième jour du septième mois lunaire. Son but n'est pas tant de perpétuer l'unité de la famille que d'assurer la protection de la communauté. Pendant le septième mois lunaire, les portes de l'enfer restent béantes, et ses habitants sont libres de se promener où bon leur semble. Les âmes dont personne ne s'occupe, que l'on appelle par antinomie « les bons frères », sont malheureuses, malveillantes et potentiellement dangereuses. La fête des Âmes errantes est destinée à les apaiser en leur offrant tout ce dont elles ont besoin en matière de subsistance et de distraction (musique et théâtre). Le jour des Âmes errantes, des prêtres bouddhistes et taoïstes organisent une célébration sur un autel en plein air afin de les apaiser. Pour cela, les officiants exhortent les fantômes à se repentir et à entrer dans la Terre pure du bouddhisme. Les âmes qui ne se repentent pas retournent souffrir en enfer une fois la cérémonie terminée.

Les offrandes de nourriture faites aux esprits et aux ancêtres à cette occasion sont symboliques de leurs relations avec les vivants. Les ancêtres font partie de la famille et on leur offre de

Restes à demi consumés d'« argent des esprits ». Ces billets sont imprimés dans différentes valeurs et sont censés aider les morts dans l'au-delà ; on les fait brûler pour qu'ils montent avec la fumée jusqu'aux ancêtres.

la nourriture à la maison, dans la salle des ancêtres ou sur leurs tombes. Les aliments sont préparés avec soin, cuisinés et assaisonnés comme ceux des vivants ; certains défunts, particulièrement aimés de leur vivant, peuvent se voir présenter les mets qu'ils appréciaient le plus.

Par contre, les esprits sont nourris à la porte de service, ou même à l'extérieur de la maison, et la nourriture qu'on leur offre est simple et grossière – il s'agit plutôt d'une sorte de tentative de corruption que d'un geste aimant s'adressant à un membre de la famille.

karma (l'équilibre entre le passif et l'actif des actes d'un individu), le personnage de Yama, le roi des Enfers, et les divers châtiments imposés en enfer, où les pécheurs endurent des souffrances qui leur permettent de rééquilibrer leur *karma* avant de se réincarner. À l'entrée des enfers, l'âme est jugée par les Dix Juges, que l'on représente dans le costume des hauts magistrats de la Cour impériale. Ils président les Dix Tribunaux des enfers, chacun étant spécialisé dans un type de crime différent. L'âme, après son jugement, expie ses crimes dans les diverses strates des enfers, où elle subit des tourments qui s'apparentent aux crimes commis. Elle parvient enfin au tribunal ultime de l'enfer. Ayant payé pour les erreurs commises dans le passé, elle se réincarnera en fonction des mérites acquis au cours de ses existences antérieures. Mais les familles peuvent abréger le séjour infernal de leurs chers disparus par des offrandes et des actes méritoires, par exemple la récitation de *sutras* bouddhiques.

Les « livres de la vie et de la mort », où est inscrit le nombre de jours alloués à chaque être, sont également conservés en enfer. Les récits populaires chinois abondent en récits d'erreurs bureaucratiques par lesquelles telle ou telle personne a été envoyée à tort en enfer, jusqu'au jour ou l'erreur est révélée.

L'âme d'une personne particulièrement vertueuse peut, plutôt que de se réincarner, être directement intégrée à la hiérarchie divine. L'administration céleste est en tout point semblable à la fonction publique terrestre (voir p. 208-211), avec ses faiblesses potentielles : erreur, incompétence, corruption, népotisme, formalités ennuyeuses et paperasserie interminable.

Parmi les conceptions chinoises concernant l'au-delà figure également celle de la Terre pure. Pour les dévots d'Amitabha (Amituo Fo), le Bouddha de la Terre pure, l'âme renaît dans ce pays avant d'entrer en *nirvana* et échappe ainsi à toute réincarnation (voir p. 193-193).

La mort dans le taoïsme philosophique

Les religions populaires chinoises accordent une grande importance à la longévité et à l'immortalité (voir p. 230-233), mais la pensée philosophique adopte une attitude différente à l'égard de la mort et de l'au-delà. Le taoïsme philosophique ne cherche ni à fuir la mort ni à gagner l'immortalité ; le plus grand bonheur, pour ses adeptes, consiste à contempler les possibilités créatrices illimitées offertes par les schémas éternellement mouvants du *tao*. La mort est la bienvenue, puisque c'est le moment où le *qi*, dont nous sommes issus, se transforme miraculeusement pour devenir quelque chose d'autre dans la Création.

Les quatre rois gardiens du registre des jugements infernaux (peinture sur soie du VIIIe siècle).

Nonnes bouddhistes invoquant le nom d'Amituo Fo (le Bouddha Amitabha) dans un temple sur la montagne du Tambour, près de Fuzhou, dans la province du Jiangxi.

Un mot pour la « religion »

Jusqu'à une époque récente, le chinois ne possédait pas de mot pour désigner la religion, au sens qu'on lui donne en Occident, soit un ensemble défini de croyances, de doctrines et de rites. Les Chinois n'ont jamais considéré le confucianisme, le taoïsme et le bouddhisme comme s'excluant les uns les autres. Ce sont pour eux des « enseignements ». Mais, suite à la multiplication des contacts avec l'Occident depuis le XIXe siècle (voir encadré p. 235), il a fallu trouver un mot exprimant la notion de « religion » pour l'appliquer à un système tel que le christianisme. Le néologisme *zongjiao* a été adopté au début du XXe siècle ; sa traduction littérale est : « les enseignements des ancêtres (ou du clan) ». Mais nombre de pratiques et de croyances chinoises ne sauraient être prises en compte dans le *zongjiao*. Pour les Chinois, les attitudes dictées par les « Trois Enseignements » se rattachent à de nombreux aspects de la vie quotidienne, et non simplement à des rites et prières à caractère « religieux ». Elles s'appliquent ainsi au domaine des relations professionnelles, de l'amitié, des arts et même de la cuisine

L'État, la famille et la personne

Les trois grandes écoles – confucianisme, bouddhisme et taoïsme – ont contribué à former la société chinoise, et la religion populaire s'est faite l'écho de la morale et des dogmes de ces trois écoles. Cependant, c'est le confucianisme qui a le plus fortement marqué les attentes et les règles sociales des Chinois, à tel point que de nombreux comportements inspirés des préceptes confucéens sont simplement désignés comme « chinois ».

Le confucianisme est en effet à la base de l'organisation des deux entités les plus influentes en Chine : l'État et la famille. C'est sur l'idéal confucéen – un gouvernement vertueux au bénéfice du peuple – que reposait la théorie gouvernementale de la Chine impériale. Les empereurs autocrates savaient que leur manière de gouverner serait évaluée en fonction des préceptes confucéens et consignée dans les histoires des dynasties pour être soumise au jugement de la postérité. Ministres et fonctionnaires étaient sélectionnés en fonction de leurs connaissances de l'enseignement de Kongfuzi. La relation entre l'empereur et son sujet était considérée comme semblable à la relation de base de la société : celle qui unit les parents et les enfants, ou, plus spécifiquement, le père et le fils. Les enfants avaient un devoir d'obéissance absolue envers leurs parents. Ils devaient prendre soin d'eux et donner naissance à des enfants qui continueraient à prendre soin de leurs ancêtres lorsqu'ils seraient morts (voir p. 230-233). L'ancienne loi chinoise reflète cette relation : ainsi, un père avait le droit de tuer un fils récalcitrant, et un fils qui avait frappé son père était passible de la peine de mort.

La société traditionnelle chinoise était autoritaire et fortement hiérarchisée. Dans l'ordre confucéen, chaque membre de la famille et de la société avait un rôle précis à jouer. Les femmes étaient considérées comme représentantes de l'énergie *yin*, et jouaient donc un rôle passif de nourricières, par opposition au dynamisme *yang* des hommes. Les femmes étaient subordonnées aux hommes, et devaient obéir à leur père dans l'enfance, à leur époux pendant la vie conjugale et à leurs fils dans leur grand âge.

À l'époque moderne, on accorde toujours une grande importance à l'unité de la famille et aux relations parent/enfant, mais à un degré moindre. Cette attitude a été fortement remise en question pendant la Révolution culturelle (1966-1976), lorsque Mao Zedong incita les enfants et les jeunes à dénoncer le mode de vie bourgeois et contre-révolutionnaire des membres plus âgés de leur entourage. Cette expérience, qui allait si profondément à l'encontre de la piété filiale traditionnelle, a sans doute causé de grands traumatismes. Dans la société officiellement égalitaire de la République populaire, les fils sont toujours nettement préférés aux filles, et la politique communiste de l'enfant unique, destinée à lutter contre la surpopulation, a eu pour conséquence toute une série de pratiques permettant de s'assurer que cet enfant serait exclusivement un garçon.

Le taoïsme et le bouddhisme ont apporté des éléments complémentaires ou radicalement nouveaux. Avec le taoïsme est apparu le goût de la contemplation et l'idéal consistant à faire retraite dans la nature, loin de la fièvre des villes et de la vie séculière. La quête taoïste de la longévité se manifeste dans des arts tels que le *taijichuan (tai-chi chuan)* et le *qijing (chi kung)*, disciplines visant à renforcer le corps et l'esprit que l'on pratique toujours assidûment en Chine ainsi que dans d'autres régions du monde. Les notions d'harmonie et d'équilibre inhérentes au taoïsme se retrouvent dans de nombreux autres arts, tels que la peinture, la cuisine et la médecine. Le taoïsme offre aux femmes une alternative à la vision dominatrice de l'homme présente dans le confucianisme. En effet, le taoïsme philosophique place les femmes plus haut que les hommes, et il inclut depuis des siècles des nonnes.

Le bouddhisme, sans apporter d'éléments vraiment nouveaux, a marqué de son empreinte les traditions chinoises. Des moines bouddhistes participent aux rituels funéraires chinois en récitant des *sutras* pour abréger les séjours des âmes en enfer. L'idéal bouddhique de salut universel a consolé ceux, et surtout celles, qui se sentaient oppressés par la hiérarchie confucianiste. Il n'est pas rare de voir des veuves ou des femmes dont les enfants ont quitté le foyer se convertir au bouddhisme, ou même devenir nonnes.

Rencontre avec l'Occident

Au XIXe siècle, les relations de la Chine avec l'Occident ont surtout pris l'aspect de défaites militaire humiliantes, de traités partiaux et d'un afflux indésirable de missionnaires, de diplomates et de négociants. À cette expérience s'est ajoutée la révélation du regard que portaient les Occidentaux sur la culture chinoise, qui réduisit en miettes la perception que la Chine avait d'elle-même, se considérant comme l'arbitre de la civilisation. Tout cela eut un profond retentissement sur la conception de la religion populaire et son attitude à son égard.

Le confucianisme, qui avait constitué la base théorique du gouvernement et de l'éthique pendant deux millénaires, subissait de violentes attaques : sa pesanteur étouffante et sclérosante était considérée comme la cause de la faiblesse militaire et politique du pays. La quête de la modernisation et de l'industrialisation se faisant de plus en plus pressante, le bouddhisme, le taoïsme et la religion populaire furent relégués au rang de superstitions faisant obstacle au progrès. Mais la Tradition était puissante, et, malgré les pressions hostiles, elle ne se laissa pas entièrement briser. Le XXe siècle a vu la pensée traditionnelle chinoise s'adapter à la modernité, non seulement à Taïwan, Hongkong et dans les communautés émigrées vivant dans des pays capitalistes occidentalisés, mais aussi dans le reste de la Chine, où le communisme exerçait une forte pression, allant parfois jusqu'à la persécution.

La philosophie étrangère du marxisme-léninisme a dû s'adapter au contexte chinois. Ainsi, si divers dirigeants communistes se sont relayés pour vilipender le confucianisme traditionnel, la rhétorique officielle sur le travail pour le bien de l'État, du Parti ou de la collectivité ne diffère pas fondamentalement de la préférence donnée par le confucianisme au groupe par rapport à l'individu.

Dragons de néon et autres emblèmes religieux traditionnels chinois sur la façade des gratte-ciel de Hongkong, lors des fêtes célébrant le rattachement de la ville à la Chine en 1997.

聚楽
神輿伴揃

CHAPITRE 7

LES RELIGIONS JAPONAISES

C. Scott Littleton

Statue du Bouddha à Kamakura, au Japon (île de Honshu), assis en zazen, ou position du lotus, posture de méditation idéale du bouddhisme zen.

Page ci-contre : des fidèles en tenue traditionnelle de pèlerin s'inclinent devant un sanctuaire shinto à Karatsu, sur l'île de Kyushu, au cours de la fête annuelle de Kunchi, qui a lieu au mois de novembre (voir aussi p. 262-265).

Introduction

Offrandes déposées par des pèlerins sur le Koya-san (mont Koya), quartier général du shingon, l'une des principales écoles bouddhistes du Japon, fondée au IXe siècle (voir p. 242-245).

Le Japon a deux grandes religions, le shinto et le bouddhisme, qui coexistent et influent l'une sur l'autre depuis mille cinq cents ans. Le shinto est la religion autochtone du Japon, alors que le bouddhisme japonais est l'une des branches d'une religion répandue dans le monde entier, dont les fidèles se comptent par centaines de millions en Asie du Sud-Est et de l'Est, et en Occident.

La religion autochtone du Japon a pour nom « le chemin des dieux (ou des esprits) », soit, dans la langue du pays, *Kami no Michi* ou encore *Shinto*, combinaison japonaise des deux mots chinois *shen* (« esprit ») et *tao*, ou *dao* (« chemin »), et qui s'écrit avec les caractères chinois signifiant *shen* et *tao*. *Shinto* est l'expression la plus couramment utilisée depuis la renaissance de la religion aux XVIIIe et XIXe siècles, phénomène assez paradoxal étant donné le caractère résolument antichinois des promoteurs de cette renaissance (voir p. 252-255).

Le shinto trouve ses racines dans la protohistoire du Japon. Cependant, la notion fondamentale la plus ancienne, le *kami* (« esprit », « être divin » ou « dieu/déesse », voir p. 246-249), occupe toujours une place centrale dans la pratique religieuse des Japonais. La source originelle du bouddhisme se situe loin du Japon, en Inde (voir chapitre 5), mais, comme la plupart des éléments de la civilisation japonaise, la nouvelle croyance est arrivée par la Chine, la grande civilisation mère de l'Extrême-Orient, et par la Corée, au milieu du VIe siècle de notre ère. À cette époque, le Japon ne connaissait pas l'écriture, que le bouddhisme a amenée avec lui. Or, les textes bouddhiques n'étant disponibles que dans leur version chinoise, les aristocrates et lettrés japonais convertis à la nouvelle religion (il fallut attendre plusieurs siècles pour que le bouddhisme atteigne l'ensemble de la population) furent contraints d'apprendre à lire les caractères chinois.

Le confucianisme et le taoïsme pénètrent au Japon vers la même période. Tous deux auront un profond impact sur le shinto ainsi que sur le développement du bouddhisme japonais, mais ils ne prendront que rarement (sauf à la cour de Tokugawa, vers 1700) la forme d'école religieuse.

Quel qu'ait été l'impact des croyances, de la philosophie et des arts de la Chine, le Japon a toujours conservé sa spécificité par rapport à son voisin d'outre-mer. La tendance profondément enracinée à réadapter et à transformer tout ce qu'il emprunte à d'autres cultures s'est rapidement manifestée dans ce domaine également. Ainsi, les écoles bouddhistes mahayana qui s'implantèrent ou émergèrent au Japon – les « écoles » de Nara, *tendai*, *shingon*, *jodo-shu* et *jodo-shinshu*, *nichiren-shu* et *nichiren-shoshu*, *zen* et autres – devinrent bientôt, et demeurèrent, uniquement japonaises. Ainsi, la ligne de démarcation entre bouddhisme et shinto paraît parfois bien floue – comme l'indique le fait que plusieurs divinités bouddhistes sont adorées comme des *kami* du shinto (voir p. 246-249).

À une époque plus récente, le Japon a vu naître ce que l'on peut appeler des « nouvelles croyances » (voir p. 270-271) et a assisté à un retour du christia-

Les sites sacrés du Japon

À travers tout le Japon, des centaines de lieux revêtent une importance capitale d'un point de vue religieux. On en trouvera quelques-uns sur cette carte. À côté de lieux de culte tels que les temples bouddhiques *(otera)* et les sanctuaires du shinto *(jinja)*, il faut mentionner d'innombrables éléments du paysage comme par exemple le mont Fuji et le mont Koya, lieux sacrés où l'on se rend en pèlerinage.

Légendes

- Montagne sacrée
- Grand site religieux
- Autre ville

nisme, apparu au XVIe siècle mais banni par la suite (voir p. 242-245). L'extension de ces religions s'est trouvée respectivement stimulée par le chaos social des trois dernières décennies (1837-1867) du shogunat de Tokugawa puis par le rapide développement économique qui suivit la Seconde Guerre mondiale ; mais, dans chacun de ces cas, le résultat final est resté essentiellement japonais, un mélange aussi intime que possible d'idées, de coutumes, de croyances et de rites étrangers et autochtones.

Le syncrétisme, fusion de croyances et de pratiques disparates en un système unique, est depuis longtemps l'une des caractéristiques de la vie religieuse au Japon, assorti de ce qui serait considéré en Occident comme un fort degré « d'ambiguïté ». À quelques grandes exceptions près, la plupart des Japonais se considèrent vraisemblablement comme à la fois shintoïstes et bouddhistes et ne perçoivent aucune contradiction dans le fait de pratiquer deux religions d'origine si différente. Beaucoup traduiraient sans doute ainsi leur attitude : le shinto est la religion de la vie, et le bouddhisme celle de la mort. Pour donner un exemple : les mariages japonais sont célébrés en grande majorité selon le rite shintoïste, tandis qu'une majorité tout aussi écrasante de funérailles sont célébrées selon le rite bouddhiste et que la plupart des cimetières sont rattachés à des temples bouddhiques. Dans l'ensemble, le shinto s'attache à des sujets

Chronologie

Période protohistorique

Ère Jomon (vers - 11 000 à - 300)
- Premiers cultes de fertilité

Ère Yayoi (vers - 300 à 300)
- Arrivée de nouvelles populations venues d'Asie du Sud-Est ; débuts du shinto

Ère Kofun (vers 300 à 552)
- **Vers 400** • Des nomades venus d'Asie centrale introduisent les *kofun* (tumulus) funéraires et des figurines *hanniwa*

Période historique

Ère Asuka (552-646)
- **552 ou 538** • Introduction du bouddhisme
- **592** • Le régent Shotoku fait du bouddhisme la religion de la cour

Ère Hakuko (646-710)
- Fondation de quatre « écoles de Nara »

Ère de Nara (710-794)
- Fondation des deux autres « écoles de Nara » ; premier épanouissement du bouddhisme japonais
- **712** • Compilation du *Kojiki par* Ono Yasumaro
- **720** • Composition du *Nihonshoki*

Ère Heian (794-1185)

- **804-806** • Kobo-daishi et Dengyo-daishi, fondateurs des courants *tendai* et *shingon*, se rendent dans des sites bouddhistes en Chine
- **850-1000** • Le *tendai* et le *shingon* se répandent dans tout le Japon

Ère Kamakura (1185-1333)

- **1133-1212** • Honen fonde l'école de la « Terre pure » (*Jodo-shu*) du bouddhisme japonais
- **1141-1215** • Eisai importe de Chine le courant *rinzai* du bouddhisme *chan (zen)*
- **1173-1263** • Shinran fonde l'école bouddhiste de la « Vraie Terre pure » (*Jodo-shinshu*)
- **1200-1253** • Dogen importe de Chine l'école *soto*
- **1222-1282** • Nichiren fonde l'école bouddhiste *Nichiren-shu*

Ère Ashikaga (1333-1568)

- **1549** • La mission jésuite de François Xavier inaugure le « siècle du christianisme » au Japon

Ère Momoyama (1568-1603)

- **1571** • Oda Nobunaga détruit le grand temple bouddhiste tendai du mont Hiei ; il se rapproche du catholicisme
- **1596** • Le shogun Toyotomi Hideyoshi proscrit le christianisme ; assassinat des novices japonais

Ère Tokugawa (1603-1868)

- **1615** • Les missionnaires chrétiens sont chassés
- **1638** • Le shogun Iemitsu durcit les lois antichrétiennes ; montée du bouddhisme
- **Milieu du XVIIIe siècle** • Début de la renaissance du *shinto*
- **Début du XIXe siècle** • Apparition des premières « nouvelles croyances » (par ex. Tenrikyo, 1838)

Ère Meiji (1868-1912)

- **1872** • L'empereur Meiji révoque les édits antichrétiens ; début du « shinto d'État » ; brève période de persécution du bouddhisme

Ère Taisho (1912-1926)

- Renaissance du bouddhisme

Ère de Showa (1926-1989)

- **1945** • À la suite de la défaite du Japon, les forces d'occupation nord-américaines interdisent le shinto d'État et contraignent l'empereur Hirohito à renoncer au statut divin de la lignée impériale japonaise
- **1950-1960** • Épanouissement des « nouvelles croyances »

Ère Heisei (depuis 1989)

- **1995** • Attentat au gaz sarin dans le métro de Tokyo par la secte Aum Shinrikyu

concernant la vie d'ici-bas : la procréation, la fertilité, la pureté spirituelle, le bien-être physique. Le bouddhisme, lui, sans rejeter le monde réel, a toujours donné la première place au salut et à l'espoir d'une vie dans l'au-delà. Ce besoin est sans nul doute à l'origine de l'émergence des courants de la « Terre pure ». Pour évaluer le rôle joué par la religion dans le Japon d'hier et d'aujourd'hui, il faut prendre en compte certains aspects essentiels de la culture japonaise. En premier lieu vient la subordination de l'individu au groupe, que résume efficacement l'expression japonaise « le clou qui dépasse sera enfoncé à coups de marteau ». Pour de nombreux érudits, cette attitude aurait pour origine le travail en coopération étroite et la prise de décision collective que nécessite la culture du riz, qui était jusqu'à une époque récente la principale source de subsistance du Japon. Le travail dans les rizières, introduit au Japon à la fin du Ier millénaire avant notre ère, demande une nombreuse main-d'œuvre. Avant la mécanisation, chaque plant devait être repiqué à la main dans la terre détrempée ; jusqu'à une époque récente, tous les membres d'une famille sacrifiaient leurs intérêts personnels pour participer à la récolte, et, par extension, à la survie de tous. À un niveau supérieur, c'est l'affaire du village, dans lequel les familles s'entraident au moment de la plantation, du désherbage et de la récolte.

Cette coopération sociale, assortie d'une relative absence d'individualisme, caractérise dès l'origine le shinto et le bouddhisme japonais. À travers les siècles, les deux religions ont toujours considéré comme une vertu cardinale la subordination du bien-être de l'individu à celui du groupe, qu'il s'agisse de la famille, d'un village de riziculteurs, d'un domaine féodal dominé par une élite soudée de samouraïs, ou de l'ensemble des salariés d'une multinationale moderne.

Gankakeema *(tablettes de prière) déposées par les dévots au temple bouddhique de Kyomizu, à Kyoto. La ville fut la capitale impériale du Japon de 794 (elle s'appelait alors Heian) à 1868. C'est l'un des plus grands centres bouddhistes du Japon.*

Coexistence des religions

Figurine hanniwa *représentant un guerrier – peut-être en prière devant une divinité ou un seigneur –, trouvée à Yamato-mura, dans la préfecture d'Ibaraki, à l'est de Honshu.*

Le shinto plonge ses racines dans la protohistoire. Rien ne permet d'affirmer que la culture Jomon de la protohistoire (d'environ 11 000 à 300 avant notre ère) incluait une religion centrée sur l'adoration des *kami*, du moins sous leur forme actuelle. Ces peuples de pêcheurs et chasseurs illettrés, semi-nomades, modelaient des *dogu*, figurines féminines stylisées pourvues d'une grosse poitrine et de larges hanches. La nature des croyances s'attachant aux *dogu* n'est pas précisément connue, bien que celles-ci révèlent probablement l'existence d'un culte de la fertilité. Les *dogu* étaient souvent placés à l'intérieur ou à proximité des sépultures après avoir été délibérément brisées, peut-être dans le cadre d'un « meurtre » rituel, afin de libérer l'essence spirituelle du *dogu*. Mais on ne saurait affirmer que cette « essence » ait été conçue en termes de quoi que ce soit qui ressemble à un prototype du *kami* du shinto.

Cependant, des caractères iconographiques nettement shintoïstes commencent à se manifester avec l'émergence de la culture plus complexe des Yayoi (d'environ - 300 à 300). Parmi les objets funéraires retrouvés dans les sépultures de ceux-ci (riziculteurs probablement originaires d'une région située en Asie du Sud-Est ou au sud de la Chine) figurent des petites sculptures représentant des magasins à grains qui rappellent de manière frappante l'architecture du sanctuaire d'Ise, demeuré intact depuis au moins douze cents ans (voir p. 258-261). On y trouve également des images de fertilité, ainsi que des massues de pierre qui semblent évoquer des symboles phalliques. L'introduction de la culture en rizière semble bien avoir amené avec elle des rites associés aux semailles et aux récoltes, probablement assez voisins des rites agricoles du shinto encore pratiqués aujourd'hui dans les zones rurales du Japon.

En association étroite avec le culte de la fertilité des *Yayoi*, on rencontre des bijoux en forme de virgule, appelés *magatama*, des miroirs de cérémonie et des épées sacrées, qui tous jouent un rôle important dans la mythologie du shinto et figurent encore aujourd'hui au nombre des attributs impériaux. De nombreux érudits pensent que l'on peut faire remonter à cette période l'origine de la majorité des *ujigami*, les divinités tutélaires des plus anciens *uji* (clans) japonais connus. Le plus grand de tous les *ujigami* était (et est encore) Amaterasu, la déesse solaire (voir p. 246-249), génitrice légendaire de l'*uji* Yamato (« clan du Soleil »), c'est-à-dire la famille impériale du Japon.

Au IVe siècle, la conquête du Japon est le fait de cavaliers nomades venus d'Asie centrale – très vraisemblablement une élite dirigeante plutôt qu'une population d'envahisseurs –, et un nouveau type de sépulture de chef apparaît : le *kofun*, ou tumulus. Des *hanniwa*, figurines votives de chevaux et de guerriers, sont souvent disposées à la périphérie de ces monts massifs en forme de trous de serrure, pour accompagner le seigneur de la guerre défunt au cours de son voyage dans l'au-delà. Au début du VIe siècle, l'empereur Yamato, qui vivait dans la région portant toujours son nom, étendait son empire sur la plus grande partie de la région située au sud et à l'ouest de la plaine de Kanto (voir carte p. 239). C'est ce minuscule État que découvrirent les missionnaires bouddhistes, en 552 selon la tradition, date à laquelle les érudits préfèrent celle de 538. Selon le *Nihonshoki* (voir p. 250-251), datant de 720, le roi récemment converti de Paekche, au sud-ouest de la Corée, avait envoyé des missionnaires à la cour de Yamato, recommandant à son « frère » japonais la nouvelle religion venue de l'Inde lointaine.

De nombreux courtisans de Yamato embrassèrent avec enthousiasme la nouvelle religion – tout en lui donnant un tour largement inspiré du shinto, adorant des statues du Bouddha qu'ils considéraient comme la manifestation d'un puissant *kami* –, tandis que d'autres déploraient cette intrusion. Cependant, en 592, le régent Shotoku proclama le bouddhisme religion officielle de la cour impériale.

Pendant les deux siècles suivants, le bouddhisme ne cessa d'accroître son influence parmi les membres de l'aristocratie. Mais la plupart des Japonais ne connurent rien de la nouvelle religion jusqu'au début de l'ère Heian (794-1185). En 806, les moines Kobo-daishi et Dengyo-daishi, de retour d'un séjour en Chine, fondèrent chacun une école calquée sur des modèles chinois : *shingon* (du chinois *Zhen yan*, « le vrai monde ») et *tendai* (de Tiantai, qui désigne une montagne et un groupe religieux de la Chine orientale). Toutes deux s'étaient installées dans les montagnes proches de la nouvelle capitale de Heian (Kyoto) : *shingon* sur le mont

Les écoles de Nara

Entre 625 et 738, six grandes écoles du bouddhisme furent fondées à Nara, la première capitale du Japon, par des moines japonais qui avaient étudié le bouddhisme en Chine : *jojitsu* (625), *sanron* (625), *hosso* (654), *kusha* (658), *kegon* (736) et *ritsu* (738). Chacune de ces « écoles de Nara » entretenait des relations avec un monastère chinois. La plus célèbre est sans doute l'école *kegon*, dont l'immense principal édifice (en bois, l'un des plus célèbres du Japon), le temple Todai-ji de Nara, abrite une énorme statue en bronze du Bouddha.

Le prince Shotoku

Le prince Shotoku (Shotoku Taishi), second fils de l'empereur Yomei, naquit en 574, deux décennies à peine après l'arrivée des premiers missionnaires bouddhistes. Son père fut l'un des premiers empereurs à adopter la religion bouddhiste, et il veilla à ce que son fils en soit imprégné dès son plus jeune âge.

L'avenir du bouddhisme au Japon fut assuré à partir du moment où le clan Soga, qui soutenait la nouvelle religion, eut raison d'une coalition conservatrice menée par la famille Mononobe, en 587. Lorsque le jeune Shotoku fut désigné comme régent de sa tante l'impératrice Suiko, il eut toute latitude pour décréter le bouddhisme religion officielle de la cour de Yamato (en 592).

Peu de temps après, il décida la construction (peut-être même en conçut-il les plans) d'un grand ensemble de temples bouddhiques à Horyuji, près de Nara, et pendant tout son règne il s'appliqua à promouvoir la cause du bouddhisme ; aussi beaucoup le considèrent-ils comme « le fondateur du bouddhisme japonais ».

Mais cette contribution au développement de la religion japonaise ne se limita pas à des activités en faveur du bouddhisme. Shotoku était tout aussi savant en matière de classiques chinois et s'efforça d'introduite au Japon le confucianisme et le taoïsme. En 604, il promulgua sa célèbre « Constitution des dix-sept articles » qui s'inspirait largement des principes moraux du bouddhisme et du confucianisme. À l'époque de sa mort, en 622, le Japon n'était plus un État marginal, primitif et à peine alphabétisé ; il était en train de devenir un empire civilisé et extrêmement élaboré, calqué sur le modèle chinois.

Représentation du prince Shotoku (rouleau mural, vers 1850). Fondateur du bouddhisme au Japon, il devint l'objet d'une grande ferveur populaire.

Koya et *tendai* sur le mont Hiei. De ces bastions, des missionnaires descendirent dans la campagne environnante, et le nombre des convertis au bouddhisme s'accrut rapidement au cours des IXe et Xe siècles. Plus tard, Kyoto devint le centre des communautés zen introduites de Chine aux XIIe et XIIIe siècles (voir p. 252-255). Les bouddhistes n'essayèrent pas de supplanter le shinto, mais érigèrent leurs temples près des anciens sanctuaires et clamèrent haut qu'il n'y avait pas de différence fondamentale entre les deux religions. Vers la fin de l'ère Heian, cette tendance à l'inclusion amena naturellement la création du *ryobu shinto* (« double shinto ») dans lequel le *kami* du shinto et le *bosatsu* (*bodhisattva*, voir p. 176-177) se combinaient officiellement en une seule entité divine. Cette fusion a souvent été représentée par des images de *kami* à forme humaine « rêvant » de leur homologue *bosatsu*.

Le christianisme au Japon

En 1549, François Xavier, un prêtre portugais qui avait été l'un des fondateurs de l'ordre des Jésuites, parvint au Japon à la tête d'une mission, quatre ans seulement après l'arrivée des premiers navires marchands en provenance du Portugal. La nouvelle religion bénéficia du soutien, du moins implicite, du puissant *daimyo* (seigneur de la guerre) Oda Nobunaga (1534-1582), qui trouva également fort utile l'armement des Européens. La nouvelle religion gagna vite du terrain et, au début des années 1580, pratiquement tous les *daimyo* de l'île de Kyushu, ainsi que leurs sujets, s'étaient convertis au catholicisme. La nouvelle religion se propagea ensuite dans d'autres régions, y compris à Kyoto, la capitale, et le nombre des convertis approcha le million. Rien ne permet d'affirmer que Nobunaga lui-même se convertit au catholicisme, mais l'un de ses derniers portraits le représente avec un crucifix.

Le monument aux martyrs japonais (à Nagasaki, ville du siège de l'Église catholique romaine au Japon) fut élevé à la mémoire des chrétiens persécutés sous Toyotomi Hideyoshi.

En 1582, Nobunaga fut assassiné par un de ses vassaux. Son général en chef, Toyotomi Hideyoshi (1536-1598), lui succéda et, en 1587, inversa la politique de tolérance instaurée par son prédécesseur. Un certain nombre de novices jésuites japonais furent crucifiés – ce sont les martyrs japonais –, et les missionnaires chassés. Le christianisme fut officiellement interdit en 1596. La persécution se relâcha sous Tokugawa Ieyasu (1542-1616), successeur de Hideyoshi et fondateur du shogunat des Tokugawa, qui devait diriger le Japon de 1603 à 1867. Mais le shogun Tokugawa Iemitsu, petit-fils de Ieyasu, déploya tous ses efforts pour éradiquer la religion. Ainsi demanda-t-on à ceux que l'on soupçonnait d'être chrétiens de piétiner une image de la Vierge Marie ; ceux qui refusaient étaient sommairement exécutés. Confrontés à cette répression, la plupart des *daimyo* chrétiens et leur sujets renièrent le catholicisme. En 1640, il ne restait plus rien du « siècle chrétien » japonais.

Quelques catholiques japonais continuèrent toutefois de pratiquer leur religion en secret, notamment à Nagasaki et dans les environs. Lorsque les édits antichrétiens furent révoqués en 1872, ceux-ci n'avaient eu aucun contact avec Rome depuis plus de deux siècles, et leur pratique religieuse s'était assez fortement éloignée du catholicisme tel qu'il apparaissait alors dans le reste du monde ; ainsi, la dévotion à Jésus et à Marie ressemblait fort à la dévotion aux grands *kami* du shinto ou aux *bosatsu* bouddhistes. La plupart de ces croyants refusèrent de réintégrer l'Église catholique, et le petit noyau restant ne représente plus qu'une infime part des religions pratiquées au Japon : il y a aujourd'hui environ 600 000 chrétiens, sur une population de près de 130 millions d'habitants.

Pendant les dernières années de l'ère Heian, le pays fut en proie à une guerre civile sanglante, qui culmina avec la nomination de Minamoto no Yoritomo au poste de shogun, ou « généralissime » à la cour impériale. Quatre siècles de conflits internes ininterrompus s'ensuivirent, amenant de nombreux prêtres à penser que le *mappo*, l'« âge du chaos » (voir p. 266-267) du bouddhisme mahayana, était arrivé. Au début de l'ère Kamakura (1185-1333), le besoin de relever ce défi spirituel suscita la création de trois écoles : *Jodo-shu* (l'école de la Terre pure), *Jodo-shinshu* (l'école de la Vraie Terre pure) et *Nichiren-shu* (l'école de Nichiren). Les fondateurs de ces trois nouveaux courants du bouddhisme, soit respectivement Honen (1133-1212), Shinran (1173-1263) et Nichiren (1222-1282), avaient tous été formés dans le grand monastère bouddhiste tendai, sur le mont Hiei.

L'événement le plus marquant pour l'évolution de la religion pendant les ères Ashikaga et Momoyama (1133-1603) fut l'arrivée des chrétiens, en 1549, mais les premiers succès du christianisme furent brusquement interrompus par la mort de son premier partisan, Oda Nobunaga (voir encadré p. 244). Sous le shogunat de Tokugawa (1603-1868), le bouddhisme gagna du terrain, en particulier le courant de la Terre pure. Les Tokugawa adoptèrent également la philosophie hiérarchique du néo-confucianisme (voir p. 204-207). L'unique temple confucianiste de Tokyo fut créé en 1690 par le cinquième shogun Tokugawa. Le taoïsme en vint également à occuper une place importante, du moins parmi l'intelligentsia de la cour.

À la fin du XVIIIe siècle, les efforts déployés par Motoori Norinaga (1730-1800) et d'autres érudits du shinto parvinrent à susciter un renouveau d'intérêt pour le *Kojiki*, le *Nihonshoki* et d'autres textes anciens (voir p. 250-251). Cette renaissance, en donnant une place prépondérante au culte de l'empereur, joua cent ans plus tard un rôle déterminant dans la chute du shogunat, alors économiquement moribond, et facilita la restauration du pouvoir impérial en la personne de Meiji. Dans les années qui suivirent immédiatement le retour de Meiji sur le trône, le shinto devint la religion officielle du Japon (sous le nom de « shinto d'État »), et le bouddhisme connut une brève éclipse (voir texte en marge ci-contre).

Dans les années 1870, des missionnaires de toutes les branches de la chrétienté refirent leur apparition dans un Japon désormais tolérant, mais seuls quelques Japonais se décidèrent à abandonner le shinto, religion étroitement associée au régime impérial, et donc à la prospérité croissante liée à la politique gouvernementale d'industrialisation inspirée par l'Occident. Aujourd'hui, seuls quelque 600 000 Japonais se déclarent chrétiens.

Un phénomène important dans l'histoire récente de la religion au Japon est le développement des *shinko shukyo* (les « nouvelles croyances »), expression qui désigne de nombreux sous-groupements apparus au milieu du XIXe siècle, sur fond de chaos social marquant la fin du féodalisme des shogun. Ces groupes étaient pour la plupart inspirés d'un mélange de shinto et de bouddhisme, mais, depuis l'ère Meiji, un certain nombre d'entre eux ont intégré des éléments du christianisme et d'autres religions (voir p. 270-271).

Le bouddhisme persécuté

Le bouddhisme, triomphant sous le shogunat, subit un grave contrecoup lorsque le shinto revint en force avec la restauration de Meiji. Les symboles et les pratiques bouddhistes implantés de longue date furent bannis des grands sanctuaires, et, dans les années 1870, le clergé bouddhiste perdit rapidement l'influence qu'il avait conquise sous les Tokugawa. Les musées et les collectionneurs d'Europe et d'Amérique étaient prêts à acheter sans discuter les trésors inestimables pillés dans les temples par les fanatiques antibouddhistes, parfois même sous l'œil indifférent des autorités. Cependant, vers la fin des années 1880, le gouvernement impérial décida de mettre un terme à la répression, et le pouvoir bouddhiste ne tarda pas à reprendre sa place. Jusqu'en 1945, le shinto demeura la religion d'État, mais l'équilibre historique entre les deux religions était rétabli et existe encore aujourd'hui. Le shinto d'État fut supprimé après la Seconde Guerre mondiale et, depuis lors, le Japon n'a pas de religion officielle.

Illustration datant du XVIIIe siècle représentant le monastère bouddhiste de Tendai sur la montagne de Hiei (Hieizan), près de Kyoto. Nombre de grands fondateurs du bouddhisme japonais furent formés ici, notamment Honen, Shinran, Nichiren, Eisai et Dogen (voir p. 252-255).

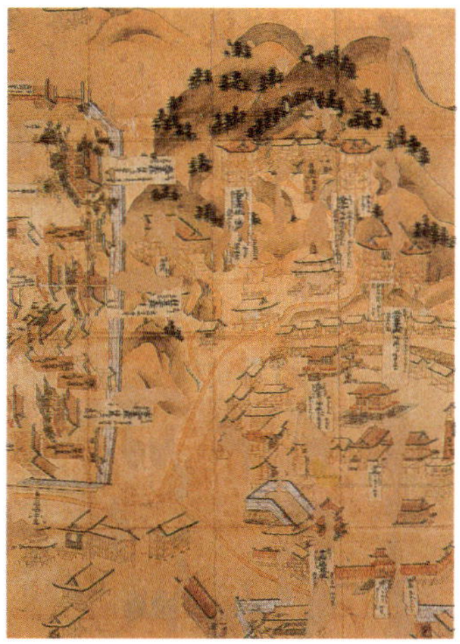

Jimmu tenno au cours de la quête qui fit de lui le premier empereur du Japon (estampe du XIXe siècle).

Le mythe impérial

La région d'Izumo occupe une place importante dans la mythologie du shinto, notamment par l'histoire de la prise du pouvoir par Jimmu tenno, le premier empereur, ancêtre de la lignée impériale du Japon. Après avoir été banni du ciel (voir encadré p. 247), Susano descendit dans la « plaine des roseaux » (le Japon), où il sauva une belle jeune fille des griffes d'un dragon. Susano trouva dans l'une des huit queues du monstre une épée magique, Kusanagi, et la donna à sa sœur, la déesse Amaterasu, en gage de paix. Il épousa la jeune fille, édifia un palais près d'Izumo et engendra une dynastie de puissants dieux qui régnèrent sur la terre. Le plus grand était Okuninushi, le « Grand Souverain du pays ». Inquiète du pouvoir d'Okuninushi, Amaterasu envoya son petit-fils Honinigi rétablir sa souveraineté sur la terre. Un compromis fut alors adopté : Jimmu tenno, descendant d'Honinigi, serait le premier d'une lignée terrestre, issue d'Amaterasu, et régnerait sur la terre avec le titre d'empereur, tandis qu'Okuninushi serait pour l'éternité le divin protecteur du pays.

Un monde peuplé d'esprits

On traduit souvent par « divinité » (dieu ou déesse) le mot japonais *kami*, mais il désigne une infinité d'esprits très divers ainsi que des hordes de forces et d'« essences » surnaturelles et mystérieuses. Le *Kojiki* (voir p. 250-251) mentionne huit millions de *kami*, ce qui signifie pour les Japonais un nombre illimité. On rencontre parmi ces *kami* les divinités tutélaires mal définies de clans, de villages et de quartiers (*ujigami*), des « esprits du lieu » – soit l'essence de traits géographiques marquants : montagnes, rivières, cascades, ainsi que d'autres phénomènes naturels tels que le *kamikaze* (« vent divin »), nom donné au typhon qui sauva le Japon d'une invasion maritime mongole au XIIIe siècle. Certains *kami* sont des *oni*, esprits démoniaques et vengeurs (voir p. 246-249), d'autres sont des divinités bienveillantes issues des panthéons bouddhiste et taoïste.

Les esprits des ancêtres constituent une autre catégorie importante de *kami*. Selon le shinto, l'âme se transforme en *kami* à la mort de son « hôte » vivant, et les *kami* des ancêtres sont vénérés sur l'autel du foyer. Certains de ces *kami*, tels ceux de l'empereur Meiji (1867-1912) qui fit entrer le Japon dans l'ère moderne, ou d'autres grands dirigeants, peuvent faire l'objet d'un culte plus important. Ainsi, le temple de Meiji est le plus grand sanctuaire du shinto de Tokyo. Les *kami* de tous les Japonais morts au champ d'honneur depuis 1872 sont encore vénérés dans le sanctuaire très controversé de Yasukuni, à Tokyo (voir texte en marge p. 268).

Parmi les autres *kami* importants figurent les dieux et les déesses anthropomorphes contemporains de ce qu'on appelle dans les textes anciens l'« Âge des dieux » (voir encadré p. 247). Ce sont les *kami* célestes (*amatsukami*), au rang desquels figure la déesse solaire très honorée Amaterasu, ainsi que les *kami* terrestres, tel le populaire Okuninushi, protecteur du Japon et de ses empereurs (voir texte en marge ci-contre) ; Okuninushi est vénéré à Izumo Taisha, le deuxième grand sanctuaire du shinto après celui d'Amaterasu, à Ise.

Inari, le dieu du Riz, est un autre de ces grands *kami*. C'est lui qui garantit l'abondance des récoltes, et donc, d'une manière générale, la prospérité. Son culte revêt une importance particulière pour les commerçants, les négociants et les artisans. Le gardien et le messager d'Inari est le renard, dont on voit de très nombreuses images dans les sanctuaires dédiés à ce dieu. Jadis, Inari était également le patron des forgerons, qui fabriquaient les épées.

Les « sept dieux de la chance » présentent toutes sortes de caractéristiques bénéfiques. Les plus populaires d'entre eux, Daikokuten et son fils Ebisu, souvent vénérés dans un même sanctuaire, représentent l'abondance matérielle. Daikokuten, généralement représenté avec un gros sac sur l'épaule, est le dieu tutélaire des cuisiniers et des restaurateurs. Il est souvent assimilé à Okuninushi, qui porte aussi le nom de Daikokusama. De son côté, Ebisu porte une canne à pêche dans la main gauche et une brème de mer dans la droite. Les cinq autres

L'« Âge des dieux »

L'histoire des grands dieux et déesses du shinto est racontée dans le *Kojiki* et le *Nihonshoki* (voir p. 250-251) ; ces poèmes épiques relatent les événements des âges anciens connus sous le nom d'« Âge des dieux », aux temps où les dieux vivaient sur terre avant de confier le pouvoir à leurs descendants mortels, les empereurs, et de se retirer dans leur domaine céleste.

Au commencement, le monde était un chaos fluide, agité et informe. Plusieurs générations de *kami* invisibles s'y succédaient. À la huitième génération, le dieu Izanagi et la déesse Izanami apparurent. Debout sur le « pont flottant du ciel » (que l'on peut sans doute interpréter comme étant l'arc-en-ciel), ils plongèrent dans la masse gélatineuse une lance faite d'une pierre précieuse et créèrent une île, Onogoro. Ce fut la première des îles.

Izanagi et Izanami descendirent sur Onogoro. Soudain, réalisant qu'ils étaient de sexe différent, ils décidèrent de s'unir. Mais la première créature qui leur naquit était un enfant-sangsue (un monstre), et les dieux demandèrent aux *kami* de leur venir en aide. Izanami donna alors naissance à une foule de *kami* et d'îles, qui devinrent l'archipel du Japon ; en donnant le jour à son dernier enfant, le dieu du Feu, elle subit de terribles brûlures et mourut puis descendit au pays des morts, Yomi (voir p. 266-267).

Izanagi descendit lui aussi à Yomi pour tenter d'en ramener sa femme bien-aimée, mais celle-ci lui demanda de ne pas regarder derrière lui, et, bien sûr, il désobéit. Il s'aperçut alors qu'Izanami s'était déjà transformée en un horrible démon en état de putréfaction avancée. Horrifié, il prit la fuite, poursuivi par Izanami et les « sorcières de l'enfer », et fut sauvé de justesse.

Pour se purifier de la pollution infernale, Izanagi se baigna dans la rivière Hi (voir carte p. 239). C'est pendant qu'il prenait son bain que la déesse Amaterasu naquit de son œil gauche, Tsukuyomi, le dieu de la Lune, de son œil droit, et le dieu des Tempêtes, Susano, de son nez. Izanagi se retira sur l'île de Kyushu, au nord-ouest du Japon, où quelques sanctuaires lui sont dédiés ainsi qu'à Izanami. Avant de faire retraite, Izanagi céda le pouvoir à ses descendants : Amaterasu devait être la divinité suprême, Tsuki-yomi le seigneur de la nuit et Susano régnerait sur la mer.

Mais Susano jalousait sa sœur et parcourut le ciel comme un fou furieux, causant le chaos autour de lui. Pour se venger, Amaterasu s'enferma dans la « grotte céleste de l'obscurité », aggravant ainsi la situation du monde désormais privé de la lumière du soleil. La famine menaçait car les récoltes ne parvenaient plus à maturité. On finit par faire sortir Amaterasu par la ruse, et le soleil réapparut.

Après le retour de la déesse solaire, Susano fut banni, et la souveraineté d'Amaterasu réaffirmée. Jimmu, son descendant, devint le premier empereur (voir texte en marge p. 246), et l'« Âge des dieux » s'acheva avec la création de la lignée impériale.

Amaterasu, la déesse solaire, apparaît dans un flot de lumière à la sortie de la « grotte céleste de l'obscurité ». Pour la faire sortir de la grotte, les autres dieux lui ont montré son reflet dans un miroir, symbole sacré du shinto pour lui faire croire qu'il existait une autre déesse plus brillante qu'elle-même. Cette histoire pourrait avoir pour origine une éclipse solaire.

Des esprits malins

Au Japon, la plupart des esprits malfaisants, ou *oni* (« démons »), sont invisibles. Certains d'entre eux seraient les esprits d'animaux, qui auraient le pouvoir de posséder les humains. Le plus redouté d'entre eux est l'esprit du renard : être possédé par un renard peut amener toutes sortes de calamités, dont la maladie et la mort. Dans certaines zones rurales du Japon, particulièrement dans le Nord, où les croyances anciennes sont encore relativement vivaces, les *yamabushi* (« guerriers des montagnes », voir p. 258-261) ont un don particulier pour exorciser les démons et rendre la santé au possédé. Des rites permettent de chasser les *obake*, ou fantômes, qui sont eux aussi capables de faire beaucoup de mal.

dieux de la chance sont Benten (dieu de la Musique et autres Arts), Kukurokuju (dieu de la Popularité), Hotei (dieu de la Générosité), Jurojin (dieu de la Longévité) et Bishammonten (dieu de l'Autorité bienveillante).

Le bouddhisme japonais, suivant la tradition du mahayana, vénère toutes sortes d'êtres sacrés appelés *butsu* (en sanskrit, *bouddhas*) et *bosatsu* (en sanskrit, *bodhisattvas* ; voir p.176-177). Trois de ces êtres divins occupent une place dominante dans le bouddhisme japonais : Amida, Kannon et Jiso. Le plus grand d'entre eux est Amida (en sanskrit, Amitabha), qui règne sur la « Terre pure », ou « Paradis de l'Ouest ». Il occupe la première place dans le courant tendai ainsi que dans les écoles de la « Terre pure » qui en sont dérivées (voir p. 192-193).

Après Amida, dans la hiérarchie des dieux bouddhistes les plus appréciés, vient Kannon, version japonaise de la déesse chinoise Guaynin (voir p. 208-211) et, originellement, du *bodhisattva* indien masculin Avalokiteshvara (voir p. 176-177). Tantôt homme et tantôt femme, Kannon protège les enfants, les âmes des morts et les femmes en couches ; c'est également vers lui que l'on se tourne pour obtenir pitié ou pardon. On le décrit souvent comme « Kannon aux mille bras », pour montrer son infinie compassion à l'égard de ses fidèles. Presque toutes les communautés japonaises ont un temple dédié à Kannon.

Le *bosatsu* Jiso s'intéresse également aux enfants, notamment à l'âme des enfants morts (et même, à notre époque, aux fœtus résultant de l'avortement). On rencontre partout au Japon les petits Jiso-*yas*, ou temples de Jiso, immédiatement identifiables grâce aux innombrables petites images de *bosatsu* portant une écharpe rouge et aussi, souvent, un vêtement ayant appartenu à un enfant. Jiso protège tous ceux qui souffrent. On dit qu'il peut même faire sortir les âmes

Tenjin : le fonctionnaire divin

Sugawara no Michizane, encore appelé Tenjin (« personne ciel »), est un exemple de personnage historique devenu *kami* du shinto. Brillant administrateur et grand érudit, Tenjin (vers 845-903) était à l'apogée de sa carrière de courtisan à la cour de Heian (Kyoto) quand plusieurs de ses collègues, jaloux de sa réussite, se mirent à conspirer contre lui. Accusé à tort de s'être mal comporté dans le cadre de son travail, Tenjin fut banni de sa ville natale et passa le reste de ses jours à se lamenter de son exil politique.

Après sa mort, la ville fut ravagée par les incendies et la peste. Les autorités impériales interprétèrent ces signes comme une punition du ciel pour la manière dont ils avaient traité Tenjin. L'empereur tenta alors d'apaiser son *kami* en lui faisant édifier un grand temple, le Kitanno Temmangu, aujourd'hui encore l'un des plus importants sanctuaires shintoïste de Kyoto.

La situation s'améliora immédiatement à Heian. Tenjin devint alors l'un des membres les plus importants et les plus vénérés du panthéon shintoïste. On s'adresse particulièrement à lui pour tout ce qui a trait à l'éducation : les étudiants qui s'apprêtent à passer des examens et les érudits en quête d'assistance divine lui adressent leurs prières les plus ferventes.

de l'enfer (*Jigoku* ; voir p. 266-267) pour les emmener sur la « Terre pure ». Dans la religion populaire, la distinction entre *kami* du shinto, et *bosatsu* et *butsu* bouddhistes est des plus floues. À certaines époques, les prêtres du shinto utilisaient l'expression « nature de *kami* » tout comme les bouddhistes parlent de « nature de *bouddha* ». *Kami* et *bosatsu* sont considérés comme complémentaires, et un certain nombre de divinités, comme Hachiman (voir texte en marge ci-contre), sont d'égale importance pour les deux religions. Kannon et Jizo sont vénérés comme des *kami* par un grand nombre de Japonais.

Hachiman n'est pas la seule divinité historique ou quasi historique : Tenjin appartient à cette même catégorie, dont le représentant le plus récent est l'empereur Meiji. Les bouddhistes japonais invoquent parfois les esprits des maître bouddhistes Honen, Shinran et Nichiren (voir p. 253-255), comme s'il s'agissait de *kami* – sans toutefois qu'ils aient jamais fait l'objet d'un culte majeur.

Hachiman

Le *kami* Hachiman est un grand dieu guerrier, largement inspiré de l'empereur semi-légendaire Ojin (vers 300). Hachiman est vénéré dans tout le Japon, tant dans les temples bouddhiques que dans les sanctuaires du shinto. Il est plus particulièrement le dieu tutélaire du temple Todaiji de Nara (qui abrite également la plus grande statue du Bouddha au Japon), ainsi que du sanctuaire de Kamakura. C'est dans les sanctuaires de Hachiman que l'on célèbre le plus volontiers le rituel *omiyamairi*, rite de purification des nouveau-nés (des garçons surtout, lorsque la cérémonie a lieu dans un sanctuaire dédié à Hachiman), que l'on amène au temple pour la première fois (voir p. 262-265). Mais on trouve également de nombreuses représentations de Hachiman dans les temples bouddhiques, où il est vénéré comme *bosatsu*.

Statue de Hachiman par le sculpteur Kaikei, qui travailla à Nara au XIIIe siècle. Le réalisme singulier de cette statue est caractéristique de l'ère Kamakura (1185-1333). Le dieu est représenté en tenue de moine bouddhiste.

Un maître calligraphe bouddhiste au travail à Tokyo. La calligraphie, importée de Chine, est devenue un art majeur, notamment après la simplification de la graphie japonaise au IX*e siècle (voir p. 252-253).*

Chroniques et textes sacrés

Les sources les plus anciennes et les plus importantes du shinto sont deux poèmes épiques du début du VIIIe siècle : le *Kojiki* et le *Nihonshoki*. Ni l'un ni l'autre ne peut prétendre au titre de texte sacré, si l'on entend par là des textes issus d'une révélation divine. Mais tous deux se fondent sur des chroniques en forme de généalogie qui remontent au début de la période historique. Le *Kojiki* (« Notes sur les faits du passé »), le plus ancien texte japonais qui nous soit parvenu, a été compilé en 712 par un érudit de la cour, Ono Yasumaro, à partir de sources anciennes. Celles-ci, tantôt écrites (et malheureusement perdues depuis longtemps), tantôt orales, étaient pour la plupart des généalogies de quelques puissants *uji*, ou clans, qui avaient dominé la vie politique du Japon pendant la période de Nara (710-794), et dont le représentant le plus notoire est le clan Yamato. Chacune des généalogies faisait remonter l'histoire du clan en question à un *kami* (dieu ou déesse) particulier.

À cette époque, le Japon multiplie les emprunts culturels à la Chine, dans tous les domaines possibles. La cour, s'inspirant du genre chinois de la « chronique impériale », qui permet de légitimer la dynastie régnante, charge Ono de compiler une chronique du Japon destinée à établir pour l'éternité la suprématie du clan Yamato. Le début du texte d'Ono relate la cosmologie et la théogonie du shinto : la création des îles du Japon par les premiers dieux, Izanagi et Izanami, la naissance d'Amaterasu, la déesse solaire, sa prise de pouvoir sur la « plaine des roseaux » (le Japon) et l'apparition de Jimmu, son descendant, qui devient le premier empereur (voir p. 246-247).

Le *Kojiki* et le *Nihonshoki* (compilé en 720 comme une sorte de correctif au *Kojiki*, voir texte en marge ci-contre) ne sont en aucun cas les seules sources de la religion shinto. Il faut encore citer : le *Manyoshu* (vers 760), vaste anthologie poétique regroupant des poèmes sur des thèmes religieux, mythologiques et laïcs ; le *Fudoki*, chroniques de province commandées en 713, qui relate des légendes concernant les *kami* locaux ; et le *Engishili*, de la fin du Xe siècle, dans lequel on trouve tout un corpus de *norito*, prières rituelles pour les cérémonies publiques.

Le texte le plus important du bouddhisme japonais est le *Sutra du lotus* (*Hokkeyo*, voir encadré page suivante). Ensuite vient le *Dainichi-kyo*, ou *Sutra du soleil*, texte saint de l'école shingon fondée au Japon par Kobo-daishi (774-835). D'après le *Sutra du soleil*, le cosmos a été créé par Vairochana, le Bouddha du soleil, et tout dévot se doit de comprendre la signification profonde de ce processus. Tout comme le *Sutra du lotus*, le *Sutra du soleil* parle de la « nature de Bouddha » inhérente à chaque individu, et de la capacité à atteindre l'illumination au cours de la vie. Cependant, la voie du salut selon le

Le Nihonshoki

Les grands clans du Japon ne pouvaient se satisfaire du *Kojiki*, même avant son achèvement par Ono (voir texte principal), notamment parce qu'il donnait davantage d'importance à l'histoire du clan impérial qu'à celle des leurs. Pour tenir compte de leur mécontentement, la cour passa commande du *Nihonshoki* (« Chroniques du Japon ») à un groupe de courtisans. Le récit de Ono était relativement simple et direct, mais les auteurs du *Nihonshoki* se considérèrent comme obligés de raconter les grands événements de la mythologie vus sous divers angles, et de rapporter les versions sacrées des différents clans. Le résultat est un mélange de compromis, de redondances et même de contradictions. Néanmoins, le *Nihonshoki* est un trésor inestimable de récits qui éclairent toute l'ancienne mythologie du Japon et l'histoire de ses *kami*. Contrairement au *Kojiki*, le *Nihonshoki* est écrit en chinois classique, à l'exception de quelques passages en japonais archaïque. Chaque fois qu'ils le pouvaient, les auteurs ont présenté les mythes d'un point de vue chinois, et le texte abonde en thèmes et références d'origine chinoise. Il en est ainsi de l'histoire de Pan Gu, mythe chinois de la création que l'on retrouve sous une forme presque identique à plusieurs reprises dans le *Nihonshoki*.

Sutra du soleil passe par la connaissance ésotérique d'un *mandala* extrêmement complexe (représentation symbolique du cosmos, voir p. 176-177) et non par la vénération des *bodhisattvas*.

Les autres grands textes du bouddhisme japonais sont les écrits originaux de grands maîtres tels que Kobo-daishi, Dengyo-daishi, Honen, Shinran, Nichiren, Eisai et Dogen, les fondateurs des courants zen (voir p. 252-255). L'une des particularités du zen est le *koan* (« énigme sacrée », du chinois *gong an*), affirmation ou question énigmatique, parfois apparemment insoluble, semblable aux *mantras* et utilisée dans la méditation. Un *koan* bien connu interroge : « Quel est le son d'une seule main qui applaudit ? »

Le Sutra du lotus

Prétendument fondé sur les sermons du Bouddha, le *Sutra du lotus* est l'un des principaux textes du bouddhisme mahayana (voir également p. 178-181). Il fut introduit au Japon par les premiers missionnaires bouddhistes au milieu du VIe siècle, mais il n'acquit une place prépondérante que lors de l'importation de l'école tendai (en chinois, *tientai*) par Dengyo-daishi (762-822). Toutes les grands courants japonais issus du *tendai* ont pour racine commune le *Sutra du lotus*, y compris ceux de la Terre pure de Honen et de Shinran, et, à un plus haut degré encore, celui de Nichiren (voir p. 254-255).

L'idée centrale du *Sutra du lotus* est que toute vie est empreinte, à divers degrés, de « bouddhéité », c'est-à-dire apte à l'empathie totale et à la sérénité propre à celui qui a renoncé à tout désir. Le salut ne peut être atteint que par celui ou celle qui a pleinement réalisé sa « nature de *bouddha* », en consacrant sa vie à la prière et à la méditation avec l'aide de divers *bodhisattvas* (voir p. 176-177). Réaliser sa « nature de *bouddha* » rapproche le croyant du but ultime : le *nirvana*, qui libère définitivement l'homme du cycle des réincarnations.

Quelques versets du Sutra du lotus *écrits à l'encre dorée, en caractères chinois, sur un papier indigo. Ce très beau manuscrit serait une partie d'une copie du* Sutra, *réalisée, probablement à Kyoto, pour l'empereur Go-Mitzunoo (règne : 1611-1629).*

丘功德悉成滿當得斯淨土賢
事我今但略說
二百阿羅漢心自在者作是
未曾有若世尊各見授記如
亦快乎佛知此等心之所念
千二百阿羅漢我今當現前
多羅三藐三菩提記於此衆
陳如比丘當供養六万二千
為佛号曰普明如來應供正
逝世間解無上士調御丈夫
其五百阿羅漢優樓頻螺迦
提迦葉迦留陀夷優陀夷阿
劫賓那薄拘羅周陀莎伽陀
多羅三藐三菩提盡同一号
世尊欲重宣此義而說偈言

Les phares de la sagesse

Pendant deux millénaires, des prêtres et des moines, des fonctionnaires, des princes et des empereurs ont participé au développement religieux du Japon. Ces personnages vénérés sont pour la plupart des bouddhistes, fondateurs de nouvelles écoles. Tous ont contribué à l'édification du cadre religieux qui constitue encore aujourd'hui la trame du bouddhisme japonais, tout en exerçant une influence considérable sur l'évolution du shinto, multipliant les efforts pour rapprocher les deux religions. Les érudits qui ont fortement marqué l'histoire du shinto sont Ono Yasumaro (voir p. 250-251) et Motoori Norinaga, qui ont consacré leur vie à assurer la survie des récits anciens sur lesquels se fonde le culte des *kami*.

Parmi les premiers maîtres bouddhistes figurent Saicho (762-822) et Kukai (774-835), plus connus, respectivement, sous les noms de Dengyo-daishi et

La fondation du zen

C'est pendant l'ère Kamakura que naît le zen, la branche du bouddhisme japonais la plus connue hors des frontières du pays. Ses deux fondateurs, Eisai (1141-1215) et Dogen (1200-1253), avaient tous deux été formés au « séminaire » tendai du mont Hiei (Hieizan).

Eisai, qui désapprouvait le laxisme de la discipline monastique du mont Hiei, se rendit en Chine pour un pèlerinage de cinq mois dans les grands temples de l'école tiental et en rapporta des textes sacrés qui n'avaient pas encore été traduits en japonais. Au cours d'un second pèlerinage (de 1187 à 1191), il fit la connaissance de Xu'an Huaichang, maître du courant *linji* du *chan*, une école bouddhiste fondée sur la pratique intensive de la méditation (le mot *chan* vient du sanskrit *dyana*, voir p. 216-219). De retour au Japon, sous l'influence de Xu'an, Eisai prêcha la doctrine de l'école du *linji chan*, ou *rinzai zen* selon la prononciation japonaise ; quittant alors Hieizan, il se rendit à Kamakura, où, grâce à l'appui du shogun, il écrivit plusieurs textes importants, dont *Shukke Taiko* (« Fondements de la vie monastique », 1192), *Kozen Gokku ron* (« Promulgation du zen pour la défense de la nation », 1198) et *Nihon Buppo Chuko gammon* (« Appel pour la renaissance du bouddhisme japonais », 1204).

Eisai, fondateur de l'école rinzai zen. Le rinzai se propagea rapidement parmi l'élite des samouraïs, qui pensaient que la discipline mentale du zen faisait d'eux de meilleurs guerriers.

Dogen, fondateur de l'école *soto*, formé lui aussi à Hieizan, était déçu par le laxisme spirituel qu'il y observait. Il quitta Hieizan pour se rendre dans le monastère rinzai zen voisin de Kenninji. Six années plus tard, il entreprit à son tour un pèlerinage en Chine, où il étudia sous la direction d'un maître de l'école cuotong, également d'obédience chan.

De retour au Japon, il fonda une école japonaise *cuotong chan* (*zen soto*, en japonais). Le *zen soto* se caractérise par l'importance attachée à la méditation en *zazen* (jambes croisées, dans la position du lotus), indispensable pour aboutir au *satori* (« éveil »).

Contrairement à Eisai, qui prônait la pratique du *koan* (voir p. 250-251), Dogen , de son côté, considérait que la clef de l'éveil spirituel reposait sur le respect de la discipline individuelle, laquelle devait être centrée sur la contemplation intense de sa propre « nature de *bouddha* ». Il développa cette idée dans le *Fukan Zazengi* (« Promotion universelle des principes du *zazen* », 1127), l'un des nombreux textes qui firent sa célébrité.

Kobo-daishi, fondateurs des courants tendai et shingon (voir p. 243-244). Tous deux sont encore vénérés comme des sages non seulement par les membres de leurs groupes, mais aussi par l'ensemble de la communauté bouddhiste du Japon. On attribue généralement à Kobo-daishi l'invention de *hiragana* et *katakana*, les caractères qui simplifièrent considérablement l'écriture du japonais, fondée sur les sons représentés par cinquante et un caractères chinois.

L'ère Kamakura (1185-1333) a vu émerger plusieurs grandes figures bouddhistes, formées dans le grand monastère tendai du mont Hiei, le plus grand « séminaire » bouddhique pendant des siècles. On trouve parmi eux les grands maîtres Eisai et Dogen, qui introduisirent le *chan (zen)*, école chinoise de méditation bouddhiste, qui devint l'une des plus influentes au Japon (voir encadré p. 252).

Le premier des élèves vénérés du mont Hiei pendant cette période est Genku (1133-1212), plus connu sous le nom de Honen, fondateur de l'école de la Terre pure *(Jodo-shu)*. Honen devint moine tendai à quinze ans, mais, au fil des ans, il réalisa que la doctrine du *tendai* ne lui convenait pas. À la fin des années 1170, il fonda un nouveau groupe s'appuyant sur la doctrine de la Terre pure, paradis du *bouddha* Amida, apparue en Chine plusieurs siècles auparavant (voir p. 192-193). Observant le chaos auquel était confrontée la société de son époque, Honen en vint à affirmer que la plupart des hommes étaient trop mauvais pour parvenir seuls au salut, même lorsqu'ils vivaient des vies apparemment parfaites. Le seul espoir, selon lui, consistait à s'en remettre entièrement à Amida. Pour atteindre la Terre pure, il suffisait de pratiquer le *nembutsu*, un exercice du *tendai* qui consiste à répéter la phrase suivante : « *Namu Amida Butsu* » (« je me confie en Amida Buddha »), et de suivre les enseignements des maîtres chinois Daochuo, Shandao et Zhiyi.

Sur cette illustration récente, Honen, fondateur de l'école bouddhiste de la Terre pure porte l'auréole d'un saint. Il est assis sur un piédestal en forme de lotus et tient à la main un rosaire pour accompagner sa prière.

La théologie de Honen s'appuyait sur l'idée du *mappo*, notion issue du bouddhisme mahayana, selon laquelle le monde était entré dans une période où la loi *(dharma)* était en déclin et où la foi avait pris le pas sur la méditation pour parvenir au salut. Selon Honen, celui qui pratiquait régulièrement le *nembutsu*, et notamment juste avant de mourir, serait pris en pitié par Amida qui lui permettrait de renaître dans le paradis de la « Terre pure » (voir p. 266-267).

À partir de 1207 et jusqu'aux derniers mois précédant sa mort, Honen fut banni de Hiei et partit vivre sur l'île lointaine de Shikoku. C'est pendant cet exil qu'il rédigea la plupart de ses grands ouvrages, parmi lesquels le *Senchaku hongan nembutsu-shu* (« Traité sur le choix du *nembutsu* comme vocation première »), qui met l'accent sur l'importance capitale du *nembutsu*. Le groupe de Honen finit par être reconnu par les dirigeants du *tendai*, et le *Jodo-shu* devait être appelé à devenir l'une des plus grandes forces de l'histoire spirituelle du Japon.

La doctrine élaborée par Shinran (1173-1263), principal disciple de Honen et fondateur du *Jodo-shinshu* (école de la Vraie Terre pure), remporta un succès encore supérieur (voir encadré page suivante). À l'origine, le *Jodo-shinshu* n'était qu'un ensemble épars de congrégations fondées par Shinran au cours de son

Shinran : un grand réformateur

Aquarelle sur soie représentant Shinran, pour qui l'important était d'établir une relation personnelle avec Amida et non de compter sur la répétition du nembutsu, *que recommandait Honen.*

On sait peu de chose de la jeunesse de Shinran (1173-1263), fondateur du *Jodo-shinshu*, l'école de la Vraie Terre pure, aujourd'hui le plus grand groupe bouddhiste japonais. Entré au monastère à l'âge de huit ans, il séjourna comme *doso* (un moine de rang inférieur) au mont Hiei jusqu'en 1201. Puis il tomba sous l'influence de Honen (voir texte principal) et le suivit en exil de 1207 à 1211.

À la mort de Honen, en 1212, les autorités pardonnèrent à Shinran, dont la doctrine s'était à cette époque écartée de celle de son maître, notamment en ce qui concerne l'interprétation du *nembutsu* (voir p. 252-255) et le célibat des prêtres : en effet, au cours de son exil avec Honen, Shinran s'était marié et avait eu des enfants ; c'était la première fois qu'un moine bouddhiste prenait femme – aujourd'hui, suivant son exemple, plusieurs écoles bouddhistes autorisent leurs prêtres à se marier.

Shinran décida alors d'émigrer à l'est du pays, dans la région de Kanto. C'est là qu'il rassembla ses premiers adeptes au sein du *Jodo-shinshu*. Quelques années plus tard, en 1235, Shinran revint à Kyoto, où il vécut jusqu'à l'âge de 90 ans.

Ce qui distingue Shinran de Honen est l'insistance sur la « vocation première », c'est-à-dire la dévotion absolue au *bouddha* Amida (voir p. 176-177) en tant que « sauveur personnel », pour utiliser une expression de la théologie chrétienne. Selon Shinran, c'est la foi intense, absolue dans le pouvoir divin d'Amida qui était la clef du salut (idée étonnamment proche de la doctrine protestante de la « justification par la foi » formulée trois siècles plus tard par Martin Luther). Ce qui importe avant tout est la fusion entre le croyant et Amida, tout le reste étant secondaire : peu importe combien de fois l'on récite le *nembutsu*, ou le fait de le prononcer juste avant de mourir, comme le voulait Honen. Un seul *nembutsu* émis avec ferveur, par lequel le fidèle ouvre réellement son cœur à Amida, suffit à lui permettre de renaître dans la Terre pure.

périple dans tout le Japon, chacune interprétant à sa manière les enseignements du maître. Le groupe ne prit sa forme unifiée et hiérarchisée que deux cents ans après la mort de Shinran, sous l'influence d'un moine, Rennyo (1414-1499), auquel on se réfère comme le « second fondateur » du *Jodo-shinshu*.

Le troisième maître, Nichiren (1222-1282), beaucoup plus discuté, fut formé à l'école d'Hieizan pendant cette période. Il commença dès son plus jeune âge à mettre en doute la foi dans la « Terre pure », et notamment dans la puissance du *nembutsu* – de même que l'efficacité des écoles zen. À ses yeux, l'unique texte représentant l'autorité suprême, avec sa doctrine du salut universel, était le *Sutra du lotus* (voir p. 250-251). Son pouvoir était tel à ses yeux qu'il incitait ses disciples à psalmodier une phrase que l'on appelle le *daimoku* : « *Namu myoho renge kyo* » (« mon seul refuge est le *Sutra du lotus* »). Nichiren rejetait tous les autres éléments du bouddhisme, y compris l'idée qu'Amida avait le pouvoir de sauver les âmes.

Au cours de son voyage d'exil vers les îles d'Izu (environ 160 kilomètres au sud de Tokyo), Nichiren apaise les flots, tandis que l'équipage se recroqueville de terreur. Le daimoku, *chant sacré de Nichiren (voir texte principal), apparaît sur les vagues (gravure sur bois de Kuniyoshi [1797-1861]).*

En 1253, quand il quitta le monastère, Nichiren commença sa prédication contre la Terre pure et les écoles zen, et les autorités l'exilèrent à Izu. C'était la première d'une longue série d'exils et d'incarcérations. En 1268, Nichiren affirma que l'invasion mongole qui se préparait ne pourrait être évitée que si le Japon adoptait sa doctrine pour unique religion. Ses attaques contre le gouvernement prirent un tour si virulent qu'il fut condamné à mort pour crime de haute trahison – sentence qui fut par la suite révoquée. (Entre-temps, l'invasion mongole fut repoussée par un typhon que l'on s'empressa de baptiser *kamikaze*, ou « vent divin ».)

Querelleur, charismatique, fanatique et ultrapatriote, Nichiren ne représentait pas le caractère japonais. Aucun autre bouddhiste ne prétendait prêcher la seule vraie foi, et sa méthode déplut tout d'abord. En conséquence, les deux groupes issus de son enseignement, l'école *Nichiren-shu* et, plus tard, *Nichiren-soshu*, restèrent peu influents jusqu'au XXᵉ siècle. Depuis la Seconde Guerre mondiale, *Nichiren-soshu* a conquis des adeptes, mais cette secte est mal considérée par l'ensemble des communautés bouddhiste et shintoïste (voir p. 270-271).

Depuis Nichiren, de nombreux penseurs et érudits, bouddhistes et shintoïstes, ont influencé les religions japonaises, en particulier Motoori Norinaga (voir texte en marge, ci-contre). Mais aucun n'a jamais eu l'envergure de cette galerie de grandes figures qui se sont manifestées pendant un siècle et demi entre la naissance de Honen et la mort de Nichiren.

Motoori ou la renaissance du shinto

Motoori Norinaga (1730-1801), sans doute le plus grand penseur du shinto, fut, vers la fin du XVIIIᵉ siècle, le maître d'œuvre du mouvement de renaissance de l'ancienne religion, ou Kokugaku (« mouvement d'enseignement national »). Motoori avait étudié la médecine avant de se consacrer à l'étude des classiques de la mythologie japonaise, notamment le *Kojiki* et le *Nihonshoki* (voir p. 250-251).
Les personnalités qui les inspirèrent furent le moine bouddhiste Shingon Keichu (1640-1701) et, plus directement encore, Kamo no Mabuchi (1697-1769). Tous deux s'étaient efforcés de définir l'identité japonaise par référence aux anciens textes du shinto. Motoori consacra la suite de son existence à l'interprétation de la croyance dans les *kami* et fut suivi par un grand nombre d'adeptes. Son chef-d'œuvre, le monumental *Kojiki-den* en 24 volumes (« Interprétation du Kojiki », 1798), est à la fois une exégèse exhaustive du *Kojiki* et une somme de connaissances sur le Japon de l'Antiquité. Selon Motoori, l'influence de la Chine – et celle du bouddhisme – avait longtemps occulté le véritable caractère japonais. Ni Motoori ni ses deux prédécesseurs ne renoncèrent jamais explicitement au bouddhisme, mais ils manifestèrent une attitude globalement négative à son égard. Motoori reprochait aux érudits bouddhistes et confucianistes de chercher à « connaître l'inconnaissable ». Le sentiment antichinois et l'importance accordée aux *kami* du shinto – les deux idées maîtresses que Motoori n'a cessé de faire valoir –, données capitales du Kokugaku, eurent un profond retentissement sur les hommes qui se chargèrent de remettre le pouvoir aux mains de Meiji en 1868.

Harmonie et illumination

Prêtre zen en méditation. Concentration mentale, paix intérieure et rejet des pensées extérieures, tels sont les objectifs de l'adepte du zen.

On a dit que les Japonais s'étaient laissé dicter leur code de morale par l'héritage bouddhiste, mais cela est sujet à discussions. La théologie du shinto se fonde sur l'idée qu'une douce harmonie, ou *wa*, est inhérente à la nature et aux relations entre les hommes, et que tout ce qui vient rompre cette harmonie est mauvais. Cela permet de comprendre l'idée très répandue et profondément enracinée que l'individu passe en second après le groupe, qu'il s'agisse de la famille, de l'école ou du milieu professionnel. La préservation du *wa* nécessite le respect de règles régissant les comportements humains. Sans ces règles, la société et la nature sont vouées à la désintégration et au chaos.

Les idées empruntées au confucianisme et au taoïsme chinois affirmaient également la nécessité du conformisme social, indispensable pour éviter le chaos. Mais ces préceptes ne faisaient que renforcer les anciens principes moraux du shinto, issus de la société clanique du Japon protohistorique et de l'Antiquité. Cette éthique ancienne se fonde en effet sur deux concepts indissociables : la nécessité de « garder la face » *(tatemae)* par rapport au monde extérieur, et la notion de famille au sens large *(ie)*, incluant les esprits des ancêtres (voir p. 246-249). On a sans doute exagéré cette idée que la morale japonaise se fondait davantage sur la honte que sur la culpabilité, mais il est néanmoins vrai que c'est la peur de « perdre la face » – et donc de la faire perdre à son *ie* (camarades de classe, collègues ou tout autre groupe social) – qui impose à quelqu'un de se conformer au code social, afin de ne pas troubler l'ordre. Selon la gravité du manquement au code, on peut s'incliner profondément, accomplir un geste d'offrande ou se suicider *(jisatsu)*. Aujourd'hui encore, on explique souvent le suicide par l'incapacité de quelqu'un à surmonter, par exemple, la honte d'un échec à un examen.

Lorsqu'un groupe entier se trouve stigmatisé, il faut accomplir un acte d'expiation collective. Ainsi, lorsque le célèbre Train éclair du Japon, le Shinkansen, arrive en retard, tous les employés, de l'ingénieur au mécanicien en passant par les hôtesses et les guichetiers, se sentent responsables et s'empressent de présenter leurs excuses aux passagers retardés. Une fois la faute expiée, la honte et la culpabilité disparaissent définitivement.

L'autorité morale du shinto atteint son apogée à l'ère du shinto d'État (1872-1945). Obéir à l'empereur, jusqu'à se sacrifier pour lui, est alors la forme la plus noble du comportement. C'est là une attitude qui ne concerne que le monde d'ici-bas, autrement dit, qui ne se rattache à aucune idée de récompense ou de châtiment dans l'autre monde (voir p. 266-267). Pourtant, le bouddhisme japonais s'intéresse de très près au devenir de l'âme après la mort. Dès l'origine, le bouddhisme mahayana proposait une définition très claire du mal inhérent à la nature humaine, et son objectif était le salut de l'homme par le *nirvana*, ou la « libération » du cycle des morts et des renaissances. Ce cycle est alimenté par

Zen et satori

Le zen de la tendance rinzai et soto fait exception à la règle bouddhiste en ce qu'il s'intéresse moins à la poursuite de l'éveil (en sanskrit : *bodhi*) comme étape vers le *nirvana* et le salut (voir texte principal) que pour satisfaire aux besoins du monde d'ici-bas. Dans cet « éveil pratique », appelé *satori* (« éveil spirituel »), le croyant a la sensation que son âme et son corps s'évanouissent, et il prend directement conscience de son moi intérieur. *Rinzai* et *soto* ne s'accordent pas sur la manière d'atteindre le *satori*. Le *rinzai* donne la priorité aux *koans* (voir p. 250-251) : le *satori* se produit souvent en un éclair, au moment où l'âme pénètre le sens profond de l'un de ces propos en forme de *mantra*. Le *soto*, quant à lui, insiste sur le processus de méditation en lui-même, celle-ci se pratiquant en position *zazen* (du lotus). À force d'exercices, le novice sent son esprit se libérer – progressivement et non dans un instant d'illumination – de ce qu'Alan Watts (1915-1973), l'un des premiers praticiens occidentaux du zen, appelait la « conversation intérieure ». Le *satori* suit de près cette libération.

l'accumulation des mérites et des démérites, le *karma* (voir p. 156, 192). Pour les bouddhistes, les fautes étant causées par le désir, la disparition du désir est donc la clef du salut.

Selon le bouddhisme mahayana, la voie du *nirvana* passe pour l'essentiel par le respect de la « Noble Octuple Voie » (voir p. 184-185). Quant au bouddhisme de la Terre pure, il propose deux voies d'accès au salut. La première, la voie la plus difficile, implique une vie entièrement conforme à la morale (exempte de l'égoïsme qui est le moteur du désir, et consacrée aux bonnes actions) et la pratique intensive de la méditation qui permet d'atteindre l'illumination indispensable à l'entrée en nirvana. À la suppression du désir, conforme à la recommandation bouddhiste, s'ajoute, au Japon, la tradition morale du shinto qui exige la soumission au groupe, permettant de maintenir des relations *(wa)* harmonieuses.

La seconde voie, la voie « facile », se fonde sur l'idée que la voie difficile exige de trop grands efforts de la part de ceux qui tentent de s'abstraire de ce monde agité. Il suffit de se confier corps et âme au *bouddha* Amida, qui emmènera l'âme, après la mort, dans son paradis de la « Terre pure », où il lui sera plus facile de gagner son salut (voir p. 266-267).

Jardin zen du temple de Ryoanji, à Kyoto. Au fil du temps, la discipline liée à l'obtention du satori *(voir texte en marge page précédente) a inspiré l'esthétique japonaise de « l'élégance du calme et du dépouillement »* (shibui *ou* wabi-sabi*), caractéristique de nombreuses formes d'art japonais, dont l'*ikebana *(arrangement floral), l'*haiku *(poème dans lequel on exprime en dix-sept syllabes une idée ou une image), le* chanoyu *(la « cérémonie du thé », manière de servir le thé selon un rituel extrêmement précis) et le tracé des jardins. Le dessin simple et harmonieux d'un jardin zen constitue un cadre idéal pour la méditation.*

Un paysage semé de sanctuaires

Les deux grands types d'édifices religieux au Japon sont les temples bouddhistes *(otera)* et les sanctuaires du shinto *(jinja)*. On rencontre aussi, surtout dans les grandes villes, de nombreuses églises chrétiennes *(kyokai)*.

Les temples bouddhistes sont construits suivant le modèle chinois. Pour les moines japonais, ces temples étaient les « filiales » de ceux qu'ils avaient visités en Chine, et, fidèles à la tradition chinoise, ils les construisirent sur des montagnes. C'est pourquoi le mot *san* ou *zen* (« montagne »), du chinois *shan*, fait souvent partie du nom désignant les temples japonais – même lorsqu'ils se trouvent en terrain plat – en hommage à la localisation de leur « maison mère » chinoise. Les grands complexes religieux édifiés sur des montagnes sont le grand monastère tendai du mont Hiei (Hiei-*zan*, voir p. 242-245) et les sanctuaires shingon du mont Hoya (Koya-*san*, voir p. 238-241). Les *otera*, comme leurs homologues chinois, sont constitués d'un ensemble de bâtiments, évoquant un

Le sanctuaire d'Ise

Vue du Naiku (« sanctuaire intérieur ») d'Amaterasu à Ise. On aperçoit au premier plan le torii, ou portail sacré (voir texte principal). La dernière reconstruction complète d'Ise remonte à 1993.

Depuis mille ans, les Japonais se rendent en pèlerinage à Ise, vaste ensemble de temples situé près de la côte au sud-ouest de Nara, dans la préfecture de Mie (voir carte p. 239). Le sanctuaire le plus ancien – et le lieu saint par excellence du shinto – est le Naiku (« sanctuaire intérieur ») dédié à la déesse solaire Amaterasu. Le Geku (« sanctuaire extérieur ») est dédié à Toyouke-omikami, la déesse du Riz.

Ce qui fait la particularité d'Ise est que, depuis le VIIe siècle, tous les édifices du site ont été remplacés tous les vingt ans par des copies exactes, au moindre petit morceau de bois près. Ainsi, Ise est à la fois antique et toujours neuf. Ce symbolisme est extrêmement important : à chaque reconstruction la déesse du Soleil (ancêtre divin de la dynastie impériale) et la déesse du Riz acquièrent une nouvelle vigueur, ce qui assure à son tour la vitalité de la lignée impériale et de la moisson de riz, toutes deux indispensables à la survie du Japon.

À la fin de chaque cycle de vingt ans, les nouveaux bâtiments sont construits sur le site à côté des anciens. Pendant une brève période, les visiteurs peuvent avoir l'impression de voir double, car le temple et sa copie restent côte à côte jusqu'à ce que les images saintes aient été transférées selon les rites dans le nouveau sanctuaire par les prêtres d'Ise, revêtus de leur tenue particulière. Ce n'est qu'à ce moment que l'on peut démolir les anciens bâtiments et dégager leur emplacement, qui sera soigneusement entretenu jusqu'à la prochaine reconstruction. Les matériaux de démolition conservent le pouvoir sacré des déesses. On ne les détruit pas : ils sont expédiés vers d'autres sanctuaires du Japon, où ils sont intégrés dans les murs, assurant ainsi la regénérescence de tout l'univers du shinto.

peu le monastère chrétien du Moyen Âge. Le *kondo*, ou salle principale, renferme les images sacrées du Bouddha ainsi que d'autres *bouddhas* et *bosatsus*. Ensuite vient le *daikodo*, ou salle de cours, puis divers trésors, magasins, logements de prêtres et, enfin, la pagode à cinq étages *(goju no to)*, forme élaborée de l'ancien *stupa* (voir p. 186-189), où sont déposées les saintes reliques. Dans la mesure du possible, le sanctuaire est entouré d'un jardin dont certaines zones sont en elles-mêmes des espaces sacrés et des lieux de dévotion, comme c'est le cas du célèbre jardin zen du temple Ryoanji à Tokyo. L'un des plus anciens et des plus remarquables de ces sanctuaires composites est celui que Shotoku Taishi (voir p. 242-245) fit construire en 607 à Horyuji, près de Nara, qui serait le groupe de constructions en bois le plus ancien du monde, et comptent dix grands édifices, dont plusieurs sont classés monuments historiques.

Le *jinja* du shinto comprend également plusieurs édifices. Si l'on excepte les petits sanctuaires parfois aménagés sur le toit des grands magasins et autres immeubles modernes, ils sont presque toujours situés dans un cadre naturel, ne serait-ce que parmi quelques arbres dans un espace urbain. Les *jinja* primitifs étaient constitués d'une clairière entourée d'une palissade, abritant peut-être un élément naturel tel qu'un arbre ou un rocher. Les sanctuaires clos apparaissent

L'otera (temple bouddhiste) Ryoanji, à Kyoto, fut fondé au milieu du XVe siècle par les Hosokawa, l'une des puissantes dynasties rivales de daimyo *(seigneurs de la guerre) de cette époque.*

Syncrétisme et architecture sacrée

Ce n'est peut-être pas un hasard si les édifices religieux du shinto, empruntant de plus en plus de caractéristiques architecturales aux temples chinois pendant la période de Nara, ont fini par ressembler à des temples bouddhiques, car c'est à cette époque que le processus syncrétique entre les deux religions s'accélère. En effet, tous les grands temples bouddhistes *(otera)* incluent au moins un petit sanctuaire shinto *(jinja)*. Le *shugendo* (« voie de la montagne ») est l'étrange produit de ce mouvement qui prend forme sous l'ère Heian (794-1185). Sous l'influence de mystiques appelés *yamabushi* (littéralement les « guerriers de la montagne »), il fait fusionner *bosatsu* du bouddhisme et *kami* du shinto (voir p. 246-247), plus particulièrement les *kami* des montagnes. Le *shugendo*, toujours présent dans certaines régions du nord du Japon, est pratiqué dans des édifices sacrés qui sont à la fois *otera* et *jinja*.

dès le début de notre ère. Plusieurs d'entre eux étaient consacrés à des divinités du riz, et construits sur le modèle des silos à riz. Les deux plus anciens et les plus vénérés sont les sanctuaires d'Ise et d'Izumo. Dédié à Okuninushi, « Grand Seigneur du pays » et patron de la région d'Izumo, ce dernier sanctuaire construit en bois et en chaume a souvent été reconstruit, comme celui d'Ise, selon le schéma initial.

Pendant la période de Nara (710-794), les sanctuaires du shinto commencèrent à intégrer certains éléments des sanctuaires bouddhiques, tels que les toits relevés aux extrémités et le rouge vermillon remplaçant la couleur naturelle du bois. L'un des plus anciens exemples de ce nouveau style chinois est le Kasuga-*jinja* de Nara. À partir de cette époque, *jinja* et *otera* ne se distinguent plus guère les uns des autres.

La différence la plus marquante reste la pagode du temple bouddhique et le *torii*, portail cérémoniel sacré du temple shinto. Dans sa version la plus simple, à Ise par exemple, il est fait de deux poteaux de bois sur lesquels reposent deux barres transversales, dont la plus haute déborde de l'espace délimité par les poteaux. Le *torii* marque la frontière entre le monde séculier impur et le domaine sacré du sanctuaire. Le visiteur qui passe dessous est soumis à un rituel symbolique de purification qui le débarrasse des impuretés du monde extérieur. Au-delà du *torii*, le principal édifice du *jinja* est le *honden* (salle principale) où

Le célèbre portail cérémoniel « flottant », ou torii, *du sanctuaire de l'île de Miyajima, dans la baie d'Hiroshima. Les visiteurs doivent franchir le portail en bateau avant de pénétrer dans le sanctuaire, haut lieu de pèlerinage depuis plusieurs siècles. On comparera le style de ce* torii, *d'inspiration chinoise, à celui, plus simple, du sanctuaire intérieur d'Ise (voir texte principal).*

l'on conserve l'image sacrée du *kami* auquel est dédié le sanctuaire. Il peut ensuite y avoir un ou plusieurs magasins, un bâtiment situé à l'écart où les fidèles viennent prier et déposer leurs offrandes, et un bassin de pierre pour les ablutions que l'on doit pratiquer avant d'approcher l'image du *kami*.

Plusieurs montagnes ont été consacrées par l'une ou l'autre des deux religions (et parfois les deux), ainsi que d'innombrables autres éléments du paysage. En fait, pratiquement tous les traits marquants du paysage ou presque, rocher en saillie, rivière, colline, cascade, sont associés à un temple ou un sanctuaire local. C'est le cas de la splendide chute d'eau de Nachi, dans la préfecture de Wakayama (voir carte p. 239), qui, comme le Fuji-*san*, est considérée par tous comme un puissant *kami*.

Toutes les régions ont également un caractère sacré en raison de leur association avec des divinités du shinto. Ainsi, la région de Yamato est vénérée comme terre d'origine de la dynastie impériale, que la mythologie du shinto fait remonter aux dieux (voir p. 246-249).

Les montagnes sacrées

Les montagnes sacrées ont toujours fasciné les adeptes du shinto et du bouddhisme. Deux des plus grandes écoles bouddhistes, le *tendai* et le *shingon*, ont installé leurs sièges respectifs sur les montagnes de Hiei-*zan* et Koya-*san* (les monts Hiei et Koya) [voir texte principal].

Mais la plus sacrée de toutes les montagnes du Japon est le mont Fuji, ou Fuji-*san* (voir carte p. 239), considéré depuis toujours comme un *kami* à part entière. Chaque année, des milliers de fidèles y viennent en pèlerinage et escaladent ses pentes pour prier dans le petit sanctuaire shintoïste édifié à son sommet. Au XIXe siècle, où les voyages étaient plus difficiles qu'aujourd'hui, le « culte du Fuji » se développa, et l'on vit se dresser dans de nombreux sanctuaires shintoïstes japonais de petites répliques de la montagne sacrée. Ceux qui ne pouvaient se rendre au Fuji se contentaient d'un pèlerinage symbolique en escaladant leur montagne miniature.

Le Fuji-*san* a également un caractère sacré pour de nombreuses écoles bouddhistes, telle *Nichiren-shu* (voir p. 252-253). Le grand temple de ce groupe est installé dans les collines, au pied d'une montagne appelée Minobu, dans la préfecture de Yamanashi.

Le sommet enneigé du mont Fuji. Vénéré comme un véritable kami *du shinto, le mont est fréquenté chaque année par des milliers de pèlerins qui vont prier dans le temple édifié au sommet. Escalader les 3 800 mètres de ce volcan éteint est considéré en soi comme un acte de dévotion.*

Le royaume de la sainte pureté

Le *goma* est un rituel de purification par le feu qui n'est pratiqué que par un seul groupe bouddhiste, le *shingon*, et qui y occupe une place centrale. Les Japonais ont un grand respect pour ce rite ancestral. Comme la plupart des rites bouddhistes, il a été importé de Chine, mais son origine remonte aux temps védiques en Inde, et quelques érudits le rattachent à la cérémonie du *soma* pratiquée dans l'Inde ancienne (voir p. 130-133). Les fidèles soumis au rite de purification du *goma* espèrent être transportés symboliquement par les flammes jusqu'à un royaume supérieur. Les prêtres shingon empilent de petites lattes de bois dans un carré, chacune d'entre elles portant une prière ou un extrait d'un *sutra* bouddhiste ; puis ils entonnent leurs psalmodies, le feu est mis au bûcher, et l'on verse sur les flammes le *goma* sacré (huile de sésame) pour les faire danser et s'élever. Au fur et à mesure que s'échappe la fumée sacrée, les prêtres y exposent divers objets que leur tendent les dévots : photos d'êtres chers, portefeuille, porte-monnaie, permis de conduire… Ces objets en ressortent purifiés, c'est-à-dire, pense-t-on, qu'il ne pourra plus leur arriver quoi que ce soit. À la fin de la cérémonie, chaque participant reçoit sur le front une onction d'huile de sésame en signe de purification et pour rappeler que chacun a été exposé au royaume ésotérique, symbolisé par les flammes et la fumée.

Partager le divin

L'une des caractéristiques les plus marquantes de la religion japonaise est sans doute l'incroyable nombre de fêtes et de cérémonies locales du shinto et du bouddhisme. Outre les fêtes du Nouvel An qui sont célébrées dans l'ensemble du Japon, et *Obon*, la fête des Ancêtres, presque tous les sanctuaires du shinto et les diverses écoles bouddhistes ont leur propre calendrier de rites et de cérémonies (voir texte en marge ci-contre). C'est également vrai pour les « nouvelles croyances » (p. 270-271). Il faut encore ajouter les cérémonies funéraires, qui se déroulent pratiquement toujours selon le rite bouddhiste, à l'exception des funérailles impériales, qui se déroulent toujours selon le rituel du shinto (voir p. 266-267).

Pour la plupart des communautés shintoïstes, le rite le plus important est sans aucun doute le *matsuri*, fête locale annuelle (ou parfois bisannuelle). Dans chaque ville, quartier, village ou *buraku* (quartier du village) est organisée une fête centrée sur le sanctuaire du *kami* local. Il existe deux grands types de *matsuri*. Dans le premier, une « fête ordinaire » ou « *matsuri*-fantôme », le *kami* n'est pas directement impliqué, mais la fête est néanmoins centrée sur le sanctuaire, culminant avec la procession accompagnant une sorte de « reliquaire » portable, le *mikoshi*, à travers la localité. L'autre type de *matsuri* est le *taisai*, ou « grande fête ». Pour cette cérémonie, le *mikoshi* renferme l'image sacrée du *kami*. En

Des jeunes gens portent un énorme poisson laqué de rouge à travers les rues de Karatsu, sur l'île de Kyushu, au cours de la fête annuelle de la ville, le matsuri *Kunchi. Les énormes chars représentant diverses créatures font partie du décor traditionnel de cette fête trois fois centenaire (voir aussi illustration p. 236).*

Actrices du gigaku *(théâtre de danse sacrée) au* jingu*, sanctuaire de l'empereur Meiji, à Tokyo. Des millions de Japonais se rendent dans ce sanctuaire pendant le* matsuri *Shogatsu, la fête du Nouvel An japonais (voir texte en marge ci-dessous).*

principe, le *taisai* a lieu tous les trois ans, parfois plus souvent, voire chaque année dans certains grands sanctuaires. Dans les deux types de *matsuri*, les trois groupes représentant la communauté locale – association des marchands *(shotenkai)*, association des résidents du quartier *(chokai)* et association des anciens gardiens du sanctuaire *(sodaikai)* – unissent leurs efforts pour donner une image positive de la communauté locale, renforçant par la même occasion leur propre sens de la solidarité et de la fierté (voir encadré p. 265).

Les Japonais qui participent aux rites domestiques et aux fêtes locales se rendent aussi individuellement dans les temples pour demander la bénédiction du *bosatsu* ou du *kami* local, notamment pour résoudre une crise ou un problème personnel. Dans un temple bouddhiste, chacun brûle de l'encens pour l'offrir à la divinité, agitant la fumée autour de soi. Dans un sanctuaire du shinto, le dévot commence par des ablutions purificatoires, se rince la bouche et se lave les mains avant de s'approcher du sanctuaire et de déposer une offrande (en général de l'argent) dans un tronc.

Puis, afin d'informer la divinité de sa présence, il claque deux fois dans ses mains ou tire sur une corde pour faire tinter une cloche. Enfin, la tête inclinée et les mains jointes, il supplie la divinité de lui venir en aide. Ainsi, une mère peut demander de l'aide pour son fils qui passe un examen, une autre pourra demander la guérison d'un enfant malade ou prier pour qu'un mariage soit fécond. Pour signifier que la requête est terminée, le fidèle claque une nouvelle fois dans ses mains et quitte le sanctuaire. Si le vœu se réalise, il est de bon ton de retourner au sanctuaire pour remercier le *kami* de sa bienveillance.

L'un des rites de passage les plus répandus du shinto est celui qui a lieu à la naissance : *omiyamairi*, littéralement « honorable visite au sanctuaire » (*omiya* est synonyme de *jinja*), au cours duquel le nouveau-né est accueilli par la commu-

La fête du Nouvel An

Le *matsuri* Shogatsu, la fête du Nouvel An japonais, est célébré du 1er au 3 janvier depuis le 1er janvier 1873, date à laquelle le Japon a abandonné le calendrier lunaire chinois au profit du calendrier grégorien. Pendant les journées précédant le Nouvel An, les gens nettoient leur maison de fond en comble afin de la débarrasser de toute souillure. Les repas de famille *(osechi)* comportent une soupe particulière *(ozoni)* et des gateaux de riz pressé *(mochi)*.
On offre des cadeaux à ses supérieurs afin de leur prouver l'estime que l'on a pour eux. Mais l'activité principale d'un *matsuri* Shogatsu est la visite au temple, où l'on va déposer des offrandes et demander santé et prospérité pour l'année à venir.
Dans certains rites shinto, on brûle le petit autel domestique posé sur le *kaminada* ainsi que les tablettes des ancêtres (voir encadré p. 264), afin de les remplacer par des tablettes et un autel neufs.

Le retour des morts

***Obon*, célération annuelle du retour des morts dans la maison de leurs ancêtres, est l'une des fêtes religieuses les plus suivies au Japon. La date d'*Obon*, vers la mi-août, est toujours déterminée par le calendrier lunaire. Les Japonais se rendent dans la ville d'origine de la famille pour entretenir les tombes des ancêtres. Ils récitent des prières pour les morts, en particulier ceux qui sont disparus depuis peu, et participent au *Bon-odori*, danse traditionnelle en l'honneur des défunts. À d'autres époques de l'année, les morts sont honorés à la maison. Pour le shinto, l'âme du mort devient une divinité d'ordre inférieur, tandis que pour le bouddhisme, l'âme est en quête de salut. Mais ces deux notions sont acceptées, en vertu de la « tolérance de l'ambiguïté » propre aux Japonais dans le domaine spirituel. Dans certains rituels domestiques en l'honneur des ancêtres, célébrés à l'occasion d'*Obon*, on brûle de l'encens sur l'autel domestique bouddhique, le *butsudan*, sur lequel on dépose également quelques offrandes de riz. Le septième jour suivant le décès, on donne à l'âme un « nom de mort » *(kaimyo)*, et on inscrit ce nom sur l'une des tablettes des ancêtres *(ihai)* conservées sur le *butsudan*. Ces âmes, ou *tama* (voir p. 266-267), ou encore *kami*, sont honorées dans le shinto et représentées par des tablettes posées sur le *kaminada* ou « étagère des ancêtres » souvent placée juste au-dessus du *butsudan*. Ces *kami* de la famille reçoivent également des offrandes. La plupart du temps, on célèbre le rite des ancêtres au lever du jour, heure considérée comme sacrée tant par les bouddhistes que par les shintoïstes.**

nauté familiale. Quelques mois après la naissance, les parents vont avec l'enfant au sanctuaire pour qu'il soit purifié par le *kannushi* (prêtre shintoïste). Toute la famille (grands parents, oncles, tantes, etc.) est présente et participe à un repas de fête. Dans les grands sanctuaires, comme le Meiju-jingu de Tokyo, une salle spéciale est réservée à cette célébration.

Oharai, l'acte de purification rituelle, est au centre de la plupart des cérémonies du shinto. On agite une branche de l'arbre sacré *sasaki* (l'« arbre de prospérité », qui est un arbuste de la famille des pins, *Cleyera ochnacea)* en psalmodiant les prières appropriées *(norito)*. Le *kannushi* ou le *guki* (supérieur du sanctuaire) accomplit le rituel nécessaire pour éliminer toute trace de pollution spirituelle de la personne, du lieu ou de l'objet concerné. Un esprit malin *(oni)* peut aussi être chassé de cette manière (voir p. 248-249).

La purification de la fiancée ou du fiancé occupe une place importante dans la cérémonie du mariage traditionnel, le plus souvent célébrée par un prêtre shintoïste. Le mariage est en général célébré non pas dans un sanctuaire mais dans un hôtel (ou « palais du mariage ») spécialement réservé à cet usage.

Un prêtre du shinto entonne des prières à l'occasion du matsuri *Saihusa (fête des lys) au temple d'Isagawa, à Nara. Au cours de la fête, qui remonte au* VIII*e siècle, on offre des lys qui protègent le fidèle contre les maladies.*

Un taisai *typique à Tokyo*

Le *matsuri* local célébré dans un quartier du nord-ouest de Tokyo, Nichi-Waseda, est un *taisai* (« grande fête ») que l'on célèbre tous les trois ans en l'honneur d'Amaterasu, la déesse du soleil, qui est aussi le *kami* du sanctuaire local, le Tenso-jinja. C'est l'un des milliers de sanctuaires dédiés à la déesse dans tout le Japon, le plus important étant celui d'Ise (voir p. 258-261).

Selon la tradition, le *matsuri* se déroule sur deux jours au début du mois de septembre. Le matin du premier jour, les enfants promènent dans le quartier un *mikoshi* (reliquaire portable) pour enfants, modèle réduit au quart de sa dimension ordinaire. Le Tenso-jinja est trop petit pour avoir son propre *guji* (prêtre d'un rang élevé du shinto, par opposition au prêtre ordinaire, le *kannushi*). Les organisateurs du *taisai* font donc appel aux services du *guji* d'un sanctuaire voisin. Pendant l'après-midi, avec l'aide des *sodai* locaux (les anciens du sanctuaire), le *guji* accomplit les rites, récite les prières du shinto et purifie le sanctuaire et son contenu en agitant un rameau de *sasaki* (pin sacré, voir texte principal).

La procession du mikoshi *des enfants s'apprête à partir, le matin du premier jour de la fête de Nishi-Waseda. La participation des jeunes garçons et des fillettes à la fête est considérée comme indispensable au maintien de la tradition et à sa transmission à une nouvelle génération. Les processions du* mikoshi *étaient jadis exclusivement réservées aux hommes, mais des jeunes filles et des femmes y sont admises depuis 1978 (voir p. 268-271).*

Plus tard, dans la soirée, une fête est organisée dans l'enceinte du sanctuaire. Certaines années, un groupe de danse traditionnelle pourra être convoqué, et d'autres fois on fera appel à une troupe de théâtre shintoïste, qui jouera un spectacle de *kagura*, théâtre sacré japonais (voir p. 268-269). Des concessionnaires itinérants, appelés *roten*, vont de *matsuri* en *matsuri*, installent leurs étals et vendent des souvenirs et des mets traditionnels de fête, comme l'*okonomiyakai* – un plat d'œufs préparé sur le grill et des nouilles frites.

De bonne heure le lendemain matin, le *guji* va chercher l'image sainte (et rarement vue) d'Amaterasu au cœur du sanctuaire et l'installe dans le *mikoshi* préparé à cet effet. Puis, des équipes tournantes de trente ou quarante jeunes gens et jeunes filles transportent le reliquaire d'une ruelle à l'autre aux cris de « *Wa shoi ! Wa shoi !* » (expression intraduisible, proche de « hourra ! »). La procession s'arrête à de nombreuses reprises pour permettre aux porteurs de se rafraîchir. Le *guji* marche en tête, suivi de chanteurs, d'un tambour, d'un jeune homme représentant Tengu – le démon gardien du sanctuaire – et des *sodai*. Au bout de six ou sept heures, la procession prend le chemin du retour et le prêtre retire l'image du *mikoshi* pour la remettre à sa place au cœur du sanctuaire, où elle demeurera jusqu'au prochain *taisai*.

Le principal but recherché par ce rite est la sanctification du quartier desservi par le *jinja*, qui bénéficie de l'aura sacrée diffusée par l'image divine promenée dans le *mikoshi*, laquelle sanctifie naturellement aussi les porteurs du *mikoshi*. Un *matsuri* est donc une fête joyeuse, au cours de laquelle les habitants du quartier ont l'impression de participer à l'essence divine du *kami* local ; certains parviennent à cette occasion aux confins de l'extase.

Après une dernière prière dite par le prêtre, les porteurs du *mikoshi* partagent un repas au *mikisho*, siège de la fête, installé dans l'enceinte d'un petit temple bouddhiste dédié au *bosatsu* Jizo (voir p. 246-249), à quelque distance du Tenso-*jinja*.

Enfers et paradis

Un dévot du bouddha *Amida en contemplation devant une de ses apparitions sur son trône, dans le paradis de la « Terre pure » (bois gravé du* XVIII*ᵉ siècle).*

Pour les Japonais, le shinto est essentiellement « la religion de la vie » : il s'intéresse en priorité à ce qui se passe ici-bas, à la générosité de la nature et à la fertilité humaine et animale. Depuis l'introduction du bouddhisme, les idées propres au shinto concernant la mort et le salut de l'âme se limitent à la notion selon laquelle l'esprit d'un individu lui survit et peut continuer à agir dans l'intérêt des vivants. Les esprits des ancêtres, ou *tama*, font partie intégrante du groupe social et il est indispensable de leur rendre les devoirs pour ne pas couvrir la famille de honte (voir p. 262-265). Ils doivent en retour bénédiction et protection aux vivants.

La question de la mort et du devenir de l'âme est au centre des préoccupations du bouddhisme japonais. Parmi les nombreux paradis bouddhistes, le plus connu est celui de la Terre pure (voir p. 192-193). Pour les tenants bouddhistes de la Terre pure, la voie du « salut » final (le *nirvana*, libération du cycle des réincarnations ; voir p. 256-257) passe par la renaissance sur la « Terre pure », région céleste où, libéré de l'agitation de la vie terrestre, le défunt pourra connaître l'illumination et entrer en *nirvana*. La « Terre pure » est donc une sorte de « paradis intermédiaire » entre les peines et les souffrances du monde des mortels et la délivrance éternelle. Pour renaître dans ce paradis, il suffit d'avoir une foi abolue dans le *bouddha* Amida et de l'exprimer en répétant le *nembutsu* (voir p. 252-255). Amida fit la démonstration de son infinie compassion : étant parvenu à l'éveil, il se priva d'entrer en *nirvana* pour continuer à aider les hommes en leur offrant l'asile de la « Terre pure ».

En théorie, il est toujours possible d'atteindre le *nirvana* par la « voie difficile » de la méditation intense et de la purification spirituelle. Mais Honen, fondateur du courant de la Terre pure (voir p. 252-255), considérait l'aide d'Amida comme indispensable, la plupart des êtres humains étant fondamentalement mauvais, et parce qu'une vie spirituelle aussi proche que possible de la perfection ne pouvait suffire à atteindre la délivrance ultime.

L'aide d'Amida était rendue d'autant plus nécessaire que, pour la plus grande partie du clergé bouddhiste, l'univers était arrivé dans son « troisième âge », l'âge du chaos, ou *mappo*. Pendant cette période, la confusion, le désordre et le mal ne cessent de s'aggraver et il est de plus en plus difficile de trouver la paix nécessaire au salut. En cas d'échec, les hommes encourent le risque d'être envoyés dans les flammes de l'enfer bouddhiste, *Jigoku* (voir encadré page ci-contre). Les bouddhistes de la Terre pure font confiance à Amida pour éviter aux masses ce sort tragique.

Pour les tenants de ces écoles, quiconque n'a pas été sauvé par Amida peut se tourner vers une autre figure du panthéon bouddhique, le *bouddha* Maitreya (« le bienveillant », en japonais : *Miroku*), le « bouddha du futur ». Maitreya viendra, dit-on, rétablir l'enseignement du Bouddha (*le dharma*) et instaurera sur

L'adieu aux morts

Le fait de proclamer sa foi en Amida est devenu pour les Japonais un élément essentiel en ce qui concerne la mort. Aujourd'hui, la grande majorité des Japonais choisissent la crémation selon le rite bouddhique et leurs cendres sont enterrées dans des cimetières bouddhiques. Au Japon, la plupart des cimetières sont rattachés à des temples, notamment ceux de la Terre pure (*Jodo-shu* et *Jodo-shinshu*). Cependant, il est possible de se faire enterrer selon le rite du shinto, et Tokyo possède au moins deux cimetières shintoïstes. L'un d'entre eux est réservé à la famille impériale, dont les funérailles sont traditionnellement célébrées selon ce rite. Les dernières funérailles impériales furent celles du dernier empereur Showa (Hirohito), en 1989, qui furent célébrées par les prêtres shintoïstes *(kannushi)* d'Ise et d'autres grands sanctuaires.

terre un paradis bouddhiste lorsque s'achèvera l'ère actuelle du *mappo*. Nul ne connaît la date de cette apocalypse, mais certaines des « nouvelles croyances » fondées sur le bouddhisme se sont hasardées à faire des prédictions en ce sens ; la secte Aum Shinrikyu se situait dans ce contexte lorqu'elle organisa un attentat au saron, un gaz mortel, dans le métro de Tokyo en 1995, qui fit onze morts et cinq mille blessés.

Les royaumes des morts

Il semble que la religion du Japon protohistorique proposait déjà une vision assez élaborée de l'au-delà. La disposition du corps faisait l'objet d'une grande attention, et, au cours de la période Kofun (vers 300-552), des tumulus à l'organisation complexe étaient érigés pour servir de dernière demeure aux empereurs. Le shinto ancien semble avoir présenté la notion d'une région infernale semblable à notre enfer chrétien, comme le montre l'illustration du *Kojiki* représentant Yomi ; néanmoins, en dehors du célèbre épisode où Izanagi, le grand dieu des origines, se rend dans le royaume souterrain pour tenter en vain de reprendre son épouse défunte (voir p. 246-249), l'endroit ne sera plus mentionné, et il ne joue aucun rôle dans la théologie moderne du shinto.

Les concepts bouddhistes ont pratiquement supplanté tous ceux du shintoïsme concernant le pays des morts, à quelques exceptions près. Trente-trois années après sa mort, l'esprit d'un ancêtre ou *tama* (voir texte principal) perd sa nature individuelle pour se fondre dans l'entité collective de l'âme des ancêtres et des *kami* de la famille. Ceux-ci résident, dit-on, sur une montagne sacrée, souvent désignée comme le Kumano, le Yoshino ou toute autre région montagneuse au cœur du Japon ancien. Ce groupe sans forme des *kami* est invoqué dans le rituel, mais de manière plus abstraite que le *tama* d'un membre de la famille récemment décédé (voir également p. 262-265).

Les écoles bouddhistes ont introduit un certain nombre de concepts concernant l'au-delà, parmi lesquels figurent des régions paradisiaques où règne le Bouddha lui-même (Nichiren) ou le *bouddha* Vairochana (shingon), Maitreya et Kannon. Ils ont également introduit la notion de jugement divin : 49 jours après la mort, l'âme comparaît devant un être appelé Emma (en sanskrit : Yama). L'âme, après son jugement, se rend soit au paradis, soit dans une des régions habitées par les démons du *jigoku* (enfer) ; elle pourra encore se réincarner sous la forme d'un animal, d'une divinité ou d'un nouvel être humain. Mais le concept de l'autre monde le plus répandu est celui de la Terre pure, un paradis où l'âme échappe aux tourments du *jigoku* et finit par atteindre sa délivrance dans le *nirvana*.

La croyance shintoïste dans l'âme considérée comme *tama* ou *kami* coexiste avec la croyance bouddhiste selon laquelle l'âme devra aller en enfer ou au paradis, ou bien se réincarner. Une fois de plus, la religion japonaise n'éprouve aucune difficulté à intégrer les deux notions, aussi contradictoires puissent-elles paraître à première vue.

Emma, la divinité du jigoku, *juge le* karma *(bilan des mérites et démérites) des* défunts *; ceux dont les démérites sont nombreux sont envoyés dans une région infernale (illustration du XVIII*e* siècle).*

Croyances anciennes dans le monde moderne

La société japonaise était autrefois organisée en *uji* (clans), et les origines du shinto sont étroitement mêlées aux valeurs collectives véhiculées par ce groupe social fermé. En effet, les *kami* tutélaires que l'on adore dans un sanctuaire shinto local s'appellent toujours *ujigami*, soit « divinité du clan », malgré la disparition depuis plus d'un millénaire du système des *uji*, jadis dominant au Japon. La famille au sens large, soit *ie*, a pris la relève de l'*uji* et est devenue le principal groupe de base de la société lorsque s'implante le féodalisme vers 1185. Depuis lors, le shinto et les écoles bouddhistes les plus populaires s'intéressent de très près à la famille (voir p. 256-257). Le rattachement à un temple ou à un lieu saint est toujours déterminé par le *ie*, phénomène qui a contribué au développement des « nouvelles croyances » (voir p. 270-271).

Pendant des siècles, les femmes ont joué un rôle mineur dans la vie religieuse, bien que le Japon ait eu plusieurs impératrices depuis le début de la période historique : Shotoku Taishi fut régent de l'une d'entre elles (voir p. 242-245), et le *Kojiki* (voir p. 250) fut commandé par une autre. Il existe également des prêtresses d'Amatarasu à Ise, sanctuaire de la déese solaire (voir p. 258-261). Mais vers l'an 800, l'impact du confucianisme chinois, avec tout son poids d'idéologie patriarcale, mit un terme à cette situation égalitaire. Depuis lors, tous les empereurs et la plupart des prêtres sont des hommes, bien qu'Amaterasu demeure la divinité la plus vénérée du Japon.

Au cours des dernières années, le mouvement féministe mondial a fini par influer sur les croyances et les pratiques traditionnelles du Japon. Ainsi, les prêtres d'un sanctuaire shinto autorisent de plus en plus souvent les femmes à porter le *mishoki* (reliquaire portable) pendant les fêtes (voir encadré p. 269). Le nombre des femmes prêtresses du shinto augmente également, en dépit de l'opposition

Le sanctuaire de Yasukuni

Le spectre du passé militariste du Japon resurgit de temps à autre à propos du sanctuaire de Yasukuni, à Tokyo. Le *kami* vénéré en ce lieu est constitué de l'âme des Japonais morts au champ d'honneur depuis la création de l'armée impériale en 1871 jusqu'à la Seconde Guerre mondiale. À ce titre, le sanctuaire fait toujours l'objet de vives controverses, notamment lorsque d'éminents membres du gouvernement – parfois même le Premier ministre – viennent s'y recueillir. Cet événement n'est pas fréquent, mais il est toujours abondamment couvert par la presse.
La gauche japonaise, évoquant le shinto d'État d'avant-guerre et son nationalisme exacerbé, accuse les hommes politiques de violer la Constitution de 1947 qui interdit à l'État de s'impliquer en aucune manière dans une religion quelconque.
La droite contre-attaque en affirmant que le sanctuaire de Yasukuni est une institution religieuse privée et que ceux qui viennent y prier le font en tant qu'individus.
Les choses se compliquent du fait qu'au cours des dernières années il a été plusieurs fois envisagé de faire du Yasukuni-jinja l'équivalent d'une « tombe du soldat inconnu », soit un lieu où les dignitaires étrangers peuvent aller déposer une gerbe de fleurs. Mais la sensibilité de gauche sur ce thème rencontre un écho sur l'ensemble de la scène politique du Japon, et jusqu'ici cette mesure n'a jamais rencontré un appui suffisant pour être admise par la diète japonaise (le Parlement).

Danseuses du kagura, *le théâtre sacré du shinto, dans l'un des temples de Nara. Depuis longtemps les femmes participent aux cérémonies du shinto comme danseuses ou musiciennes, mais elles étaient jusqu'à une époque récente écartées de la prêtrise.*

venant de certains sanctuaires particulièrement conservateurs. En 1993, 9 % des 21 091 prêtres étaient des femmes, et 10 % en 1996.

L'ancienne association du shinto avec le militarisme d'État qui sévissait au Japon avant 1945 fait toujours l'objet de grandes controverses (voir texte en marge p. 268). Les écoles bouddhistes se sont généralement maintenues à l'écart du débat politique, mais elles se sont également montrées moins réceptives aux changements qui, entre autres, ont permis aux femmes de devenir prêtres dans le shinto, tandis qu'il y a peu, voire pas de femmes prêtres dans le bouddhisme japonais, cependant qu'il y a des nonnes bouddhistes depuis des siècles, celles-ci représentant un élément très conservateur de la vie religieuse japonaise.

Des femmes pour porter le reliquaire

Porter le *mikoshi* (reliquaire) en procession au cours d'un *matsuri* (fête locale) est un grand privilège, notamment lorsque le reliquaire renferme l'image de la divinité du sanctuaire local. Cette tâche noble était traditionnellement réservée aux jeunes hommes. La participation des femmes se bornait à fournir des boissons aux porteurs et à préparer le dîner après le retour du reliquaire au sanctuaire.

Cependant, les choses ont commencé à changer à la fin des années 1970, les femmes d'un quartier, puis d'un autre, réussissant à s'infiltrer aux côtés de leurs frères et de leurs maris pour transporter le *mikoshi* à travers les rues.

Les porteuses de reliquaire sont aujourd'hui un spectacle courant dans les fêtes locales du shinto. Ces femmes participent au matsuri *d'Asahikawa, sur l'île d'Hokkaido.*

Dans le quartier de Nishi-Waseda, à Tokyo (voir p. 262-265), le changement s'est effectué en 1978. Au mois de mars de cette année, six mois avant le « *matsuri* fantôme » (voir p. 262-265), une représentante du comité des femmes de l'association des résidents *(chokai)* – dont le chef est traditionnellement chargé d'organiser le *matsuri* – fit remarquer que des femmes avaient le droit de porter le *mikoshi* dans des *matsuri* voisins, et suggéra que l'heure était peut-être venue de suivre cette voie.

Le processus de décision qui s'ensuivit, typiquement japonais, fut marqué par des discussions courtoises qui jamais ne tournèrent au débat passionné. L'idée fut soumise aux diverses instances impliquées dans l'organisation du *matsuri* : le *chokai*, l'association des porteurs de *mikoshi* et l'association des commerçants locaux (la plupart des candidates au portage du *mikoshi* étaient des filles de commerçants). Le *guji* (prêtre) d'un sanctuaire voisin, qui avait l'habitude de présider la cérémonie du Nishi-Waseda, fut également consulté. Il approuva cette modification de la règle, se référant au fait que six prêtresses officiaient jadis à Ise (voir texte principal) – et qu'Amaterasu est la divinité que l'on vénère à Nishi-Waseda.

Plusieurs mois plus tard, après que tous les groupes concernés eurent donné leur avis de manière informelle, le changement fut officiellement approuvé par le *chokai*. Une semaine environ avant le *matsuri* suivant, un groupe de jeunes femmes était intégré à la troupe des porteurs de *mikoshi*.

Les « nouvelles croyances »

Depuis le début du XIXe siècle, le Japon a vu naître une multitude de mouvements spirituels que l'on désigne collectivement sous le nom de « nouvelles croyances » *(shinko shukyo)*. La plupart sont des variantes du shinto, mais presque toutes sont imprégnées d'idées issues de diverses sources telles que le bouddhisme, le confucianisme et le taoïsme, le christianisme et même, à une époque récente, « l'occultisme à l'Occidentale ». Malgré des excès et le détournement abusif de certaines références théologiques, l'émergence des « nouvelles croyances » montre bien la permanence de la tendance à l'innovation en matière de religion au Japon.

Les premières des « nouvelles croyances » sont apparues dans le contexte du chaos social qui accompagna la fin du règne des shoguns. Plusieurs nouveaux groupes connaissent alors une éclosion rapide, sous l'influence de chefs charismatiques. Ce succès se poursuit sous l'ère Meiji (1868-1912), et, à la fin de cette période, treize de ces groupes fondés sur le shinto, dont le Tenrikyo (voir encadré ci-dessous), sont reconnus par le gouvernement. Divers mouvements inspirés du bouddhisme apparaissent également. À la fin de la Seconde Guerre mondiale, la secte Nichiren-soshu n'avait encore attiré que quelques milliers

Le groupe du Tenrikyo

En 1838, alors qu'elle soignait son fils malade, Miki Nakayama (1798-1887) se sentit possédée par un *kami*, qui se présenta comme Ten-taishogun, le « Grand Souverain du ciel ». Plus tard, Ten-taishogun révéla à Nakayama que lui et ses sept subordonnés étaient les seuls véritables *kami*, et qu'ils avaient été choisis pour diffuser la « vérité céleste » ou *tenri*. C'est ainsi que naquit le Tenrikyo.

Le message du *kami* fut par la suite retranscrit en un long poème, achevé en 1883, appelé *Ofudesaki*, « l'extrémité du pinceau de l'écriture divine ». On y retrouve l'ensemble des recommandations reçues par la fondatrice concernant la nature du ciel et, notamment, les *kami* qui y résident. Leurs relations avec les hommes sont semblables à celles de parents envers leurs enfants : ainsi, par exemple, la principale manifestation de la divinité dans le dogme du Tenrikyo s'appelle Oyakami, « le parent divin ».

Dévots dans le plus important sanctuaire tenrikyo, le « foyer parental ». Dans la croyance tenrikyo, c'est ici que « le parent divin » créa l'humanité.

Au début du XXe siècle, le Tenrikyo prend un statut officiel, et c'est encore, aujourd'hui, la « nouvelle croyance » la plus répandue au Japon. Bien que fondée sur le concept shintoïste de la hiérarchie des *kami*, ce courant fondé par Miki Nakayama (ou Oyasama, « honoré parent ») intègre des éléments du bouddhisme de la Terre pure, notamment le concept de « salut » que l'on obtient par une profession de foi intense, s'adressant dans ce cas au puissant Oyakami.

De son siège, près de Nara, la religion s'est propagée à l'ensemble du Japon et a récemment gagné Hawaii, l'Amérique du Nord, le Brésil et quelques autres pays où résident d'importantes communautés japonaises.

Le navire du commandant Matthew C. Perry de la marine américaine au large d'Uraga, Edo (Tokyo), en 1853. Le shogunat amorça son déclin lorsque les « bateaux noirs » de Perry eurent raison du blocus que s'imposait lui-même le Japon depuis deux cents ans. À partir de cette date, le Japon se montra plus réceptif aux influences extérieures, ce qui accéléra le développement des « nouvelles croyances ». Un grand nombre de celles-ci s'étaient créées en réaction à la situation difficile du Japon pendant les dernières décennies du shogunat, à une époque où le bouddhisme et le shinto se montraient incapables d'apporter des réponses à l'évolution des conditions sociales.

d'adeptes lorsqu'elle fut interdite en raison de sa dévotion à l'enseignement de Nichiren (voir p. 252-255). Mais, après 1945, le mouvement prit rapidement de l'ampleur dans le contexte des mouvements sociaux liés à la fulgurante croissante économique du Japon à cette époque.

Ces groupes attiraient en particulier la population rurale récemment émigrée dans les villes, coupée de ses racines, lesquelles jouent un rôle essentiel dans la vie des Japonais. C'est en effet le *ie* (la famille, voir p. 256-257) qui rattache quelqu'un à un sanctuaire, et les nouveaux venus ne savaient à quel lieu de culte s'adresser. Les « nouvelles croyances » venaient combler les besoins spirituels de cette population. Les groupes plus proches des grands courants, comme le Tenrikyo, ne différaient guère des écoles japonaises traditionnelles et prônaient les « valeurs familiales ». Mais certains nouveaux groupes avaient des comportements semblables à ceux de célèbres sectes occidentales, s'adressant à des jeunes déstabilisés auxquels elles faisaient subir un véritable « lavage de cerveau ». L'une de ces sectes par exemple, la secte bouddhiste apocalyptique Aum Shinrikyo, organisa en 1995 un attentat au gaz dans le métro de Tokyo, qui tua onze personnes et fit cinq mille blessés.

Il y aurait aujourd'hui quelque deux cent mille « nouvelles croyances », dont certaines ne regroupent qu'une poignée d'adeptes. Le Shukyo Mahikari, fondé au début des années 1960, est l'un de ces petits mouvements à base théologique très large, qui met l'accent sur la guérison : il s'inspire du bouddhisme, du shinto et d'une multitude d'autres sources – dont la légende de l'Atlantide. Comme les autres « nouvelles croyances », le *shukyo mahikari* illustre cette étonnante capacité japonaise à intégrer des éléments de multiples écoles culturelles et spirituelles.

Glossaire

Bodhisattva Mot sanskrit signifiant « futur *bouddha* », « *bouddha* en devenir » (littéralement « être éveil »). Dans le bouddhisme, il s'agit d'une personne ayant atteint l'éveil *(bodhi)* qui choisit de retarder son entrée en *nirvana* (voir ci-dessous) pour aider les hommes dans leur quête spirituelle.

Bosatsu Mot japonais signifiant « *bodhisattva* » (voir ci-dessus).

Bouddha Mot sanskrit signifiant « l'Éveillé » et utilisé pour désigner Siddharta Gautama, le fondateur du bouddhisme. Employé comme nom commun, ce terme signifie aussi, dans le bouddhisme, celui qui a atteint l'éveil et le *nirvana* (voir ci-dessous).

Chan Mot chinois signifiant « méditation », du sanskrit *dhyana* (voir ci-dessous). École du bouddhisme chinois dans laquelle la quête de l'éveil est centrée sur la méditation.

Dharma Mot sanskrit signifiant « vérité », « ordre », « droiture », « justice », « devoir ». Désigne, dans le bouddhisme et l'hindouisme, la loi universelle régissant l'ordre des êtres et des choses.

Dhyana Mot sanskrit signifiant « méditation », d'où le mot chinois *chan* (voir ci-dessus) et le japonais *zen* (voir ci-dessous).

Dualisme Idée selon laquelle le cosmos est soumis à deux forces conflictuelles (par exemple, le bien et le mal), dont les sources sont également différentes (par exemple, Dieu et Satan). Le monothéisme le plus strict rejette cette idée en faisant de Dieu la source unique de tous les phénomènes.

Eschatologie Du grec *eskatos*, « dernier ». Doctrine ou ensemble de doctrines se rattachant à la fin du monde.

Gourou Mot sanskrit signifiant « professeur ». Dans l'hindouisme, désigne un maître spirituel vénéré, homme ou femme.

Hadith Dans l'islam, recueil des préceptes, des paroles et des actes du prophète Mahomet.

Halakhah Mot hébreu signifiant littéralement « marche ». Droit rabbinique. Commandements et traditions tirés du Pentateuque ou de la Tora.

Imam Guide spirituel de la communauté musulmane. Personne choisie pour diriger la prière du vendredi à la mosquée et pour prononcer le sermon. Dans l'islam chiite, le terme désigne chacun des héritiers légitimes du prophète Mahomet.

Karma Mot sanskrit signifiant « action ». Dans l'hindouisme et le bouddhisme, il s'agit de l'équilibre entre les mérites et les démérites accumulés par une personne, et dont dépend la nature de sa prochaine réincarnation.

Mantra Dans l'hindouisme et le bouddhisme, il s'agit d'un mot ou d'un court verset dit ou psalmodié de façon répétitive, pour faciliter la méditation.

Nirvana Mot sanskrit signifiant littéralement « extinction ». Dans le bouddhisme, c'est l'état par lequel l'homme se libère de l'ignorance et du désir, la fin de l'accumulation du *karma* (voir ci-dessus), qui lui permet de se délivrer du cycle des morts et des renaissances.

Oulémas Dans l'islam, groupe d'érudits et d'experts constituant la plus haute autorité scolastique pour ce qui concerne les questions religieuses.

Patristique (ère) Première période de l'histoire du christianisme, ainsi nommée en référence aux *Patres Ecclesiae* (en latin « pères de l'Église »), les grands théologiens qui mirent en forme la pensée et la doctrine chrétiennes.

Prophète (le) Désigne le prophète Mahomet.

Rabbinique Qualificatif faisant référence aux rabbins du judaïsme et à leurs enseignements, spécialement ceux de l'« âge rabbinique ».

Rabbinique (âge) Dans le judaïsme, désigne la période (généralement comprise entre la fin du Ier siècle et le début du VIIe siècle) marquée par les écrits des grands rabbins, tels que Yohanan ben Zakaï, Akiva et Juda le Prince, et pendant laquelle la loi juive vit le jour : publication de la *Mishna* (vers 200), compilation du Talmud (vers 400 et 500).

Soufi Appartenant au soufisme (islam mystique).

Talmudique (âge) Période de l'histoire littéraire juive pendant laquelle le Talmud fut mis au point (entre 200 et 500) ; voir aussi « rabbinique » ci-dessus.

Tantra Nom donné aux anciens textes sacrés et aux mouvements qui en sont issus, dans l'hindouisme (vers 500) et le bouddhisme (vers 700). Le Tantra hindou est centré sur la maîtrise de l'énergie divine masculine et féminine. Le Tantra bouddhiste met l'accent sur le rituel, le symbolisme et l'obtention rapide de l'éveil, et introduit le concept de « dieux de colère ». L'utilisation des *mandalas* (images circulaires représentant le cosmos) est commune aux deux écoles tantriques.

Terre pure *Sukhavati*, le « Paradis de l'Ouest », où règne le *bouddha* Amitabha (Amituo Fo en Chine et Amida au Japon). Dans ce lieu de bonheur et de paix, les dévots d'Amitabha peuvent, après leur mort, poursuivre leur quête de l'éveil et du *nirvana* (voir ci-dessus).

Védique Du Veda, ou ayant trait au Veda (collection de textes sacrés connus collectivement sous ce nom). Cet adjectif se réfère également aux pratiques religieuses anciennes centrées sur les sacrifices, et à la période pendant laquelle fut compilé le Veda (vers 1750-600 avant notre ère).

Zen Mot japonais signifiant « méditation », dérivé du chinois *chan*, et, à l'origine, du sanskrit *dhyana* (voir ci-dessus). École bouddhiste japonaise centrée sur la pratique de la méditation.

Bibliographie

Ouvrages généraux

Balladier, Ch. dir. : *Atlas des religions*, Encyclopædia Universalis, 1988.

Bowker, J. dir. : *Religions du monde*, Larousse 1998.

Brosse, J. : *Les Maîtres sprituels*, Larousse, 1999.

Clévenot, M. : *L'État des religions dans le monde*, La Découverte, 1987.

Éliade, M. : *Traité d'histoire des religions*, Payot, 1989.

Larousse, *Les Religions du monde*, Collection Encyclopédie des jeunes.

Lenoir, F., Masquelier, Y. et Meslin, M. (dir.) : *L'Encyclopédie des religions du monde*, 2 vol., Bayard Éditions-Centurion, 1997.

Puech, H.-C. : *Histoire des religions*, 3 vol., Gallimard, La Pléiade, 1970-1976.

Judaïsme

Adler, L. : *La Signification morale des fêtes juives*, Labor et Fides, 1967.

Attias, J.-C. et Benbassa, E. : *Dictionnaire de la civilisation juive*, Larousse, 1997.

Chouraqui, A. : *Histoire du judaïsme*, PUF, 1990.

Chouraqui, A. : *La Pensée juive*, PUF, 1992.

Cugenheim, E. : *Le Judaïsme dans la vie quotidienne*, Albin Michel, 1992.

Duaknin, M.-A. : *Symboles du judaïsme*, Assouline, 1995.

Giniewski, P. : *Le Néo-Judaïsme*, La Baconnière, 1966.

Kaplan, J. : *Judaïsme français et Sionisme*, Albin Michel, 1976.

Scholem, G. G. : *Fidélité et Utopie. Essais sur le judaïsme contemporain*, Calmann-Lévy, 1978.

Scholem, G. G. : *Le Messianisme juif. Essai sur la spiritualité du judaïsme*, Calmann-Lévy, 1974.

Christianisme

Dictionnaire de théologie catholique, Letouzey et Ané, 1970.

Nouveau Catéchisme de l'Église catholique, 1994.

Chaunu, P. : *La Réforme protestante*, 2 vol., Complexe, 1988.

Comte, F. : *Les Grandes Notions du christianisme*, Bordas, 1996.

Doudelet, A. : *Les Orthodoxes grecs*, Brepols, 1996.

Du Bourguet, P. : *Les Coptes*, PUF, Que sais-je ?, 1992.

Dupront, A. : *Du sacré : Croisades et pèlerinages, images et langages*, Gallimard, 1987.

Evdokimov, P. : *L'Orthodoxie*, Desclée de Brouwer, 1990.

Janin, R. : *Les Églises orientales et les rites orientaux*, Letouzey et Ané, 1970.

Küng, H. : *Être chrétien*, Le Seuil, 1994.

Küng, H. : *Dieu existe-t-il ?*, Le Seuil, 1981.

Le Gall, R. : *Les Symboles catholiques*, Assouline, 1996.

Marquet, C. : *Le Protestantisme*, Granchet, 1997.

Porter, J. R. : *Origines et Histoires de la Bible*, Bordas, 1995.

Islam

Burckhardt, T. : *L'Art de l'Islam : Langage et signification*, Sindbad, 1985.

Cahen, C. : *L'Islam, des origines au début de l'Empire ottoman*, Hachette-Pluriel, 1997

Charnay, J.-P. : *Sociologie religieuse de l'Islam*, Hachette Littératures, 1994.

Chebel, M. : *Symboles de l'islam*, Assouline, 1999.

Corbin, H. : *Le Paradoxe du monothéisme*, LGF, 1981.

Corbin, H. : *L'Iran et la Philosophie*, Fayard, 1990.

de Vitray-Meyerovitch, E. : *Anthologie du soufisme*, Sindbad, 1986.

Gardet, L. : L'Islam : *Religion et communauté*, Desclée de Brouwer, 1982.

Gardet, L. : *Les Hommes de l'Islam* : Approches des mentalités, Complexe, 1989.

Glassé, C. : *Dictionnaire encyclopédique de l'Islam*, Bordas, 1991.

Kasimitski (trad), Le Coran, Garnier Flammarion, 1970.

Larousse, *Dictionnaire de la civilisation musulmane*, Collection Textes essentiels.

Schuon, F. : *Comprendre l'islam*, Le Seuil, 1976.

Hindouisme

Biardeau, M. : *L'Hindouisme : Anthropologie d'une civilisation*, Flammarion, 1995.

Daniélou, A. : *Mythes et Dieux de l'Inde : le polythéisme hindou*, Éditions du Rocher, 1994.

Renou, L. et Filliozat, J. : *L'Inde classique : Manuel des études indiennes*, École française, 1996.

Renou, L. : *L'Hindouisme*, PUF, 1996.

Zimmer, H. : *Les Philosophies de l'Inde*, Payot, 1997.

Bouddhisme

Lamotte, E. : *Histoire du bouddhisme indien : des origines à l'ère Saka*, Peeters, 1976.

Levenson, C. : *Symboles du bouddhisme*, Assouline, 1999.

Migot, A. : *Le Bouddha*, Complexe, 1983.

Rahula, W. : *L'Enseignement du Bouddha*, Le Seuil, 1978.

Wijayaratna, M. : *Sermons du Bouddha*, Cerf, 1988.

Religions chinoises

Chan, Wing-tsit : *A Source Book in Chinese Philosophy*, Princeton University Press, 1963.

Confucius, trad. P. Ryckmans, *Les Entretiens de Confucius*, Gallimard, 1987.

Étiemble, R. : *Confucius*, Gallimard, 1986.

Granet, M. : *La Civilisation chinoise : la vie publique et la vie privée*, Albin Michel, 1994.

Granet, M. : *La Pensée chinoise*, Albin Michel, 1980.

Granet, M. : *La Religion des Chinois*, Imago, 1989.

Maspero, H. : *Le Taoïsme et les Religions chinoises*, Gallimard, 1985.

Normand, H. : *Les Maîtres du Tao*, Éditions du Félin, 1985.

Robinet, I. : *Histoire du taoïsme : Des origines au XIVe siècle*, Le Cerf, 1991.

Schipper, K. : *Le Corps taoïste : Corps social et corps physique*, Fayard, Paris, 1993.

Wieger, L. : *Les Pères du système taoïste*, Belles-Lettres, 1970.

Religions japonaises

Addis, S. : *L'Art zen*, Bordas, 1992.

Sieffert, R. : *Les Religions du Japon*, PUF, 1968.

Divers

Jaïnisme

Alsford, L. : *Les Études jaïna*, Collège de France, 1965.

Breuil, P. du : *Les Jaïns de l'Inde*, Aubier, 1990.

Shântâ, N. : *La Voie jaïna : Histoire, spiritualité, vie des ascètes pèlerins de l'Inde*, Œil, 1985.

Tiffen, N. : *Le Jaïnisme en Inde : Impressions de voyages et photographies*, Weber, 1987.

Sihkisme

Delahoutre, M. : *Les Sikhs*, Brepols, 1989.

Nânak, G. : *Jap Ji. Enseignement initiatique du guru Nânak*, Présence, 1970.

Rama Krishna, L. : *Les Sikhs : Origine et développement de la communauté jusqu'à nos jours (1469-1930)*, Jean Maisonneuve, 1933.

Religions autochtones

Delaby, L. : *Chamanes toungouses*, Société d'ethnologie, 1976.

Durkheim, É. : *Les Formes élémentaires de la vie religieuse*, PUF, 1990.

Éliade, M. : *Le Chamanisme et les techniques archaïques de l'extase*, Payot, 1992.

Éliade, M. : *Initiation, rites, sociétés secrètes, naissances mystiques : essai sur quelques types d'initiation*, Gallimard, 1992.

Métraux, A. : *Religions et magies indiennes d'Amérique du Sud*, Gallimard, 1967.

Religions anciennes, mythes et mythologies

Bonnefoy, Y. : *Dictionnaire des mythologies et des religions des sociétés traditionnelles et du monde antique*, Flammarion, 1994.

Bottéro, J. et Kramer, S. N. : *Lorsque les dieux faisaient l'homme : mythologie mésopotamienne*, Gallimard, 1989.

Brekilien, Y. : *La Mythologie celtique*, Éditions du Rocher, 1994.

Brunaux, J.-L. : *Les Religions gauloises : Rituels celtiques de la Gaule indépendante*, Errance, 1996.

Daumas, F. : *La Civilisation de l'Égypte pharaonique*, Arthaud, 1988.

Dodds, E.-R. : *Les Grecs et l'irrationnel*, Flammarion, 1995.

Dumézil, G. : *La Religion romaine archaïque*, Payot, 1987.

Dunand, F. et Zivie-Coche, C. : *Dieux et Hommes en Égypte*, Armand Colin, 1991.

Gernet, L. et Boulanger, A. : *Le Génie grec de la religion*, Albin Michel, 1970.

Kolpaktchy, G. : *Livre des morts des anciens Égyptiens*, Stock, 1993.

Larousse : *Dictionnaire de la civilisation grecque*, Collection Textes essentiels.

Larousse : *Dictionnaire de la civilisation romaine*, Collection Textes essentiels.

Larousse : *Les Grandes Figures des mthologies*, Collection Larousse Poche.

Larousse : *Mythologie générale*.

Martin, R. : *La Religion grecque*, PUF, 1992.

Otto, W. F. : *L'Esprit de la religion grecque ancienne : Theophania*, Berg International, 1995.

Schmidt, J. : *Dictionn aire de la mythologie grecque et romaine*, Collection Les référents, Larousse, 1999.

Schmidt, J. et Guirand, F. : *Mythes et mythologies*, Collection In extenso, Larousse.

Willis, R. : *Mythologies du monde entier*, Bordas, 1996.

Sectes

Fillaire, B. : *Les Sectes*, Collection Dominos, Flammarion, 1994.

Rapports n° 6535 (J. Hunt, 1991) et n° 8373 (A. Nastase, 1999) de l'Assemblée parlementaire, Conseil de l'Europe.

« Les Sectes en France », Rapport n° 2468 de l'Assemblée nationale, A. Gest, J. Guyard, 1995.

Index

Les pages indiquées en *italiques* font référence aux illustrations.

A

B

C

G

H

K

L

M

N

O

P

W

X

Y

Z

Crédits des illustrations

L'éditeur souhaite remercier les agences et les photographes dont la liste suit pour la reproduction de leurs documents. Toutes les précautions ont été prises pour identifier les détenteurs de droits ; néanmoins, en cas d'erreur ou d'omission, les rectificatifs nécessaires seraient portés sur une prochaine édition.

Légendes :
h haut ; c centre ; b bas ; g gauche ; d droite
AA&A : Ancient Art and Architecture
BAL : Bridgeman Art Library
BL : British Library
BM : British Museum
RHPL : Robert Harding Picture Library

Page **2hg** Zev Radovan ; **2hd** Christie's Images ; **2ch** BL ; **2cc** BL ; **2cb** BAL/BM ; **2bg** Christie's Images ; **2bd** BL ; **7** RHPL/Nigel Blythe ; **8** BAL ; **9** Christie's Images ; **11** Angelo Hornak ; **12** RHPL/J.H. Wilson ; **13** Frank Spooner Agency ; **14** AA&A ; **15** BL ; **16** BM ; **18** Zev Radovan ; **19** Getty Images/Stephen Studd ; **20** Zev Radovan ; **21** AKG, London/BL ; **22** AKG, London ; **23** Zev Radovan ; **24** Sonia Halliday Photographs/Barry Seale ; **25** BAL ; **26** The Stockmarket ; **27** Zev Radovan ; **28** Zev Radovan ; **29** Zev Radovan ; **31** Zev Radovan ; **32** Zev Radovan ; **33** Zev Radovan ; **34–5** The Stockmarket ; **36** Zev Radovan ; **37** AKG, London/University Library, Jerusalem ; **38** Zev Radovan ; **39** Michael Abrahams/Network ; **40** Zev Radovan ; **41** Getty Images/Alan Puzey ; **42** AKG, London ; **43** AKG, London/Biblioteca Nacional Lisboa ; **44** The Stockmarket ; **45** BAL/Museo Correr, Venice ; **46** Zev Radovan ; **47** The Stockmarket ; **48** Zev Radovan ; **49** Getty Images/Sarah Stone ; **50** Arcaid/Richard Bryant ; **52** e.t. Archive ; **53** Christie's Images ; **54** RHPL/E. Simanor ; **56** Christie's Images ; **57** Panos Pictures/Mark Hakansson ; **58** RHPL/E. Simanor ; **59** Christie's Images ; **60** e.t. Archive/San Apollinare Nuovo, Ravenna ; **61** Christie's Images ; **62** e.t. Archive/Uffizi Gallery, Florence ; **63** Getty Images/John Livsey ; **64** BAL/Biblioteca Medicea-Laurenziana, Vatican ; **65** e.t. Archive/National Art Gallery, Budapest ; **66** BAL/Santa Maria della Vittoria, Rome ; **67** AKG, London ; **68** Christie's Images ; **69** Christie's Images ; **70** Christie's Images ; **71** BAL/Vatican Museum and Galleries ; **73** Christie's Images ; **74** Panos Pictures/Bruce Paton ; **75** RHPL ; **76** RHPL ; **77** MAS/Institut Amatller d'Art Hispanic ; **78** Impact Photos/Alain le Garsmeur ; **79** Angelo Hornak ; **80** Magnum/Meyer ; **81** Panos Pictures/Jeremy Horner ; **82** Magnum/Gruyeart ; **83** Magnum/Abbas ; **84** Christie's Images ; **85** Getty Images/Michael Townsend ; **86** RHPL ; **87** Impact Photos/Caroline Penn ; **88** RHPL ; **89** Christie's Images ; **90** The Stockmarket ; **93h** Magnum/Abbas ; **93b** Christine Osbourne ; **94** BAL/Chester Beatty Library ; **95** e.t. Archive/Turkish & Islamic Arts Museum ; **96** RHPL ; **97** Images Colour Library ; **98** Christie's Images ; **99** Magnum/Abbas ; **100** Christie's Images ; **102** Christine Osbourne ; **103** Magnum/Abbas ; **104** Magnum/Abbas ; **105** BAL/Musee Conde ; **106** Images Colour Library ; **107** AKG, London/Bibliothèque Nationale, Paris ; **108** Christie's Images ; **109** Christine Osbourne ; **111** Axiom/James Morris ; **112** e.t. Archive ; **113** Christie's Images ; **114** Magnum/Abbas ; **115** The Stockmarket ; **116** The Stockmarket ; **117** RHPL/Mohammed Amin ; **118** e.t. Archive/Museum of Turkish & Islamic Art ; **119** Magnum/Abbas ; **120** Frank Spooner Agency ; **121** Hutchison ; **122** RHPL ; **123** Magnum/Abbas ; **124** Impact Photos/Mike McQueen ; **125** Christie's Images ; **126** Impact Photos/Simon Shepherd ; **129** Hutchison/Jenny Pate ; **130** RHPL ; **131** e.t. Archive/V&A ; **132** e.t. Archive ; **134** e.t. Archive ; **135** The Stockmarket ; **136** Hutchison/Liba Taylor ; **137** BAL/BL ; **138** BAL/BL ; **139** BL/DBP ; **140** BM/DBP ; **141** BAL/V&A ; **142** Frank Spooner Agency ; **143** BAL/V&A ; **144** Hutchison ; **145** BL/DBP ; **146** Images Colour Library ; **147** Impact Photos/Mark Henley ; **148** Dinodia ; **149** Link ; **150–151** Magnum/Raghu Rai ; **152** BAL/V&A ; **153** Panos Pictures/Jean-Leo Dugast ; **154** Hutchison/John Hatt ; **156** V.R. Rajagopalan ; **157** BAL/V&A ; **158** Julia Ruxton ; **159** V.R. Rajagopalan ; **160** Dinodia ; **161** The Temple of Consciences/DBP ; **162** The Stockmarket ; **163** Christie's Images ; **164** BL/DBP ; **167h** Hutchison ; **167b** Hutchison ; **168** e.t. Archive/Musée Guimet ; **169** John Bigelow Taylor ; **170** Christie's Images ; **171** Hutchison/Alex Stuart ; **172** Magnum/Abbas ; **173** Hutchison/Bernard Regent ; **174** Hutchison/Jeremy Horner ; **175** Hutchison/Alex Stuart ; **176** Christie's Images ; **177** e.t. Archive/Musée Guimet ; **178** BM/DBP ; **179** Hutchison/Sarah Errington ; **180** BM/DBP ; **181** Hutchison/Sarah Errington ; **182** Panos Pictures/Catherine Platt ; **183** Christie's Images ; **184** The Stockmarket ; **185** e.t. Archive/Museum of Fine Arts Boston ; **186** Panos Pictures/Jean-Leo Dugast ; **187** Magnum/Bruno Barbey ; **188** Hutchison/Sarah Errington ; **189** Panos Pictures/Sean Sprague ; **190** Magnum/Bruno Barbey ; **191** Panos Pictures/D. Sansoni ; **192** Hutchison ; **193** e.t. Archive/Musee Guimet ; **194** Magnum/Raghu Rai ; **195** The Stockmarket ; **196** The Stockmarket ; **197** Frank Spooner Agency ; **198** National Geographic Image Collection/Georgia Lowell ; **199** e.t. Archive ; **200** Images Colour Library ; **203h** BL/DBP ; **203b** Getty Images/Paul Grebliunas ; **204** BM/BAL ; **205** e.t. Archive ; **206** BAL ; **207** RHPL/Sibyl Sassoon ; **208** e.t. Archive ; **209** Magnum/Meyer ; **210** Christie's Images ; **211** Christie's Images ; **213** BL/BAL ; **214** BM/DBP ; **215** National Palace, Taiwan ; **216** e.t. Archive/National Palace, Taiwan ; **217** DBP ; **218** Daitoku-ji Monastery/BAL ; **219** RHPL ; **220** Images Colour Library ; **221** e.t. Archive ; **222** National Geographic Image Collection/Dean Conger ; **223** Network/Barry Lewis ; **224** Magnum/Meyer ; **225** RHPL/G&P Corrigan ; **226** National Geographic Image Collection/George Mobley ; **227** Images Colour Library ; **228-229** Hutchison/Woodhead ; **230** RHPL/G&P Corrigan ; **231** Images Colour Library ; **232** Images Colour Library ; **233** BM/Michael Holford ; **234** National Geographic Image Collection/James P. Blair ; **235** Magnum ; **236** TRIP/C. Rennie ; **237** TRIP/A. Tovy ; **238** Axiom/Jim Holmes ; **241** Axiom/C. Rennie ; **242** WFA/Ono Collection, Osaka ; **243** Sam Fogg Rare Books of London ; **244** Panos Pictures/Jim Holmes ; **245** AA&A ; **246** The Japanese Gallery/DBP ; **247** The Japanese Gallery/DBP ; **249** AA&A ; **250** Magnum/Thomas Hopker ; **251** BL ; **252** BL ; **253** Sam Fogg Rare Books of London ; **254** BAL/Nara National Museum ; **255** AA&A ; **256** RHPL ; **257** Getty Images/Paul Chesley ; **258** Axiom ; **259** TRIP/C. Rennie ; **260** TRIP/C. Rennie ; **261** Hutchison/Liba Taylor ; **262** TRIP/C. Rennie ; **263** The Stockmarket ; **264** TRIP/B.A. Krohn Johansen ; **265** C. Scott Littleton ; **266** BM/DBP ; **267** Michael Holford ; **268** Magnum/Ernst Haas ; **269** RHPL/Gavin Heller ; **270** Tenrikyo Headquarters, Tenri City ; **271** e.t. Archive/BM

Hors textes :
Christianisme : **p. 1** Louvre, Paris/BAL ; **2-3** Louis Grandadam/Getty Images : **4** Abbaye de Beaulieu-sur-Dordogne, France/BAL.
Islam : **p.1** Victoria and Albert Museum, London/Michael Holford ; **2-3** Magnum/Abbas ; **4** Michael Holford
Bouddhisme : **p. 1** Musée Guimet, Paris/Michael Holford ; **2-3** Graham Harrison ; **4** BM, Londres

Les citations des pages 218, 219, et 220 sont tirées de : Chan, Wing-tsit, *A Source Book in Chinese Philosophy* (© 1963 Princeton University Press, nouvelle édition 1991, reproduit avec l'autorisation de Princeton University Press).